地方立法专题研究

以我国设区的市地方立法为视角

武钦殿 著

中国法制出版社
CHINA LEGAL PUBLISHING HOUSE

PREFACE 序

  法律是治国之重器。人类社会发展的事实证明,依法治理是最可靠、最稳定的治理方式。党的十八大以来,中共中央从实现国家治理体系和治理能力现代化的高度,作出全面依法治国的重大战略部署。2014年10月党的十八届四中全会作出了《关于依法治国若干重大问题的决定》,提出建设中国特色社会主义法治体系,必须坚持立法先行,发挥立法的引领和推动作用。2015年3月新修订的《立法法》赋予了所有设区的市地方立法权,这极大地调动了各设区市的立法积极性。截至2017年7月,在全国新享有立法权的273个市(州)中,有256个市(州)制定并经批准的地方性法规达437件,设区的市地方立法工作可谓成绩斐然。

  良法是善治之前提。立法质量直接关系法治的质量。地方立法的实效,不能只看立法的数量,更重要的是立法质量。党的十九大提出,要推进科学立法、民主立法、依法立法,以良法促进发展、保障善治。那么,如何达到立"良法"的要求?这对地方立法人尤其是设区市的地方立法人是个严峻的考验!"得权时兴奋,做起来困难",这是很多设区市立法人的切实感受。之所以感觉困难,没有专业的立法队伍、立法知识不够、立法能力不足,是主要原因。为此,加强立法队伍建设、提高地方立法能力,就成了地方立法特别是设区的市地方立法急需解决的问题。

  两年多来,在提高设区的市地方立法能力方面,全国人大和各省、市、自治区人大做了很多工作。比如,举办培训班对全国设区市的地方立法工作者进行集中培训、采取挂职方式培训地方立法人员等。但是,由于时间短、底子薄、设区的市立法人才匮乏,这些工作还只能在地方立法程序、法规文本格式等方面效果明显,至于立法的基本原理和地方立法中涉及的深层次问题,很多地方立法工作者还知之甚少。对于地方立法人尤其是设区的市地方立法工作者来说，急需理论联系实际、针对性强的地方立法专业书籍作为理论指导。

安徽省宿州市人大法工委的武钦殿主任，作为设区市地方立法的直接参与者和见证人，基于自己在立法工作中的体会和思考，查阅大量资料、潜心研究，写出了《地方立法专题研究——以设区的市地方立法为视角》一书。武主任邀我作序，我认真拜读了书稿内容。我以为，就地方立法研究而言，本书非常有特色。全书以设区的市地方立法为视角，系统且有针对性地对地方立法急需解决的八个问题作了较为全面的分析和具有一定深度的探索。书稿采用分专题的体例，对每一个问题进行了比较深入的讨论，避免了大而全的繁琐。八个专题构成一个有机整体，始终以全面提高立法质量为主旨，紧扣如何提高地方立法质量这个主题，从理论和实践相结合的角度，把地方立法所涉及的主要方面都进行了研究。全书问题导向突出，选题适当、论述透彻，既有理论指引又有实践操作，具有较高的理论价值和重要的实践价值。同时，书稿虽以设区的市地方立法为视角，但作者视野和论述角度并没有囿于这一领域，所论及的内容对省级地方立法乃至整个立法工作都有借鉴意义。应该说，该书既是一部有关地方立法的研究专著，又可作为地方立法工作者的教科书。相信本书的出版，对广大地方立法工作者尤其是设区的市地方立法者准确理解立法法的相关规定、树立正确的地方立法理念、掌握科学的立法方法，从而提高地方立法水平和质量，具有重要的指导意义。

当然，本书的缺憾也是显而易见的。比如：个别专题虽然也以具体地方性法规为例作了说明，但总体上偏重于立法理论阐述和现有学术成果的归纳等。如果每一专题对涉及的普遍性现实问题再作些更深入的分析讨论，则实践针对性会更强。另外，内容上若能增加一章法律语言分析，也许对地方立法者们会更有帮助。但瑕不掩瑜。特别是在我国设区的市立法不算长的时间里，作为从事具体地方立法实务工作的武钦殿主任，能够写出这样一部专著，其法学功底、问题意识、实践能力、研究水平及其务实、勤奋、敬业的精神，都是值得称赞的。我作为一名专门从事法学研究的学者，很是欣赏和敬佩！

基于此，特作序推荐。

焦洪昌

2018年2月15日于北京

CONTENTS 目录

第一章 设区的市地方立法权与不抵触原则
第一节 设区的市地方立法权的一般理论 ………………………………… 2
一、地方立法权和设区的市地方立法权的界定 ……………………… 2
二、我国地方立法的历史发展和设区的市立法权的确立 ………… 3
三、授予设区的市立法权的重大意义 ………………………………… 6
第二节 设区的市地方立法权限范围 …………………………………………… 9
一、地方立法权限的内涵及法律依据 ………………………………… 10
二、设区的市地方立法权限范围：横向划分 ………………………… 12
三、设区的市地方立法权限范围：纵向划分 ………………………… 16
四、实践中需要明确的几个问题 ……………………………………… 23
第三节 "不抵触原则"的理解与适用 ……………………………………… 25
一、"不抵触"的含义 …………………………………………………… 27
二、"上位法"的范围 …………………………………………………… 32
三、"不抵触"的第一种情形：不与上位法原则与精神相抵触 …… 34
四、"不抵触"的第二种情形：不与上位法规范相抵触 …………… 39

第二章 地方立法质量及地方立法的科学化民主化
第一节 地方立法质量及其评价标准 ………………………………………… 45
一、提高地方立法质量的理论依据和现实必要性 ………………… 45
二、地方立法质量的内涵 ……………………………………………… 49

三、地方立法质量的评价标准 …………………………………… 51
第二节　地方立法的科学化 ………………………………………… 56
　　　一、地方立法科学化的含义 ……………………………………… 56
　　　二、衡量地方立法科学化的标准 ………………………………… 59
　　　三、地方立法科学化的价值 ……………………………………… 63
　　　四、地方立法科学化的基本要求 ………………………………… 64
　　　五、我国地方立法科学化实践的不足及对策 …………………… 66
第三节　地方立法的民主化 ………………………………………… 71
　　　一、立法民主化的内涵和价值 …………………………………… 71
　　　二、立法民主化的基本要求 ……………………………………… 74
　　　三、地方立法民主化的障碍及对策 ……………………………… 77

第三章　地方立法的地方特色及其实现路径

第一节　为什么要强调地方立法的地方特色 …………………… 82
　　　一、地方特色是矛盾特殊性规律在地方立法中的体现 ………… 82
　　　二、地方特色是解决我国地区差异和地区发展不平衡的需要 … 83
　　　三、地方特色是适应我国统一的多民族国家国情的需要 ……… 83
　　　四、地方特色是我国新形势发展和党的政策、法律的要求 …… 85
　　　五、缺乏地方特色是我国地方立法普遍存在的问题 …………… 85
　　　六、地方特色是地方立法质量的重点 …………………………… 87
第二节　地方特色及与相关概念的关系 …………………………… 88
　　　一、地方立法特色的内涵 ………………………………………… 88
　　　二、与地方特色相关的几个概念 ………………………………… 90
第三节　实现地方立法特色的路径和方法 ………………………… 94
　　　一、正确认识地方立法的空间 …………………………………… 94
　　　二、提高地方立法的针对性 ……………………………………… 95
　　　三、重视对本地社会自身秩序的研究 …………………………… 96
　　　四、转变立法工作理念与方法 …………………………………… 97
　　　五、把地方特色贯穿整个立法程序 ……………………………… 100

第四章　地方立法中的利益平衡

第一节　利益与法律 ……………………………………………… 107
一、什么是利益? ……………………………………………… 107
二、利益促进了法律的产生和发展 ………………………… 110
三、利益的性质决定了法律的功能 ………………………… 111
四、立法的本质是追求利益平衡 …………………………… 115
五、法律一般通过设置权利来保护利益 …………………… 116

第二节　利益冲突、利益平衡与立法 …………………………… 119
一、利益冲突及其产生原因 ………………………………… 119
二、利益平衡 ………………………………………………… 121
三、立法对利益平衡的功能 ………………………………… 122

第三节　我国地方立法利益平衡的实践及不足 ………………… 124
一、我国社会利益结构变化的主要表现 …………………… 124
二、我国不同时期地方立法中利益平衡的主要内容 ……… 125
三、我国地方立法在利益平衡方面的不足 ………………… 127

第四节　地方立法如何进行利益平衡 …………………………… 130
一、坚持"应予衡量原则",考虑应予考虑的利益,排除
　　不应考虑的因素 ………………………………………… 130
二、尊重冲突各方的社会利益 ……………………………… 132
三、合理确定利益的位阶与排序 …………………………… 135
四、利益平衡的其他标准 …………………………………… 146
五、我国地方立法在利益平衡中要考虑的几个具体问题 … 147

第五章　地方立法中的部门利益及其规制

第一节　立法中的部门利益 ……………………………………… 150
一、"部门利益"概念的历史由来 ………………………… 151
二、国家对立法中部门利益的态度演变 …………………… 154
三、立法应正确对待部门利益 ……………………………… 157

第二节 立法中正当性部门利益的判断 ………………………… 159
一、判断立法中正当性部门利益的困境 ………………… 160
二、判断立法中正当性部门利益的标准选择 …………… 161
第三节 立法中不正当部门利益及表现形式 …………………… 167
一、立法中不合法的部门利益 …………………………… 168
二、立法中不合理的部门利益 …………………………… 172
三、地方立法中谋取不正当部门利益的通常做法 ……… 174
第四节 地方立法中不正当部门利益的危害和纠正对策 ……… 176
一、地方立法中不正当部门利益的危害 ………………… 176
二、地方立法中部门利益倾向的成因 …………………… 177
三、纠正地方立法部门利益倾向的对策 ………………… 179

第六章 地方立法中法律责任制度的构建及条款设置
第一节 地方立法法律责任制度的基本原理 …………………… 183
一、权利、义务和法律责任 ……………………………… 184
二、我国地方立法中法律责任的类型 …………………… 188
三、地方立法中法律责任制度的功能 …………………… 192
第二节 构建地方立法法律责任制度的原则 …………………… 194
一、合法性原则 …………………………………………… 195
二、合理性原则 …………………………………………… 197
三、不可替代和节制性原则 ……………………………… 199
四、责任相当原则 ………………………………………… 201
五、责任协调统一原则 …………………………………… 202
六、效益原则 ……………………………………………… 203
七、适度的自由裁量原则 ………………………………… 204
第三节 地方立法中法律责任条款的设置 ……………………… 205
一、法律规范、法律原则、法律规则和法律条款 ……… 205
二、我国地方立法中法律责任条款的类型 ……………… 216
三、地方立法法律责任条款的设置原则 ………………… 218

第四节　地方立法中法律责任设置存在的问题及解决 …………… 224
　　一、地方立法法律责任设置存在的问题 ……………………… 224
　　二、地方立法法律责任设置的缺陷矫正 ……………………… 229

第七章　地方立法中行政处罚设置问题研究

第一节　行政处罚设置权基本理论 ………………………………… 248
　　一、行政处罚的概念及种类 …………………………………… 248
　　二、行政处罚设置权的内涵 …………………………………… 250
　　三、地方立法中行政处罚设置权的必要性 …………………… 254
　　四、地方立法设置行政处罚的价值标准 ……………………… 255

第二节　地方立法中行政处罚的设置原则 ………………………… 256
　　一、法定原则 …………………………………………………… 257
　　二、排除和防范危害原则 ……………………………………… 258
　　三、不替代民事制裁原则 ……………………………………… 260
　　四、与刑罚衔接原则 …………………………………………… 260
　　五、有限设置原则 ……………………………………………… 261
　　六、地方特色原则 ……………………………………………… 262
　　七、可行性原则 ………………………………………………… 263
　　八、利益平衡原则 ……………………………………………… 266
　　九、正当程序原则 ……………………………………………… 267
　　十、种类合理原则 ……………………………………………… 269

第三节　地方立法设置行政处罚的几个具体问题 ………………… 270
　　一、实施性地方法规设置行政处罚有关问题 ………………… 270
　　二、创制性地方性法规设置行政处罚应注意的问题 ………… 281
　　三、授权实施行政处罚的条件 ………………………………… 282
　　四、对有些违法行为可以不设定行政处罚 …………………… 283
　　五、规定行政处罚情节后果的选择性情节应考虑的后续工作 … 285
　　六、关于行政处罚中罚款设置的三个问题 …………………… 286
　　七、行政处罚中罚款数额的设定方式 ………………………… 289

第八章 地方立法公众参与问题研究

第一节 地方立法公众参与基本理论 301
一、地方立法公众参与的界定 301
二、地方立法公众参与的理论基础 305
三、地方立法公众参与的功能和价值 311

第二节 我国地方立法公众参与的现状及完善 323
一、我国地方立法公众参与的法律规定 323
二、我国地方立法公众参与的现状分析 325
三、我国地方立法公众参与存在的问题 327
四、我国地方立法公众参与的完善措施 331

第三节 我国地方立法中的立法协商 336
一、立法协商的基本内涵 337
二、我国立法协商的主体 342
三、我国地方立法实践中的立法协商模式 345
四、我国地方立法协商存在的主要问题 348
五、推进和完善我国地方立法协商的建议 351

第四节 我国地方立法听证制度 359
一、立法听证制度在中国的产生与发展 359
二、地方立法听证制度的价值和功能 361
三、地方立法听证制度的不足 367
四、我国地方立法听证制度的完善 370

主要参考文献 378
后　　记 389

第一章　设区的市地方立法权与不抵触原则

　　立法权是国家权力的重要表现形式，国家通过运用立法权确立公民的权利与义务、明确中央与地方权属关系并构建社会生活各方面的秩序。立法权是制定法律的权力，即公权力机构依法制定、修改、补充、废止各种规范性文件及认可法律规范的权力。[①] 在我国现有的立法体制框架下，立法机关包括了中央立法机关与地方立法机关，地方立法机关行使相应的权力即表现为地方立法权。我国是单一制国家，立法权统归于中央，地方一般不享有立法权。这一点从宪法对各级人大性质的界定中可得到确证。宪法规定全国人大及其常委会既是国家最高权力机关，又是行使国家立法权的机关；但只规定地方人大及其常委会是地方权力机关，而没有规定其行使立法权。但是，由于区域差异大，因而宪法授权省级权力机关制定地方性法规，随后一些市级权力机关根据《地方各级人民代表大会和地方各级人民政府组织法》(以下简称为《地方组织法》)和最高权力机关的个别授权陆续获得了这一权力。2000年《立法法》吸纳汇总了以前所有零散授权。这样一来，我国立法体制包括中央立法与地方立法，中央立法体制高效严明统一，地方立法体制彰显区域特色，二者优势互补，共同构建了我国完整的立法体制。随着我国政治经济体制改革的深入进行，地方立法对地方社会经济的指导与促进作用日益明显。党的十八届四中全会明确提出，依法赋予设区的市地方立法权。2015年3月15日，十二届全国人大第三次会议通过了《关于修改〈中华人民共和国立法法〉的决定》，对2000年制定的《立法法》进行了首次修改。这次立法法修改的一个

[①] 崔卓兰等：《地方立法实证研究》，知识产权出版社2007年版，第254页。

重要内容是赋予所有设区的市地方立法权，同时对其立法权限范围予以明确。

立法法修改以来的实践表明，赋予设区的市立法权，适应了设区的市经济社会发展需要，提高了地方法治水平，增强了国家治理能力和治理体系现代化水平。与此同时，对于设区的市地方立法权限范围、不抵触原则含义等在理论和实践中尚存在一些不清楚的地方。

第一节 设区的市地方立法权的一般理论

一、地方立法权和设区的市地方立法权的界定

在我国现有的立法体制下，立法机关包括中央立法机关与地方立法机关，地方立法机关既包括地方的人民代表大会及其常务委员会，地方人民政府也有制定规章的权利。所以，我国的地方立法权就是地方的人民代表大会及其常务委员会根据宪法、法律和行政法规的规定，从本地区实际情况出发，在被授予的立法权限与立法程序下制定、修改、废止地方性法规的活动，以及地方政府根据本行政区实际制定、修改、废止地方政府规章的活动。值得说明的是，地方政府制定规章的活动也被纳入了地方立法权的范围，虽然从立法机关视野分析，政府主体不属于严格意义的立法机关，但法律已经明确认可其为地方立法活动，而且地方政府通过制定规章来管理地方性事务的现象已十分普遍，因此把地方政府纳入地方立法权的主体范围是合理的。因此，我国设区市立法权可表述为：设区市的人大及其常委会根据本地的具体情况和实际需要，在不与上位法相抵触前提下可以制定地方性法规并在报省级人大常委会批准后实施的权力，以及设区市政府制定相应的地方政府规章的权力。本书研究的对象主要是地方人大及其常委会制定地方性法规的活动。

另需要说明的是，在我国《宪法》和修改前的《立法法》中关于"较大的市"的规定。"较大的市"与设区市有所区别而又密切联系，我国目前共有282个设区的市，我国修改前的《立法法》定义下的"较大的市"只有49个，是指省级人民政府所在地的市、经济特区所在地的市以及经国务院批准的较大的市，包括27个省会市、18个经国务院批准的较大的市以及4个经济特区所在地的市，"较大的市"均享有地方立法权；另一方面"较大的市"本质上无

一例外属于设区市,且在我国宪法中"较大的市"指经国务院批准行政区域划分为区(县)的市,因此,可理解"较大的市"为特殊意义上享有地方立法权的设区市。

二、我国地方立法的历史发展和设区的市立法权的确立

我国地方立法的历史发展直到设区的市立法权的确立经过五个阶段。

第一阶段:从1949年中华人民共和国成立至1954年宪法颁布。这一时期,先后通过的各级地方政府组织通则中规定了县级以上各级人民政府都是地方立法的主体,即大行政区、省、市和县人民政府分别有权拟定与地方政务有关的暂行法令、条例以及单行法规报上级人民政府批准或者备案。此外,根据1952年8月8日中央人民政府委员会第十八次会议批准的《民族区域自治实施纲要》的规定,民族自治地方在中央人民政府和上级人民政府法令所规定的范围内,依其自治权限,制定本自治地方的单行法规,呈报上两级人民政府批准,并报中央人民政府政务院备案。但这一时期,地方制定暂行法令、条例以及单行法规的活动,还不是现在所说的地方立法,仅是地方立法的萌芽。

第二阶段:从1954年《宪法》颁布到1979年《地方组织法》的颁布。这个阶段立法权高度集中在中央,地方上也只有民族自治地方的自治条例和单行条例的立法权。1954年《宪法》第22条规定:"全国人民代表大会是行使国家立法权的唯一机关",只有全国人民代表大会才有权修改宪法、制定法律。全国人大常委会和国务院都不是立法主体。关于地方立法权的规定,宪法仅保留民族自治地方自治机关的立法权限,《宪法》第70条第4款规定:"自治区、自治州、自治县的自治机关可以依照当地民族的政治、经济和文化的特点,制定自治条例和单行条例,报请全国人民代表大会常务委员会批准。"其他地方无立法权。

第三阶段:从1979年《地方组织法》施行后到1986年《地方组织法》的修改。1979年全国人大制定的《地方各级人民代表大会和地方各级人民政府组织法》开始把立法权下放至省级人民代表大会。该法第6条规定:"省、自治区、直辖市的人民代表大会可以根据行政区域的具体情况和实际需要,在和国家宪法、法律、政策、法令、政令不相抵触的前提下,制定和颁布地方性法规,并报全国人民代表大会常务委员会和国务院备案。"其中第27条同样规定了省、自治区、直辖市的人民代表大会常务委员会制定地方性法规的权力。1982年《宪法》确认了1979

年《地方组织法》规定的地方立法制度。①1982年12月，第五届全国人大第五次会议修改《地方组织法》时，增加规定："省、自治区的人民政府所在地的市和经国务院批准的较大的市的人民代表大会常务委员会，可以拟定本市需要的地方性法规草案，提请省、自治区的人民代表大会常务委员会审议制定，并报全国人民代表大会常务委员会和国务院备案。"根据这一规定，较大的市的人大及其常委会只有拟定地方性法规草案的权力，没有地方性法规制定权。上述条款与现行地方立法体制相比较，仅授予了地方性法规的"拟制权"而非完整的"制定权"，且地方性法规拟制主体局限于部分"较大的市"的人大常委会。

第四阶段：从1986年修改《地方组织法》到2015年修改《立法法》。1986年12月第六届全国人大常委会第十八次会议修改《地方组织法》时，根据各地的意见将上述规定修改为，省会市和经国务院批准的较大的市的人大可以制定地方性法规，报省、自治区人大常委会批准后施行。时任全国人大常委会秘书长兼法制工作委员会主任王汉斌同志在修改说明中提出："建议省、自治区简化审批程序，只要同宪法、法律、行政法规和本省、自治区的地方性法规没有抵触，原则上应尽快批准。"②这实际在很大程度上是赋予了较大的市的地方性法规制定权。1986年《地方组织法》进一步修改，完善了"较大的市"立法权的主体与权限，其法规"拟定权"升格为"制定权"，"较大的市"的人大也被纳入地方立法主体当中。同时，为了保障法制统一，规定较大的市的地方性法规必须报经省、自治区人大常委会批准后施行。2000年3月15日，第九届全国人大第三次会议通过的《立法法》又将较大市的范围扩大到经济特区所在地的市，即深圳、厦门、珠海、汕头四个市。至此，我国拥有地方立法权的较大的市共有49个。包括27个省、自治区的人民政府所在地的市，4个经济特区所在地的市和18个经国务院批准的较大的市。《立法法》的颁布，标志着"较大的市"立法权体系化，该法首先扩充了"较大的市"之外延，将经济特区所在地的市归入其中，并通过系统、科学的条款规范了"较大的市"立法权的权限、程序与法律效力等事项，还授予"较大

---

① 武增：《中华人民共和国立法法解读》，中国法制出版社2015年5月版，第257页。
② 王汉斌：《关于修改〈中华人民共和国全国人民代表大会和地方各级人民代表大会选举法〉和〈中华人民共和国地方各级人民代表大会和地方各级人民政府组织法〉的说明——1986年11月15日在第六届全国人民代表大会常务委员会第十八次会议》，载 http://www.npc.gov.cn/wxzl/gongbao/2000-12/26/content_5001858.htm。

的市"在国家尚未制定法律法规并坚持法律保留情形下可"先行立法"的权力。

第五阶段：从2015年3月第十二届全国人大第三次会议修改《立法法》至今。"较大的市"立法权在制度上的规范化有效推动了地方立法事业开展，事实上地方对立法权的需求与其对政府事权与财政权的需求一样迫切，即使地方立法主体尚未向设区市全面扩容，且在地方立法的权限与程序上也有较多限制，却不影响各类"较大的市"进行地方立法活动的热情。有学者统计，自《立法法》颁布实施仅一年以后，在我国31个省级行政区内就制定了地方性法规600余件，其中"较大的市"人大及其常委会制定的法规200余件，占全年立法总数的34.3%。[①]但是，我国"较大的市"立法权采取"限量放权"模式，即由国务院批准为"较大的市"方可获得地方立法权，而我国城镇化率已超过50%，沿海及东部地区的诸多城市在经济实力、社会发展水平等参数上已超越不少中西部的省会城市，经济基础决定上层建筑，新崛起的城市群体对地方立法权的诉求日益高涨，而国务院对"较大的市"的新设审批似乎已停滞多年，自1993年国务院批准苏州、徐州为"较大的市"后未见有"新人"。这使许多城市面临"事权与立法权不相匹配的困境"，地方自主管理积极性受到抑制，各地甚至通过制定各类"红头文件"对尚未有法可依的地方性事务进行管理，破坏了国家立法体制的稳定性与权威性，无异于饮鸩止渴。

面对众多城市对立法权的迫切诉求，以及各地无权立法、"以文件代法"乱象，我国地方立法体制改革已成必然，将地方立法主体由"较大的市"向设区市扩容似乎成为改革之首选。

2013年党的十八届三中全会提出，逐步增加有地方立法权的较大的市的数量，预示着地方立法体制改革的揭幕。2014年十八届四中全会提出："明确地方立法权限和范围，依法赋予设区的市地方立法权"，进一步明确提出明确地方立法的权限范围，依法赋予设区的市地方立法权。2015年3月，第十二届全国人大第三次会议修改《立法法》，明确所有设区的市地方立法权，规定："设区的市的人民代表大会及其常务委员会根据本市的具体情况和实际需要，在不同宪法、法律、行政法规和本省、自治区的地方性法规相抵触的前提下，可以对城乡建设与管理、环境保护、历史文化保护等方面的事项制定地方性法规，法律对设区的市制定地

[①] 崔卓兰、赵静波：《中央与地方立法权力关系的变迁》，载《吉林大学社会科学学报》2007年第2期，第74页。

方性法规的事项另有规定的，从其规定。"《立法法》的修改在赋予所有设区的市地方立法权的同时，明确立法事项限于"城乡建设与管理、环境保护、历史文化保护等方面的事项"。2015 年 8 月，第十二届全国人大常委会第十六次会议对《地方组织法》进行了修改，根据《立法法》的修改内容，相应对设区的市地方立法权限作了规定。至此，我国设区的市立法权有了明确的法律依据。

需要指出的是，立法法在赋予所有设区的市地方立法权的同时，考虑到几个特殊的不设区的地级市的实际需要，也赋予了这些市地方立法权。在全国人大关于修改立法法的决定中，专门规定"广东省东莞市和中山市、甘肃省嘉峪关市、海南省三沙市，比照适用本决定有关赋予设区的市地方立法权的规定"。

三、授予设区的市立法权的重大意义

地方立法主体由"较大的市"向设区市全面扩容的趋向，是我国地方立法体制的重大变革，不仅是基于对地方迫切诉求的回应以及维护地方法制的需要；也是为应对地方性事务日益复杂多变情况，推进地方政府对其社会事务管理的科学化与法治化；在本质上更是中央与地方立法权限优化配置的要求，有充分的必要性和现实意义。

（一）能更好地实现地方分权的价值

根据传统的地方分权理论，地方分权有如下三种价值：首先，一个分权的体制使地方政府能够因地制宜地提供公共服务，更好地满足地方需求，从而实现整个社会福利的最大化。这里，一个基本的假设是不同地方的人民有着不同的偏好，因此各个地方对于公共产品的需求存在着差异。自由主义经济学家弗里德里希·哈耶克（Friedrich Hayek）认为，相比于集权体制下整齐划一的公共产品的供给，分权的体制可以使地方政府因地制宜地调整公共产品的供给，从而更好地满足地方人民的需求。其次，地方分权有助于促使地方之间展开竞争。在分权的体制下，出于增加财政收入的考虑，地方政府会争相提高公共服务的质量，期望能因此而吸引更多的人才和投资。这样的竞争不仅有助于提高地方公共服务的质量，而且有助于遏制地方公共部门的膨胀，减少公共开支，从而实现社会福利的增加。地方分权使市场经济的竞争机制被纳入到地方政府政策选择和制定的过程中。地方政府之间竞争局面的出现有赖于地方分权的实施，而竞争的充分程度，则取决

于权力下放的范围和程度。当地居民是地方公共服务的消费者,从他们的角度来看,地方政府之间的竞争能够使居民选择最能满足他们偏好的地方定居,从而实现社会福利的最大化。最后,地方分权有助于地方开展制度创新的实验,为其他地方和中央政府提供制度经验。中央政府可以利用地方进行制度创新的实验,探查某个制度是否可行;也可以探查某一职权究竟归属于哪一层级的政府最为恰当。同时,一项被证明的成功的制度可以扩散到其他地方,并最终被中央政府所借鉴和移植。①

（二）我国设区市立法权存在的必要性

从政府管理社会事务的视角分析,无论在中央或者地方,政府出于对社会事务管理规范化、民主化的考虑而制定法律法规,基于政府的事权形成了对社会事务管理的立法权。

在我国改革开放以前,实行统一的计划经济体制,社会事务主要由中央统筹管理,各地方之间经济与社会发展水平虽有差距但仍保持在合理范围内,地方无获取更多立法权限之需要;随着我国政治经济体制改革向深水区迈进,地方之间实际差距不断扩大,"地区之间政治、经济、文化状况的不平衡导致地方事务呈现特殊性与复杂性,而这种复杂性越来越向纵深发展",②即使足以强大的中央立法也难以触及地方性事务的方方面面,地方实际事权不断膨胀的同时地方立法权却无法与其保持同步,因此中央需要向地方下放立法权限以满足地方管理之需求。具体而言,我国东部与西部、沿海与内陆的城市之间发展方向与水平的差异化日益明显,地方日益需要根据其区域实际进行立法,日益反对"全国一刀切"而不考虑地方特色的立法,对地方具体事务完全收归中央立法进行管理的难度越来越大。同时在实践中的地方立法活动,基于地域性不断表现出地方立法的差异性,有学者通过对各类地方立法的实证研究指出,在地方差异性作用下的地方立法呈现不同特点。在经济立法方面,东部沿海城市对于招商引资、土地管理、税收与其减免等地方立法无论在数量上还是质量上都多于中西部内陆城市;在精神文明建设方面,地方性法规多见于南方经济水平发展较高的城市;而贯彻民族区域自

---

① 冯洋:《论地方立法权的范围》,载《行政法学研究》2017年第2期。
② 孙波:《我国中央与地方立法分权研究》,吉林大学2008年硕士论文。

治的地方性法规在多民族分布的省份被频繁制定与修改。[①]

我国人口众多，幅员辽阔，各地均有不同经济、地域、文化、风俗背景，地区间差异很大。这些客观现实决定了我国不可能采取统一的治理模式，更不可能在某些领域的立法问题上一以贯之，而必须因时因地实施地方特色治理。因此，在立法上，必须充分考虑到地方制定法律规范的需要，坚持全国统一立法治理必然会造成治理不能的后果。[②] 而赋予设区市立法权有利于地方有效治理。例如基于少数民族的风俗、文化的不同，在民主自治地方必须坚持立法权的下放以实现地方的有效治理；又如对于同一个具体行政事务，一些地区用行政指导之类的不具有强制性质的平和手段就可以进行治理，而另外一些地区必须采取具有强制性质的措施方能进行有效的治理。实际上，中央的高层级别的法律规范只是对全国范围内的事务作出普遍原则上的规定，它并不能充分考虑到各个地区的各种情况。此外，充分发挥地方立法的积极性和主动性也可以为中央立法提供和积累经验，中央立法涉及面广，立法周期长，对新问题和一些地方范围内的事项很难作出及时的回应，而地方立法对于这些问题和事项可以"先试先行"。基于此，应当赋予地方相当的立法权限。实际上，地方承担大量而繁重的管理职责，客观上也需要拥有立法权。

可见，由于地方性事务的多样化、地方性差异的扩大化以及管理地方事务的需要，地方立法主体向设区市全面扩容已成为当下之必要，全面铺开设区市立法权能够更充分考虑地区差异，实现不同地区的多样化发展。

（三）我国设区市立法权发展的现实意义

首先，使设区市获得地方立法权，能够充分发挥地方自主管理的积极性。"地方积极性"最早见文于毛泽东《论十大关系》中，是地方立法与行政主体接近基层，了解地方"第一手材料"，洞悉地方群众心声反馈的优势体现。若中央在立法权限上执掌过多，必然使地方立法受限制和挤压，而中央立法对地方性事务的规制作用不一定比地方立法更优越。地方的立法主体有义务为地方事务"约法三章"，而在授予设区的市立法权之前，各地方面对纷繁复杂的地方性事务并非不

[①] 范文嘉：《科学配置地方立法权　在法治轨道上推进改革》，载《中国发展观察》2014年第10期，第88页。

[②] 王晨：《行政强制设定权的规范研究——从行政处罚、行政许可、行政强制的设定权比较谈起》，载《东北农业大学学报》（社会科学版）2009年第6期。

愿管理，许多设区市愿意将其自主管理的积极性付诸实践，但苦于其"事权与管辖权（立法权）不相匹配"，其立法活动并无法律的明确授权，地方积极性难以得到调动。

其次，授予设区市立法权有利于完善我国立法体制的相关环节尤其是末端环节。一个科学合理的立法体制不仅体现于严明的中央立法，也体现于末端多样化的地方立法中。众多城市苦于没有地方立法权而又亟须管理地方的一些新情况新问题，不得不通过制定"红头文件"作为社会的管理规则，"红头文件"内在的不稳定、任意性、易变动特征，严重损害法律权威，破坏立法体制的严谨与统一，长久以往立法体制所代表的国家公信力都将受影响。另一方面，授予设区市立法权之前的我国地方立法体制纵向上的权力分配不平衡，对两个同等级别的设区市而言，一个为国务院批准的"较大的市"，另一个为普通设区市，"较大的市"可制定地方性法规与政府规章，而普通设区市制定类似规定只能视为"规范性文件"，同行政级别的地方立法主体在现行立法体制下却不能享有同等的职权与职能，通过授予设区市立法权能够修复该缺陷，构造统一合理的地方立法体制。

再次，充分拓宽设区市立法权有利于发挥地方立法对中央立法的"先行试点"作用。在我国长期的立法实践中地方立法对中央立法起着重要的试验与先行作用，为法律法规在全国范围的推广与适用积累了丰富的经验教训。例如深圳市1994年颁布的"住宅区物业管理条例"，是我国城市物业管理中较为先行的地方性法规，其为2003年国家"物业管理条例"的出台奠定了基础。[①] 在全面铺开设区市立法权的趋势下，地方立法的"先行试点"作用将得以更充分发挥，例如在涉及民族宗教事务、边境贸易、自然资源管理等中央立法的制定时，能够得到更多来自民族地区、边境城市及资源大省的立法"素材"，自主管理地方性事务而形成的法律规范与实务经验，将为中央相关立法输送更多的蓝本。

第二节　设区的市地方立法权限范围

地方立法权限，是地方立法的一个核心问题，是地方立法主体行使地方立法

[①] 彭东昱：《赋予设区的市地方立法权》，载《中国人大》2014年第19期，第25-26页。

权的前提和保证,也是对地方立法进行监督的重要依据。修订后的《立法法》确立了法律保留和法律优先制度,并对地方立法主体和其他立法主体的权限作了初步界定,但由于地方立法主体和其他立法主体之间在职能上存在着交叉和重合,仍有许多立法问题界限不清、权限不明。因此,研究地方立法权限范围,对于划清设区的市级人大立法权力边界,保证法律、行政法规的有效实施,调动地方立法积极性,厘清地方人大和政府之间立法的权限,实现对地方事务的有效管理有着积极意义。作为初步涉足地方立法的设区的市地方立法机关,如何正确把握地方立法权,科学确定立法项目,减少和避免法律冲突,维护国家的法制统一,更好地发挥地方立法在我国法律体系中的功能,成为当前我们亟待研究解决的问题。

多年来,我国地方立法机关进行了数量庞大的地方立法。不仅如此,地方立法还成为中国法治进程的"试验田",推动了一系列制度变革与创新。但与此同时,有些地方立法者试图冲破宪法和法律的束缚甚至无视上位法的明确规定,以"满足地方特殊需要"为名,行地方保护主义之实;[1] 亦有地方利用立法为自己任意扩权,满足不当利益诉求;还有的地方立法侵犯中央的专属立法权或是任意限缩或剥夺公民权利。为避免这些乱象,保证法制的统一,必须对地方立法权进行限制。一般说来,立法权的限制主要表现在以下几个方面:一是立法主体只能就哪些范围的事项进行立法,即立法内容的限制;二是立法主体在立法活动过程中只具有哪些程序上的权力和必须经过一定的程序,即立法程序的限制;三是立法主体所进行的立法只能在哪些领域或哪些方面产生效力,即立法适用范围的限制;四是立法主体只能运用哪一种规范性文件的形式或其他形式表现立法内容,即立法形式的限制。我国宪法和组织法对地方立法作了规定,而且《立法法》也专门设置了第四章"地方性法规、自治条例和单行条例、规章"进行规范。可以说,地方立法权限范围在实定法上已有坚实的基础,同时,又对地方立法进行了限制。

一、地方立法权限的内涵及法律依据

"权限"一词最早源于行政学,一般被认为是国家行政机关处理行政事务的

---

[1] 有项研究指出:"目前大多数市场分割做法是有法律依据的,地方政府制定了大量法规和政策来保护本地人员、企业,限制外地人员、物品和服务流人,也限制本地的资本流出广。"熊英:《地方立法中的地方保护主义》,载《中国改革》2005年第11期。

职权与职责的范围。立法权限是立法权的实质内容之一。立法主体能够正确行使立法权的前提是法律上有明确具体的权限划分规定。确立立法权限范围，有助于使立法者明确立法的任务和目标，为立法者进行立法活动提供范围上的准绳、标准，不做超越自己权限范围的事，使地方立法权严格限制在应有的范围内，确保地方立法主体既不越权也不失职。立法权限，就是通过立法方式对一个国家中所有立法事项及每一个立法主体的立法权限范围予以明确规范和限制，确定哪些主体可以成为立法的主体以及他们之间的相互关系、每个立法主体所制定的规范性法律文件的效力等级和其在立法权限体制中的地位等，既包括立法主体的实体性权力内容的分配，也包括形式要件的划分和确认。地方立法权限，就是地方立法机关通过立法方式加以调整、控制和规范的事项的权力范围，也就是地方立法机关能在什么范围内立法。

我国地方立法权限划分的一般原则是，中央统一领导，充分发挥地方主动性和积极性。一是宪法原则，即必须在宪法范围内，依据宪法，具体界定不同主体的立法权限。地方立法的立法权限要坚持人民主权原则和法制统一原则。我国是一个单一制国家，中央对国家实行统一领导表现在法制上就是国家维护法制的统一和尊严，一切法律、行政法规和地方性法规不得同宪法相抵触。我国是统一的多民族的单一制国家，同时，我国又是一个疆域广大、人口众多、各地政治、经济、文化发展极不平衡的国家，这就要求在中央的统一领导下，适当分权给地方，充分发挥地方的主动性和积极性。表现在立法权限划分上就是既要中央统一立法，同时也不能忽视地方分权立法，依照宪法和法律的规定，合理界定地方立法的权限范围。二是科学、合理原则。地方各有权机关立法权限的界定必须清楚明白，细致完备。立法权限的划分应该合理、适当。尤其要注意区分立法事项的性质，并区分各立法主体的性质特点，及其职能配置，使立法事项和其相应的职权的搭配合理、适当。

我国地方立法权限划分的主要法律依据有以下四种：一是宪法。地方立法的内容不得与宪法相抵触。二是法律。《地方组织法》《立法法》《民族区域自治法》是地方立法机关获得立法权力的主要依据。三是行政法规，地方立法不得与行政法规相抵触。四是特别授权。在我国，社会情势变化多端，地方事务庞杂繁复，有时通过特别授权的法定形式，赋予地方国家机关一定的特殊立法权，这种权利不能与授权目的、权限、内容相违背。设区市的立法权，具体法律规定在《立法法》第 72 条和 73 条。第 72 条第 2 款规定："设区的市的人民代表大会及其常务委员会根据本市的具体情况和实际需要，在不同宪法、法律、行政法规和本省、自治区的地方性法规相抵触的前提下，可以对城乡建设与管理、环境保护、历史文化保护等方面的事项制定地方性法规，法律对设区的市制定地方性法规的事项另有规定的，从其规定。"第73条规定："地方性法规可以就下列事项作出规定：（一）为执行法律、行政法规的规定，需要根据本行政区域的实际情况作具体规定的事项；（二）属于地方性事务需要制定地方性法规的事项。除本法第八条规定的事项外，其他事项国家尚未制定法律或者行政法规的，省、自治区、直辖市和设区的市、自治州根据本地方的具体情况和实际需要，可以先制定地方性法规。在国家制定的法律或者行政法规生效后，地方性法规同法律或者行政法规相抵触的规定无效，制定机关应当及时予以修改或者废止。设区的市、自治州根据本条第一款、第二款制定地方性法规，限于本法第七十二条第二款规定的事项。"上述规定是立法法对设区的市地方性法规权限做出的原则规定，但没有一一列举制定地方性法规的具体事项。

可见，从立法内容的限制上看，《立法法》为地方立法权划定了两个界限：一是地方立法权的横向界限，即地方立法的对象，也就是属于地方立法的具体事项；二是地方立法权的纵向界限，即地方立法与中央立法之间遵循不抵触原则，即界定地方立法权的大小程度，地方立法与中央立法在什么情况下构成"抵触"。

二、设区的市地方立法权限范围：横向划分

所谓设区的市地方立法权限的横向划分，主要是指设区的市可以进行地方立法的具体事项范围。2000年《立法法》对较大的市的地方立法权限范围未作限定，从理论上讲，除了《立法法》明确规定只能由全国人大及其常委会制定法律的事项，其他事项较大的市的人大及其常委会都可以规定。实践中，较大的市人大立法权限事项范围与省级人大的立法事项范围几乎是相同的。2015年修改《立法法》，在赋予所有设区的市立法权的同时，对设区的市立法权限事项范围作出了限定，同时对原较大的市已经制定的地方性法规的效力也作出规定。

（一）城乡建设与管理、环境保护、历史文化保护等事项

党的十八届四中全会要求明确地方立法权限和范围，依法赋予设区的市地方立法权。为落实好党中央的精神，在立法法修改中，既要依法赋予所有设区的市地方立法权，以适应地方的实际需要，又要相应明确其地方立法权限和范围，避免重

复立法，维护国家法制统一。立法法修正案草案审议中，对于设区的市地方立法权限范围，主要有四种不同意见：一是建议对设区的市的地方立法权限不作限制；二是建议增加一些事项，包括教育、城乡规划、社会管理、社会保障、经济发展、民生保障、生态建设、自然资源保护等；三是建议对已经享有地方立法权的49个较大的市的立法权限不作限制，实行"老城老办法、新城新办法"；四是建议应当对所有设区的市的地方立法权限范围一视同仁，不再区分原来较大的市和新取得立法权的设区的市。根据各方面的意见，新修改的立法法将设区市立法权限范围界定为"城乡建设与管理、环境保护、历史文化保护等方面的事项"。

对"城乡建设与管理、环境保护、历史文化保护等方面的事项"的理解是把握设区的市地方立法权限边界的关键。关于"城乡建设与管理、环境保护、历史文化保护"的范围，全国人大法律委员会《关于立法法修正案（草案）审议结果的报告》对此进行了说明："'城乡建设与管理、环境保护、历史文化保护等方面的事项'，范围是比较宽的。比如，从城乡建设与管理看，就包括城乡规划、基础设施建设、市政管理等；从环境保护看，按照环境保护法的规定，范围包括大气、水、海洋、土地、矿藏、森林、草原、湿地、野生生物、自然遗迹、人文遗迹等；从目前49个较大的市已制定的地方性法规涉及的领域看，修正案草案规定的范围基本上都可以涵盖。"[①]

1. 关于城乡建设与管理

城乡建设与管理包括城乡规划、城乡基础设施的建设、市政管理，也包括提供公共产品、公共服务在内的建设与管理。城乡规划包括城镇体系规划，城市规划、镇规划、乡规划和村庄规划。具体包括：城乡规划、城乡基础设施建设与管理、城市市政、城市交通秩序管理，以及老年人权益保护、文明行为促进、信息经济促进、绩效管理、职业技能培训等内容。基础设施建设不仅包括公路、铁路机场、通讯、水电煤气等公共设施，也包括教育、科技、医疗卫生、体育及文化等社会事业。城市基础设施是一个系统工程，主要有六大系统，即：能源供应系统、供水供电系统、交通运输系统、邮电通讯系统、环保环卫系统、防卫防灾安全系统。市政管理系统，涵盖城市中的公共事务，包括市政工程、公用事业、园林绿化、环境卫生等，内容十分广泛。针对地方立法实践中有的设区市提出的"城乡建设与管理"包括哪些事项，李适时在第二十一次全国地方

[①] 武增：《中华人民共和国立法法解读》，中国法制出版社2015年5月版，第264页。

立法研讨会上的小结中指出:"城乡建设既包括城乡道路交通、水电气热市政管网等市政基础设施建设,也包括医院、学校、文体设施等公共设施建设。城乡管理除了包括对市容、市政等事项的管理,也包括对城乡人员、组织的服务和管理以及对行政管理事项的规范等。"[①]2015年12月中共中央、国务院印发了《关于深入推进城市执法体制改革改进城市管理工作的指导意见》和《关于进一步加强城市规划建设管理工作的若干意见》,进一步明确了"城市管理"的范围:"城市管理的主要职责是市政管理、环境管理、交通管理、应急管理和城市规划实施管理等。具体实施范围包括:市政公用设施运行管理、市容环境卫生管理、园林绿化管理等方面的全部工作;市、县政府依法确定的,与城市管理密切相关、需要纳入统一管理的公共空间秩序管理、违法建设治理、环境保护管理、交通管理、应急管理等方面的部分工作。"通过上述文件和讲话可以看出,城乡建设与管理的范围应当作广义理解,城市和农村中的公共设施建设与管理、公共秩序、交通环境、应急管理以及对城乡人员、组织的管理等事项,都应包含在城乡建设与管理的范畴之中。同时,根据文件精神,出于城市管理需要而延伸的吸引社会力量和社会资本参与城市管理,建立健全市、区(县)、街道(乡镇)、社区管理网络,推动发挥社区作用,动员公众参与,提高市民文明意识等相关举措,也属于城市管理范畴,涉及的这些领域都是立法法规定的设区的市可以制定地方性法规的范畴。[②]

2. 关于环境保护

环境保护的内涵可以理解为污染防治、生态保护、自然资源保护等,具体包括:水污染防治、水资源管理、土地管理、湿地保护、污染物排放管理、饮用水源保护、大气污染防治、固体废弃物污染防治、噪声防治等。

3. 关于历史文化保护

历史文化保护的范围可以理解为文物保护、历史文化名城名镇名村、历史街区、历史建筑、非物质文化遗产等。

4. 关于"城乡建设与管理、环境保护、历史文化保护等"中的"等"字

一般来说,"等"有等内和等外之分,按《现代汉语词典》的解释,"等外等"

---

① 李适时:《全面贯彻实施修改后的立法法——在第二十一次全国地方立法研讨会上的总结》,载《中国人大》2015年第21期。

② 李适时:《在全国第二十二次全国地方立法研讨会上的小结》,2016年9月9日。

表示列举未尽；而"等内等"则表示列举结束后的煞尾。因为法律讲求精确，以免有扩大解释，所以一般都是"等内等"。针对三个事项后的"等"字是"等内"还是"等外"的问题，李适时指出："从立法原意讲，应该是等内，不宜再做更加宽泛的理解。"[①] 实践中，对三类事项的理解应该从严把握，设区的市在立法中遇到具体立法项目是否属于三个方面的事项不好把握时，要向省、自治区人大常委会法工委进行请示沟通，省、自治区人大法工委认为有必要时，再与全国人大常委会法工委进行沟通。因此，对于三类事项范围，还需要在地方立法实践中不断探索和把握。

（二）"法律另有规定"的地方立法权限范围

《立法法》规定，设区的市除了可以对城乡建设与管理、环境保护、历史文化保护等方面的事项制定地方性法规外，法律对设区的市制定地方性法规的事项另有规定的，从其规定。根据这一规定，某一部法律如果认为超出三项事项范围之外的领域有必要授权设区的市人大及其常委会或者人民政府制定地方性法规或者地方政府规章，可以在法律中作出相应的授权规定，设区的市根据法律的明确规定，可以制定超出三项事项范围之外的地方立法。例如，《立法法》第77条规定，地方性法规案、自治条例和单行条例案的提出、审议和表决程序，根据地方组织法，参照本法的规定，由本级人民代表大会规定。因此，地方性法规制定程序、立法工作机制等方面的事项，属于《立法法》另有规定的事项，设区的市人大可以制定地方性法规予以规范。

（三）原较大的市已经制定的法规规章继续有效

根据《立法法》的规定，原有49个较大的市已经制定的地方性法规和政府规章，涉及三类事项范围以外的，继续有效。实践中，有的原较大的市提出，对已经制定的超出三项事项范围以外的地方性法规，是否可以修改的问题。对此，李适时提出："对这些法规，如因为上位法修改或者实际情况发生变化，可以对地方性法规进行必要的修改，但是不得再增加立法法关于设区的市立法权限范围以外的事项，防止出现'旧瓶装新酒'的现象。如果必须要增加立法权限范围以外的事项，可以考虑由原制定机关废止现行法规，提请省区人大常委会就设区的市的

---

① 李适时：《全面贯彻实施修改后的立法法——在第二十一次全国地方立法研讨会上的总结》，载《中国人大》2015年第21期。

有关事项重新制定相关地方性法规。如果上位法的修改十分详细具体，又具有较强的可操作性，也可考虑适时废止该项法规。"①

三、设区的市地方立法权限范围：纵向划分

地方立法权限范围的纵向划分，就是中央和地方的立法权限范围的划分。在《立法法》修改的过程中，对于如何进一步完善中央与地方的立法权限划分，明确地方立法的权限范围，有人提出是否对中央和地方权限范围一一作出列举。经过深入研究，考虑到我国是单一制国家，地方的权力是中央赋予的，不存在只能由地方立法而中央不能立法的情况，同时，实际上也很难对中央和地方的立法权限都作出列举。因此，《立法法》在规定全国人大及其常委会的专属立法权的同时，对地方性法规的权限范围作出了原则规定。这些规定主要是从中央与地方立法权限划分角度作出的，因此可以称为纵向的权限划分。

（一）设区的市地方性法规可以规定的纵向事项范围

《立法法》第73条规定："地方性法规可以就下列事项作出规定：（一）为执行法律、行政法规的规定，需要根据本行政区域的实际情况作具体规定的事项；（二）属于地方性事务需要制定地方性法规的事项。除本法第八条规定的事项外，其他事项国家尚未制定法律或者行政法规的，省、自治区、直辖市和设区的市、自治州根据本地方的具体情况和实际需要，可以先制定地方性法规。在国家制定的法律或者行政法规生效后，地方性法规同法律或者行政法规相抵触的规定无效，制定机关应当及时予以修改或者废止。设区的市、自治州根据本条第一款、第二款制定地方性法规，限于本法第七十二条第二款规定的事项。制定地方性法规，对上位法已经明确规定的内容，一般不作重复性规定。"根据《立法法》对地方立法事项的规定，学者们将地方立法分为三类，即实施性立法、自主性立法和先行性立法。② 由此，地方立法可以作出规定的纵向范围事项包括三类：

---

① 李适时：《全面贯彻实施修改后的立法法——在第二十一次全国地方立法研讨会上的总结》，载《中国人大》2015年第21期。

② 焦洪昌、郝建臻：《论我国立法中的"根据"原则和"不抵触"原则》，载《宪法论坛》（第1卷），中国民航出版社2003年版，第242页。

1. 为执行法律、行政法规的规定，需要根据本行政区域的实际情况作具体规定的事项，即实施性立法事项

法律和行政法规要在全国范围内施行，考虑到全国各地的实际情况，有些规定只能比较概括和原则，比较具体的规定，则需要由地方性法规根据本行政区的实际情况加以制定，这样才利于更好地根据实际情况执行法律和行政法规。设区的市制定执行性的、具体化的规定，不能和法律、行政法规、省级地方性法规相抵触。

2. 地方性事务中需要制定地方性法规的事项，即自主性立法事项

这里强调的是"地方性事务"。何为"地方性事务"？"地方性事务"一词作为法律概念，在我国首次出现于《立法法》中，明确地方性法规可以就地方性事务作出规定。《立法法》第73条规定："地方性法规可以就下列事项作出规定：……（二）属于地方性事务需要制定地方性法规的事项……"但该法并未对"地方性事务"的内涵进行界定，立法者亦没有出台相关的法律解释予以说明，理论界对这一法律概念内涵也缺乏全面整体的研究。有学者认为划分中央事务和地方事务有多重标准，如根据事务所涉及的利益范围、事务实施的地域范围以及事务的性质等。据此，地方性事务的可能范围应包括：（一）地方政权建设方面，如农村、城镇基层政权建设和自治组织的建设；（二）文化、教育、司法和行政方面，如地方治安管理；（三）市场经济管理方面，如地方的经济计划、基础设施建设、城乡建设规划、交通运输、水利建设等。[1]

我们认为，地方性事务是与全国性事务相对应的，地方性事务是指具有地方特色的事务，一般来说，不需要或在可预见的时期内不需要由全国制定法律、行政法规来作出统一规定。"地方性事务"的特征可以归纳为地方性、专属性及不稳定性。[2] 地方性是指这一事务应当产生于地方并能够集中体现地方特色；专属性是指针对这一事务只有地方性法规能予以规定，法律和行政法规等上位法都未参与对这一事务的立法；不稳定性是指这一事务尽管当下是地方性的，但是并不是一种常态，而是会以社会条件的变化为基础予以自我调整。总而言之，"地方性

---

[1] 孙波：《论地方性事务——我国中央与地方关系法治化的新进展》，载《法制与社会发展》2008年第5期。

[2] 张荣：《谈地方性法规的"地方性事务"——对立法法第六十四条中"地方性事务"的理解》，华东政法学院2002年硕士论文。

事务"应当是产生于地方、集中体现地方特色并专属于地方性法规立法的事务。例如，对本行政区域内某一风景名胜、某种地方特色非物质文化遗产的保护，就属于地方性的事务，一般来说不需要国家作出规定。又如，禁放烟花爆竹，在有些城市中被认为是必要的，因此需要制定禁放烟花爆竹的地方性法规，而有些城市认为燃放烟花爆竹不应当受到限制。这类事项显然不必由国家统一立法。

在我国，地方性事务大致应当包括地方政权建设、文化教育司法行政、市场经济管理和社会权益保障四个方面。地方政权建设主要包括地方人民代表大会及其常务委员会的工作议事制度、地方行政机关建设（如地方公务员的培训考勤制度）、地方性法规和地方政府规章的制定程序、地方人民代表大会对本级政府、法院和检察院的监督、农村、城镇基层政权建设和自治组织的建设等方面；文化教育司法行政方面包括治安管理、医疗管理、科教文卫体等事务，如对制造买卖毒品、卖淫嫖娼行为的禁止，对公共场所的治安秩序管理，对本行政区域内宠物的管理等；市场经济管理包括地方的经济计划、基础设施建设、城乡建设规划、交通运输，地方投资和贸易，地方的税费和物价的监管、市场秩序的管理，地方的环境污染的防治和能源方面的保护；社会权益保障包括未成年人、残疾人、年老者和妇女等弱势群体以及归侨、侨眷等特殊群体的合法权益的保护，主要体现在公共服务、社会保险、社会救助和社会福利等方面，如失业保险、医疗保险、养老保险、最低生活保障、法律援助等。[①]

3. 在全国人大及其常委会专属立法权之外，中央尚未立法的事项，即先行性立法事项

先行性立法事项的含义包括：最高国家权力机关的专属立法权，是地方性法规的"禁区"，无论国家是否制定法律，地方都不能作出规定，否则地方性法规就是越权，是无效的。对于最高国家权力机关专属立法权以外、国家尚未制定法律或者行政法规的事项，则允许地方性法规先行作出规定。在立法实践中，即使是允许地方先行作出规定的，如果涉及中央统一管理的事项，地方也不宜作出规定。因此，在国家立法出台前，地方可以先制定地方性法规，以解决地方的实际问题。但中央一旦立法，由于法律和行政法规的位阶高于地方性法规，地方性法规同法律或行政法规相抵触的规定即为无效，制定机关应当及时进行修改或者废止。

---

① 崔卓兰、于立深等：《地方立法实证研究》，知识产权出版社2007年版，第101页。

《立法法》第 73 条第 2 款明确规定："除本法第八条规定的事项外，其他事项国家尚未制定法律或者行政法规的，省、自治区、直辖市和设区的市、自治州根据本地方的具体情况和实际需要，可以先制定地方性法规。在国家制定的法律或者行政法规生效后，地方性法规同法律或者行政法规相抵触的规定无效，制定机关应当及时予以修改或者废止。"问题是如何理解"尚未制定法律、行政法规"？对于上述条文中的"尚未制定法律或者行政法规"，学者有着不同的理解：有学者认为是指某个整体领域尚未制定法律、行政法规，也有学者认为应当是某一具体事项。[①] 即"领域说"和"事项说"两种观点。"领域说"跟"事项说"冲突的实质在于对地方性法规立法空间的不同认识。领域说从传统的法律保留原则出发，按照现代法治理论，不管是赋予、限制或者剥夺公民、法人和其他组织权利，还是设定公民、法人其他组织的义务，都必须由国家权力机关和国务院通过制定法律和行政法规来完成，如果法律和行政法规不能及时制定，则可以由地方立法机关通过地方立法来实现。但是这种把"尚未制定法律、行政法规"的指向客体理解为整体领域的严格解读存在严重缺陷，第一，尽管在一些领域已经存在相关法律和行政法规，但这些法律规范可能制定于很多年之前，在制定这些法律规范时没有也不能预见到在若干年之后需要对这些领域进行立法规范。在我国现行有效的法律和行政法规中，仍有一定数量的法律规范是制定于 20 世纪甚至是新中国成立后不久。随着时代的不断发展，在一些领域发生了新变化，出现了新问题，为进行有效的地方行政管理，制定地方性法规的要求已经很急迫，如果在这种情形下仍旧坚持领域说的严格要求，禁止地方性法规涉足此领域，势必会导致阻碍社会发展，阻碍法制进步的后果。而且，中央立法机关不是全能的，在制定法律和行政法规的过程中，难免会在考虑各方面情况中忽视了一些具体的领域，如果严格禁止地方性法规对这些领域作出设定，不利于地方事务的治理。第二，根据领域说的观点，某一领域已经制定了法律和行政法规，但这些上位法并未对这一领域内的所有事项作出规定，在这一情况下，地方性法规仍不能涉及这一领域中未规定的事项。这很大程度上限制了地方立法的范围。有学者曾戏称，按照领域说的理论，地方只能对能否养犬、

---

① 王腊生：《地方性法规设定行政强制问题研究》，载《上海政法学院学报：法治论丛》2006 年第 6 期。

禁止随地吐痰等日常行为进行立法了。①

所以，对"尚未制定法律、行政法规"的理解采取"领域说"是不合适的。我们倾向"事项说"。但是，单纯采用"事项说"也存在一些问题。对于某些事项，立法者在制定法律和行政法规时已经充分考虑，在法律和行政法规条文中明确或者从条文中体现的精神看出立法者认为这一事项不需要制定地方性法规，在这一情形下，如果严格遵循"事项说"理论，依然允许地方权力机关制定地方性法规来规范这一事项，显然是违反了立法者的立法宗旨，甚至是超越了地方立法机关现有的立法权限，有违法制统一原则。②所以，我们认为，对"尚未制定法律、行政法规"应作如下理解：对于最高国家权力机关专属立法权以外、国家尚未制定法律或者行政法规的事项，如果已经制定了法律和行政法规等上位法，但这些上位法在制定过程中，因为客观原因没有考虑到制定地方性法规的必要性，或者地方在实施法律和行政法规过程中发生了法律和行政法规没有预料的新变化，据此地方权力机关可以制定地方性法规；但是如果上位法在制定过程中已经充分考虑并在条文中明确或者条文精神中体现出该事项不需要制定地方性法规的，制定地方性法规则不能涉及该事项。

需要说明的是，虽然学者们根据《立法法》对地方立法事项的规定，将地方立法分为实施性立法、自主性立法和先行性立法三类。但在我国单一制的立法体制下，并不存在真正意义上的地方自主性立法，只有实施性立法和先行性立法两类。原因在于：首先，单一制内，且未实行地方自治时，地方并无固有的立法权；其次，《立法法》第64条中的"地方性事务"含义并不清晰，并且第8条第10项对中央专有立法权作了兜底性规定，所以地方并不存在一个中央无权介入的立法区域，也就不存在自主性立法权。即使地方进行了立法，中央完全有权随时就此进行立法，这些原本被视为自主性的立法就会因为后来的全国性立法演变成了先行性立法。对于地方立法而言，不论是为了执行法律、行政法规的规定，需要根据本行政区域的实际情况作具体规定，还是就地方性事务或者在全国人大及其常委会专属立法权之外，中央尚未立法的事项进行立法，一方面都需要受到《立法法》第72条第2款规定"城乡建设与管理、环境保护、历史文化保护等方面的事

---

① 唐明良：《宽严之间：地方性法规行政许可设定权边界》，载《法制日报》2004年11月18日。
② 唐明良、卢群星：《论地方性法规的行政许可设定权——对〈行政许可法〉第十五条第一款的解读及其他》，载《重庆大学学报》（社会科学版）2005年第4期。

项"的限制；另一方面都不得与宪法、法律和行政法规相抵触，即"不抵触原则"。

（二）设区的市立法不得涉及法律保留事项

《立法法》明确规定了法律保留事项，即只能由全国人大及其常委会通过制定法律规定的事项。对于这些事项，国务院和包括设区的市在内的地方立法主体都不能进行立法。之所以作出这样的规定，一是为维护国家的统一和国内市场的统一，一些重要的立法权必须由全国人大及其常委会直接行使，中央行政机关和地方国家机关非经专门授权不能行使。二是我国宪法和相关法律虽然没有就中央与地方权限作出明确划分，但在多年立法实践中，各方面对如何进一步划分中央与地方的立法权限也达成一些基本共识，立法法将这些经验和共识固定下来，有利于充分发挥中央与地方立法的积极性。三是明确划分中央立法机关的专属立法权限也是绝大多数国家的实际做法。比如，在中央与地方立法权限的划分上，美国、德国、意大利、瑞士、巴基斯坦、奥地利、印度、马来西亚等国的宪法中，都对中央的立法权限作了专门规定。美国宪法明确规定了由国会立法的近20项专属权力，德国基本法则列举了11项由联邦立法的专属权力。

根据宪法的规定，总结我国各方面的立法经验，2000年《立法法》第8条列举了10项只能制定法律的事项，2015年修改《立法法》，增加了一项，共11项只能由全国人大及其常委会制定法律的事项，分别是：1.国家主权的事项；2.各级人民代表大会、人民政府、人民法院和人民检察院的产生、组织和职权；3.民族区域自治制度、特别行政区制度、基层群众自治制度；4.犯罪和刑罚；5.对公民政治权利的剥夺、限制人身自由的强制措施和处罚；6.税种的设立、税率的确定和税收征收管理等税收基本制度；7.对非国有财产的征收、征用；8.民事基本制度；9.基本经济制度以及财政、海关、金融和外贸的基本制度；10.诉讼和仲裁制度；11.必须由全国人民代表大会及其常务委员会制定法律的其他事项。对于这些事项，设区的市在制定地方性法规和地方政府规章时，都不能作出规定。当然，根据立法法的规定，如果某部法律专门作出规定，授权设区的市可以就上述事项作出规定，则从其规定。[①]

[①] 陈国刚：《论设区的市地方立法权限——基于〈立法法〉的梳理与解读》，载《学习与探索》2016年12月6日。

（三）设区的市立法权限需要遵循"不抵触"原则

为保证法制统一，宪法、法律对设区的市立法权限一项重要的限制是"不抵触"原则，即设区的市立法不得与宪法、法律、行政法规、省级人大地方性法规相抵触。下位法不得与上位法相抵触，这是保障法制统一的一条基本原则。在地方立法实践中，大量的是行政管理方面的规范，因此，地方立法遵循上位法的规定，不抵触上位法实践中大量的表现为不得与"行政三法"（即行政处罚法、行政强制法、行政许可法）相抵触。根据这三部法律的规定，设区的市地方性法规可以作出规定的处罚、强制、许可事项分别如下：

行政处罚法规定，地方性法规可以设定除限制人身自由、吊销企业营业执照以外的行政处罚。法律、行政法规对违法行为已经作出行政处罚规定，地方性法规需要作出具体规定的，必须在法律、行政法规规定的给予行政处罚的行为、种类和幅度的范围内规定。

行政强制法规定，尚未制定法律、行政法规，且属于地方性事务的，地方性法规可以设定查封、扣押两项行政强制措施。地方政府规章不得设定行政强制。法律对行政强制措施对象、条件、种类作了规定的，地方性法规不得作出扩大规定。法律中未设定行政强制措施的，行政法规、地方性法规不得设定行政强制措施。

行政许可法规定，尚未制定法律、行政法规的，地方性法规可以设定行政许可。地方性法规不得设定应当由国家统一确定的公民、法人或者其他组织的资格、资质的行政许可；不得设定企业或者其他组织的设立登记及其前置性行政许可。其设定的行政许可，不得限制其他地区的个人或者企业到本地区从事生产经营和提供服务，不得限制其他地区的商品进入本地区市场。地方性法规、地方政府规章可以在上位法设定的行政许可事项范围内，对实施该行政许可作出具体规定。法规、规章对实施上位法设定的行政许可作出的具体规定，不得增设行政许可；对行政许可条件作出的具体规定，不得增设违反上位法的其他条件。

除了上述"行政三法"对地方性法规、地方政府规章作出的立法权限规定外，行政复议法、国家赔偿法、公务员法、出境入境管理法等法律也规定了一些只能由法律规定、地方立法不得涉及的事项。如，行政复议法规定，终局的行政复议决定只能由法律规定。国家赔偿法规定，国家不承担赔偿责任的情形只能由法律规定。公务员法规定，不得录用为公务员的情形只能由法律规定。出境入境管理法规定，中国公民不得出境、外国公民不得出入境的情形只能由法律、行政法规规定。所有这些法律的规定，设区的市地方立法都不得与之相抵触。①

四、实践中需要明确的几个问题

（一）设区的市人大与其常委会立法权限划分

根据宪法和法律规定，设区的市人民代表大会及其常委会都有立法权，都可以制定地方性法规。但在地方立法实践中，除少数涉及代表大会职权的地方性法规（如人民代表大会工作条例或议事规则）外，地方人民代表大会很少审议通过地方性法规。在有的设区的市，人民代表大会甚至从未制定过地方性法规，使宪法和法律规定的地方人大制定地方性法规的权力被虚置。出现这一问题的原因，一是由于宪法和地方组织法没有对地方人大及其常委会制定地方性法规的权限范围作出划分。二是由于地方人大召开人大会议时，会期比较短，为节省时间，一般也就不将地方性法规案列入会议议程。另外，地方人大常委会对地方人大制定地方性法规的权力认识不足也是造成这一问题的原因之一。针对这一情况，《立法法》第76条规定："规定本行政区域特别重大事项的地方性法规，应当由人民代表大会通过"，从而为地方人大及其常委会在制定地方性法规方面的权限作出了一个基本的分工。对于什么属于"特别重大事项"，《立法法》没有作出明确规定，需要根据实际情况进行判断。一般来说，判断"特别重大事项"主要有以下几个标准：一是涉及本地区全局性的重要事项；二是涉及较多数人民群众切身利益的重要事项；三是社会普遍关注的重大事项。例如，针对北京市环境污染问题，2014年1月北京市第十四届人大二次会议对《北京市大气污染防治条例》进行了修改，回应社会和人民群众对大气污染防治问题的关切。

应当明确的是，《立法法》规定特别重大的事项应由地方人大通过，并不意味着地方人大制定地方性法规的权限仅限于特别重大的事项，对于属于地方人大职权范围内的其他事项，地方人大也可以制定地方性法规。

---

① 陈国刚：《论设区的市地方立法权限——基于〈立法法〉的梳理与解读》，载《学习与探索》2016年12月6日。

（二）设区的市地方性法规与本级政府规章立法权限划分

设区的市行使地方立法权的主体，既包括市人大及其常委会，也包括市人民政府。根据《立法法》的规定，设区的市地方政府规章可以就下列事项作出规定：一是执行法律、行政法规、地方性法规的规定需要制定规章的事项；二是属于本行政区域的具体行政管理事项。《立法法》同时规定，设区的市、自治州的人民政府制定地方政府规章，限于城乡建设与管理、环境保护、历史文化保护等方面的事项。地方立法实践中，对于哪些事项需要制定地方性法规，哪些事项需要制定地方政府规章，不是很明确。从立法法关于设区的市地方立法权限事项来看，城乡建设与管理、环境保护、历史文化保护都属于具体行政管理事项，对于这些事项，既可以制定地方性法规，也可以制定地方政府规章。

从实践来看，除了上位法明确要求设区的市人大及其常委会制定地方性法规以及调整事项比较重要需要制定地方性法规以外，地方性法规与地方政府规章最重要的划分是看调整的事项是否涉及减损公民、法人或者其他组织权利或者增加其义务。《立法法》规定，没有法律、行政法规、地方性法规的依据，地方政府规章不得设定减损公民、法人和其他组织权利或者增加其义务的规范。根据这一规定，如果需要设定减损公民、法人和组织权利或者增加其义务的，在没有法律、行政法规和省级地方性法规依据的情况下，应当制定地方性法规，而不能制定地方政府规章。

但考虑到实践中错综复杂的情况，在某些特殊情况下，如果制定地方性法规条件不成熟的，也可以先制定地方政府规章，但必须遵循法律的明确要求。《立法法》规定，应当制定地方性法规但条件尚不成熟的，因行政管理迫切需要，可以先制定地方政府规章。规章实施满两年需要继续实施规章所规定的行政措施的，应当提请本级人民代表大会或者其常务委员会制定地方性法规。

（三）设区的市地方性法规与上级政府规章的关系

《立法法》规定，地方性法规的效力高于本级和下级地方政府规章。但是，对于设区的市地方性法规与国务院部门规章和省级政府规章的效力，立法法未作规定。实践中，一些地方提出，设区的市地方制定地方性法规时，对于某类具体事项，是否可以作出与国务院部门规章或者省、自治区政府规章不一致的规定。

对于设区的市地方性法规与省、自治区人民政府规章的关系，有意见认为，设区的市制定的地方性法规不能同省、自治区人民政府制定的规章相抵触。理由是，省、自治区、直辖市制定的地方性法规不能同国务院制定的行政法规相抵触，设区的市作为省、自治区的下级地方政权，其制定的地方性法规也不得同省、自治区的规章相抵触。立法制定和修改过程中，考虑到设区的市制定的地方性法规是经省、自治区人大常委会批准的，不宜在立法法中统一要求设区的市的地方性法规不得同省、自治区规章相抵触。同时，为了保证法制的统一，《立法法》第72条第3款规定，省、自治区人大常委会对报请批准的设区的市的地方性法规进行审查时，发现其同本省、自治区人民政府的规章相抵触的，应当作出处理决定。处理决定可以有三种情况：一是，如认为设区的市地方性法规的规定合适的，可以批准设区的市的地方性法规。设区的市的地方性法规经批准后，在设区的市范围内应当按照被批准的地方性法规执行。如果省、自治区人大常委会认为省、自治区规章不适当，不宜在其他地区执行，在批准设区的市的地方性法规的同时，可以撤销省、自治区的规章或责成省、自治区政府作出修改。二是，如认为设区的市的地方性法规不适当，可以责成设区的市人大常委会对报批的地方性法规进行修改，如果设区的市不同意修改，可以不予批准。三是，如果认为设区的市的地方性法规与省、自治区的规章的规定均不适当，则可以分别要求各自制定主体作相应修改。[①]

第三节 "不抵触原则"的理解与适用

为保证法制统一，宪法、法律对地方立法权限的一项重要限制是"不抵触原则"，地方立法权的纵向界限问题，就是"不抵触"问题。我国之所以规定"不抵触原则"，原因有以下两点：其一，这种规制是由我国的政治特点决定的。我国是统一的多民族的单一制社会主义国家，坚持法制统一，才能维护社会主义国家法制的权威和尊严。同时，社会主义国家的稳定和民族团结是压倒一切的大问题。我国宪法作为社会主义中国的法上之法，它不可能不顾及中国特有的政治理念和需要。因此，"不抵触原则"的确立可以说是由宪法安排的在法律方面有效处理

[①] 陈国刚：《论设区的市地方立法权限——基于〈立法法〉的梳理与解读》，载《学习与探索》2016年12月6日。

我国中央和地方关系的根本措施之一。其二，这种规制是有效发挥地方立法功能的需要。一个国家的整体法律运行必须在协调有序的基础上才能进行。由于地方立法的主体众多，立法的规模一般也较大，如果不对地方立法规定"不抵触原则"，那么整个国家的立法局面就会趋于混乱，甚至可能出现地方法规权威高于国家法的可怕后果。由于混乱无序的立法局面只能消解地方立法的功能，充分发挥地方的主动性、积极性的宪法原则也有可能落空。因此，我国宪法和立法法规定"不抵触原则"是十分必要的。

如何理解"不抵触原则"？中央和地方有着各自不同的言说。一些地方立法者认为，不抵触就是不与中央法律的原则和精神相违反，并不拘泥于具体条款是否一致；[①] 而中央立法者则认为不抵触就是要与中央的法律保持一致。理解的差异必然表现为立法上的矛盾。一些地方认为富有创造性的立法可能被中央认为违反了"不抵触原则"；[②] 一些表面上遵循了"不抵触原则"的地方性法规事实上是大量地抄袭上位法，使地方立法失去实质意义。[③] 在立法实践中，地方立法机关在针对地方性事务立法时，仍然要面对一个复杂的问题，即在什么情况下，构成对中央立法的抵触。《立法法》仅在第73条和第87条规定，地方性法规必须"在不同宪法、法律、行政法规相抵触的前提下"制定，否则，由有关机关予以改变或者撤销，但是，什么情况下构成"抵触"，有哪些判断标准等问题，《立法法》并没有做出进一步规定。这可能在立法实践中产生两种相反的局面：一方面是过分强调本地的特殊情况和实际需要，忽视上位法的规定，从而与中央立法相抵触；另一方面是过分担心"抢占跑道"，戴上"闯红灯"的帽子，而忽视本地的特殊情况和实际需要，或者畏首畏尾，任由法律规范的空白出现，或者对中央立法照搬照抄，使所立之法规或规章成为中央立法的翻版。这两种局面都不利于地方立法的健康发展。

我们认为，"不抵触原则"包括两个要素：一是"不抵触"；二是不得与"宪法、法律、行政法规等上位法"相抵触。这两个要素的确切含义都极具争议。前者的问题在于内涵不明朗，需要在法理上解读"抵触"与"不一致"等类似范畴的含义是否相同，与行政法规和自治法规制定时所遵循的"根据"原则及"变通"原

[①] 王锡财：《地方立法要正确理解不抵触原则》，载《中国人大》2005年第10期。
[②] 蔡定剑：《法律冲突及其解决途径》，载《中国法学》1999年第3期。
[③] 孙波：《试论地方立法"抄袭"》，载《法商研究》2007年第5期。

则是否有别；后者的问题在于外延不清晰，除宪法外，我国有为数众多的法律和行政法规，需要研究哪些是某一具体的地方性法规所不得抵触的上位法以及应根据何种标准确定这些上位法的范围。

一、"不抵触"的含义

《辞海》中对"抵触"的解读是"触犯，后引申为冲突、矛盾"。这是典型的文义解释，它是指两个不同的事物之间存在矛盾；但它不单纯是事实陈述，还隐含价值判断，即两个矛盾的事物之间存在价值上的差异，下位事物所代表的价值构成了对上位事物所代表的价值的触犯，因而其正当性遭到否定。"不抵触原则"中"抵触"内涵与此暗合，表明地方性法规与宪法、法律、行政法规在法律位阶上的差异，即地方性法规属于下位法，因而不得与宪法等上位法相抵触。那么，"不抵触原则"的含义是什么呢？大致上可以归纳为四种观点[1]。

第一种观点包含一层意思，所谓不抵触，就是指地方性法规不得作出与宪法、法律或行政法规的基本精神、原则相抵触的规定。"不抵触"的实质是要求合乎国家法律的基本精神，朝着发展社会主义民主，健全社会主义法制的方向发展，地方立法顺着这个精神和方向去补充、增添、延伸、完善，尽管不一致，甚至有了新规定，国家法律都是允许的，能容纳的，从根本上讲就不存在抵触的问题。按照社会主义法制原则，如果发生抵触，那就应依法撤销，否则，就意味着没有相抵触。[2]

第二种观点包含两层意思，所谓不抵触，就是指地方性法规除了不得作出与宪法、法律或行政法规的基本精神、原则相抵触的规定外，还不得作出与宪法、法律或行政法规的明文规定相抵触的规定。所谓不同宪法、法律、行政法规相抵触，是指不得与宪法、法律、行政法规相冲突、相违背。一是不得与宪法、法律、行政法规的具体条文的内容相冲突、相违背（即直接抵触）；二是不得与宪法、法律、行政法规的精神实质、基本原则相冲突、相违背（即间接抵触）。

第三种观点包含三层意思，所谓不抵触，就是指地方性法规除了不得作出与宪法、法律或行政法规的基本精神、原则相抵触的规定，不得作出与宪法、法律

---

[1] 参见崔若鸿：《论地方立法的不相抵触原则》，北大法律信息网。
[2] 沈关成：《对地方立法权的再认识》，载《中国法学》1996年第1期。

或行政法规的明文规定相抵触的规定外，还不得作出本应由国家立法规定的事项。"不抵触"包括三层含义：不得与宪法、法律、行政法规的基本原则和精神实质相抵触，不得与宪法、法律、行政法规所确定的具体法律制度相抵触，不得与宪法、法律、行政法规的具体条文相抵触。所谓"抵触"是指地方性法规全部或部分违反或超越宪法、法律、行政法规，与其基本原则或具体规定不一致的情形。主要有几种情况：一是地方性法规超越立法权限，规定了本应由国家立法规定的事项；二是违反了宪法、法律和行政法规的基本原则、指导思想和立法宗旨；三是违反宪法、法律和行政法规的具体条文和规范。以上几种，不论是直接抵触还是间接抵触，都是不允许的。

第四种观点包含四层意思，所谓不抵触，就是指地方性法规除了不得作出与宪法、法律或行政法规的基本精神、原则相抵触的规定，不得作出与宪法、法律或行政法规的明文规定相抵触的规定，不得作出本应由国家立法规定的事项外，还不得作出钻法律空子的规定。一般认为以下几种情况即构成"抵触"：一是侵犯了全国人大及其常委会的专属立法权；二是同宪法、法律、行政法规的规定相违背；三是同宪法、法律、行政法规的精神相违背；四是搞"上有政策，下有对策"，钻所谓的法律空子。①

我们认为，地方立法所遵循的"不抵触"，是指地方立法不得与宪法、法律、行政法规等上位法的基本原则和精神相抵触，也不能与上位法的具体规范相抵触。下文将在此基础上从比较的视角对"不抵触"含义再作进一步解读。②

1. "不抵触"不等于"不一致"

在学理上，有观点认为地方性法规和上位法不一致就构成了抵触。③甚至最高人民法院也曾以与上位法"不一致"为由在诉讼中不适用地方性法规。最高人民法院在1993年的一个批复中指出，《福建省实施〈中华人民共和国渔业法〉办法》中有关非法捕捞没收渔船的规定，"是与渔业法的规定不一致的，人民法院审理行政案件，对地方性法规的规定与法律和行政法规的规定不一致的，应当执行法律和行政法规的规定"。这实质上是将"不一致"认定为"抵触"。在1999年

---

① 乔晓阳：《完善我国立法体制维护国家法制统一》，全国人大常委会法制讲座第四讲。
② 参见姚国建：《论地方性法规制定中的"不抵触原则"——个规范主义视角的解读》，载《中国宪法年刊》2011年，第66—80页。
③ 杨小君：《行政法律规范的冲突》，载《国家行政学院学报》2006年第3期。

最高人民法院《关于对人民法院审理公路交通行政案件如何适用法律问题的答复》再次强调某地方性法规因与《公路法》"不一致"而不予适用。这与后文将要提及的最高人民法院《关于审理行政案件适用法律规范问题的座谈会纪要》中的精神明显有差异。"抵触"即"不一致"自无疑义；但以"不一致"替代"抵触"是以事实判断替代价值判断；而且，简单地将"不一致"归结为"抵触"是对立法原意的误读。原因在于：（1）如果要求地方性法规与上位法完全一致，只能造成地方立法对上位法的"抄袭"，[①] 地方立法就演变为中央立法的重述或"二次立法"。这也就意味着只要是宪法等上位法未规范的事项地方性法规便一概不能涉猎，在上位法已规范的事项上只能作出与之完全一致的规定，如此地方立法就不能规范中央立法暂时不能解决的事项，制定地方性法规也就完全失去了意义，地方立法投入的大量人力和物力资源将完全浪费。（2）《立法法》第73条在要求地方权力机关须遵循"不抵触原则"的同时，还强调地方性法规应"根据本行政区域的具体情况和实际需要"制定。这是由于地方和全国以及各地方之间的实际差异性，地方性法规不可能与全国性法律完全一致，也不能在各地方完全一致，因而地方立法应积极与审慎并举，亦即首先是要根据当地的实际情况和需要。（3）我国《宪法》规定："中央和地方的国家机构职权的划分，遵循在中央的统一领导下，充分发挥地方的主动性、积极性的原则。"这一原则无疑也适用于地方性法规的制定，如果要求其完全与宪法等上位法相一致，沦为上位法的重述，将彻底扼杀地方的积极性和主动性。所以，从制宪和立法原意看，地方立法要合乎国家法律所确立的基本制度框架和基本精神，不违背建立法治社会的根本宗旨和方向，而在具体的问题和细节上则可以进行补充、增加和完善，并不要求地方性法规完全照搬上位法的规范。"不抵触原则"所保障的国家法制的统一是多样性的统一。[②] 在某种意义上，"不一致"是地方立法的必然产物，也是地方立法的生命力所在。

2. "不抵触"不等于"根据"

我国《宪法》第89条规定，国务院"根据宪法和法律……制定行政法规"。《立法法》第73条规定，省、自治区、直辖市的人民代表大会及其常务委员会根据本行政区域的具体情况和实际需要，在不同宪法、法律、行政法规相抵触的前

[①] 孙波：《试论地方立法"抄袭"》，载《法商研究》2007年第5期。
[②] 蒋德海：《从宪法"不抵触"原则透视宪法与其他法的关系》，载《华东政法大学学报》2008年第1期。

提下，可以制定地方性法规。较大的市的人民代表大会及其常务委员会根据本市的具体情况和实际需要，在不同宪法、法律、行政法规和本省、自治区的地方性法规相抵触的前提下，可以制定地方性法规，报省、自治区的人民代表大会常务委员会批准后施行。从这些规定上看，制定行政法规是"根据宪法和法律"，而制定地方性法规是"不相抵触"。从语义上看，"根据"要求必须要有宪法和法律的根据。具体而言，"根据宪法和法律"是指：第一，上位法没有涉及的立法事项，行政法规不应设定规范；第二，在立法目的、原则或精神上须与宪法或法律保持一致。所以，"不抵触"条件下，下位法的立法空间大；"根据"条件下，下位法受到严格限制，如果宪法和法律没有对某一事项作出规定，行政法规就不能对此予以规定。[1]另外，二者的合法性条件不同。在"不抵触原则"下，只要不抵触，地方性法规的合法性就不存在问题；而在"根据"条件下，除了不抵触外，还必须考虑根据；虽不抵触，但没有根据，同样也不合法。而且，"根据宪法和法律"中的"和"意味着"同时"或"并且"，即制定行政法规要同时根据宪法和法律两类上位法。这也就表明，行政法规的性质基本属于实施性立法，在没有宪法和法律依据的情况下，国务院不应制定行政法规，不应存在先行性立法。

"不抵触"与"根据"的不同含义，决定了地方性法规的制定权限应当广于行政法规的制定权限。《立法法》在配置立法权时，规定国务院制定行政法规应当以宪法和法律为根据，用"根据"原则对行政机关的立法权限作了基本的限定；规定有权制定地方性法规的地方权力机关在不与宪法、法律、行政法规等上位法相抵触的前提下，可以制定地方性法规，用"不抵触"原则界定了地方的立法权限。"不抵触"原则要求只要不违反法律的基本原则和精神，可以就法律尚未制定的事项予以规定，这种规定甚至可以在法律没有授权的情况下进行，而"依据"原则要求不仅要遵循法律的基本原则和精神，还应在法律明确规定的前提下，行政法规才可以涉足非法律保留事项。因此，"不抵触"原则决定了地方性法规比行政法规具有更大的灵活性和更高的自由度。根据《立法法》的规定，对于只能制定法律的事项之外的其他事项，地方性法规可以根据地方事务治理的需要予以规范。

地方性法规的制定权限之所以广于行政法规的制定权限，这是因为法律保留

---

[1] 蒋德海：《从宪法"不抵触"原则透视宪法与其他法的关系》，载《华东政法大学学报》2008年第1期。

原则对行政法规和地方性法规的要求是不同的。本质上讲，法律保留原则主要是依法行政原则的要求，政府在一些重要领域和重大问题上不能自作主张，行政立法受到法律保留原则的限制。重大问题和重要领域需由民意机关决定，如果将法律保留原则切换成民意机关保留的话，这实际上是在强调民意的重要性以及立法与行政的关系。或者可以这样讲，法律保留原则是处于同一层级立法权与行政权的关系准则，是统一政权体系中立法权与行政权划分的原则。从中央层面，不能用国务院制定行政法规、更不能用部门规章替代法律；同样的道理，在地方政权体系中，立法权与行政权的关系也应适用"法律保留"原则，或者直接讲就是"法规保留"原则，这关系到地方立法权布局和体系问题。尽管在行政处罚法、行政许可法、行政强制法的立法模式中，这三类具体行政行为的创设制度显示了法律与地方性法规的不同规格，但从性质上讲，与行政法规相比，地方性法规与法律更具有相似性，因为地方性法规与法律一样，都是由民意机关制定，地方性法规的自由度应该比行政法规大得多，法律没有规定的，行政法规不能作规定，但地方性法规不是完全不可以作出规定的。

3. "不抵触"不等于"变通"

根据宪法和立法法，我国民族自治地方的自治法规可以依照当地民族的特点，对法律和行政法规作出"变通"。按《现代汉语词典》，"变通"是"依据不同情况，作非原则性的变动"。有学者将自治法规对法律的"变通"理解为"民族自治地方制定与法律或行政法规有不相一致内容的规范性文件。"[1] 我们认为，首先，将"不一致"理解为"变通"显然过于浮泛，因为差异性并不是"变通"的本质。在规范层面，"变通"的基本含义是对法律或行政法规的规定作出完全不同的规定。所以，"变通"后的差异性远比"不一致"明显，甚至可以改变法律或行政法规的强制性规定。如《婚姻法》对最低结婚年龄的设定是强制性规范，但实践中很多自治法规降低了民族自治地方公民的结婚年龄。这一规定构成了对上位法的"抵触"，但为"变通"原则所容许。其次，更为重要的是"变通"后所产生的规范阻滞了上位法在本地的效力，即以一个全新的自治规范替代了上位法。而在"不抵触原则"下地方性法规并不能替代上位法在本地的效力。可以看出，"变通原则"所赋予的民族自治地方的立法权比地方性法规制定权更为宽泛与灵活。如果将"不抵触"与"变通"等同，将极大地扩张地方立法权，并且会有以地方

---

[1] 汪全胜：《民族自治条例的立法变通权探讨》，载《满族研究》2006 年第 1 期。

性法规架空上位法之虞。

对于自治区人民代表大会而言，由于其既有权制定地方性法规，又有权制定自治法规，尤其不能将"变通"原则适用于地方性法规的制定中。如有地方性立法者就认为，自治区人大对少数民族结婚年龄的规定有法律的授权，因而虽与《婚姻法》不同，但不能认为其违反了"不抵触"原则。① 这显然是将地方性法规中的"不抵触原则"与自治法规的"变通原则"相混淆了。

二、"上位法"的范围

我国宪法规定，地方性法规不得抵触"宪法、法律与行政法规"。根据立法法，地方性法规包括省级和市级两个层级。其中市级地方性法规除不得同宪法、法律、行政法规相抵触外，还不得同省级地方性法规相抵触。另外，自治区内较大市的地方性法规不得同自治区的自治法规相抵触。② 所以，不同地方性法规的上位法范围不完全一致。

在既有研究中，更多的学者将宪法排除在上位法之外。一个重要原因是认为宪法太过原则性和抽象性，难以判断地方性法规是否与其抵触。这一主张并不妥当。原因有三：第一，宪法是国家的最高法，地方性法规不得与其相抵触是法律的明确要求，在认定地方性法规是否有效时自然不能忽视宪法。第二，很多先行性立法并无直接而明确的法律或行政法规层次的上位法，其有效性只能求诸宪法。第三，由于上位法类型众多，位阶也不相同，有时其内部体系亦有矛盾或冲突之处，此时基于其最高性的地位，宪法成为判断地方性法规合法性的终极依据。

除宪法外，法律和行政法规自然是地方性法规不得抵触的上位法、省级地方性法规是设区的市地方立法的上位法，但哪些法律、行政法规或者省级地方性法规构成某一具体地方性法规的上位法，则需进一步探究。比如，全国人大常委会制定的《母婴保健法》自然是省级《母婴保健条例》的上位法，但行政法规《婚姻登记条例》就不是其上位法吗？另外，省级如果制定《中小学校学生伤害事故处理条例》，虽然我国并无专门的中小学生伤害事故处理的法律或行政法规，但这一地方性法规可以违反《民法通则》或《侵权责任法》吗？

---

① 杜志勇：《浅谈地方立法中的"不抵触"原则》，载《新疆人大》1996年第4期。
② 乔晓阳、张春生：《选举法和地方组织法释义与解答》，法律出版社1997年版，第150页。

实践中，判断某一法律是否构成某个地方性法规的上位法应有两个基本标准：

第一，立法目的标准。即考察法律或行政法规与地方性法规的立法目的是否相同。立法目的是法律的核心，承载着法律的价值内核，决定着法律对何种事项作出规范以及如何规范。立法目的相同的法律具有相同的价值内涵，其所规范的事项在很大程度上应是重合的，规范方式是相同或近似的。所以，如果立法目的相同，则法律或行政法规构成地方性法规的上位法；如果两者不同，法律或行政法规不必然构成地方性法规的上位法，需要结合第二个事项标准判断。

第二，规范事项标准。即考察法律或行政法规与地方性规范的事项是否相同。从立法角度而言，中央和地方的立法者基于不同的立法目的，针对相同事项作出规范完全是可能的；由于目的不同，规范方式就很有可能存在差异，如《婚姻登记条例》虽然和省级的《母婴保健条例》立法目的不同，但都针对公民的婚姻登记行为设定了规范。《婚姻登记条例》的立法目的是"规范婚姻登记工作，保障婚姻自由、一夫一妻、男女平等的婚姻制度的实施，保护婚姻当事人的合法权益"。根据该条例，办理结婚登记并不要求提交婚检证明。而《母婴保健条例》的立法目的是"提高人口素质，保障母婴健康"。据此，它要求公民结婚登记时应提交婚检证明。此时，法律或行政法规能否成为立法目的完全不同的地方性法规的上位法呢？我们认为，如果规范事项相同，即使立法目的不同，法律或行政法规也构成地方性法规的上位法。

如前述例证中，虽然两者目的不同，但都涉及公民的婚姻登记行为。再如，针对企业的排污行为，如果基于环境保护和保障周边公民健康的目的，就会设置比较严格的排污标准；而如果基于减少企业生产成本从而促进经济发展的目的，就会设置比较宽松的排放标准。所以，即使立法目的不同，但如果规范事项重叠，法律或行政法规亦应成为地方性法规的上位法。

根据上述标准，可以将地方性法规的上位法分为两种类型：

（1）直接的上位法。如果某一法律或行政法规与具体的地方性法规在立法目的和规范事项上都是相同的，自然就构成其上位法。对于那些实施性立法而言，其所欲实施的法律或行政法规显然是其直接的上位法。如《集会游行示威法》自然是省级《实施〈中华人民共和国集会游行示威法〉办法》的上位法。

（2）间接的上位法。它是指立法目的不同，但规范了相同事项的法律或行政法规。如《行政许可法》的立法目的在于规范行政机关的行政许可权，具体规范了某一事项不需要经过行政许可，但某地方性法规以保护某项利益为由，规定要对这一事项设置行政许可,那么《行政许可法》就构成了该地方性法规的上位法。另外,理论和实践中的一个共识是如果地方性法规侵犯了中央的专属立法权自属无效,其理由在于《立法法》规定某些事项只能制定法律。那么,这些地方性法规无效的原因就在于其抵触了《立法法》中中央专属立法权的规范。《立法法》与这些地方性法规的目的不同,但由于在具体立法事项上发生了重叠,《立法法》构成了这些地方性法规的上位法。

由于存在间接的上位法,一个地方性法规的上位法可能就不止一个。有些地方性法规可能既有直接上位法,也有多个间接的上位法。如《母婴保健条例》的上位法就既包括《婚姻登记条例》(间接上位法),也包括《母婴保健法》(直接上位法)。有些地方性法规可能没有直接上位法,但基于其规范事项会有多个间接上位法,很多先行性立法存在这种情况。这就要求在判断某一个地方性法规是否违反"不抵触原则"时,不能单纯地看是否抵触直接上位法或单个的上位法,而应综合考量和判断,以寻求其合法性的科学认定。

三、"不抵触"的第一种情形:不与上位法原则与精神相抵触

(一)不得违反宪法的原则与精神

宪法的原则与精神在两种情境下对于判断地方性法规的合法性有实质性意义。首先,先行性立法的合法性在很大程度上需要由宪法的原则与精神来检验。地方性法规中的多数是先行性立法,这类立法所规范的事项不专属于法律保留范围,但又没有全国性立法。此时宪法原则与精神即成为判断其是否违反不抵触原则的重要依据。如互联网管制的立法,全国没有相关立法,某市人大常委会就此制定了地方性法规。对这一法规的合法性只能诉诸宪法中的人权保障原则并结合言论自由来判断。其次,对于那些实施性的地方性法规,如果其在法律或行政法规的基础上增加了新规定,对于这些规定不仅要求助于法律本身的原则和精神,在某些情况下也需要结合宪法的原则与精神来判断。

在宪法的原则和精神中,有两个原则对于判断地方性法规是否违反"不抵触原则"尤其具有普适意义。

第一是人权保障原则。按立宪主义精神,国家负有保障公民基本权利实现的义务。人权保障是宪法的核心原则与精神,我国宪法规定"国家尊重和保障人权"。

人权保障这一宪法核心精神应在整个法律系统中得以贯彻,地方权力机关亦应遵循这一价值指引。《宪法》第 99 条规定:"地方各级人民代表大会在本行政区域内,保证宪法的遵守和执行。"这就要求地方权力机关在制定地方性法规时应贯彻人权保障原则。这一原则可以引申出两条具体的规则:(1)地方性法规在上位法的基础上实质性地增加对公民权利的限制构成对宪法的抵触。《行政处罚法》中规定地方性法规不得提升处罚类别、增加处罚种类、加大罚款数额的规定体现了这一精神。当然,这并不意味着地方性法规对公民基本权利的任何限制或在法律或行政法规的基础上增加限制一律构成抵触。此时,应结合合宪性判断中的比例原则等理论来判断。(2)与上位法不一致,但更有利于保障公民权利的应视为不抵触。这一点也与最高人民法院制定的《关于审理行政案件适用法律规范问题的座谈会纪要》的精神相契合。最高人民法院《纪要》是 2003 年最高人民法院发布的,列举了下位法不符合上位法的 11 种情况,其中前两种是:(1)下位法缩小上位法规定的权利主体范围,或者违反上位法立法目的扩大上位法规定的权利主体范围;(2)下位法限制或者剥夺上位法规定的权利,或者违反上位法立法目的,扩大上位法规定的权利范围。实践中,《青岛市城市房屋拆迁管理条例》可以视为这方面的例证。国务院《城市房屋拆迁管理条例》确立的补偿标准是"根据被拆迁房屋的区位、用途、建筑面积等因素,以房地产市场评估价格确定"。但《青岛市城市房屋拆迁管理条例》确立的补偿标准是"以拆迁区域新建商品住房销售价格计算"(第 33 条)。据此,在青岛市,对拆迁人的补偿金额普遍高于行政法规所确立的标准。由于最终受益的是被拆迁的公民,这样的地方性法规应当视为不抵触。

第二是法制统一原则。《宪法》规定:"国家维护社会主义法制的统一和尊严。"鉴于地方性法规在数量上的绝对优势,其应遵循"不抵触原则"是维护法制统一的关键环节。但在实践中,有的地方立法者刻意强调地方立法的创造性和试验性,将这一特点推向极致,认为如果法律等上位法不适应改革需要时,地方性法规可以不与上位法相一致。[①] 甚至有论点认为,如果国务院有关文件与法律、行政法规不一致,但因能及时反映政府的改革思想和战略举措,地方性法规就可以参照这些规定。[②] 易言之,即是地方性法规完全可以直接突破法律的规定。我们认为,这是以改革的名义牺牲法治。且不论国务院无权下达与法律不一致的文件,地方

[①] 王锡财:《地方立法要正确理解不抵触原则》,载《中国人大》2005 年第 10 期。
[②] 姚明伟、许晓蕊:《对地方立法中不抵触问题的思考》,载《人大建设》2007 年第 5 期。

性法规以这些与法律不相一致的文件作为依据公然抵触法律，就是对"法制统一"这一宪法原则的破坏。不论是否落后于时代，在被有权机关修改前，上位法都是有效的，地方性法规不能与之抵触，这也许是社会发展必须付出的代价；但相对于法制统一的维护和法律权威的确立，这种代价显然是值得和必要的。

（二）不得违反法律或行政法规的原则与精神

很多地方性法规在法律或行政法规的基础上增加新的规定，从而导致二者在形式上的不一致。前文已述及，不能简单地将所有"不一致"都归结为"抵触"。如果地方性法规在某一事项上作出了与其直接的上位法完全不同的规定，即那种"针尖对麦芒"式的不一致自然构成了抵触。但一般而言地方权力机关明显直接地与中央立法"唱对台戏"并不常见。两者不一致的情形多表现为地方性法规在上位法的基础上作出补充或增加规定。如《土地管理法》第62条规定："农村村民出卖、出租住房后，再申请宅基地的，不予批准。"但某省《〈土地管理法〉实施办法》第46条规定："有下列情况之一申请宅基地的，不予批准：（一）出卖、出租或以其他形式转让房屋的；（二）违反计划生育规定超生的。"地方性法规与法律存在不一致的情形，但在这种情况下很难单纯地通过比较规范的差异性来判断地方性法规究竟是否抵触上位法。

我们认为，在此种情形下，法律的原则和精神将是判断地方性法规是否与其抵触的重要依据。具体分为以下两种情况：（1）地方性法规与直接的上位法。如果地方性法规在直接的上位法规定的基础上作出新的规定，这是经常出现的"扩张性规范"，如前文述及的某省《〈土地管理法〉实施办法》。判断扩张性规定需要考量上位法的原则与精神。如果二者一致，则不存在违反上位法的精神，但这种扩张性规范应有界限，需要考量其是否违反了宪法中的比例原则等。如果两者的原则与精神不一致，扩张性规范应视为抵触。前例中，《土地管理法》只规定村民出卖或出租宅基地后不得再申请新的宅基地，其精神在于在土地资源紧张的情况下禁止村民利用宅基地谋利，但某省实施办法中有关超生不得申请宅基地的规定的目的在于通过宅基地惩治计划生育违法行为以控制人口增长，这与上位法的精神明显不合，所以应视为抵触。（2）地方性法规与间接的上位法。如果地方性法规基于与上位法不同的目的在间接上位法的基础增加了扩张性规定，则要考量这样的规定是否会对上位法精神的实现构成了阻碍。如地方性法规的扩张性规定对上位法精神的实现不构成阻碍，则地方性法规与上位法各自的原则与精神可以并行不悖，亦不存在抵触；如果地方性法规的扩张性规定有助于自身原则或精神的实现，但对上位法原则或精神的实现形成了阻碍，则构成抵触。如在1994年的《婚姻登记管理条例》中，提交医学检查证明是结婚登记的一项强制性要求，但2003年的《婚姻登记条例》取消了这一要求。从这一立法过程可以看出，新条例的精神在于不得将参加医学检查作为公民结婚的条件。但某省的《母婴保健条例》增加了这一规定，这阻滞了上位法原则与精神的实现，因而构成了抵触。

在判断地方性法规是否构成对上位法的原则或精神抵触时，除应结合每个具体的上位法所体现的原则和精神外，还应考虑每个法律是要在全国建立最高标准或最低标准，或统一标准的立法意图。这些立法意图也是法律原则或精神的一部分。一般而言，如果上位法是在全国建立统一的标准，地方性法规就不能突破上位法的界限（包括上限与下限）；如果上位法在全国建立最低的标准，则地方性法规可以在此基础上建立一个更高的标准；如果上位法在全国建立一个最高的标准，则地方性法规可以在此基础上建立一个更低的标准。

那么，如何判断上位法是要在全国建立统一的还是最高抑或最低标准呢？大致可作如下划分：

第一，对于公民授益的全国性规范，可以理解为最低标准，地方立法可以高于全国性立法。此类立法在日本被称为"上乘条例"，日本早期的理论认为其抵触了上位法，但自20世纪80年代以后学界开始以这类立法更有利于保障公民权利及解决社会问题而主张其并不构成对上位法的抵触。[1] 授益性立法包括那些需要国家财政投入的权利性立法，如果一些地方政府在财政上有能力投入更多，因而以地方性法规赋予公民更多的利益，自不能认为这样的地方立法抵触上位法。如《义务教育法》只是规定："实施义务教育，不收学费、杂费。"而《重庆市义务教育条例》规定："实施义务教育不收学费、杂费、择校费、借读费，以及国家和本市规定以外的任何费用，免费提供教科书。"另一种授益性立法是指那些为保护公民的人身健康和生命财产安全而制定的有关食品、药品、卫生、环境安全等方面的立法。为保护公民的生命、人身健康，地方性法规在食品卫生、药品、污染物排放等方面设定与《食品安全法》等上位法更为严格标准，均可视为不抵触。日本在大气污染和噪声防治等方面，地方条例也设定了比法令更为严格的标

---

[1] 蔡茂寅：《地方自治之理论与地方制度法》，台湾新学林出版股份有限公司2006年版，第80页。

准，但不认为违反了上位法。①

　　第二，对于国家机关在行政管理方面的授权性规范，可以理解为最高标准。这类立法在全国范围对相应的地方国家机关设定了权力，这些权力的行使必然会对公民权利造成影响，如果有些地方认为本地对此事项的管理可以以其他对公民权利影响或侵害较小的方式进行，在地方性法规中作出比全国性立法更低的规定，应视为不抵触。这一原理在《行政许可法》中已经得到了体现。《行政许可法》规定，对上位法已经设定行政许可予以规范的事项，地方立法机关认为此种事项在该区域内通过其他方式能够规范的，在地方性法规中可不设行政许可。最高人民法院《纪要》也体现了这一精神。根据该纪要，下位法扩大行政主体或其职权范围构成抵触上位法。

　　第三，那些明确界定违法行为的性质、强制措施及处罚办法的规范，应理解为全国统一的标准。一般而言，法律或行政法规对违法性质的界定是法律在对个人权利、社会公益及他人权利进行权衡与综合考量后进行的界定，地方立法者不得改变其性质。一个典型的例证是关于"醉驾"性质的认定。在刑法修改之前，"醉驾"属于行政违法行为，但 2011 年全国人大常委会修改刑法，将其调整为刑事犯罪。无论是中央立法对其性质进行调整之前还是之后，地方性法规都不能作出与之相反的认定。另外，对违法行为强制措施的设置以及针对违法者的处罚规范，也是中央立法者综合考量了行为人的违法性质、情节等多种因素后作出的规定，而且一般都设定了弹性的处罚范围，地方立法只能在此范围内对此进行具体化，而不能逾越范围加重处罚或降低标准而减轻处罚。这一要旨也得到了全国人大常委会法工委以及国家立法的认可。在回复某人民法院关于地方性法规增加对欠缴公路费用违法行为实行暂扣车辆措施是否合法时，全国人大常委会法工委指出，《公路法》规定对此行为可责令限期缴纳、加收滞纳金或处罚款，地方不宜再规定新的强制措施。②《行政处罚法》也明确规定，地方性法规只能在法律、行政法规规定的行政处罚的行为、种类和幅度的范围内规定。这表明，上位法设定的行政处罚规范是全国统一标准，地方性法规无论增设处罚种类还是加重或减轻对违法行为的处罚都有违"不抵触原则"。

---

　　① ［日］芦部信喜：《宪法》，李鸿禧译，台湾元照出版公司 2001 年版，第 328 页。
　　② 全国人大常委会法工委编：《法律询问答复》（2000—2005），中国民主法制出版社 2006 年版，第 10 页。

四、"不抵触"的第二种情形：不与上位法规范相抵触

地方性法规在规范上与上位法抵触属于规范竞合的一种后果。德国民法学家拉伦茨认为，法条竞合是不同法条的构成要件全部或部分重合，指向同一案件事实。① 拉伦茨指出，不同的法条可能对同一个事实进行规范，如果二者结果相同，则不产生问题；如果二者赋予不同的效果，那么就需区分，如果两个法律效果并不排斥，则可以并行适用；如果两法律效果间相互排斥，那么只能适用其一。如果二者分属位阶不同的上位法与下位法，即适用上位法。② 这一分析框架基本适用于地方性法规与宪法等上位法的规范抵触问题。

（一）与宪法规范的抵触

地方性法规不得与宪法相抵触是地方立法者应当考虑的首要问题，其中一个重要内容是不得就宪法保留事项进行立法。宪法保留是指某些事项属于宪法规定的事项，国家立法机关不得就此制定法律或地方性法规。宪法保留的理论基础是主权者理论。在现代法治国家中，某些事项必须由主权者——人民亲自决定，如国家政权性质、国家基本权力机构以及公民的基本权利。这些内容即使是主权者的代理人——民意代表机关也无权涉及。我国宪法虽然没有明确提及宪法保留，但其基本精神是一致的。对于宪法明确禁止中央立法机关行使的权力，地方立法者更无权行使。有关国家政权性质、国家机构的设置与职权、公民基本权利的规定都属于宪法保留事项，这些事项立法机关只能在宪法规定的范围内进行具体性立法。如宪法规定了国务院的组织体系，全国人民代表大会有权制定《国务院组织法》，但该法不得改变宪法所确立的国务院组织系统，而只能就此进行细化。宪法也对我国的地方国家机构进行了具体规定，地方权力机关不得就此作出与宪法不相一致的设定。宪法规定的地方国家机关的组织不仅普通地方不得以地方性法规变更，甚至享有自治权的少数民族自治地方也无权通过自治条例和单行条例进行变更，这一点在《立法法》中得到完全明确。实践中也发生过这样的案例：如宪法规定，民族自治地方的人大常委会应由实行自治的少数民族公民担任主任或

---

① ［德］卡尔·拉伦茨：《法学方法论》，陈爱娥译，商务印书馆2003年版，第146页。
② ［德］卡尔·拉伦茨：《法学方法论》，陈爱娥译，商务印书馆2003年版，第146页。

副主任,但某自治州的自治条例规定当地的人大常委会主任必须由少数民族公民担任,这被全国人大常委会法工委认定是无效的。另外,如果宪法对某事项作出禁止性规定,地方性法规更不能涉猎。如《宪法》规定,年满18周岁的公民,"不分民族、种族、性别、职业、家庭出身、宗教信仰、教育程度、财产状况、居住期限",都有选举权和被选举权。据此,任何按民族等9类因素进行分类立法,对公民选举权进行不同保障的立法都直接抵触了宪法的这一规范。

(二)与法律规范的冲突

1. 地方性法规侵犯中央的立法权

表面上,地方性法规侵犯中央立法权似乎违反了法律原则,而不是具体的法律规范。但实际上,中央专属立法权不是一个抽象的原则,而是通过《立法法》等法律具体界定的。地方性法规侵犯中央立法权就是违反了《立法法》等上位法,只不过《立法法》是这些地方性法规的间接上位法。《立法法》为最高权力机关设定了一个立法区域,也构成了对地方权力机关的排斥性规定,地方权力机关不能就此制定地方性法规,即使在具体内容上与宪法、法律和行政法规不相抵触。当然,《立法法》中法律保留的某些事项亦有含混之处,从而导致实践和学理上的争议:如涉台立法关系国家主权,应专属于中央。但福建省从1988年开始制定涉台立法,至今已有四部。有学者亦对此持肯定态度。[1] 这与美国立法的"联邦先占原则"有异曲同工之处。美国联邦宪法在规定联邦有限原则的同时,也规定联邦宪法以及根据宪法制定的法律和条约是国家的最高法律,各州法律不得与之相抵触。这就是所谓的"联邦先占"(federal preemption)。[2] 对于专属于全国人大或其常委会的立法权,即使国家最高权力机关没有进行立法,地方也无权进行立法。但一个具有争议的问题是:当中央已就这些专属事项立法后,地方是否可以制定实施细则?我们认为,如果上位法中没有专门的授权性规定,地方权力机关是不可以制定实施细则的。但另一个问题是:全国人大或其常委会能否在体现中央专属立法权的法律中授权地方权力机关制定实施细则呢?从我国的立法实践看,在2000年《立法法》实施之前,存在这样的实例。如《立法法》规定,各级人大和

---

[1] 王锡财:《地方立法要正确理解不抵触原则》,载《中国人大》2005年第10期。

[2] 张千帆:《流浪乞讨与管制——从贫困救助看中央与地方权限的界定》,载《法学研究》2004年第3期。

人民政府的产生、组织和职权以及民族区域自治制度只能制定法律。全国人民代表大会制定了《地方各级人民代表大会和地方各级人民政府组织法》和《民族区域自治法》，但这两部法律都授权省级权力机关制定实施办法。我们认为，从立法原理的角度看，这种授权是不恰当的。原因在于这类办法若非简单地重复中央立法，就必然要对中央立法未涉及的具体事项进行规范，一旦如此就有侵犯中央专属立法权之嫌。

中央专属立法权的范围主要规定在《立法法》中。除此之外，中央专属立法权还有两种形式：（1）宪法规定只能由"法律"规范的事项。如《宪法》第34条规定，年满18周岁的公民享有选举权，但依"法律"被剥夺政治权利的人除外；第59条规定，全国人大代表名额和产生办法由"法律"规定。这些规范中所称"法律"应指狭义的法律，即只有全国人大及其常委会对此拥有立法权。（2）一些法律中规定的地方性法规不可涉足的事项。如《行政处罚法》规定，限制人身自由和吊销营业执照的处罚，地方性法规不得设定。

2. 地方性法规与上位法的明文规定直接冲突

这是指地方性法规在同一事项上设置了与上位法性质完全不同的规则，属于明显的抵触，有学者将其概括为"下位法变上位法的强制性规则为任意性规则，或变任意性规则为强制性规则"。[①]虽然这种情况不会经常出现，但亦不能完全排除。一旦地方性法规将上位法规范的性质进行了调整，就会出现凯尔森所主张的"规范冲突"，即一个规范命令的行为和另一个规范命令的行为不相容。当事人在同一个事项上受制于两个内容完全相反的规范时，遵守或适用一个规范必定违反另一个规范，从而导致美国学者希尔（Hammer Hill）所称的"不可能同时遵守"（Impossibility-of-joint-compliance test）的规范冲突。[②]

具体而言，地方性法规与上位法明文抵触的情况可分为三类：（1）公民在行使地方立法确认的权利时，就要违反上位法所确立的义务。（2）公民在行使上位法所行使的权利时，就要违反地方性法规所确立的义务。（3）地方性法规和上位法针对同一事项设置了不同内容的规范。如《土地管理法》规定，村民未经批准非法占用土地建住宅的，由土地行政主管部门责令退还非法占用的土地，限期拆

[①] 王爱民：《论立法抵触》，载《北方工业大学学报》2008年第6期。
[②] 姚国建：《论地方性法规制定中的"不抵触原则"——个规范主义视角的解读》，载《中国宪法年刊》2011年，第80页。

除房屋。但有些地方的实施条例对这种违法行为并没有规定退还土地或拆除违章房屋，而是要求缴纳罚款。此时《土地管理法》和地方性法规就针对同一违法行为作出两种不同性质的处罚规范，当事人就"不可能同时遵守"。

3. 实施性立法的地方性法规超出授权立法的范围

地方性法规中的实施性立法是直接针对某一具体的上位法在本地的落实而制定的，因而其立法目的和规范事项与该上位法基本相同。在法律或行政法规中，经常直接授权地方权力机关结合本地情况而制定地方性法规。从上位法的授权方式看，有两种基本方式：（1）总括性授权。如《集会游行示威法》第35条规定："省、自治区、直辖市的人民代表大会常务委员会可以根据本法制定实施办法。"（2）具体事项的授权。如《土地管理法》第62条规定："农村村民一户只能拥有一处宅基地，其宅基地的面积不得超过省、自治区、直辖市规定的标准。"据此，各省的实施细则均详细规定了村民宅基地的标准。由于法律或行政法规构成了实施性地方性法规的直接上位法，地方性法规自不能超出授权立法范围。但还有一些具体问题有待厘清：

（1）如果全国性法律没有相应的授权规定，地方人民代表大会就此制定地方性法规是否违反了"不抵触原则"。全国人大常委会法工委在1993年的一个答复中指出，法律没有明确规定省级人大及其常委会制定法律的实施细则时，省人大可以制定"实施办法"或"实施细则"。[①] 实践中也大量存在这样的例证。如《城市房地产管理法》没有授权规定，但湖北省人大常委会就制定了《实施〈中华人民共和国城市房地产管理法〉办法》。另外，一些法律中仅就一些特殊事项作了授权，但地方性法规并不仅就此事项作详细规定，而是就所有内容制定地方性法规。如《道路交通安全法》仅授权省级人大常委会根据本地实际，在本法规定的罚款幅度内规定具体的执行标准。但事实上各地实施细则并不仅限于此。如《北京市实施〈中华人民共和国道路交通安全法〉办法》就在机动车通行、道路责任事故认定、事故预防、法律责任等多方面细化了法律的规定。

但是，我们认为这一原则应是有限度的。如果该立法涉及中央专属立法权的，则地方应无权制定法律的实施细则。如犯罪与刑罚问题属于《立法法》所确定的专属中央的立法事项，全国人大为此专门制定有《刑法》。虽然《刑法》并未禁止

---

① 全国人大常委会法工委编：《法律询问答复》（2000—2005），中国民主法制出版社2006年版，第106页。

地方权力机关制定实施细则，地方权力机关亦应无权制定。原因在于地方权力机关如果就此类立法制定地方性法规，就会面临两种局面：一是超越法律本身，对法律未涉及的事项设置规范，而这将有侵犯中央专属立法权之嫌；二是完全照搬法律的规定，而这将使地方性法规纯粹沦为法律的重述，二次立法在所难免。无论哪种局面都是法治国家的立法应予避免的。

（2）如果全国性法律授权了省级权力机关制定地方性法规，并未授权市级权力机关制定地方性法规，则市级权力机关制定地方性法规是否违反了不抵触原则。在理论上还有一种相反的情况，即法律专门授权市级权力机关制定地方性法规，而不授权省级权力机关。但我们在我国的法律中尚未发现这种情况。另外，在具体授权方式上，有的法律只授权省级人民代表大会；有的专门授权人大常委会，如《监督法》；而有的同时授权人大和常委会，如《选举法》。在理论上，当只授权人民代表大会时，人大常委会是否有权制定地方性法规即存有争议，反之亦然。但我们认为，这种情况更多的是上位法立法技术的问题，刻意区分究竟由地方人大还是常委会来制定实施细则并无太大的意义。

根据法律，省级和较大的市两级权力机关有权制定地方性法规。如果全国性立法只授权省级人大或其常委会制定地方性法规，较大的市人大及其常委会是否也可以制定即存有疑问。如《选举法》第57条只授权省级人大及其常委会制定实施细则。我们以为，根据法律上"明确其一，即排除其他"的原则，既然法律只对省级权力机关作出授权，则意味着排除市级权力机关就此制定地方性法规。所以，那些市级权力机关制定的地方性法规因缺乏法律授权而无效，即使这些地方性法规制定于全国性法律之前。这一立场也得到了国家最高立法机关的认可。如某省人大常委会2004年向全国人大常委会法工委询问：《道路交通安全法》第123条授权省级人大常委会在本法规定的罚款幅度内规定具体的执行标准，是否包括省人大常委会根据《立法法》批准的较大的市制定的地方性法规？法工委的意见是：《道路交通安全法》考虑到各省、自治区、直辖市经济社会发展水平不平衡等实际情况，因而授权省级人大常委会在法律所确定的罚款幅度内规定本地的执行标准；在省、自治区的范围内，以统一的具体标准为宜。[①]这也就实际上排除了市级权力机关就此制定地方性法规。

[①] 全国人大常委会法工委编：《法律询问答复》（2000—2005），中国民主法制出版社2006年版，第117页。

（3）如果原本依据的上位法被废止，地方性法规是否因超越职权而无效

有些地方性法规在制定时有明确的上位法依据，尤其是那些实施性立法。但后来上位法被修正或废止，而地方性法规未能及时修改或废除，此时由于其已经失去了上位法依据，也应视为违反"不抵触原则"而无效。如某市于1989年制定了《禁止赌博条例》，该条例指出其制定依据是《治安管理处罚条例》，但这一法律已于2006年废止，代之以《治安管理处罚法》；《治安管理处罚条例》与《治安管理处罚法》对赌博的规定不完全一致。《治安管理处罚条例》第32条规定禁止一切赌博或者为赌博提供条件的行为，而《治安管理处罚法》第70条强调"以营利为目的"为赌博提供条件，或者参与赌博"赌资较大"的，才予以处罚。因此，某市的《禁止赌博条例》因丧失上位法依据而无效。

第二章　地方立法质量及地方立法的科学化民主化

第一节　地方立法质量及其评价标准

地方立法名为地方，实则关系国家大局。自1979年《地方组织法》规定省级人大及其常委会享有地方立法权以来，我国的地方立法就此揭开了序幕。20多年来，我国的地方性法规的制定活动经历了探索起步、逐步完善和不断发展、提高的阶段。我国地方立法数量庞大，内容涉及地方政治、经济、教育、科学、文化、卫生、资源和环境保护、民政等社会生活各个方面。但是，数量上可观不代表立法质量上都过硬。地方立法质量就是地方立法的生命。在我国法制日趋现代化的今天，尤其是修改后的立法法授予设区的市立法权后，中国的地方立法正面临着新的机遇和挑战，如何提高地方立法质量，创造一个良好的法制环境，已是迫在眉睫。

一、提高地方立法质量的理论依据和现实必要性

（一）地方立法质量的哲学基础

辩证唯物主义认为，世界上一切事物都存在着矛盾，任何一个事物的矛盾都包含着普遍性和特殊性，也就是共性与个性，从而为我们确立地方立法权提供了

哲学依据。由于我国是统一的社会主义国家，对社会中一些根本性的问题可以通过统一的宪法作出规定，又可以通过法律、行政法规对社会生活中某一方面如刑事方面、民事方面或者环境卫生、公共管理等共同问题进行具体的规定。因此，法律、行政法规是适用全国的行为规范，地方各地也必须予以遵守。"任何一般都只是大致地包含一切个别事物，任何个别都不能完全地包含在一般之中。"① 由于各地区都有自己的特点，国家法律概括性再强，也难以概括各个地方不同的社会情况，而各个地方的一些问题对全国而言虽然是个别的、特殊的，但对该地区而言确是共同的、普遍的。为了将这些问题纳入有序的法律调整轨道，需要从本地区的实际情况出发，通过立法明文确定下来。因此，为了使国家法律能适应各地区具体的环境，也需要各地依据法律制定具体的实施细则、办法等。但正如矛盾的特殊性不能离开普遍性而存在一样，反映各地区特殊性的地方性法规也不能违背国家法律精神，应在国家法律所规定的原则内拟定、颁布、施行，而不能与之相抵触。

我国宪法规定，民主集中制是我们国家机构组织与活动的基本原则，也是我们处理中央与地方的基本原则。因为中央与地方的关系本身就是一个矛盾的关系，要解决这个矛盾，就必须在中央统一领导的前提下，适当的维护地方的权力，给地方一定的独立性，让地方依据当地的实际情况来处理地方的问题，这也是对整个社会主义法制的建设都是有利的。我们赋予地方立法权正是在集中指导下的民主，在统一基础上的特殊，是运用民主集中制原则解决中央与地方关系的具体体现。因此，依据哲学上普遍性与特殊性的辩证关系的原理可知，探讨地方立法质量问题与成因及完善对策也是合理解决我国中央与地方立法关系矛盾的有效手段。

（二）地方立法质量的经济学基础

对地方立法质量的探讨离不开对立法的成本经济分析。古典经济学将投入生产活动中的全部生产要素的耗费视为成本，而效益是指所产生的符合目的的有益效果。所谓法律成本是指投入法律的制定成本和实施成本，立法效益是着重从立法的完善上去谋取最大的社会效益，立法效率则是指立法效益与立法成本之比。立法成本的经济分析是运用经济学的基本原理和原则分析立法现象，从成本——

---

① 《列宁选集》（第二卷），人民出版社2004年版，第213页。

效益的角度寻求和实现法律效益的最大化，分析和阐明法律的必要性、收益性、合理调控范围以及法律效益的归属。[①] 它要求在立法时对拟制定的法律的制定、实施成本和可能取得的收益进行分析，并尽量采用低成本的立法，以实现资源的有效配置和效益的最大化。只有符合成本与效益原理的立法才是合理的立法，才是高质量的立法。

我国地方立法涉及面广，工作量大，古今中外有许多立法技术经验值得我们借鉴，当前我们在地方立法中应注重就立法成本和经济分析方法的运用，追求立法社会效益的最大化。就立法成本诸要素而言，建立科学且适应生产力发展和地方需要的立法体制，是降低立法成本的关键所在；在地方立法的创制成本中建立公正和效率的法律构架，为民事活动创造社会效益提供充分的自由和良好的秩序，可以有效增加立法的社会效益；在进行经济分析时，立法主体所关注的成本不仅包括立法过程的成本，还包括其实施后的执法成本和社会成本。因而在立法过程中应事先对法律实施成本作出科学的分析和评估，通过规则约束行为和减少违法，使人们自觉地与法律要求保持一致，减少违法的负效应，降低法律实施成本，将对立法社会效益产生极大的影响。与此同时，在立法效率提高方面，应着重提高立法的技术水平。

（三）地方立法质量的法理学基础

法治化的逐步推进，不但需要以完善的市场经济体制为基础，还需要立法者有成熟的法治理念，需要国家提供好的法律，要求地方立法质量要达到比较理想的状态，最终使社会具有接受法治的基础。

关于法治的具体含义，至少可以从五种角度加以理解：一个是宏观的治国方略；二是理性的办事原则；三是民主的制度模式；四是文明的法律精神；五是理想的社会状态。这些不同角度的理解，对地方法制化建设都有指导意义。[②] 衡量地方立法质量的高下，应当看当地的法规是否为社会确定了一种合理的组织结构、规范的行为模式、正确的价值选择；应当看此法规是否反映并满足社会需求，能否解决社会经济发展中的矛盾，是否有利于最大限度地发挥公民和法人的自主性，

---

① 张军：《成本和效率——地方立法的质量基础》，载《乡镇经济》2004年第8期，第44页。
② 沈国明、刘华：《地方法制化建设和地方立法》，载《毛泽东邓小平理论研究》2005年第4期，第53页。

能否使社会各个利益集团之间的利益得到平衡，应当看法规是否合乎法律的精神，使法律与法律之间关系也能够平衡协调。

当一个国家或地区经济进入快速发展的时期，经济和社会发展对法制就会有较高的要求。因为在这个时期，经济运行主体对保障产权有强烈的需求，社会成员参与政治生活的热情提高，社会对政府管理也有了新的要求，诸如行政高效、政务公开、官员廉洁、治安良好等等。社会成员不仅需要日常的安全感，也需要危机时期的安全感。到了这个阶段，法制与经济社会发展的相关性大为增强。也就是说，与在一个低度现代化的社会里规则受轻视的情况不同，在一个比较现代化的社会，各种规则就显得非常重要。这是因为进入这个发展阶段的各种社会关系、社会矛盾比较复杂，这些社会关系和社会矛盾需要各种规则来加以调整。目前来看，地方能否制定出适应经济社会跨越式发展需求的高质量的法律法规，是摆在我们面前的一项艰巨任务，也是地方推进法制化建设所首要考虑的问题。要充分发挥地方法制手段的作用，确立以尊重群众、维护群众利益为核心的依法决策机制，进一步扩大地方立法主体，争取将更多民意通过法定程序反映到立法过程中来。通过建立健全地方立法和规范性文件公开征求意见和科学论证、决策听证等制度，从程序上鼓励律师、社会团体等成为各种利益群体的代言人，以提高听证、论证的科学性和有效性。完善政府规章备案审查制度，扩大听取和审议"一府两院"专题工作汇报范围和述职评议对象范围，加强对"一府两院"在法律实施上的监督。优化信访工作功能，完善社情民意表达和反馈制度，通过制度性安排，使信访部门的意见更多地进入人大、政府重要决策过程中去。这一法制化目标的实现，无不有赖于地方立法质量的进一步提高。

（四）提高立法质量是党的政策和修改后立法法的新要求

我国是单一制，不是联邦制，是实行多主体、多层次、多类型的立法体制，地方立法可以大有作为。[①] 地方立法的角色、功能和政策需要与时俱进地不断调整、准确定位。所谓"针对问题立法、立法解决问题"的理念，"注重管用有效、突出地方特色"的理念，"大胆改革探索、抓好先行先试"的理念，都需要认真考虑和积极落实。在全面深化改革过程中，在我国法制发展进入民主化、精细化

---

① 莫于川、曹飞：《贯彻四中全会精神　提高地方立法质量——增强"六性"是主动回应地方立法体制改革的理性选择》，载《南都学坛》（人文社会科学学报），2015年第35卷第1期。

（科学化的具体要求）发展的新时期，地方立法能够为城乡统筹发展、城乡一体化建设、全面深化改革做出更多的创新贡献。为此，党的十八大和十八届三中、四中全会都对提高立法质量提出明确要求。党的十八大报告提出了新形势下的法制建设十六字方针：科学立法、严格执法、公正司法、全民守法。这一新方针更具有现代性，更符合现代法治精神，其首要任务就是科学立法，强调法规范的质量，注重实施的效果。党的十八届三中全会《中共中央关于全面深化改革若干重大问题的决定》第九部分提出，要从多方面努力推进法治中国建设。建设法治中国，必须坚持依法治国、依法执政、依法行政共同推进，坚持法治国家、法治政府、法治社会一体建设。而科学立法（包括科学的地方立法），也即制定出良法，乃是三位一体的共同推进、一体建设的基础。党的十八届四中全会进一步强调了这一工作方针。

张德江委员长 2013 年 10 月 30 日在全国立法工作会议上的讲话中提出：立法的质量直接关系到法治的质量，要始终把提高立法质量作为加强和改进立法工作的重点，努力使制定出的法律规范立得住、行得通、真管用。修改后的《立法法》将"提高立法质量"明确为立法的一项基本要求，在"提高立法质量，增强法律的可执行性"方面，提出立法质量直接关系到法律的实施效果，是加强和改进立法工作的重中之重。进而明确"立法应当适应经济社会发展需要，做到法律规范明确、具体，具有可执行性和可操作性"。另外，《立法法》还增加法律案通过前评估、法律清理、制定配套法规、立法后评估等手段，对立法质量予以充分保障。

二、地方立法质量的内涵

立法质量这一概念的提出源于其自身独特的内涵，法律法规作为人类特有的劳动产品，它应该像其他劳动产品或工作成果那样有一个质量的问题，弄清楚立法质量的含义，是我们对地方立法质量问题进行研究的前提条件。

"质量"一词有多种解释。《古今汉语大词典》对"质量"就有三种解释：一是指资质器量；二是指事物、产品或工作的优良程度；三是物体中所含物质的量。[①]《新华汉语词典》解释，"质量"一是指物体中所含的量；二是指事物达到的程度。

[①] 商务辞书研究中心编：《古今汉语大词典》，商务印书馆 2000 年第 1 版。

按照《辞海》的诠释，质量是"产品或工作的优劣程度"。我们认为地方立法质量中的"质量"一词，应该对应这样一种解释，即"事物、产品或工作的优劣程度"。就是说，首先，质量的主体是针对工作成果而言的，它一定是人们的劳动产品；其次，质量反映了事物的优劣程度，其本身有一定的"度"，也就是说它也有一定的质量标准。因为质量是事物性质的内在尺度，那么衡量其好与坏的标准当然不会像事物的数量那样直观、便于计算。因此，不同的产品，由于其性质的不同，其衡量标准也应有所差异。

法律作为一种特殊的产品，自身也有一个质量的问题。首先，立法活动也是人们的一种创造性的劳动，凝聚了人类的一种高级形式的智慧，所以，法律理所当然是一种产品，是立法者的工作成果，所以它也有优劣程度之分；其次，法律虽不是一种商品，但它也有其独特的价值，它的特定的使用价值就是人们可以用其来制止罪恶、维护社会秩序、明确权利义务、规范行为，保证人身财产安全、实现社会公正，定分止争等。因此，作为一个特殊产品，立法质量是指蕴含在法律产品之中而表征人们立法过程的优劣程度。同时，法律的使用价值体现在人们的"消费"过程中，它的优劣程度可以通过发挥其自身价值，满足人们的某些需要从而得到验证，当然这种验证的方式比较特殊，它要在法律的实施过程中才能得到衡量，所以，法律作为一种特殊的产品，不但具有质量问题，而且还具有其特殊的检验标准。

地方立法有着不同于中央立法的特殊性。在我国现有的宪法框架之下，地方立法具有明显的从属性与非独立性。因为坚持法制统一的基本原则就要求地方立法必须严格按照法定权限、遵循法定程序开展地方立法，要求地方立法以宪法为核心和统帅，恪守不抵触原则；但是与此同时，我们也应该看到，地方立法还具有相对独立的一面，它亦具有自身的特质，这些特质是地方立法得以保证质量的基本前提。

1. 地方立法的从属性

我国宪法作为最高权威的根本大法对国家立法活动的基本规则就是要求地方立法具有合宪性，一国任何的立法活动在一定时期内均不得与该国宪法关于立法的基本原则和基本制度相冲突，必须在宪法所划定的立法权限范围内立法，以及必须在宪法所规定的立法事项内立法，是保障该国立法秩序和法制统一的根本要求。因此，只有在宪法的框架下的地方立法才是有质量保证的地方立法。

2. 地方立法的相对独立性

所谓相对独立性，是指地方立法是国家立法体制中不可或缺、不可替代的组成部分，在不与宪法、法律、行政法规相抵触的前提下，有权从本地方的具体情况和实际需要出发，发挥积极性和创造性，自主地处理本地方的事务，制定法规，创制规范。地方立法之所以是地方上的立法，不仅在于其效力只能局限于本行政区域范围内，更重要的是，它还具有鲜明的地方特色，地方立法要突出地方特色，这是保证地方立法质量的基本要求。因此，研究地方立法质量，除了分析一般立法质量的含义以外，更应该对地方立法的个性问题进行思考。

三、地方立法质量的评价标准

亚里士多德给"法治"下的经典定义是："法治应包含两重意义：已成立的法律获得普遍的服从，而大家所服从的法律又应该本身是制订得良好的法律。"在亚里士多德看来，"良法"的标准包括三个方面：（1）为了公共的利益而不是为了某一个阶级（或个人）的法律；（2）应该能够体现人们的道德要求，不是依靠武力来推行，而是靠人们的自愿来实施；（3）必须能够维护合理的城邦政体以久远[①]。我国有学者把立法质量的检测（或判定）标准分为内在和外在两个方面：内在标准主要包括合法性、正义性和合目的性，外在标准主要包括：完整性、明确性和协调性[②]。我们认为，作为一种特殊的产品，立法质量的标准相比一般产品的质量标准，有着迥异的特点。地方立法质量的标准包括一般标准和特殊标准。

（一）一般标准

地方立法质量的一般标准是针对地方立法质量的特殊标准而言的，是对国家立法质量与地方立法质量都具有意义的一种由多种因素组成的综合性的质量指标体系，包括合法性标准、正义性标准、技术标准。

1. 合法性标准

美国学者罗纳德·德沃金认为："立法理论必须包括有关合法性的理论，说明在什么条件下，特定个人或团体有权制定法律。"立法的合法性问题，是判断一部法的立法质量如何的一个重要的标准。原因在于：一部立法质量上乘的法，必须是

---

① [古希腊]亚里士多德著：《政治学》，吴寿彭译，商务印书馆1965年版，卷3，第六章以下。
② 李长喜：《立法质量检测标准研究》，载周旺生主编：《立法研究》第2卷，法律出版社2001年版，第113-154页。

一部合法的法。是否具有合法性，是立法质量好坏与否的第一位的条件和评判标准。

立法的合法性，可以从三个方面来判断：

第一，立法主体是否合法。指立法机关是否为有权机关，若系无权机关制定，则为越权立法。"名不正则言不顺，言不顺则事不成"，只有由合法的立法主体制定的法律才是合法的，也才有可能具有较高的立法质量。至于主体是否合法的判断标准应当如何掌握，我们认为，应当看宪法、组织法和立法法是否赋予其专项立法权，有授权，为合法主体；如无规定，否则是不合法主体。

第二，立法权限的行使是否合法。指立法机关所立的法是否在其立法权限范围内，若超出其权限，如省政府制定行政法规，则为越权立法。判断一个法律文件的立法质量如何，不仅要看它的立法主体是否是法定立法主体或者授权立法主体，还要看该主体是否对立法事项享有立法权。如果一个法律文件，其制定主体是法定的立法主体，但对所规范的事项却不享有立法的权力，那么他对该事项的立法就是越权立法。这样的越权立法也就不可能是质量良好的立法。在立法实践中，立法主体超越立法权限进行立法，是违法行使立法权的最主要的表现。这种状况的存在，违反了国家法律的规定，造成了立法权限行使的混乱，极易造成法律规范之间的矛盾和冲突，直接妨碍和降低了立法的质量。因此，要保证立法活动依法进行，保证立法质量，就必须促使立法主体严格依法办事，让其在立法权限范围内立法。

第三，立法程序是否合法。立法是依据一定程序所进行的活动。立法程序是指立法活动应当遵循的步骤、方式、方法、顺序、时限的总称。对立法及其结果——立法所形成的法规范或者法规则而言，立法的程序意义非常重大，立法程序的遵循与否是正当性、有效性与否的标准和唯一评判的依据，所以，现代国家均强调立法程序的法定性。

一般而言，立法程序的法定性有三个方面的具体要求：其一是对立法基本程序的遵从。立法程序的规定在不同的时代、不同的国家和地区以及国家发展的不同时期而有区别。同时，近年来，各国各地推行立法工作创新，不少地方或者国家创新了诸多立法新机制、新举措，导致立法的程序更是丰富多样。但是，立法作为一项严肃慎重的工作，一般都不能不经过一些最起码的程序，即立法所必须遵守的基本程序。这一基本程序包括法案的提出、审议、通过和公布等。"立法程序的法定性是立法的最低要求。"[1] 在我国现阶段，不论是中央国家机关

---

[1] 张树新：《立法程序与技术》，高点文化事业有限公司 2011 年版，第 323 页。

立法，还是地方国家机关立法，不论是权力机关立法，还是行政机关立法，最基本的立法程序都是不能违背的。根据《立法法》规定，我国所有立法都要遵守的基本程序有立法规划、法案的起草程序、立法的审议程序、立法的表决通过以及公布程序等。其二是对立法必要程序的遵从。"这里的必要程序是指就某一项特定法律事项而言必须要遵守的一项程序，是除了立法基本程序外依某项立法性质所决定的程序。比如，立法听证程序，针对事关特定人群专项利益的事项，在立法通过之前必须组织由相关人员、特定利益群体参加的立法听证会，否则这一法文件的通过就是违法的。"[1]在一些法律案中，特别是法律、法规明确规定必须举行听证的事项，立法主体在进行此事项立法的时候，必须适用听证程序，否则，因程序不正当而无效。[2]立法的听证程序并非是所有立法活动都必须遵守的基本程序，只是某些立法的必要程序。其三是对立法程序期限的遵守。立法是讲求法文件出台时机的，科学理性的立法既不应该超越法出台时经济社会的发展，但也不应当滞后于法出台时经济社会文化的发展，立法应该适时、应势、恰当。当然，立法的时机一定是有期限要求的。一部法草案从起草到最后的法文件公布，历经一定的环节、程序，这是需要花费时间的。因此，立法要遵守法律、法规关于程序期限的规定。我国《立法法》在立法程序的运行过程中也对程序的期限作了相应的规定。

立法程序是否合法，是指立法是否经过法定程序。日本学者谷口安平甚至认为："程序是实体之母，或程序法是实体法之母。"[3]立法程序是有权的国家机关，在制定、认可、修改、补充和废止法的活动中，所需遵循的法定的步骤和方法。立法活动作为国家的政权活动形式之一，具有严格的法定性和程序性，必须按照法定的程序来进行。立法的程序是否符合法律的有关规定，应当作为评判立法活动是否合法，评判立法质量如何的一个标尺。只有严格按照立法程序制定的法律文件才有可能是质量良好的法律文件，违反法定程序制定出来的法律文件，即使在内容方面和外在表现形式方面是合法的，但由于不具备基本的法定基础，因而也无法成为一个质量良好的法律文件。

---

[1] 倪健民：《立法程序的理论与方法》，法律出版社2006年版，第97页。
[2] 汪全胜：《立法听证研究》，北京大学出版社2003年版，第231页。
[3] ［日］谷口安平：《程序的正义与诉讼》，王亚新、刘荣军译，中国政法大学出版社1996年版，第8页。

2. 正义性标准

法的基本功能之一在于为人们设定或者设立一种公共性的行为准则，为一定的群体构建和确立某种秩序（如公众交往秩序、商品交易秩序、行政管理秩序等）是法的基本价值追求之一。法的规定是一回事，人们是否按照法的规定去行事又是一回事。法所调整的内容能否转化为其所调整的公民的实际权利义务关系，要在相当大的程度上取决于公民对其是否认可和接纳。什么样的法才能够被社会公众所认可和接纳呢？我们认为，只有体现公平正义的原则，本身是公平正义的法才能够被社会公众认可和接纳。"正义是至高无上的，它是社会制度的首要价值。任何一种法律，不管它如何有效率和有条理，只要它是非正义的，就一定会被抛弃和消灭。"[1] 在立法活动中实现法律的正义，就是要首先实现立法的本质和内容能够反映社会的道德要求。在此基础上，对立法活动加以提高，使立法活动包容公正性、正义性，才能实现立法活动的结果——法律达到正义的层级。因此，不符合社会道德的立法首先也不是正义的立法，因而也就没有生命力。

当说法律不公正、法律是恶法的时候，就是以"正义"（公正、公平）为标准而作出的判断。从形式上说，体现"正义"的法律，应当具有以下七个特征：普遍性、明确性、统一性、稳定性、先在性、可行性、公开性。法律规则具备这些特征，"便基本符合人们对秩序的要求"。从实质上说，体现"正义"的法律，应当具有以下四个特征：保障安全、维护平等、促进自由、增进效率。形式意义上的正义与实质意义上的正义是紧密相连的，但实质意义上的正义是核心和根本。"任何一个法律系统，只有当它具有实质正义的诸种形状、作用时，它才能最终被称为正义的。"[2]

3. 技术标准

立法是一项具有专门技术性的国家权力活动，并非任意行为、个人行为、短期行为、含糊行为所能取代。立法技术是否科学、合理，极大地影响着立法的质量水平。就技术作用而言，由于法律是需要直接适用的，立法必须具有较强的可操作性，因此，对立法技术的强调显得尤其必要。立法技术科学化是指立法在文字语言、表达技术、结构形式、构造技术、立法修正、完善技术、立法解释、注

---

[1] ［美］约翰·罗尔斯：《正义论》，何怀宏、何包钢、廖申白译，中国社会科学出版社1988年版，第1页。

[2] 参见张恒山：《法理要论》（第二版），北京大学出版社2006年版，第252页及以下。

释技术等方面的科学化。它综合地反映立法者的思维水准，对社会现象的理解把握，以及现行立法在外部形式上的质量水平。具体来说，它要求法律法规要明确、规范、精致、易于理解、可以执行、没有矛盾。具体而言，包括以下几个方面：

第一，语言标准。立法语言应当准确、规范、简明、朴素庄重。准确是指立法的意图表述必须明白确切，没有语义上的歧义，更不能为了追求表面的灵活性而特地使用一些模糊用语；规范是指立法语言应该符合全国通行的标准，不能违背汉语言的基本规则；简明则是指立法语言应当讲求精炼，隐晦难懂和啰唆语言必须去除；朴素庄重是正式语言的基本要求，华丽花哨的语言是立法中的大忌。

第二，名称标准。法的名称规范是其形式合法性的基本要求，正如商品的包装必须整齐规范一样，法律法规的名称也不能混乱，法律法规应该严格按照相关法律的规定命名，因为产品的质量不但看其内容的优劣，形式上的标准同样不能忽略。

第三，可操作性标准。制定法律的目的是用来实施的，必须在实践中接受检验，在运行中显示其存在的价值。因此法律是否具有可操作性是关系到它能否发挥其正常功能的大问题。为了使法律在现实运用中具有可操作性，必须处理好稳定性与灵活性的关系。

（二）特殊标准

1. 不抵触标准

地方立法必须坚持法制统一原则，要求在不同宪法、法律、行政法规等上位法相抵触的前提下制定地方性法规。这就是所谓的"不抵触原则"，由于该原则是地方立法的基本原则，违背这一原则，地方立法的冲突部分将被宣布无效或全部无效。换句话说，地方立法的质量只能在首先保证其立法效力不被国家法律所取消的前提之下才能得到体现。

地方立法属于国家机关的第二次立法（因为它必须在宪法做出有关地方立法的制度安排之后才能行使地方立法权），地方立法在本质上是一种从属性立法，它的立法质量好坏首先得接受国家宪法的检验。如果地方立法突破了宪法规制这一极限，那它的一切立法成就将丧失，至于它的立法质量自然就化为乌有了。因此，从这个意义上说，坚守地方立法的"不抵触原则"这个底线，是保障地方立法质量安全的"阀门"。[①]

[①] 关于"不抵触原则"的讨论，详见本书第一章"设区的市地方立法权限与不抵触原则"。

2. 体现地方特色标准 [①]

体现地方特色是地方立法的灵魂和生命，也是衡量地方立法质量和价值的一个基本标准。对于国家已经颁行的法律、行政法规，如果不是规定得过于原则以至于不通过地方立法加以细化便无法实施，地方一般不宜再作实施性立法，而应当将地方立法的重心转到创制性立法、自主性立法上来，真正制定出富有地方特色，针对性、可操作性强的地方性法规。地方立法要体现地方特色有以下两点要求：

第一，地方立法能充分体现本地经济水平、地理资源、历史传统、法制环境、人文背景、民情风俗等状况，适合本地实际。地方立法的首要任务，就是以立法的形式创制性地解决应由地方自己解决的问题，以及国家立法不可能解决的问题。也就是说，地方立法体现的是对国家法律、行政法规的"拾遗补阙"，重点解决地方经济、社会发展中无法可依的问题，并把改革和发展的决策同地方立法结合起来，使地方经济、社会发展以及社会稳定建立在法制的轨道上。

第二，地方立法要具有先行性、创造性。地方立法应主动利用国家的政策优势，立足当地实情，对不涉及国家专属立法权的事项，进行大量的先行性、试验性、创造性的立法，不仅促进了经济的发展，而且为国家立法提供了经验。

第二节 地方立法的科学化

一、地方立法科学化的含义

立法的科学化也称立法的科学性或者科学立法。按通常理解，立法科学化中的"科学"就是一般意义上的科学。我国《现代汉语词典》把科学定义为"反映自然、社会、思维等的客观规律的分科的知识体系"。它包括自然科学、社会科学、哲学三大类。一般来说，法学属于人文社会科学，主要是理解和研究人的行为、法律文本及其规范性意义，而"与意义有关的问题，其既不能透过实验过程中的观察，也不能借测量或计算来答复。法学所要处理的正好不是一些可以量化的问题"，换句话说，法学上的结论"其可靠以及精确性，绝不可能达到像数学上的

[①] 关于"地方立法特色"的讨论，详见本书第三章"地方立法的地方特色及其实现路径"。

证明及精确的测量那样的程度"。①

我国《立法法》第6条规定:"立法应当从实际出发,适应经济社会发展和全面深化改革的要求,科学合理地规定公民、法人和其他组织的权利与义务、国家机关的权力与责任。法律规范应当明确、具体,具有针对性和可执行性。"学界将这一规定概括为立法的科学原则。这一规定正式确立了我国立法的科学原则,并使这一原则最终成为法律制度的组成部分,进而可以凭借法的国家强制力在立法实践中予以推行。但是,怎么理解科学立法?学术界有着不同的界定。

从界定的方式上看。由于难以从正面或肯定的角度对科学立法的含义作出合理全面的阐述,因此,大多是采取否定的方式来对此予以界定的。主要有五种:对经验立法的否定,对工程立法的否定,对政绩立法的否定,对封闭立法的否定,以及对主观立法的否定②。有的则是用描述的办法来代替下定义,认为随着研究自然规律的自然科学和研究社会的社会科学的发展,"在立法范畴,人们也要借助科学的理性思考,来揭示立法的本质,汇总立法的经验,设计立法的结构,完善立法的技术,这就是立法科学"。③

从界定的内容上看。对科学立法的理解,是仅仅从立法本身来说,还是把视野放宽一点,这也是有分歧的。有论者提出,"立法科学化"是与"立法经验化"相对的,根据立法过程和结果(法律)中经验因素和科学因素的不同比重、不同地位,可把立法分为科学型和经验型两种。"一般而言,传统的立法是经验型的,而现代立法则应是科学型的。现代的立法,则是运用现代科学原理及立法技术的立法。即立法活动建立在科学(包括法学)基础之上,正确运用现代科学技术(包括立法技术)进行优化的过程,以保证立法取得最佳社会效果。"④有论者提出,立法科学化,是指立法活动要从实际出发,实事求是,积极探索和掌握立法规律,善于运用合理的立法技术,提高立法的质量和效益⑤。即便对立法本身的理解,也有侧重于立法过程与侧重于立法结果之分。有论者认为,"立法的科学化,是指立法者运用科学的手段、方法和技术进行立法活动,从而使最终的立法成果具有

---

① [德]卡尔·拉伦茨著:《法学方法论》,陈爱娥译,商务印书馆2003年版,第79页,"引论"第2页。
② 参见关保英:《科学立法科学性之解读》,载《社会科学》2007年第3期。
③ 汤唯、毕可志:《地方立法的民主化与科学化构想》,北京大学出版社2006年版,第72页。
④ 程燎原、夏道虎:《论立法的科学化》,载《法律科学》1989年第2期。
⑤ 王琦:《地方立法民主化和科学化研究》,载《河南省政法管理干部学院学报》2008年第5期。

科学性与合理性的过程"。①有论者则认为，科学立法是立法过程中必须以符合法律所调整事项的客观规律作为价值判断，并使法律规范严格地与其规制的事项保持最大限度的和谐，法律的制定过程尽可能满足法律赖以存在的内外在条件。就是说，科学立法既要符合它的内在条件（与其规制的事项保持契合），也要与外在条件保持一致，是各种内在与外在因素共同作用的结果②。有学者做过专门的总结，认为立法的科学性主要有三种含义：（1）最广泛意义说。是指包括立法过程中所有相对合理的要素。如柏拉图指出：不应该说，立法者制定法规时仅仅着眼于部分的美德，这偏偏又是最微不足道的部分，应该说，他的目的是注重美德的整体。科学性是能够促使立法合理性的所有事实和要素，即立法中对德行的全面尊重都可以被归入科学性之中。（2）广泛意义说。是指包括立法必须依客观规律而进行的所有相关的内在和外在条件，但所考虑的是立法中法属性的部分，而不考虑立法中有关德行的部分。显然，柏拉图关于立法中必须遵循所有善德的理念不能被归入科学性之中，因为，善德是与法律并列的东西，甚至不能成为法律中的一个外在要素。（3）狭隘意义说。是指将立法作为一个事物来看，给它确定相关的特性，如果科学性是一个特性的话，那么，与科学性并列的其他特性则应当被排除在科学性之外。③

应该说，立法本身是一门科学。对科学立法的理解，既要从立法本身来研究，又要对自然和整个人类社会进行研究，否则便说不清也道不明。同时，既要注重立法过程，也要注重立法结果。其中的道理很简单：科学立法既有形式（或程序）方面也有内容（或实质）方面。只有这种全方位的研究，才可能认清"科学立法"的真面目，进而实现科学立法。④但是，我们认为，科学立法作为与民主立法相并列的一个立法原则，其内容的侧重点应该在法的内容而非程序上。根据《立法法》，所谓科学立法，就是要求法律准确反映和体现所调整社会关系的客观规律，同时遵循法律体系的内在规律。科学立法的核心是尊重和体现规律。在我国，实现科学立法，必须坚持科学的理论为指导，从国情和实际出发，从适应经济社会

---

① 朱力宇主编：《地方立法的民主化与科学化问题研究——以北京市为主要例证》，中国人民大学出版社2011年版，第16页。
② 关保英：《科学立法科学性之解读》，载《社会科学》2007年第3期。
③ 关保英：《科学立法科学性之解读》，载《社会科学》2007年第3期。
④ 万其刚：《论科学立法及其实现》，载中国人大网，最后访问时间：2015年4月22日。

发展和全面深化改革的要求出发，科学合理地规范公民、法人和其他组织的权利和义务，科学合理地规范国家机关的权力和责任，并使法律规范明确、具体，具有针对性和可执行性，使法律符合经济社会发展，真正经得起实践和历史的检验。[1]地方立法的科学化无疑要遵循科学立法原则。结合地方立法的特点，我们认为，我国地方立法的科学化，是指在地方立法理念、立法内容、立法技术上不断走向科学合理的一种动态过程，从而使地方立法更加符合客观规律，更加体现地方特色，更加提高立法效益。

二、衡量地方立法科学化的标准

（一）地方立法更加符合客观规律

马克思曾经说过："立法者应当把自己看成一个自然科学家，他不是在创造法律、发明法律，而仅仅是在表述法律，他把精神关系的内在规律有意识地表现在现行法律之中，如果一个立法者用自己的臆想来代替事物的本质，那么我们应该责备他极端任性。"[2]立法绝不是任意的，它是人们在自觉认识客观规律的基础上将客观规律及其要求以行为规则反映和表达出来的一种形式。"立法，不像通常理解的那样，是人力所能做到的事情。不变的理性才是真正的立法者，理性的指示才是我们应该研究的。社会的职能不能扩展到制定法律而只能解释法律；它不能判定，它只能宣布事物的本质已经判定了的事情，而这种事情的正确是从当时的情况中自然产生的。"[3]可以说，科学化的地方立法是使法律规范更加符合客观规律的一种动态的过程。

这里特别要强调的是，要正确认识法律与规律的关系。因为讨论科学立法问题，就不能回避法律与规律的关系。现实中，这主要有两种倾向。一是强调法律的国家意志性而否定它的规律性；二是将法律与规律性等同起来，强调法律的规律性而否定它的国家意志性。这些年来，后一种倾向似乎更为突出。在环境法学研究中就存在一种倾向："自然主义谬误：法与规律的混淆。"[4]不能简单地说，法

---

[1] 武增：《中华人民共和国立法法解读》，中国法制出版社2015年5月版，第23页。
[2] 《马克思恩格斯全集》（第1卷），人民出版社1972年版，第183页。
[3] ［英］葛德文：《政治正义论》，何慕李译，商务印书馆1982年版，第150页。
[4] 巩固：《环境法律观检讨》，载《法学研究》2011年第6期，第71页。

律就是（客观）规律。法律作为主观范畴（具有客观性的内容），客观规律作为客观范畴，二者在产生的原理、存在的形态等方面都是有重要区别的。

1. 二者的特性不同

首先，规律是事物的内在的客观必然性的表现，它本身包括自然规律和社会规律，而社会规律还可继续划分，比如说中国特色社会主义有三大规律：共产党执政规律、社会主义建设规律和人类社会发展规律[①]。自然规律是自然现象自发地、盲目地发生作用的，而社会规律则始终存在着人的目的与意识的参与，"在社会历史领域内进行活动的，是具有意识的、经过思虑或凭激情行动的、追求某种目的的人；任何事情的发生都不是没有自觉的意图，没有预期的目的的"[②]。在这里，"人的特殊性、优越性在于能以自己的意志或理性来约束本能或支配行动，在于他能按照自己的意愿、需求去创造人的世界，改变客观的自然界"[③]。法律一定要通过人而发生作用，人要守法，也要有人去执法司法，所谓"徒法不能以自行"。即使是有关自然、生态等方面的法律，所调整的也是人与人之间的关系，是一种社会关系，而不是人与自然（包括动物）的关系。比如，饲养的动物（猫、狗甚至藏獒）造成他人损害的，动物饲养人或者管理人应当承担侵权责任，法律所惩罚的也不是猫、狗、藏獒等本身，而是它的主人（或管理人）。其次，法律有客观性（物质制约性），还有主观性（国家意志性）。法律作为一种社会规范，它本身是人类的创造物，是人类把法律发明创造出来以体现一定的理想、价值。换句话说，法律是不同时期、不同地域的人们解决纠纷的手段、工具或技术装置，也是人们价值观的一种载体。法律是人类的创作，是属于主观世界的，具有主观性和能动作用。法律绝不只是反映社会现实的被动物，它具有创构、建设和生成的作用[④]。规律是一种客观存在，它只能被发现（不是发明），既不能被创立也不能被消灭，不因人的喜好和意志而转移。它是"在事后作为一种内在的、无声的自然必然性起着作用"。法律是可以依社会的发展变化而进行"废""改""立"的。它是人们主观能动性的结果或表现，是"预先地、有计划地起作用"[⑤]。

[①] 胡锦涛：《坚定不移沿着中国特色社会主义道路前进，为全面建成小康社会而奋斗——在中国共产党第十八次全国代表大会上的报告》，人民出版社2012年版，第13页。
[②] 《马克思恩格斯选集》第四卷，人民出版社1995年第2版，第247页。
[③] 张华金主编：《自由论》，上海人民出版社1990年版，第2页。
[④] 梁治平编：《法律的文化解释》，生活·读书·新知三联书店1994年版，第53页。
[⑤] 《马克思恩格斯全集》第二十三卷，人民出版社1972年版，第394页。

2. 二者的作用范围和强度不同

首先，二者作用的范围不尽相同。尽管自然规律与社会规律有明显不同，"但是，不管这个差别对历史研究，尤其是对各个时代和各个事变的历史研究如何重要，它丝毫不能改变这样一个事实：历史进程是受内在的一般规律支配的"。[①]

客观规律（尤其是自然规律）不因人类发现、认识与否都是普遍地起着作用的，也不因时间、地域、民族等的不同而不同。放眼世界，可以看到，尽管人类社会中有种种"复辟""倒退"，但只是个别的、暂时的，最终都不会阻挡历史发展潮流。法律作为社会规范，其社会成员须一体遵循，但是，这里的社会成员往往是局限于一个国家或地区，国际法也不是当然地就适用于所有国家或地区。其次，二者发挥作用的强度也不同。法律规范"是规定行为命令或确定语句，这些行为命令或确定语句包含着规范性的、具有约束力的形成意志"。[②]皮亚杰说："规范不出于对存在着的关系的简单确认，而是来自另外一个范畴，即'应该是'的范畴。因此，规范的特点在于规定一定数量的义务与权限，这些义务与权限即使在权力主体违反或不使用时仍然是有效的。而自然规律建立在因果决定论或随机分配之上，它的真实价值完全在于它与事实的相符一致。"[③]法律规定的实现，既需要自律，更需要他律。因为人们可能自觉遵守法律规范，也可能被动遵守，而如果不遵守的话，执法机关和司法机关就会强制其遵守，这也是法律的实施需要国家强制力作保证的根本原因之一。事实上，人们违反了法律有可能受到制裁，也有可能逃避其制裁。但是，人们违反了规律是不可能逃避其惩罚的。

法律与规律之间除有以上重要区别外，也有密切联系，主要表现在以下两个方面。

1. 法律被客观规律决定和制约

法律要受客观规律影响和制约，并且不符合客观规律的法律一定会被符合规律的法律所取代。在最终的意义上，法律是被经济社会条件所决定的。所以，立法必须遵从经济社会发展等客观规律。马克思指出：立法者"在任何时候都不得不服从经济条件，并且从来不能向经济条件发号施令。无论政治

[①]《马克思恩格斯选集》第四卷，人民出版社1995年第2版，第247页。
[②][德]伯恩·魏德士著：《法理学》，丁晓春、吴越译，法律出版社2003年版，第139页。
[③][瑞士]让·皮亚杰著：《人文科学认识论》，郑文彬译，中央编译出版社1999年版，第6-7页。

的立法或市民的立法，都只是表明和记载经济关系的要求而已"。① 同时，立法还必须遵从法律自身的规律，比如法律本身的局限性、法律规定的周延细致、法律规则之间协调衔接、法律体系的内在和谐等。只有如此，法律才能顺应自然和社会的要求，进而有效规制社会生活、调整社会关系，建构起理想的社会秩序。

2. 法律与规律之间存在交叉重合的情况

大体上说来，当今世界各国的法律都没有对包括自然规律在内的各种规律予以重述或规定。"法律规范表达当为的内容。它并不描述是什么，也不描述统计的平均值、自然规律与历史规律。"② 但是，法律关于投票与计票、处罚与赔偿金额、刑期、时效等的规定必须符合数学的原理。同时，伴随着人类探寻科学和技术，对科技研发活动与成果的使用、转让等进行规范，不仅法律的调整范围不断拓展，而且法律与规律（或科技）之间也存在交叉和重合的情况，特别是在安全生产、卫生健康、环境资源保护、核能研发应用等领域的技术规范，常被法律予以吸收，成为强制性标准（或规范）。在这种情况下，人们若违反了法律，就不仅要受到法律的制裁，也要受到规律无情的惩罚，③ 比如，必然发生种种事故，区别只在于事故的大小和严重程度不同而已。

正确认识法律与规律的关系，就要反对把法律简单地归结为规律，因而，既不能过分夸大立法者的创造作用，以为创制法律可以不顾规律，也不能否认立法者的创造作用，以为规律可以直接地生出法律来。④

---

① 《马克思恩格斯全集》第四卷，人民出版社1965年版，第121-122页。

② ［德］伯恩·魏德士著：《法理学》，丁晓春、吴越译，法律出版社2003年版，第139页；另见该书，第56页及以下。

③ 2013年7月24日，西班牙发生欧洲史上最严重列车事故之一，至少80人遇难。而导致事故的主要原因就是在一处急转弯超过限速110公里（实际时速约190公里）。见新华社电：《列车超速转弯脱轨 西班牙80人遇难》，载《新京报》2013年7月26日，第A16—17版。又一个例子是，2013年12月1日，纽约一客运列车在运行途中突然脱轨，已造成数十人死伤。美国国家运输安全委员会（NTSB）对外确认，根据初步数据分析，脱轨的客运列车在事发前进入弯道的时速达每小时82英里，远远高于该弯道每小时30英里的限定速度。见李洋：《美国官方调查确认纽约脱轨客运列车严重超速》，载http://www.chinanews.com/gj/2013/12-03/5571604.shtml. 最后访问时间：2013年12月4日。

④ 关于法律与规律的关系，参见万其刚：《立法理念与实现》，北京大学出版社2006年版，第82-85页。

（二）地方立法更加体现地方特色

所谓地方特色，首先是区别于中央立法而言的。地方立法应根据本地区实际情况来解决自己的特殊问题。其次是相对其他地区而言的。我国幅员辽阔，地区之间地理气候、文化风俗、历史传统差异很大、经济文化发展也很不平衡。因此，推进地方立法的科学化，应从地区的实际出发，充分把握本地区的特点和规律，使地方立法真正符合本地区实际情况，体现本地区特色。地方立法更加体现地方特色，是衡量地方立法科学化的另一个标准。

（三）地方立法更加提高立法效益

注重立法成本经济分析的做法发端于美国。早在1971年，当时的尼克松总统实行生活质量评议计划时，要求环保局制定法规必须听取其他机关的评论，并把评论的意见和法规草案送管理局和预算局审查。自此以后，历届美国政府均将成本效益分析作为行政立法的一项基本要求，并在实践中不断加以完善。成本效益分析已从行政立法扩及到了议会立法；从联邦立法扩大到了州立法。[①] 后来，立法的成本效益分析逐渐被其他国家采用。如英国《准备守法成本评估修正原则》、德国《联邦法律案注意要点》等都规定了成本效益分析原则。立法成本经济分析的做法在我国也逐渐引起了重视。我国在2004年颁布实施的《全面推进依法行政实施纲要》第17条中明确规定："积极探索对政府立法项目尤其是经济立法项目的成本效益分析制度。政府立法不仅要考虑立法过程成本，还要研究其实施后的执法成本和社会成本。"推进地方立法科学化，就是要不断降低地方立法成本，努力提高地方立法效益。

三、地方立法科学化的价值

1. 推进国家法治进程

亚里士多德认为，法治的实现有赖于两个条件：一是已成立的法律获得普遍的服从，二是大家所服从的法律本身是制定得良好的法律。因此法治首先意味着"良法之治"。立法科学化，强调在立法决策、立法程序、立法内容和立法结构上，

[①] 汤唯、毕可志：《地方立法的民主化与科学化构想》，北京大学出版社2006年版，第444页。

都重视认识和尊重客观规律,减少人为因素的影响,限制立法者的恣意与专断,增强法律规范对社会生活的适应力,有利于依法对社会的全面治理。

2. 实现法律的基本价值

立法科学化,使法律规范能最大限度地消除部门本位主义的倾向,使各种社会利益群体的要求在立法程序中得到体现和确认,满足了人民群众的利益和愿望,在相当程度上消除了因立法不善造成社会不稳定的隐患,增强社会成员对立法的认同感和法律的权威性,体现了理性、平等、自由、人权的法律基本价值。[①]

3. 符合科学发展观的要求和"五位一体"总布局

科学发展观坚持以人为本,树立全面、协调、可持续的发展观,促进经济社会和人的全面发展。"五位一体"总布局要求,必须更加自觉地把全面协调可持续作为深入贯彻落实科学发展观的基本要求,全面落实经济建设、政治建设、文化建设、社会建设、生态文明建设五位一体总体布局,促进现代化建设各方面相协调,促进生产关系与生产力、上层建筑与经济基础相协调,不断开拓生产发展、生活富裕、生态良好的文明发展道路。立法科学化,以科学的态度,运用科学的手段,通过民主的程序,结合本地方的实际情况和实际需要,维护和实现了最广大人民群众的根本利益,反映了经济发展的基本规律,理顺了社会发展与自然的关系,促进经济发展和社会的全面进步,符合科学发展观的基本要求和"五位一体"总布局。

四、地方立法科学化的基本要求

1. 科学的立法观

立法观就是看待立法的总的观点和态度。科学的立法观就是以科学的态度来看待立法活动,具体来说就是必须一切从实际出发,实事求是,注重立法质量和效益。立法是反映人民意志和愿望的过程,意志取决于特定的物质条件。科学的立法观就是要从当地的社会物质条件出发,认识和把握客观规律,并综合考虑政治、思想、道德、文化、历史传统、民族、科技等因素的影响,立足社会实践,突出立法所应调整解决的事项,贯彻原则性与灵活性相结合的原则,因地制宜,

---

[①] 王琦:《地方立法民主化和科学化研究》,载《河南省政法管理干部学院学报》2008年第5期(总第110期)。

优化立法资源的合理配置，讲究实效，这样制定出来的法律规范才是良法，才能发挥其应有的作用。科学的立法观反对"闭门造法""照搬照抄"等现象。值得注意的是，近年来，一些地方打着节约成本、提高效率的旗号，不考虑当地的实际情况，照搬照抄其他地方的法律法规，结果在实施的过程中出现了许多问题，这就是缺乏科学的立法观的结果。

2. 科学的立法制度

立法科学化必须有科学的立法制度，尤其是必须建立科学的立法权限划分体制、立法权运行体制和立法权载体体制。立法权限划分体制包括立法权的归属、性质、种类、构成、范围、限制、各种立法权之间的关系，立法权在国家权力体系中的地位和作用，立法权与其他国家权力的关系等方面的内容。立法权限要根据国家和地方的历史和现状，体现民意，尊重客观规律，综合各种因素来进行划分。我国采取一种中央统一领导和一定程度分权的，多级并存、多类结合的立法权限划分体制，是一种符合中国国情，具有中国特色的立法权限划分体制。立法权运行体制主要是指在提出法案、审议法案、表决和通过法案和公布法案的立法程序和行使立法权的国家机关的其他立法活动应遵循的法定步骤，以及立法主体或参与立法的其他主体在立法活动中应遵循的程序。

这些步骤和程序必须根据客观规律，特别是立法规律进行科学设定，以保证其准确、高效、规范地运行。立法权载体体制主要包括行使立法权的立法主体或机构的建制、组织原则、活动形式等方面的内容，这些内容也必须遵循客观规律，才能有效运行，立法目标才能实现。

3. 科学的立法技术

科学的立法技术要求在立法活动中，特别是在立法预测、立法规划、立法决策、法的构造、立法完善等方面必须符合客观规律，特别是在地方立法中，必须因地制宜，突出本地特色，着力解决本地对社会经济发展至关重要又急需解决的问题，用活用好地方立法权，提高立法质量和效益。

科学的立法技术必须遵循以下基本原则：从实际出发和注重理论指导相结合，既从客观存在的经济、政治、文化、地理、人口以及其他实际情况出发，也要注重理论对立法的指导作用；尊重客观现实与发挥立法者的主观能动性相结合，客观规律需要立法者主动去认识和把握；原则性与灵活性相结合，立法既符合法制统一的原则，又充分利用我国多级并存、多类结合的立法权限划分体制，结合当地的实际情况，灵活作出规定；稳定性、连续性与适时变动性相结合，法律规范一经公布，不得随意变动，如有必要，则从整体和全局角度出发，及时、主动地修改。

科学的立法技术要求必须通过收集各种信息，在进行科学分析的基础上考察和预测立法的发展趋势，测算社会对立法的需求，考察现行立法达到的预期立法效果的程度，在此基础上科学编制立法规划，作出合理的立法决策。法的构造也必须具有科学性，一部良好的法律客观上要求法律格式、体例安排合理，法律规范的结构设计准确，法律语言的使用得当，法律的模糊性条款应当适度。[①]

五、我国地方立法科学化实践的不足及对策

（一）地方立法科学化存在的不足

1. 地方立法理念存在偏差

从历史上看，我国是一个有着几千年封建史的国家，封建专制意识浓厚，官本位思想、特权思想盛行，这在某种程度上已成为人们的思维定式。反映到地方立法上来，就表现为我国地方立法理念的科学性不足。

一直以来，法律工具主义观念盛行，公民成了法治的客体而不是主体，公民权利在地方立法中经常被忽视，有时甚至被"依法"侵犯。在一些地方性法规、规章中，管理内容多，服务内容少，大量的地方立法文本都有"管理"二字。这基本上是把地方立法当作谋求有效管理的手段。重管理、轻服务的立法理念以政府为中心，以权力为本位，强调"命令"与"服从"，从时间和空间两个维度限定了行政相对人的行为方向与活动空间，剥夺了社会、企业和公民自由选择的权利与机会。政府成了社会的"主人"，高高在上地实施着对社会的管理，片面地强调公民一方的服从和对秩序的维护，容易窒息经济与社会发展的生机与活力，使社会缺乏自主性和能动性，抑制公众的积极性和创造性，最终会致使政府背离为公众服务的宗旨和目标。[②]

2. 地方立法"抄袭"严重

（1）简单重复中央立法。实践中，往往是中央立法刚出台，地方随后就出台了相应的地方性法规、规章，这些地方性法规、规章简单重复中央立法的现象非

[①] 王琦：《地方立法民主化和科学化研究》，载《河南省政法管理干部学院学报》2008年第5期（总第110期）。

[②] 石佑启：《论公共行政与行政法学范式转换》，北京大学出版社2005年版，第78页。

常突出。据估测,地方立法重复中央立法的,约占地方立法的 70%~90%。[①] 有的法律、行政法规的实施条例或者实施办法,基本上是把法律及其配套的行政法规抄下来,再加上几条根据本地方实际情况和实际需要作出的规定,洋洋洒洒一大篇,真正带有地方特点的东西只有那么几条。[②] 地方立法简单重复中央立法的形式要么是更换概念,要么是移花接木,抑或是条文合并,更有甚者是原文照抄等。影响了地方立法质量的提高,降低了地方立法的权威性,侵蚀了公民遵法守法的心理基础,损害了我国法律体系的完整和统一。

(2)照搬照抄其他地方立法。实践中,有些地方立法不仅简单重复中央立法,而且基本照搬照抄其他地方立法。一个地方先出台了地方性法规,有些地方把法规的名称改一下即可,顶多再加上几条结合本地方实际情况和实际需要的规定,基本上是抄来的。地方立法"抄袭"的危害性是相当大的,它割断了其他地区先进经验和本地特殊需求两者之间的联系,根本不考虑或者较少考虑本地区的特殊社会需要,不加辨别地将其他地区的先进经验连同不足一股脑儿地搬过来(对于不足之处,不加以识别,照抄不误;对于先进经验,也不进行本土化尝试,即使是不符合本地情况的条款,也照搬使用),从而根本无法实现针对社会需要的法律创新,法律的发展步伐停滞不前,甚至可能出现倒退。[③]

3. 地方保护主义、部门利益倾向明显

实践中,有些地方立法起草者过于强调自身利益,强化或扩大本地方、本部门的权力,导致某种程度的"立法权异化""立法谋私""立法腐败"现象大量产生。地方保护主义严重主要表现为为保护本地方的经济利益,分割全国统一、开放的大市场,通过地方立法提高市场准入标准等手段来保护地方利益;部门利益倾向明显。部门利益倾向在地方立法中的突出表现主要为不适当强化、扩张本部门的行政职权;不适当地增设行政机构;随意扩大本部门管辖范围;强化部门所管理企业的行业垄断;设立行政机关的职权与职责失衡等等。

4. 立法技术滞后

目前我国尚没有一部规范立法技术的法律,《立法法》也仅对少量的立法技术作了原则性的规定。此外,《全国人民代表大会常务委员会议事规则》《行政法规

[①] 李林:《走向宪政的立法》,法律出版社 2003 年版,第 221 页。
[②] 杨景宇:《加强地方立法工作,提高地方立法质量》,载《求是》2005 年第 14 期。
[③] 孙波:《试论地方立法"抄袭"》,载《法商研究》2007 年第 5 期。

制定程序条例》等法律法规中也有部分涉及立法技术方面的规范。在地方立法实践中，有些省级人民代表大会常务委员会制定了有关地方立法技术的规范性文件，如 2000 年湖北省人大常委会主任会议通过的《湖北省制定地方性法规技术规范》。但到目前为止，仍缺乏专门规范立法技术的法律，立法技术规范尚未制度化。实践中，地方立法的结构技术存在很多的问题。地方性法规、规章名称缺乏统一性、规范性。有条例、办法、暂行办法、实施办法、试行办法、决定、规定、暂行规定、管理规定、制度、通知、实施细则、规范、解释等十余种。另外，地方性法规、规章体例不规范，有的"大而全"，有的"小而全"。在地方立法技术的内容结构上，内容排列、组合不够科学合理，逻辑不够严密，甚至逻辑关系混乱，例如，有的对某种行为设定了强制性规范，却没有规定违背了这些强制性规范如何处理；有的设定了某种权利，却没有规定相应的救济渠道等等。

在地方立法的语言技术上也存在很多问题，主要表现在以下几个方面：一是模糊含混，用"少量""大量""多数"表示数量，用"某些地区""个别地段""部分地方"表示空间，用"一定时间""特定时间"表示时间，用"正常情况""生活困难"表示状态。二是使用政策性语言，如"从低掌握""原则上实行有偿使用"。三是使用隐语、诙谐语、双关语，如"谁造谁有""以水养水""谁用人谁管理""谁开采谁修复、谁治理谁受益"。四是随意简化，如"计生委""一府两院"。五是以口语代替法言法语，如用"不准""不可"代替"禁止"。[1]

（二）推进我国地方立法科学化的对策

推进地方立法的科学化是深入推进依法治国的重要前提，是提高地方立法效益和质量的有效途径。只有推进地方立法的科学化，提高地方立法的科学化水平，才能全面落实依法治国基本方略，加快建设社会主义法治国家进程，为构建社会主义和谐社会和实现"两个一百年"奋斗目标提供有力的法治保障。

1. 树立"以人为本"的地方立法理念

"人们的行为和实践总是受到一定观念的支配，有什么样的观念，就有什么样的行为和实践观念在主客观的互动中起着主导作用，集中反映了意识思想、理论等意识形态对于经济基础和法律上层建筑的主观能动作用。"[2] 同样，对于立法

---

[1] 崔卓兰、于立深等：《地方立法实证研究》，知识产权出版社 2007 年版，第 259 页。
[2] 王全兴：《经济法前沿问题研究》，中国检察出版社 2004 年版，第 104 页。

来说，由于"立法是人的一种实践活动，因而不能离开一定的理论指导。只有科学地确立了立法理念，才能正确地界定立法的本质，并有效地指导立法活动"，[①]立法理念对立法者的活动具有根本性的影响。立法者的立法理念不同，其所制定法律的内容就会存在本质差异。因此，推进地方立法的科学化，首要的就是必须树立科学的地方立法理念，摈弃"以政府为中心、以权力为本位"的立法理念，树立"以公众为中心、以权利为本位"的"以人为本"的地方立法理念，把实现好、维护好、发展好最广大人民的根本利益作为根本出发点和归宿。对于地方立法来说，一是要因应人性，扬善抑恶。因为"全部人类历史的第一个前提无疑是有生命的个人的存在。因此，立法首先要立足于人，第一个需要确认的事实就是这些个人的肉体组织以及由此产生的个人对其他自然的关系"。[②]恩格斯明确指出："人来源于动物界这一事实已经决定人永远不能完全摆脱兽性，所以问题永远只能在于摆脱得多些或少些，在于兽性或人性的程度上的差异。"[③]这里所强调的是人的自然性。就是说，人不仅有社会性和主观性的一面，还有其作为自然界组成部分的自然性和客观性的一面。这是我们思考法律问题和开展立法工作的出发点。比如，婚姻作为一种特殊的"契约"（或合同），可以因离婚而解除这种关系，但是父或母不因婚姻关系终止自然而然地就终止了与其子女之间的血缘关系。所以，立法必须因应人性，体现人性，扬善抑恶。"正义的法律应是对人性之美的弘扬和对非人性之恶的制约。"只有"人性才是立法权的最高存在"。[④]二是要保障私权利和规制公权力。近代以来，伴随着民族国家的兴起和发展，人民的权利意识也开始勃兴。法律需要对这两者予以调整与规范，既明确人享有的权利与自由，又明确国家权力的范围。而且，明确国家权力的范围，目的是更好地体现和保障人的权利与自由。在此基础上，进一步明确国家责任的追究与承担，就是说，国家也会犯错，并应承担相应的责任，为此，建立并实行国家赔偿责任制度。相应地，还有两个基本原则。（1）对于公权力来说，实行"凡未经法律许可的，都是禁止的"原则。这适用于国家机关，其目的在于限制随意性和自由裁量权。（2）对于私权利来说，则实行"凡未经法律禁止的，都是许可的"原则。这一法律原则适用于

[①] 陈兴良：《刑法的人性基础》，中国方正出版社1996年版，第431页。
[②] 《马克思恩格斯选集》第一卷，人民出版社1995年版，第67页。
[③] 《马克思恩格斯选集》第三卷，人民出版社1995年版，第442页。
[④] 戚渊著：《论立法权》，中国法制出版社2002年版，第56—57页。

公众，其宗旨是提高社会积极性、主动性和创造性。以往法律的规定片面强调"令行禁止"，强调行政命令、国家强制、约束与管理；而对公众的授权、允许则相对不足甚至被严重忽视了。实行现代法治，必然要求改变这一状况，立法必须适应这一要求，作出合理、明确的规定，推进国家治理体系的现代化。三是必须改变"重管理、轻服务"的观念，摒弃法律工具主义的立法观念，牢固树立"以人为本"的地方立法理念，从而为实现我国地方立法的科学化奠定基础。

2. 科学编制地方立法规划、计划

地方立法规划、计划，是依据党和国家的方针政策，根据本地区经济和社会的发展状况，在立法预测的基础上，就一定时期内需要完成的立法项目所作的有目的、有意识的预先部署和安排。立法规划一般五年制定一次，立法计划一般一年制定一次，有的是两年滚动计划。立法规划是长远阶段实现的立法计划，而立法计划也可以说是短期的立法规划。

科学编制地方立法规划、计划，将一定时期的地方立法目标、任务、方向、决策明确下来，使地方立法工作安排更加科学、合理，有助于使地方立法工作有序进行，避免和防止重复立法，有利于克服立法中的部门利益倾向，提高地方立法的质量。首先，应拓宽地方立法项目来源。在条件允许的地方，向全社会公开征集地方立法项目，并赋予公民、社会团体等的立法提案权。其次，要科学处理地方立法项目、坚持立、改、废、释并重。第三，应通过建立地方立法规划、计划项目责任制等方式和手段，逐步完善对地方立法规划、计划的科学编制。

3. 提高地方立法技术

立法技术的功能和作用集中表现在：可以使立法成为科学的立法，使立法臻于较高水平，使立法正确调整社会关系和准确、有效、科学地反映立法者、执政者的意愿，可以从一个重要侧面保障整个法制系统有效地运行，从而充分满足国家、社会和公民生活对立法提出的种种需要。[①] 提高地方立法技术，将先进的立法技术引入地方立法，是推进地方立法科学化的重要途径。目前我国应借鉴国外有关规范立法技术的法律以及运用立法技术的经验，在我国《立法法》规定的原则基础上，结合实际制定一部统一的规范立法技术的法律，为不同层级的立法提供标准化、一体化的技术规范。对于地方立法的结构技术，既要重视其形式结构

---

① 周旺生：《立法学》，法律出版社2004年版，第85页。

技术，也要重视其内容结构技术。对于形式结构，地方性法规、规章的名称、总则、分则、附则及章、节、条款的安排应比较恰当，简繁比较适度；对于内容结构，地方性法规、规章拟设定的行为模式和法律后果应非常恰当，对相关部门的权力配置应规定得明确得当，权利、义务的设置应一致、合理、相当，与上位法和同位法相互之间应非常协调。对于地方立法的语言技术，应当准确、肯定、避免前后冲突。同时应当具有通俗性、可操作性，容易为人们理解和掌握。

4. 建立科学的地方立法后评估制度

地方立法后评估，又称"立法回头看"，是指在地方性法规、规章实施一段时间后，对其实施效果、功能作用以及存在的问题进行综合评估，其目的是为地方性法规、规章的修改和完善提供依据，不断改进地方立法工作，提高地方立法质量，从而进一步提高地方立法的科学化程度。

一些西方国家如美国、英国、德国等早在20世纪80年代就开始了对立法后评估理论和实践的探索。我国一些地方也开始建立地方立法后评估制度。如安徽省人民政府法制办自1999年开始每年选择3至4部地方政府规章进行实施效果测评，并向省政府提出修改和废止相关规章的建议，取得了较好的效果。随后，山东、甘肃、云南、北京、上海、四川、福建、湖北等省市人大也都开展了地方性法规立法后评估。建立科学合理的地方立法后评估制度，进一步明确后评估的原则、标准、方法等，将从整体上提高地方立法质量，有利于推进我国地方立法的科学化。

第三节　地方立法的民主化

一、立法民主化的内涵和价值

（一）立法民主化的内涵

尽管"民主"一词很早就出现在中西典籍之中，但是在古代，中国和西方关于"民主"含义的理解是截然不同的。中国古代"民主"的基本含义是"人民的主人""为民做主"，如《尚书·多方》中载"天惟时求民主"，就是说上天依时为民求主。而西方对"民主"的理解是"人民的统治"或"人民的政权"，简言之，就是人民参与政治决策。美国政治学家科恩认为，民主是一种社会管理体制，在该体制中社会成员大体上能直接或间接地参与或可以参与影响全体成员的决策。[①]按照科恩的观点，民主的广度实质是社会成员中参与决策的比例；民主的深度则是由参与时是否充分，即由参与的性质来确定的。民主政治要求包括立法权在内的所有国家权力都属于人民，人民是立法真正意义上的原动力，立法只有体现民情和顺应民意才具有合法性和正当性。"立法民主化"的含义，学者存在不同的理解。有的认为，"立法的民主化主要体现为立法主体的广泛性、立法行为的制约性、立法内容的平等性和立法过程的程序性"。[②]有的学者认为，立法民主化的环节和原则是"立法机构的民意代表性，立法程序的民主性，立法过程中的人民参与，立法的公开化，对立法的监督"。[③]还有的学者提出，"中国立法机关立法的民主化，主要内容应当是立法决策的民主化、立法起草的民主化、立法程序的民主化以及立法内容的民主化"。[④]实际上，学者们是从不同的角度或不同的侧面来对立法民主化进行表述的，其基本含义大体相同，即多数人对立法活动的参与和统治的过程。

我们认为，立法民主化应当包括以下三个方面的内容：第一，立法主体民主化。立法权从根本上属于人民，必须由人民行使，立法机构必须由人民来产生。第二，立法程序民主化。立法过程，必须有人民的广泛参与，并将程序和内容向社会公开，走群众路线，受人民监督。第三，立法内容民主化。立法内容必须充分体现人民的意志和愿望，反映客观规律的要求。立法民主化，不是一个静止的状态，而是一个不断变化发展的过程，包括从没有民主到有民主，也包括从民主程度较低到民主程度较高的变化过程。《立法法》第5条规定："立法应当体现人民的意志，发扬社会主义民主，坚持立法公开，保障人民通过多种途径参与立法活动。"这是民主立法原则的规定，也是立法民主化的重要法律依据。根据《立法法》，立法的民主化就是要求法律真正反映最广大人民的共同意愿，充分实现最广大人民的民主权利、切实维护最广大人民的根本利益。民主立法的核心，在于立法要为了人民、依靠人民。实现民主立法，必须坚持人民主体地位，贯彻群

[①] [美] 科恩：《论民主》，聂崇信、朱秀贤译，商务印书馆1988年版，第10页。
[②] 周旺生：《立法学》，法律出版社2004年版，第128、132、520、551页。
[③] 郭道晖：《当代中国立法》，中国民主法制出版社1998年版，第165页。
[④] 李林：《立法权与立法的民主化》，载中国社会科学院网，载 http://www.cass.net.n/file/2005101947789.html。

众路线，充分发扬民主，保证人民通过多种途径有序参与立法，使立法更好地体现民情、汇聚民意、集中民智。

（二）立法民主化的价值

1. 实现人民主权原则

我国是人民主权的国家，包括立法权在内的国家一切权力来自于人民，人民是国家的主人，是行使立法权的主体。人民正是根据宪法的规定，通过立法这种方式和程序来管理国家事务、经济和文化事业、社会事务，使人民主权原则真正变为现实。否认立法民主化，实际上就是否认了法律规范的正当性和合法性，实际上也否认了法的本质属性。人民通过民主的途径参与立法，表达自己的愿望和要求，立法程序把人民的利益要求转化为法律规范，有效地保护人民大众的直接利益、社会利益、群体利益。

2. 反映人民意志和客观规律

法的本质是统治阶级意志的体现，正如列宁所说，"法律就是取得胜利，掌握国家政权的阶级的意志的表现"。[1] 意志作为一种心理状态、一种精神力量，本身并不是法，只有表现为国家机关制定的法律、法规等规范性文件才是法。意志的形成和作用在一定程度上受世界观和价值观的影响，归根结底受制于客观规律[2]。立法民主化使作为统治阶级的人民，通过一定的程序，将阶级的意志转化为社会普遍遵守的法律规范。

3. 监督立法权的正确行使

作为国家的重要权力之一，立法权虽然来自于人民，但是，其行使仍然也要受到制约。没有制约和监督的权力容易滋生腐败，这是亘古不变的客观规律。立法民主化让社会公众参与到立法活动中来，立法程序公开透明，立法内容体现了人民的意愿，立法权的行使过程受到有效的监督和制约，防止滥用立法职权、个人独断或不尽立法职守，保障立法权的正确行使。

4. 促进立法的科学化

地方立法的科学化与民主化是提高地方立法质量最重要的两个方面，或者说是提高地方立法质量的最有效的两种途径。立法的民主原则和立法的科学原则，

---

[1] 《列宁全集》（第16卷），人民出版社1990年版，第145页。
[2] 张文显：《法理学》，高等教育出版社2003年版，第59页。

是我国立法的两个基本原则，也是提高立法质量的鸟之两翼，立法民主化与立法科学化关系非常紧密，两者相辅相成，相互作用。首先，立法民主化是立法科学化的手段和途径。立法主体的广泛性，使立法主体多元化，在维护法制统一的前提下，各地方立法机关因地制宜，从本地实际情况出发，作出适合本地社会需求的立法决策；立法过程中，走群众路线，尊重群众意见，倾听群众呼声，克服立法中的主观随意性和盲目性，制定出来的法律规范才是符合客观规律，适合社会发展的，从而实现立法的科学化。其次，立法科学化是立法民主化的目的和归宿。在立法中发扬民主，让社会成员采取各种方式参与立法，实现立法程序的公开、透明，加强社会对立法活动的监督，根本目的就是要更好地认识自然规律、社会规律和思维规律，防止立法不能体现人民意志的立法异化现象，协调人与自然和人与人之间的关系，从而实现立法的科学化。立法民主化扩大了公众参与立法的渠道和程度，拓宽立法信息通道，有效克服部门利益主义和地方保护主义，立法程序公开透明，在立法者与专家学者、普通群众、利害关系人之间建立起直接、及时、多方位的信息沟通渠道，从而保证了立法的可行性与针对性，进而确保立法的科学性。

值得注意的是，地方立法的科学化与民主化是存在区别的。地方立法的科学化的核心是立法内容的科学化，也包括立法理念的科学化、立法技术的科学化；而地方立法的民主化的重点是立法过程的民主，也就是要让人民通过多种途径参与立法过程表达自己的意志。地方立法的科学化与民主化二者缺一不可。地方立法只有既符合科学性，也符合民主性，才能确保其所制定出来的法是高质量的法，是"良法"。

二、立法民主化的基本要求

（一）立法主体的广泛性

我国是人民主权的国家，人民群众是国家的主人。立法权在根本上属于人民，由人民行使。坚持立法民主化，使人民群众能够通过各种方法和途径作用于立法过程，成为最基本的立法主体。人民群众参与立法过程，是立法民主化的基本要求。正如列宁所说："民主组织原则（其高级形式，就是由苏维埃建议和要求群众不仅积极参加一般规章、决议和法律的讨论，不仅监督它们的执行，而且还要执行这些规章、决议和法律），意味着使每一个群众代表，每一个公民都能参加国家法律的讨论，都能选举自己的代表和执行国家的法律。"[①]

立法主体的广泛性，还要求立法主体的多元化，建立中央与地方、权力机关与政府机关合理的立法权限划分体制和监督体制，也是立法民主化的基本要求。

（二）立法程序的民主性

立法程序的民主性是指在提出议案、审议法案、表决和通过法案、公布法的程序步骤上，贯彻民主的原则，让社会公众广泛参与立法活动，尊重公民的知情权，公开立法程序和内容，并接受人民群众的监督。立法程序中的协商制度、听证制度、多数通过制度、立法监督制度等，都是立法民主化的具体体现。立法活动遵从多数人的意见，最大限度地减少失误和错误，尽可能保证立法的人民性、客观性、公正性和正确性。罗伯特·达尔指出："假使我们期望的所有同胞都生活在一种完美和谐的状态是不合常理的期望，我们就应当设法建立一套满足某些合理标准的制定规则和法律的程序。这个程序必须保证，在一项法律生效前，所有的公民都有机会表达自己的观点。必须保证人们有讨论、协商、谈判、妥协的机会，这么做，在最好的情形下，就可能产生一部人人都满意的法律。但全体缺乏一致是更常见的情形，这时，在提议的各种法律中，拥有最大多数支持者的法律将获得通过。"[②]

民主化立法程序既能保证立法反映人民群众的愿望和要求，又能使少数人的意见和利益要求得到充分尊重，是人民当家作主的公理，是一种制度或者程序设计，并以立法方式固定下来的人民权力和利益。立法程序的民主性有两方面的要求：第一，要求立法机关应当有民主化的立法活动程序，包括它的立法活动应当有更多的公开性。立法活动是一个开放、透明的程序，社会公众才有机会参与立法活动。立法实践中的起草法律草案充分听取社会公众的意见，公布法律草案征求民众意见，举行立法公开听证会，在大众传媒上公开讨论立法中的问题，代表向选区选民报告立法情况和他本人在此立法中的发言和作用等等，都是立法程序公开透明的具体表现。第二，公民和社会团体等能够充分参与、影响和监督立法过程。彭真指出：立法"要坚持民主集中制，在高度民主基础上高度集中；要坚

---

① 《列宁全集》（第 27 卷），人民出版社 1990 年版，第 194 页。
② ［美］罗伯特·达尔：《论民主》，商务印书馆 1999 年版，第 61—62 页。

持群众路线，要反复从群众中来，到群众中去，反复用实践检验。不仅要集中委员们、代表们的意见，而且要听取、反映和集中各方面专家、实际工作者以及群众中的意见"。① 在民主法治国家，公民和社会团体都有通过参与立法活动平等自由表达自己的愿望的机会，立法内容体现了社会真正的利益要求，并规定有对法律规范的实施情况进行反馈的渠道。立法程序民主性的形式是多种多样的，不一定是直接民主。立法直接民主虽然被认为是最彻底、最纯粹和最高级的立法民主形式，在这种制度下，公民可以直接统治自己，亲自制定行为规则，不必借助中介或代表。② 但是，严格意义上的公民直接立法是不存在的，古希腊雅典参与立法的人只限于年满20周岁、父母均为雅典血统的男性公民，符合这个条件的公民不过占总人口的1/20，而广大奴隶和外来人口、占自由民一半的妇女及未成年人以及被释放的奴隶都没有立法权，③ 并不是所有的人都直接参与了立法。我国地广人多，经济发展的区域差异较大，公民素质参差不齐，社会条件复杂，不可能实现直接立法形式。由于知识背景、道德水准、政治素养、职业状况、专业能力、生活喜好等方面存在差异，公民在参与立法时不可能形成理性、准确、不带个人偏见和利益倾向的意见，而且，立法活动必须遵循一定的规律，并非社会公众都能认识和把握，因而，采用代表制立法、发挥专家立法的作用，具有重要意义。

（三）立法内容的民主性

人民作为立法的主体，通过民主的立法程序，制定出来的法律规范必然是顺应民心、体现民意的，内容充分体现人民的意志和愿望，以维护人民的利益为宗旨，注意确认和保障人民的各种权利。在理解立法内容的民主性时，应注意以下几点：第一，立法内容体现的是社会公众的整体利益，而不是个体利益。如果法律规范体现了与整体利益相冲突的个体利益或少数人利益的话，就不可避免地出现部门利益化倾向。第二，权利与义务相适应。立法过程实际上就是权利与义务的分配过程，立法内容的民主化要求权利与义务保持一致性，不允许有特权者或

---

① 彭真：《论新时期的社会主义民主与法制建设》，中央文献出版社1989年版，第303-304页。
② 亚里士多德、西塞罗等人也对直接立法民主作过描述。亚里士多德在《政治学》中提出了公民直接立法的两种方式：一是全体公民轮番而不同时集合来进行议事，制定法律；二是全体公民同时会集于一堂通过法律和讨论其他相关事务。
③ 由嵘：《外国法制史》，北京大学出版社1989年版，第45页。

特权阶层的存在，使一部分人只享有权利不承担或少承担义务，而使另一部分人履行义务而不享有或少享有权利。第三，权力与权利保持平衡。立法过程也是设定权力与权利关系的过程。立法内容上，如果权力放在主要位置，权利是次要的和从属的，执法过程中必然出现权力凌驾于权利之上，权力忽视甚至无视权利的专制现象；如果把所有权利被摆在至高无上的位置，实践中就容易出现权利凌驾于权力之上，轻视甚至蔑视权力的无政府现象。必须正确认识权利与权力的关系，在立法中使两者保持平衡，相互制约、相互促进、共同发展。

三、地方立法民主化的障碍及对策

（一）地方立法民主化的障碍

1. 人民代表大会立法权虚置现象突出

从地方立法实践看，不少应当由人民代表大会制定的法规实际上由人大常委会来代为制定了，人民代表大会立法权虚置现象比较突出。实践中，由地方人民代表大会通过的法规大都只是地方立法条例。《立法法》第 76 条规定："规定本行政区域特别重大事项的地方性法规，应当由人民代表大会通过。"尽管对于什么属于特别重大事项，《立法法》没有作出具体规定，地方立法对此问题也在探索之中，目前尚难以具体界定，但是一个地方的特别重大的事项肯定会有的，而且不会很少，必须充分利用地方人民代表大会的立法权，把调整地方经济建设、社会发展和人民生活中重要事项的法律规范交由人民代表大会来充分讨论、审议和通过，更体现了地方立法的民主与科学特征。人大常委会越俎代庖，过多地行使人大的立法权，可能与这几种思想观念有关：第一，人大常委会是人大的常设机构，可以代表人大行使立法权；第二，人大通过地方性法规程序相对较为烦琐，不易控制；第三，许多立法都是在人大闭会期间需要进行的，只能由其常委会来通过。我们认为，根据《立法法》的规定，地方人大的立法权和人大常委会的立法权是有明确区分的，人大行使立法权有其合理性、必要性和可行性，任何不重视这一权力行使的观念和行为都是错误的。

2. 公众参与机制不完善，公众参与热情不高

民主科学的立法机制的建立必须有社会公众相应的心理和素质为基础，必须有相应的思想文化水平为基础。尽管我国中央立法和地方立法都在扩大社会公众参与方面作出了许多努力，但是，总体来说，社会公众参与立法的热情不高，极大地影响了立法民主化、科学化的进程。民众参与立法的积极性不高，究其原因主要是：第一，受我国传统文化影响。传统文化弘扬君权至上，强调服从，压抑个性，漠视公民的权利，认为制定和颁布法令是官家的事情，平民只要循规蹈矩、逆来顺受即可，以至到了民主立法的今天，这种思想的阴霾仍然存在。第二，受利己主义影响。许多人认为立法与自己没有多大关系，于己没有多少实际利益，没有必要参加这些社会活动。第三，受立法机关工作的影响。立法机关的工作对社会公众参与立法的热情有直接影响。立法机关采取的一些社会公众参与立法措施，不是真正倾听群众呼声、了解群众的愿望和要求，最后将人民的意志变成法律规范，而是想作秀、搞形式主义或者是走过场地走完规定动作。民主立法程序搞形式、走过场，会使民众形成"说了也白说"的条件反射，之后不愿意再参与立法活动。立法机关没有建立与公民的互动机制，公众对立法机关到底有没有采纳自己所提的意见毫不知情，也会造成参与热情的下降。这样的立法程序有违科学性，也与民主的原则背道而驰。第四，受立法质量的影响。一些地方立法质量粗糙，数量过滥，影响了地方立法的严肃性和权威性，影响了人民群众对法制的信心，当然也挫伤了公众参与立法的积极性。第五，受参与立法的条件影响。有些地方法案尽管在形式上向社会公开征求意见，但途径单一，没有充分考虑公开的程度和效果。有些只在大众媒体公布，没有积极宣传，也没有相应的立法说明，公民对法律并不是很懂，更难以参与讨论。①

3. 立法过程中的信息不对称

信息不对称原是经济学上的概念，是指市场交易的各方所拥有的信息不对等，买卖双方所掌握的商品或服务的价格、质量等信息不相同，即一方比另一方占有较多的相关信息，处于信息优势地位，而另一方则处于信息劣势地位。而信息不对称必定导致信息拥有方为牟取自身更大的利益使另一方的利益受到损害。立法过程中的信息不对称是对立法过程中信息传递确定性不高的一种描述，也是立法过程中的法案的提案、起草、审议、表决等各个环节的参与者和参与机关之间会利用彼此之间信息上的不对称将对其不利的信息加以掩盖或者提供有倾向性的信息以达到左右法案通过的一种描述。某些人拥有一些信息，而另外一些人不拥有

---

① 王琦：《地方立法民主化和科学化研究》，载《河南省政法管理干部学院学报》2008 年第 5 期（总第 110 期）。

信息。在这种情况下，拥有信息的人就可以利用自己所拥有的信息牟取私利，损害公共利益和不拥有信息的人的利益。[①]

立法过程中的信息不对称主要表现是：第一，提案阶段的提案机关和立法机关之间的信息不对称。立法机关对提案机关提出立法议案的背景信息基本上不了解，对提案机关取舍信息的标准也不了解，只能在是否将立法议案列入议程问题上作出决定，而立法说明往往都是只阐述有利的信息，对不利的信息则不提及。第二，审议阶段参加人大常委会会议的代表、委员之间，有关专门委员会与其他委员会之间，提案人和立法机关之间的信息不对称。由于有关专门委员会在法案提交常委会会议审议前，有权对法案进行初步审议，其专业背景以及与提案人的关联性使其拥有的信息远远多于一般代表和立法者。尽管实践中提案机关一般都提供相关背景资料、调研情况以及各方面的意见，但是，法律没有明确规定提案机关应当提供哪些会议资料，因而相关信息的取舍由提案机关和立法机关实际控制。

（二）促进地方立法民主化的对策

1. 重视和强化公众参与立法

公众参与立法，不仅是立法民主化的要求，同时也是立法科学化的要求。因为，在人民主权的国家，人民当家作主，拥有包括立法在内的管理国家的各种权利，法律规范必须体现人民性。另一方面，人民来自于社会，具有最丰富的实践经验，最能认识和把握客观规律，经过人民群众的广泛参与，能最大限度地制定出符合实际需要，易于被公众接受和服从的法律，亦在一定程度上为未来法律的执行清除了某些潜在的阻力，避免或减少决策失误，减少资源浪费。特别是经过30年的改革开放，社会有了较大的发展，经济结构有了较大变化，利益群体愈来愈趋向多元化，人民的物质生活和精神生活水平有了很大提高，维权意识和政治参与意识有了明显提高，立法更应当充分反映不同利益群体的利益和要求，增强立法的透明度，促进立法的民主化与科学化。

2. 完善立法听证程序

立法听证制度是指立法机关为了收集、获取可靠的立法信息和资料，就立法的必要性和法案内容的可行性等问题举行听证会，邀请和接受与法案有利害关系的组

[①] 孙潮、戴永翔：《立法过程中的信息问题初探》，载《政治与法律》2003 年第 4 期。

织、公民、有关专家学者、实际工作者到会陈述意见,以便为立法决策提供参考依据的制度。听证作为一项程序性制度起源于英国普通法的"自然公正"原则——"任何权力必须公正行使,对当事人不利的决定必须听取他的意见"。在民主法治国家,其立法机关大都把听证程序作为立法的必备程序。立法听证的主要功能和价值体现在:有利于立法机关收集有关立法信息,使立法能够实现直接民主、充分反映民意,提高立法质量,可以在尽可能的范围内保证所立之法的科学性和可行性;有利于公众向立法机关表达意愿,扩大民主参与立法的方式,体现民主与人权价值;有利于听取社会成员中不同阶层人士的意见,协调各种社会利益关系。

我国《立法法》已经对列入全国人大常委会会议议程的法律案在听取意见过程中可以召开听证会作了原则性规定。《立法法》第36条第3款规定:"法律案有关问题存在重大意见分歧或者涉及利益关系重大调整,需要进行听证的,应当召开听证会,听取有关基层和群众代表、部门、人民团体、专家、全国人民代表大会代表和社会有关方面的意见。听证情况应当向常务委员会报告。"该规定比2000年的《立法法》关于听证的规定有了进一步的完善。

要充分发挥立法听证在促进立法民主化和科学化方面的作用,应努力做到以下几点:第一,立法听证是具有独立价值的一种程序,与其他公众参与立法的形式有所区别,不得以专家论证会、立法座谈会等来取代立法听证会。第二,明确和扩大适用立法听证的法案范围,包括任意听证和强制听证两个方面。任意听证由立法机关决定是否采取听证方式,强制听证的法案必须经立法听证方能出台。可以规定强制听证的是涉及本行政区域经济和社会发展重大问题,人民群众关心的热点、难点问题的法案,在行政权不断膨胀的今天,应当把听证作为抵制行政权在立法上扩张的有效途径。第三,规定具体的听证操作程序规则,即对听证委员会的组成、听证内容、公告及通知、选择和邀请证人、收集证言和准备材料、证人作证的形式及顺序、听证时间与证人作证、询问与回答等程序内容作出明确规定。第四,注重对听证结果的处理,充分发挥听证的效能。听证的主要功能和最终目的,是通过举行听证,实现立法、重大事项等决策的民主化、科学化。应当将听证意见公之于众,听证记录是法案形成的重要依据。[①]

3. 重视专家论证机制

随着社会的发展,立法活动呈现复杂化、专业化、技术化的趋势,仅依靠民

---

① 有关立法听证制度的详细讨论,参见本书第八章第四节"我国地方立法听证制度"。

选代表已不能适应立法的新要求，必须充分发挥专家在立法中的作用，促进立法民主化和科学化。专家参与立法的主要形式是召开专家论证会，即针对立法过程中存在的专门性、专业性问题或有重大分歧的问题召开论证会，邀请相关专家进行论证。专家学者视野比较宽广，立场比较客观中立，在各自的专业领域有较深造诣，发言有权威性，摆脱了部门利益本位和地方保护主义的羁绊，具有超然性，可以冷静理智地分析、评判各种利益关系，区分民意中的理性和非理性成分，在各种利益冲突中提炼出规范社会生活的共同规则，促进立法的科学性。

4. 公开征求群众意见

为了实现立法科学性，应通过民主的程序让广大的普通群众有机会参与立法，其中公开征求群众意见制度是重要形式。社会公众的意志和愿望通过立法程序表达得越充分、收集得越完整，立法就越能够体现人民当家作主的民主价值。公开征求群众意见主要包括两个方面：一是召开立法座谈会，听取具有代表意见的群众对立法的建议和意见。二是通过媒体向社会公开法案，征求群众意见。在公开征求群众意见时，应当注意以下几点：第一，充分发挥民主立法的导向和宣传作用，思想上高度重视，注重实效，避免走过场、搞形式主义。第二，参加座谈会的群众必须具有一定的代表性，特别是跟法案内容密切相关的行业和部门必须有人员参加座谈，充分重视弱势群体、边缘群体、立法信息不对称群体、立法参与专门知识缺乏等群体的意志表达和利益诉求。第三，实行立法信息公开制度，既保证利害关系人对相关立法的知情权和参与权，又保证社会公众对立法的了解和监督。公开的途径多种多样，包括报纸、广播电视、网络等，让社会成员充分知晓。第四，有完善的收集建议和意见的渠道。第五，建立科学的群众意见反馈制度，将群众意见和建议的收集情况、吸收或采纳情况告知群众，使公开征求群众意见的机制形成一种良性循环。[①]

[①] 王琦：《地方立法民主化和科学化研究》，载《河南省政法管理干部学院学报》2008 年第 5 期（总第 110 期）。

第三章　地方立法的地方特色及其实现路径

在中国特色社会主义法律体系形成和全面推进依法治国的大背景下，随着对立法质量要求的提升，地方特色已成为衡量地方立法质量的一个重要标准，更是地方立法需要不断深入研究的重点课题。

第一节　为什么要强调地方立法的地方特色

一、地方特色是矛盾特殊性规律在地方立法中的体现

所谓矛盾，就是指一切事物在本质上都包含对立又统一的两个方面或两种倾向。矛盾的普遍性是指，矛盾是普遍存在的，一切事物、现象和过程都包含矛盾。矛盾的特殊性是指，不同事物的矛盾又具有不同的特点，表现出不同事物、不同过程的特殊本质。在地方立法中，遇到全国或者其他地方也会遇到的问题，这就是矛盾的普遍性；遇到的问题是只会在本行政区域内出现的问题，这就是矛盾的特殊性。地方立法的过程，就是矛盾的普遍性和矛盾的特殊性相互区别、相互贯通、相互转化的过程。在这一过程中，只有抓住矛盾的特殊性才能把世界上千差万别的事物区别开来；只有认识到矛盾的特殊性，我们才能深化对事物的认识。地方立法的关键即在于抓住矛盾的特殊性。因为，分析矛盾的特殊性，也就是具体地分析情况，这是马克思主义的灵魂。而矛盾的特殊性反映在地方立法中即要求地方特色在地方立法中体现。因此，地方特色的存在是马克思主义哲学对地

立法指导和要求的结果。

二、地方特色是解决我国地区差异和地区发展不平衡的需要

我国幅员辽阔，地区之间历史传统、地理气候、文化风俗差异很大，经济文化发展很不平衡。就是同一个省份之内的不同地区，例如江苏的苏南、苏中、苏北，发展就很不平衡。国家层面的立法只能解决最基本最主要的问题，无法包办所有的问题，不可能对各方面都规定得十分具体，有些规定只能是原则性的，有的只能是制定一个标准和尺度。从行政区划上讲，便存在普通行政区划、民族自治区、经济特区、特别行政区之划分。十一届三中全会以来的不同时期，沿海各省与内地各省又实行了不同的财政制度，所有自然的和人为的因素造成了资源分布的不平衡和经济发展的不平衡。发达的东南沿海一带生活方式和经济运行方式更接近发达地区的模式，人们的权利要求也相对现代化；而内地的贫困地区特别是西南和西北的不发达地区，很多人的温饱问题仍然没有解决。在这样一种存在较大的地区差异的国情之下，适应一个地区的政策和法律可能并不适用于另外一个地区。因此，在进行地方立法时，不仅应当认识到这种地区差异的存在，还应当在认识的基础之上从本行政区域的具体情况出发，制定能够真正在本行政区域行之有效的地方立法，以充分发挥地方立法本应具有的作用。在政治经济上，随着改革开放的不断深入，要求一时难以由中央自己解决或地方共同解决的问题可由地方先行立法，为日后中央立法积累经验。广东、福建、深圳、厦门、珠海、汕头等沿海开放地区和经济特区，经全国人民代表大会常务委员会授权，遵循宪法规定及法律、行政法规的基本原则制定了不少地方经济法规，为改革开放保驾护航。在地理环境上，我国地大物博，各地的地形、气候、自然资源的分布有很大的差异，对于这些事项中央只能制定一些法律进行原则性的规定，需要各地从本地实际情况出发进行地方立法，对法律进行补充或对法律没有规范的事项加以规范。在文化、体育、卫生方面，各地经济、风俗的差异，导致了各地文化上的差异。因此，地方立法也应认识到这种差异，注重当地的文化传统，突出地方特色。

三、地方特色是适应我国统一的多民族国家国情的需要

我国是一个历史悠久的文明古国，全国五十多个民族，除了占全国人口百分

之九十以上的汉族外，还有满、蒙、回、藏、苗、彝、壮、维吾尔、瑶、傣、鄂伦春等几十个少数民族。我国少数民族的人口虽然在全国人口中所占的比重不大，但居住的地区很广，约占全国总面积的百分之五十到六十。从少数民族聚居的情况看，现在全国已建立了 5 个自治区，31 个自治州，105 个自治县，恢复和建立了 2944 个民族自治乡。另外，还有散居杂居的少数民族 1800 万人几乎遍布每个县、市。因之民族之间的文化、风俗等差异，地方立法的事项涉及少数民族问题之时，必须从该少数民族的实际情况出发，不得破坏少数民族的历史传统，这便要求地方特色之民族特色在地方立法中体现出来。

我国是一个多民族的国家，民族立法必须坚持因地制宜，坚持发展本民族的经济、文化事业。目前我国许多民族自治地方依据宪法和法律制定了以发展本地经济和文化事业为中心的自治条例和单行条例，为民族问题的解决提供了法律保障。这主要表现在三个方面：

一是根据本民族的实际情况制定实施法律的细则，将国家的法律具体化。民族自治地方具有不同于普通行政区的特点。国家法律在这些地区适用，必须和民族特点结合起来，民族自治地方一方面要贯彻宪法和法律，另一方面要结合民族地区的自然特点和民族特点制定一些实施细则。例如，宁夏回族自治区 1985 年制定了《保护妇女儿童合法权益的若干规定》，1986 年制定了《普及初等义务教育暂行条例》，在这两个文件中国家的法律和民族特点充分地结合起来了。

二是对法律中的某些规定根据民族自治地方的需要作必要的补充。民族自治地方为了解决某些民族存在的实际问题，对国家法律因地制宜地作出一些补充。例如，《甘孜藏族自治州实行婚姻法的补充规定》规定了废除一夫多妻、一妻多夫婚姻，对执行新条例之前形成的上述婚姻关系，凡不主动提出解决婚姻关系者准予维持，这一规定就是我国婚姻法和当地民族的具体实际情况衔接起来，避免了婚姻法和长期形成的民族习惯的冲突。

三是对法律中的某些规定，根据民族自治地方的实际情况作出必要的变通规定。变通法律要在坚持一般法律行为标准的前提下，对不同的地方或不同的人灵活适用。一般来说，变通规定既要和宪法、法律的基本原则相一致，又必须和民族自治地方的实际情况相吻合，使法律能够在民族自治地方得到真正的实施，灵活地解决民族问题。例如，内蒙古自治区针对少数民族人口较少这一具体情况，在执行《婚姻法》的变通规定中作出"内蒙古族和其他少数民族不提倡计划生育"的规定，对我国的婚姻法作出了变通规定。

四、地方特色是我国新形势发展和党的政策、法律的要求

党的十八届四中全会作出了全面推进依法治国、加快建设社会主义法治国家的重大战略部署。在推进全面依法治国这一系统工程中，立法是基础和前提。地方立法是中国特色社会主义法律体系的重要组成部分，突出地方特色是地方立法长期以来不断探索实践的重要问题。根据宪法、立法法和地方组织法的规定，享有立法权的地方人大及其常委会，在不同宪法、法律、行政法规相抵触的前提下，根据本行政区域的具体情况和实际需要，可以制定地方性法规。法律赋予地方一定的立法权限，就是让地方人大及其常委会从本地区的具体情况和实际需要出发，在地方立法中突出地方特色，有针对性地解决本地区经济和社会发展中需要通过立法解决的问题。从这个意义上说，我国实行"一元、二级、多层次"的立法体制，其中"一元"体现了在全国内部立法体系是统一的，"二级、多层次"则体现了地方立法特色，其目的就是要解决国家立法难以企及的地方特色问题。

多年来全国各省（区、市）在这方面都积累了丰富的地方立法实践基础。在2001年召开的全国地方立法工作会议上，江苏提出了地方立法"不抵触、有特色、可操作"的九字方针，得到全国人大有关领导的高度肯定。实践证明，越是有地方特色的立法，越符合客观实际，越能在实施中发挥出应有的功用。当前，协调推进"四个全面"战略布局的新形势，建设中国特色社会主义法治体系的新任务，人民群众对良法善治的新期待，都对地方立法工作提出了新的更高要求，需要我们从本地实际和发展阶段出发，深刻把握经济社会发展规律，切实增强地方立法的可执行性和可操作性，使制定的法规更加切合地方实际、适应经济社会发展需要、经得起实践检验。

五、缺乏地方特色是我国地方立法普遍存在的问题

从党的十一届三中全会至今，地方立法已经成为我国社会主义法制建设的一道靓丽的风景线，各地已越来越注重地方立法的地方特色，在面临有特色这一难题时，各地做了许多有益的尝试，但在实践中，无特色、特色不明显或者特色违法依然是地方立法普遍存在的问题。主要表现在：

（一）无特色

我国一度在重视地方立法数量、规模的理念导引下，全国各地制定了数量惊人的地方法规，虽然不乏有特色的地方法规，但比例较低。说句实话，除了数量多、大而空、相类似这些共同的特征外，尤其共同的一点就是无特色。需要甄别的是，这里的相类似绝不是因为遵循了地方立法共性特征的结果，而是互相抄搬使然。这种"拿来主义"直接导致地方立法的趋同性，导致"水土不服"而被作为摆设予以闲置。有些地方法规干脆做成了"大杂烩"，将兄弟省市的相关法规拼接起来，根本就没有特色。尤其是在进行实施性地方立法和补充性地方立法时，照抄照搬上位法，上下一般粗，无从体现地方特色。实施性地方立法要求根据授权制定实施办法、实施细则，补充性地方立法要求对于法律规定的比较原则的事项，根据本地区的实际情况需要作出进一步具体的规定。但是有些地方立法，或照抄照搬法律条文，把法规的架子搞得很大，既不严肃，也不解决实际问题，给人千孔一面之感；或生拉硬套外地甚至外国的一些规定，与本地的实际情况相去甚远，制定的法规往往南辕北辙，不伦不类。

（二）特色少或者特色不明显

客观地讲，有不少地方法规有一定的特色，但这些本来就不多的特色淹没在"大而全"或"小而全"的体例中，致使特色不明显。

（三）"特"出了地方立法的边界，造成相抵触，而原因不外乎无意或故意规避国家立法两种

换个角度讲，如果为了特色而特色，有特色也就失去了它本身的意义和价值。需要警惕的是，一旦"特"出了边界的地方法规没有被修改或者废止，很可能会造成其他的负面影响。比如，对地方立法质量的质疑，对司法适用造成的困扰等等。比如，在进行自主性地方立法时，为了追求地方特色，忽视法律优先原则。例如，在《行政诉讼法》之前，某地为了适应行政诉讼的需要，自行制定了《行政诉讼条例》。该做法的初衷虽好，但却是不可取的。因为自主性地方立法的内容虽然包括国家尚未立法或者正在酝酿制定法律的一些事项，但宪法和一些相关的法律、行政法规对于这些事项已确立了基本的法律原则或制度。在制定这类地方性法规时，不能因为国家法律没有明确规定，就可以不受国家法律的限制，而

应当做到不与宪法、法律、行政法规所确立的基本原则、基本制度、基本精神相抵触、相矛盾。

（四）缺乏全局意识，零敲碎打

这主要表现为三方面：一是由于对本地经济和社会发展的状况缺乏高屋建瓴的把握，在立法规划方面，没有整体的谋篇布局，分不清立法的轻重缓急；二是不能将本地经济、社会发展的全局同全国的政治、经济、文化等方面的发展有机结合起来；三是未能将本地与地域性的优势结合起来，立法不但没有凸显、利用、引导这一优势，甚至自我限制了手脚。

（五）把从实际出发、突出地方特色，变为地方保护主义和本位主义

地方立法的出发点是从本地的实际出发，这实际上是实事求是的必然要求。但是，有的地方，目光短浅，打着地方特色之名，行地方保护之实。地方法规中充填了地方保护和本位主义、部门利益等货色。一时奏效，贻害无穷。

（六）不加辨析地把地方管理工作中的特殊情况均视为地方特色，进行盲目地变通性地方立法

这样做会造成那些本应在政府工作的不断总结提高中被改变甚至抛弃的不合理做法，却以地方立法的形式被认可并规范下来，损害了法规体系的完整性和法规的质量。

六、地方特色是地方立法质量的重点

资源优势不同的各地在经济发展上已经具有明显的非均衡性，由此所制约的社会各方面也呈现出了较强的非同构性。由于文化传统、经济条件以及社会发展状况的差异，各地都有一些特有的问题，对于这些特有的个性问题，国家难以为其制定专门的法律、法规，有的即使在法律、法规中有所涉及，也只能是原则规定，难以满足和针对各地不同的经济社会实际。地方立法的首要任务，就是以立法的形式创制性地解决应由地方自己解决的问题，以及在国家立法普适性之下不可能有针对性或有效解决的本地实际问题。因此，体现地方特色是地方立法的灵魂和生命，也是衡量地方立法质量和价值的一个基本标准。

但是，缺乏地方特色恰恰是当前我国地方立法中一个带有普遍性的问题，严重影响了地方立法质量。它表现为地方立法的两个趋同性。一是地方立法与国家立法的趋同性，地方立法盲目追求与国家立法配套和衔接，追求体例的完整，核心的制度设计缺乏针对性。二是地方立法之间的趋同性，各地立法项目和法律制度的设计大同小异，看不出本地与异地在经济社会方面的差异。地方法规的趋同性，表现为立法针对性不强、可操作性差，没有好的实效性。地方立法质量要求"法规能够反映客观规律，并且具有可操作性，能够解决本地实际问题"。地方立法要解决本地实际问题，必须体现地方特色，这是地方立法的生命力所在。地方立法在不与国家法律、行政法规相抵触的前提下，地方特色越突出，其实用性和可操作性越强，越能解决本地的实际问题，法规的执行效果就越好，法规的质量也就越高。因此，提高地方立法质量的重点是体现地方立法特色。

总之，在进行地方立法时，要全面进行考虑，使地方立法真正符合本行政区的实际情况，而不是照抄法律、行政法规等上位法的条文，或者把几个法律、行政法规的内容浓缩为一个地方立法。地方立法的内容一定要体现地方特色，否则就失去了制定地方立法的意义。

第二节　地方特色及与相关概念的关系

一、地方立法特色的内涵

我国的立法工作已进入理性立法阶段，由过去偏向立法的数量到现在更注重立法的质量。提高地方立法质量的重点是体现地方立法特色，这已成为共识。然而关于何为"地方立法特色"，当前的认识多还停留于泛化的"原则"层面，既没有赋予其丰富的理论内涵，也没有深入研究它的实践价值，认识上的模糊直接影响了地方立法质量的提升。

何谓地方？本文所谓地方是指我国中央以下各级行政区域的统称。何谓特色？特色一般是指事物所独有的风格。《汉语大词典》解释：特色是指事物所表现出的独特色彩、风格等。对于何为"地方立法特色"？一般的理解是"符合本地实际和需要"。近年来，实务和理论界对其内涵也有了进一步探索。例如，有的提出，地方立法特色就是指制定地方性法规所表现的独有风格，表现为地方立法的本地化、独有性、时代性；有的提出地方立法特色是法律多元化在地方立法中的具体表现，没有统一的标准；有的从矛盾特殊性视角研究地方立法特色，提出地方立法要反映本地区的特殊性。有的抛弃了单纯地从地域论上理解地方立法特色，提出了地方立法特色的共性论。

总体上看，目前对地方立法特色内涵的认识，主要有以下三种观点：一是创新论。受"地方立法要体现时代精神和地方立法先行性"论述的影响，该观点强调了地方法规构建社会秩序的功能，提出了地方立法的创新论，主张在地方立法中强调制度设计的创新，通过创新制度设计确立制度优势，把制度优势固化为地方特色。即同样的制度设计，外省市没有我先有，外省市有的我更先进。强调制度设计的领先性、先行性和制度安排的与众不同。二是针对论。关于地方立法特色与地方立法针对性的关系，立法理论和实务界通常的表述是"地方立法缺乏地方特色，针对性不强""地方特色越突出，地方立法针对性就越强"。认为地方立法特色与地方立法的针对性呈正相关的关系。在法制建设的实践中，一部地方法规实施中遇到困境，往往认为这部地方法规对本地经济社会实际的立法针对性不强，地方立法针对性不强往往归咎于地方立法缺乏地方特色。究竟是地方立法缺乏地方特色导致了地方法规的针对性不强，还是地方立法的针对性不强导致地方法规缺乏地方特色，即地方立法的针对性是地方立法特色的外在表现还是内在构成要素，明确这一问题，有助于我们找准体现地方立法特色的工作方法和途径。针对性不仅是理论和实务界通常理解的地方立法特色的外在表现，将针对性视为地方立法特色内涵的第一构成要素也是绝大多数人的共识。三是地域论。该观点受法律本土化影响，提出了地方法规的本地化，主张从地域边界理解地方特色，在地方立法中排除非本地性的因素，强调内容上的独有性，即"内容只有本地需要"。

我们认为，所谓地方特色，简单地说，就是地方固有的、客观存在的特殊性。地方立法中的地方特色，也就是在地方立法中体现出地方的这种特殊性，是地方立法所表现的独有风格。地方立法有特色的含义是，地方立法在反映、揭示、规范本地特殊性的同时，应具备某类立法的共性特征，并蕴涵针对性、先行性、创新性和自主性，并主要突出针对性。首先，地方立法能充分体现本地经济水平、地理资源、历史传统、法制环境、人文背景、民情风俗等状况，适合本地实际。地方立法的首要任务，就是以立法的形式创制性地解决应由地方自己解决的问题，以及国家立法不可能解决的问题。也就是说，地方立法体现的是对国家法律、行政法规的"拾遗补阙"，重点解决地方经济、社会发展中无法可依的问题，并把改革和发展的决策同地方立法结合起来，使地方经济、社会发展以及社会稳定建立在法制的轨道上[①]。其次，在突出地方立法针对性的同时，应将先行性、创新性和自主性同解决本地实际问题结合起来。不难设想，一部没有针对性的地方法规，不要说不符合有特色的原则了，其根本就没有存在的必要。正是基于这一原因，应当将是否体现地方特色作为衡量一部地方法质量高低的标准之一。所谓针对性，就是结合本地实际情况，以解决实际问题为目标，制定地方法规，有几条定几条，不凑数，要管用，不搞无的放矢，不为立法而立法，不强调体系的完备，不搞大而全，注重少而精。针对性的一个极其重要的特质就是实践已采用的"少而精"的补充原则。地方立法的先行性，从某种意义上讲就是有特色。先行性实际上同时彰显了创新性，又是地方立法自主性的表现。先行性一方面应当立足于本地实际，同时应当尽可能地增加一些具有超前性、创新性的条款，借鉴国际先进的立法理念，从而充分发挥立法对现实社会生活的导向作用，同时发挥地方立法由个性特色走向普适性国家立法"试验田"的作用。

地方立法的地方特色是地方立法同本行政区域客观实际特殊性的有机结合。强调地方特色并非指各地方的法规不能有相似之处，也不是指语言、文字风格的差别，而是指相对于法律和行政法规，地方立法必须在本地方的具体情况和实际需要方面有显著的地方适用性。地方立法中的地方特色，是地方立法主体对于某一事项在决定是否进行地方立法以及如何立法时应当考虑的因素，以使其更好地适用于地方。应该说，在宏观上，国家立法机关、地方人大和立法理论界对地方立法特色已经取得了共识；但在微观上，具体到每一件法规，人们的认知还有较大的差异，不同个体和人群认识也存在不少的差异。而且，即使认识比较统一，付诸实践也还有一个过程。

二、与地方特色相关的几个概念

（一）地方特色与"根据本地实际"

理论研究对地方立法特色内涵的认识通常理解为"反映论"，即地方特色是对"本地实际"的反映，表现为地方立法在纵向上回应现实社会和构建社会秩序的分歧，在横向上表现为个性论（本地的特殊性）和共性论的分歧。立法实务中，

---

① 廖军和：《关于地方立法观念创新问题的思考》，载 http://www.people.com.cn.

一般的理解是,所谓有特色,"就是符合(根据)本地实际和需要"。这样的理解虽无不当,但这样界定有特色,实际上是将本来十分丰富的内涵人为简单化、机械化了。因为,"本地实际和需要"往往是全国各地都需要的,比如,发展经济。在市场经济条件下,几乎全国各地都把经济立法作为地方立法的主体或者重中之重,而要符合市场经济的规律,地方立法不可避免地要在经济立法这一部分产生交叉或者重合,这是不以地方意志为转移的共性特征,而经济立法又是一个涵盖面极其广泛、相对笼统的概念,如果单纯强调符合本地的实际和需要,忘记了"本地的实际和需要"实际上就是经济发展,因而忘记了地方立法中绝大部分因共同经济规律支配下应有的"共性特征",一味强调"地方特色",就可能使地方立法因为追求所谓"有地方特色"而走入死胡同。[1]

有调查显示,在"地方特色"与"根据本行政区域的具体情况和实际需要"的关系上,无论是总体上还是不同的调查人群,各个选项均未有过半的支持率,表明调查人群对"地方特色"与"本地实际"之间的关系没有形成共识,认知很分散。但在"地方立法特色与地方实际的适应度"的问卷中,选择"针对性强"选项的,占问卷的75%。这表明,调查人群对"地方特色"与"本地实际"联系途径看法较为一致,认同"针对性"是两者联系的方式。可以看出,在现阶段,不同调查对象人群对地方特色与本地实际的关系还处在相当分散的阶段,无法形成共识,但对两者的联系途径已有了较高的共识,认可"针对性"是两者的联系途径,这在方法论上,为我们探究地方立法特色提供了工作方法的指导。[2]

(二)地方特色与"可操作性"

理论界和立法实务界对地方立法特色的理解,通常认为地方法规越具有地方特色就越具有操作性,将地方立法特色与地方法规的可操作性视为一对外在的变量。但对于可操作性是否是地方立法特色的内在变量,学界和理论界并没有深入的研究。有调查显示,"操作性"作为地方立法特色的内在变量,理论界虽没有探讨,但在问卷调查中却获得了调查群体趋于一致的认同。可以看出,可操作性作为制度设计实施上的考量,已被多数立法实务人员视为地方立法特色的内在构成要素。作为影响制度设计可操作性因素的社会认可度以及可执行力(本地的财

---

[1] 王斐弘:《地方立法特色论》,载《人大研究》2005年第5期。
[2] 谢天放等:《地方立法特色研究(主报告)》,载《政府法制研究》2006年第5期。

力、执法队伍资源)等因素,也是影响制度设计的内在变量。

(三)地方特色与立法体例

立法体例是指一部法律或者一项法律制度的表现形式和结构安排,主要是指法的章节结构,即卷、编、章、节、条、款、项、目的划分,又称法的结构形式。按照这个定义,我们常说的完备体例就是指起草法律时根据条款内容和层次的不同,将一部法律划分为若干章,章下设节,节下再依次设条、款、项、目,又称法典式体例。同理,简易体例则是起草法律时不再构建篇、章、节等复杂的结构,而是直接罗列条款构成。立法体例的选择,不仅是一种法律传统、法律文化的偏好,而且涉及立法技巧、立法规则的运用,受制于一定社会政治、经济、科技等因素的影响。体例的选择,对立法有很大影响。如在某些立法领域,立法体例的正确选择可以避免法律因某些领域在立法条件不成熟和认识程度不统一的情况下陷入久拖未决的状态。比如全国人大在讨论先行出台民法典还是将其中的分编内容单独成法出台的决策上,选择了后者,既解决了物权法等社会急需法律尽快出台的问题,也为民法典的最终出台奠定了基础。

就地方立法而言,作为地方立法内容的载体,立法体例本身就是一种体现地方立法特色的元素,对体现地方立法特色有独立的价值,即从立法形式上凸显地方立法的针对性。从长远发展的角度看,立法体例不仅是与内容相匹配的形式载体,更是作为体现地方立法特色的独立元素,应当引起地方立法者的充分关注,并在选择前给予慎重的论证。但是,在国家体系化立法和理性立法的影响下,地方立法出现了崇尚法典式立法的倾向,忽视了从法规体例上凸显对国家法律、行政法规的补充、细化功能。一部地方法规有限的几条核心制度条款往往沉默在冗长的体例中,在审议和修改中得不到应有的关注,这种立法体例对地方立法特色的影响,近年来也引起了立法实务界的关注。

应该说,地方立法是选择完备体例还是简易体例属于立法技术问题,因而应当服从和服务于立法目的、立法意图,这是立法工作的基本规律。2009年吴邦国委员长就提出:"一部法律的规定有很多,但群众最关注的往往就那么几条;工作中需要解决的矛盾和问题会不少,实际上关键的问题往往就那么几个。"委员长用这样生动的语言告诉立法工作者,起草法条不必拘泥于体例形式,而是要抓住最为关键的制度,力争通过立法解决问题。从这个意义上说,为了追求体例完备而忽视立法目的、内容的做法,就是对立法的僵化理解,无助于立法反映社会客观规律。

具体来说，地方立法具有一些不同于国家立法的特点，这些特点决定了地方立法可能更适合于采用简易体例。首先，地方立法的权限范围十分有限，尤其不涉及对民事基本制度、市场经济运行规则的调整。也就是说，地方性法规涉及的社会关系相对清晰，一般不需要借助复杂的结构层次予以梳理。其次，地方性法规条文所设定的权利义务关系比较简单，大多是将地方性的社会管理目标条目化。大部分情况下，一个条款即可以独立完成对一项具体制度的表述，因而不需要在一组条文之上叠加章节进行概括。再次，为了紧密回应地方经济社会发展的特点，地方立法所选择的切入点一般都相对较小，这类法规本身就不需要太多的条文，划分过多的结构层次反而显得累赘冗长。[①]最后，地方立法权限的界定与选择立法体例密切相关，特别是制定实施类法规。一般来说，实施类法规，对应明确的上位法，根据地方具体情况和实际需要，进行细化、补充。这种细化、补充一般又分为两种：一种是全面的细化、补充，一种是部分的细化、补充。我们在实际掌握上，如果是进行全面的细化、补充，从体例到内容，都能够对照上位法作出相应的细化、补充规定，那么就可在章节体例上设置完整，成为"成套设备"；如果只是对局部内容作出细化、补充规定，就不必再搞体例对应，一应俱全。在只对局部内容作细化的情况下，如果再设定章节，就势必要考虑到法规体例的完整性，势必要大量照搬照抄上位法的有关条款，否则就显得不周全、不完整、不严密。这种大量照抄照搬上位法的做法，带来很严重的弊端：一是降低了上位法的层级效力；二是不利于执法部门和公民、法人或者其他组织对法律、法规的学习、运用和执行；三是造成立法资源浪费；四是导致法规重点不突出。[②]基于此，我们认为，地方立法应改变以往条例对应法律的单一形式，尝试更为灵活、多样、适用的体例。在构架与内容上，由综合性、系统性向单行性、专项性转变；以具体问题的法规性决定，解决某一领域、某一方面的实际问题。必要时，还可就上位法的一章、一节乃至一个条款作出符合地方实际的细化规定。[③]2017年7月通过的《宿州市采石场修复条例》就采用了简易体例。

[①] 向立力：《地方立法简易体例的生动实践》，载 http://www.xzbu.com/1/view-3635359.htm。
[②] 吴斌：《地方立法值得关注和探讨的若干具体问题》，载《江淮法治》2008年第5期。
[③] 《我国地方立法的流变与展望》主报告，第45页，2004年12月，课题组组长谢天放。转引自宋菁：《关于立法体例选择的研究与思考》，载上海法学会网《上海法学研究》2010年第2期。

总之，人们已经认识到立法体例对体现地方立法特色的独立价值，无论是完备体例还是简易体例，地方立法要选择适合地方特色的立法体例。

第三节　实现地方立法特色的路径和方法

一、正确认识地方立法的空间

地方立法还有没有空间，这是我们讨论地方立法特色的前提。实践中也有不同的理解，直接影响了人们对地方立法体现地方特色的认识。有的观点认为，随着中央立法"筐形"结构细密度的增加，地方立法特色正在逐渐淡化，重复立法的矛盾较前突出，地方立法的活力和生机正在悄然消退。有的观点认为在现有的立法体制下，地方立法机关的立法活动，要么属于"二次立法"，将国家最高立法机关的现行法律和国务院的行政法规再重复一遍；要么制定违反国家法律和行政法规的地方法规。因此，在我国"单一制"的国家架构内，地方性事务不少，但地方立法特色的空间不大。也有观点认为随着民主法制建设的进一步发展，地方立法权日益处于一个尴尬的境地，地方立法权的碎片化正成为制约地方立法特色发展的重要因素。

应该说，随着国家立法的不断完善，地方立法特色空间的呈现形式已经发生了很大的转变，其形式已经不再以"面"的形式呈现，很少以"线"的形式呈现，越来越多的是以"点"的形式出现。以专门法律或者单行法律的规定将《立法法》规定的地方权限更加具体化，地方立法空间明细化将成为趋势。《行政处罚法》《行政许可法》《行政强制法》就是如此，将来出台的《行政收费法》等专门法，也将会如此。因此，国家法律体系的不断健全和完善，地方立法权限空间的有限性与分散性特征将更加明显。同时，随着国家法治建设的发展，国家法律已经基本覆盖了经济社会的主要方面，在经济和社会生活的各个方面基本做到了有法可依。因此，地方立法的有效需求空间也发生了很大的变化，相对国家立法调整社会关系的完整性、体系化而言，地方立法作为国家法律的补充，将以单一和具体的问题为出发点，其调整范围狭窄，规范客体单一。地方立法将由追求立法数量转为以解决实际具体问题为依归的提高立法质量上来。

正确认识地方立法的空间，是找准地方立法特色空间的基础。地方立法权限与地方立法需求的众多交集点，将是地方立法特色的空间。这给地方立法提出了更高的要求，要改变以往完整性或体系性的立法思维，找准地方立法的针对性，制定出来的法规才能解决本地的实际问题，体现地方特色。

二、提高地方立法的针对性

立法首要考虑的就是确定需要规范的社会关系，包括要调整哪些社会关系，哪些社会关系在什么环节或程度上需要以法的形式加以规范和调整，此即法的针对性问题。由于地方立法的特殊性，地方立法针对性分为地方立法空间上的针对性、地方立法时机上的针对性以及地方立法限度上的针对性。关于地方立法特色空间上的针对性，地方立法需求与地方立法权限形成的众多交集点就是地方立法的空间，在地方立法中对众多的交集点找的越准，针对性就越强。关于地方立法时机上的针对性。转型期的地方立法调整对象具有变化快和相对简单的特点。地方立法必须抛弃完整性和体系性的立法思维，否则，地方立法的生命周期不可能很长。因此，地方立法的时机选择越准，就越能解决本地发展中遇到的实际问题，促进本地的经济社会发展；关于地方立法限度上的针对性。随着经济社会的发展和立法理性的提高，如何把握地方立法的合理限度也正成为地方立法的另一难题。如果把法的作用强调到不适当的地位，视立法为无所不能的法宝，事无巨细都要立法，必然导致国家对社会生活的过度干预，不利于政府职能的转变，不利于为市场经济的发展创建宽松和谐的法律环境。从这个意义上讲，地方立法机关要保持必要的冷静、理性和节制，既要懂得"立法"，也要懂得"不立法"。

提高地方立法针对性是地方立法体现地方特色的重点，也是有效的工作途径。在不同的立法阶段针对性也有不同的体现，针对性包括两个方面：一是地方法规项目本身有针对性；二是地方法规中的制度设计具有针对性。这两个方面的针对性，缺一不可。总体而言，法规项目针对性要求在立项阶段就应该解决，主要表现为找准地方立法需要解决的具体问题和该事项的地方立法权限；制度设计针对性更多表现为在地方立法起草审议阶段，探索用成本最小化、效益最大化的制度设计来解决该具体问题。按逻辑顺序，提高地方立法针对性需要分析如下问题：第一，明确而具体的需要解决的问题；第二，缺乏解决该问题的有效法律资源；第三，该问题在法律上有可控性，能转化为法律上的调整的对象；第四，其他社会规范不具备解决该问题的能力或显著的不经济；第五，解决该问题的时机已经成熟，有一定的社会认可度；第六，法律介入该问题的合理限度。

《行政许可法》为找准行政许可立法的必要性和针对性，首次在法律中从正反两方面对行政许可立法的必要性和针对性作出规定，这给了我们启示，即在探索找准地方立法针对性的工作方法中，将可行性研究与不可行性研究综合运用是我们目前可以尝试的。

三、重视对本地社会自身秩序的研究

从根本上讲，法律规范是内生的、内发的，地方立法与当地的经济社会实际联系更加紧密的特性，更多的要求立法工作者从当地的文化传统和经济社会发展实际来设计地方法规的制度，而不是从哲学伦理或法律规范本身演绎推导。"法律的制定者如果对那些会促成非正式合作的社会条件缺乏眼力，他们就可能造就一个法律更多但秩序更少的世界。"实际上，法学界、经济学界及其他社会科学界过去多年的研究表明，法律的作用被人们大大高估了；社会规范，而非法律规则，才是社会秩序的主要支撑力量。因此，地方立法工作者需要重视对本地社会自身秩序的研究。

对本地自身秩序的研究，应该坚持正确的研究方法，处理好本地自身秩序与制度设计的关系。本土资源并非只是存在于历史中，当代人的社会实践中已经形成或正在萌芽发展的各种非正式的制度是更重要的本土资源。传统也并不是形成文字的历史文献，甚至也不是当代学者的重新阐述，而是活生生地流动着的、在亿万人的生活中实际影响他们行为的一些观念，或者从行为主义角度来说，是他们的行为中体现出来的模式。这种东西，无论中国当代正式法律制度在其他方面是如何西化了，都仍然在对中国社会起很大作用。

重视对社会自身秩序的研究，在地方立法中要做到：

一要改变"立法的优位意识"。地方立法是国家立法的有机组成部分，同国家立法一样，要求所调整的社会关系可以转化成现实的法律上权利、义务关系，不具有法律上可控性的或通过法律控制成本过高的就应该考虑运用其他社会规范，比如政策、道德、社会自律机制以及契约机制等。过多的法律规范并不利于发挥个体的创造性，正如哈耶克所述，"那种凡事都要经过立法建构起一套规则来规

制人们行为的想法实际会导致本来促使自生自发秩序形成的内在因素被抑制甚至扼杀"。

二要善待本地"传统"和"习惯"。"传统"和"习惯"是当地自生自发的社会秩序，更容易为民众所认可和遵守。正如苏力教授的观点"国家法律有国家强制力的支持，似乎容易得以有效贯彻；其实，真正能得到有效贯彻执行的法律，恰恰是那些与通行的习惯惯例相一致或相近的规定"。现代法治虽以制定法为中心，但社会中的习惯、道德、惯例、风俗等从来都是一个社会的秩序和制度的内在要素，也是法治不可缺少的构成部分。它们之所以能长期存在，绝不可能仅仅是人们盲目崇拜传统的产物、而没有什么实际的社会功能。作为内生于社会的自发秩序，可以说它们是人们反复博弈后形成的在日常生活中已经自觉遵循的"定式"。任何正式制度的设计和安排，都不能不考虑这些非正式的制度。如果没有这些非正式制度的支撑和配合，地方立法设计的正式的制度也就缺乏坚实的社会基础，难以得到人们普遍和长期的认可。

三要增强与民众的亲和力。地方立法必须考虑民众的消化、接纳能力，否则制定出来的地方法规也会形同虚设。自生自发的社会秩序是民众自己在日常生活中自发形成的，已被民众接受和内心确认。诚如《社会契约论》所述："明智的创制者也并不从制定良好的法律本身着手，而是要事先考察一下，他要为之而立法的那些人民是否适于接受那些法律。"另一方面，民众接受、认同一部法规有一段磨合的过程，"欲速则不达"，指望立即制定更多的地方法规来规范社会，结果可能适得其反。"立能行之法，禁能革之事，而求治太速，疾恶太严，革弊太尽，亦有激而反之者也。"

四、转变立法工作理念与方法

（一）由"体系立法"向"问题立法"转变

相对于国家体系立法而言，地方立法应当明确是为"问题立法"。相对国家立法调整社会关系的完整性、体系化而言，地方立法应以较单一和具体的问题为依归的。这不仅符合我国多层次的立法资源的合理使用，也是我国法制建设的现状和趋势的必然选择。曾有地方人大立法工作者指出，从理性认识的角度看，不可否认的是，在地方法规项目上，有1/3属于可以不立的，1/3属于可立或可不立的，

1/3属于可以立的；在法规条文内容上，有1/3属于可以不写的，1/3属于可写或可不写的，1/3属于可以写的。由此可见，地方立法资源的有效使用仍有很大空间，完全有可能适应"问题立法"。

由"体系立法"向"问题立法"的转变，立法体例选择的独立价值需要我们引起足够的重视。适当的立法体例选择有利于突显地方立法的问题意识和立法的针对性。

（二）由"可操作"转向"易操作"

地方立法在制度设计时，一般都注意到是否"可操作"。但是，从实践看，可操作有难操作与易操作之分，有操作成本高低之别。进一步提高地方立法质量，体现地方特色，就应研究适应本地状况的可操作制度。那些在异地可操作在本地难操作的制度要慎用，要改进，以提高地方立法的实施效率。

一要进行制度设计实施成本与效益分析。以往的地方立法往往倾向于对管理对象的研究，而对制度本身的研究分析不够。20世纪90年代各地对禁止燃放烟花爆竹和严格限制犬类数量的立法，后来的实施效果都证明了无效益的制度无法在实施中得到真正执行。当前我们在地方立法中也应该重视对立法项目进行成本效益分析，探索适应本地经济社会发展水平的成本最小化、社会和经济效益最大化的制度设计，这是实现地方法规由"可操作"向"易操作"转变，避免"良法劣质运行"的关键。在进行成本效益分析时立法主体所关注的成本不仅要包括立法过程成本，还应包括其实施后的执法成本和社会成本。在立法过程中对法律实施成本做出科学的分析和评估，减少违法的负效益，降低法律实施成本，将对立法的社会效益产生极大影响。不管规制改革还是成本收益分析，本质上都是立法的手段，目的是找准地方法规对社会关系介入的合理限度，提高法规的针对性。可以说，地方立法针对性找的准确，地方立法就具有地方特色，在实施上就可以操作；地方立法针对性找的精确，地方立法越具有地方特色，在实施上就越易操作。

二要树立有限政府和有效行政观念。历史教训证明，全能政府看起来什么都管，实际上始终面临着管不好、也管不了的困境。因此，尽管有限政府并不一定能有效行政，但有效行政必定是有限政府。由于我国长期历史传统的影响和改革过程的复杂性，转变政府职能至今依然是一项艰巨的改革使命。地方现行有效的地方法规和地方政府规章数量众多，如此庞大的执法任务需要政府具备巨大的执法力量和执法成本，在政府执法资源有限的情况下，其结果必然是行政效力低下，法律法规在实施上普遍大打折扣。

地方立法调整对象的合理范围和对社会关系介入的合理限度，要求在地方立法的制度设计中，既用足市场机制，又充分发挥政府的效能。这就要求地方立法在制度设计时要慎用政府的直接干预，政府直接干预的制度设计应具备必要的约束条件，即政府直接干预一般应限制在市场机制失灵的领域，政府干预后的境况应比先前有所改善，政府干预所得的收益应大于其所付出的成本。

三是要把制度设计由单纯的命令——服从式规制向多元化规制方式发展。长期以来，地方法规习惯于传统的命令与服从式立法，以"一刀切"的方式进行社会管理，其缺陷是制度设计比较僵化，实施成本过高，容易导致民众的抵触情绪，结果往往使立法的效益下降，甚至增加立法的社会成本，给社会、企业和个人造成负担。因此，需要对传统的立法方式进行改进，拉近立法与市场的距离。在地方立法中明确政府与市场的界限，减少立法对市场的不当干预，采用诸如经济激励、行政指导、信息规制、标准规制、价格规制等调控方式，弥补强制立法的缺陷。

（三）由"审议环节"向"立项环节"延伸

以往的讨论中人们更多的是从地方立法的审议修改环节来考量地方立法的特色问题。忽视地方法规立项之初对地方立法特色的初始性影响。实践中各个方面由于出发点和对立项标准的理解不同，对有些项目是否列入立法计划争议很大，以致影响立法计划的及时制定，也影响立法计划的科学性。要确立统一、明确、科学的立项标准，关键是对地方立法的理念要有一个重新认识。首先，要搞清"解决什么问题，怎么解决问题"这一地方立法的根本问题。其次，要消除"法律万能"和"法律工具主义"的观念。那种"有法比没有法好，法多比法少好，快立法比慢立法好"的立法指导思想，只是在特定的历史时期具有指导性和合理性。随着"依法治国""依法行政"观念的深入，这样的立法指导思想已不能适应完善社会主义市场经济体制，建立法治政府的客观现实。

在地方立法中，对"立项"和"调研起草"的参与已有了一些好的经验和做法，比如编制立法规划和年度立法计划，立法机关提前介入等。但实际上，作为业务专业性很强的立法工作，现行的有关立法环节向前延伸的做法更多在于程序价值的意义。问题是要实现由"程序"向"实体"价值的转变。

（四）由"技术专业化"向"实体专业化"发展

从制度方面说，立法要有好的质量，需要有好的立法工作体制。在这个工作体制中，应当有高素质的立法工作人员。现在地方工作部门中具体承担立法任务的工作人员的专业化，已经成为共识。但对专业化的具体探讨并没有深入地展开。一般认为，地方立法工作人员的专业化更多的趋向技术层面的要求，将地方立法工作人员的专业化定位于熟悉地方立法程序和技术规范的工作人员。

立法技术专业化是对立法工作人员较低层次的要求，更多为程序价值的意义。地方立法的性质要求地方立法工作人员要"吃透"两头，既要准确理解国家的法律，又要深入了解当地的具体问题和实际情况。这就要求地方立法工作人员应是实体法意义上专业化，才能找准地方立法的针对性，探索地方法规中最优的制度效率设计，才能实现提高地方立法特色。

五、把地方特色贯穿整个立法程序

作为立法结果的法律规范无不处处带着立法程序的印痕，或者说立法结果的最终法律规范是立法程序运作的产物。所以，立法有没有科学性和民主性，立法是否适应立法机关所辖区域的经济社会、文化、生态发展的要求，是否能够解决本地区需要经由立法解决的事项，无不受制于立法程序。立法程序决定了立法目的的达成，立法目的也自始至终贯穿体现于立法程序中。总之，立法程序对立法结果的影响是十分巨大的，地方性立法特色的凸显，可能的举措方法不应该是唯一的，但是，在立法程序中，对于每一个立法程序环节的设计，必须彰显地方性特色，这样，地方立法就会最大限度地具有或者凸显地方性。换句话说，地方立法中地方特色的凸显，必须贯穿于地方立法的所有立法程序的过程中。在地方立法程序的每一个环节中，都应该牢记地方性特色。结合近些年来的立法实践，地方立法在立法程序中突出地方特色，主要应把握好以下五个方面。

第一，立法规划和计划要凸显地方性特色。在法规立项上，必须紧密结合本地实际，突出地方立法的针对性。

法规立项是开展立法工作的首要环节和提高立法质量的基础性工作，因而法规立项的针对性至关重要。从我们的实践看，在立项阶段，应在充分了解本地经济、政治、法制、文化、风俗、民情等对立法调整的需求程度的基础上，切实把地方立法同当地经济社会发展战略结合起来，同解决本地实际问题结合起来，将影响经济社会发展全局的、反映经济社会发展规律的、体现最广大人民意愿的项目列入立法规划和计划中。立法规划是指有立法权的主体，在自己的职权范围内，为了达到一定的目的，按照一定的原则和程序所编制的准备用以实施的关于立法工作的设想和部署。[①]立法规划对于我国立法机关的立法工作、国家的法律体系建设、社会主义法治目标的实现等，都有着非常重要的作用和深远的意义。在立法规划环节，要凸显的方向特色一定要做到意图立的地方性法律规则，是为了解决本地区实际问题需要的法律规则。立法的诉求是来自于本地区的实际状况，是为了解决本地区的实际问题，是本地区民众需要的法律规则，而绝不是为了立法而立法，不是为了时髦或者别地有了这样的法律规则，我们也必须要有，不要冲动性的立法。要想确保该环节充溢着地方性特色，在立法规划中，一定要有地方民众参与、征求意见。这一阶段可以比较好地实现地方立法的地方性。

一是针对本地区特有的问题，以自主性立法求特色。地方自主立法是对地方性事务的调整。地方性事务是指地方特有的事务，完全属于地方管理或是特定地区基于特定的自然条件和历史文化背景，不需要或者在可预见的时期内不需要由国家立法来作统一规定。这种类型的立法，地方自主决定的空间较大，容易形成自己的显著特色并产生较好的效益。例如，《宿州市采石场修复条例》就是在没有具体的上位法的情况下，针对本市存在的采石场严重破坏环境的具体情况制定的，富有浓郁的地方特色。

二是针对经济社会发展中急需解决的突出问题，以先行性立法求示范。在地方改革发展的实践中，往往会遇到一些迫切需要通过立法加以规范的新情况新问题，但在国家法律中又找不到现成的解决依据，这就为开展地方先行性立法提供了空间。对于这些国家尚未立法而现实又迫切需要用法规加以规范的领域，要在维护国家法制统一的前提下，结合本地实际，主动开展先行性立法，为解决地方实际问题提供法制保障。

三是针对各方面普遍关注的重大问题，以实施性立法求细化。新形势下，各方面提出的立法需求越来越多，哪些该立、哪些不该立、哪些该先立、哪些该后立，要结合本地区实际需要，紧扣各方面普遍关注的重点和难点问题，有针对性

---

① 郭道晖：《当代中国立法》，中国民主法制出版社1998年版，第1195页。

地进行法规立项，确保将有限的立法资源用在刀刃上。在实践中，我们要注重做好三个结合。法规立项与上位法实施相结合。地方立法的一个重要任务是把国家法律结合本地实际具体化，以保证法律更好地贯彻执行。国家法律面广量大，地方立法不能眉毛胡子一把抓，配套法规立项要结合实际，针对各方普遍关注但上位法规定比较原则、内容不够明确的，通过地方立法增强针对性和可操作性，真正因地制宜地解决上位法在地方实施中的具体问题，切实保证国家法律在本地贯彻执行。例如，《宿州市城镇绿化条例》《宿州市农村垃圾治理条例》等，就是结合安徽省宿州市环境治理的实际规定了具体管用的措施，出台后受到好评。

第二，法律草案拟定中凸显地方性特色。在法规起草中，必须广泛听取各方面意见，彰显地方立法的民主性。

法律草案的拟定称为立法起草，也有称为法案的起草。学者周旺生认为："立法起草是特定的机关、组织和个人在一定的立法目的指导下，拟定法规草案的过程。"[1] 立法起草是立法过程启动的第一个环节或阶段，只有在起草了一定的立法法案的情况下，立法机关才能够对立法法案加以审议、通过与公布。任何立法过程的启动，都是以立法起草为其标志的。在一定的程度上，起草法案的质量的高低，决定着这部法案的命运。法律草案拟定程序中，地方性特色的凸显显得十分必要，因为法律草案的拟定程序实际上决定了未来立法的特色。在这一环节中凸显地方性可以采取的举措是多样的：起草组的成员中必须有来自于本地的熟悉本立法问题的地方性专家学者，绝对不可以完全委托于外地的专家；另外，起草组的成员在起草的过程中必须采取多种方式、方法听取本地民众的建议和意见，听取本地相关单位部门的建议和意见，确保起草组及其活动紧紧地、始终如一地接近地气。只有如此，未来的地方性法律规范才有可能凸显地方性特色。

地方立法如何突出地方特色是一个系统工程。地方性法规要真正反映本地实际情况和人民群众的意愿、彰显地方的特色，必然要求我们在立法工作中要丰富和完善民主立法形式，扩大社会对立法工作的有序参与，广泛听取广大人民群众、专家学者、实际工作者的意见。这也是地方立法突出地方特色的关键环节。

一是拓展征求公众意见的广度和深度。在地方立法工作中保证不同阶层的意志和愿望得到充分有效表达，能够促进立法机关更加全面客观地了解不同意见、

---

[1] 周旺生：《立法学》，法律出版社 2000 年版，第 521 页。

观点和要求，从而使所制定的地方法规最大限度地反映民意、集中民智、符合民心，妥善协调和处理各种利益关系和利益矛盾。实践中做到三个"坚持"。一是坚持立法公开，方便群众参与立法。只有立法过程全公开，才能让社会公众更好地参与立法活动。所有的法规草案都应在人大网站上公布，便于公众了解、知晓地方性法规的起草、审议等动态过程，参与地方立法活动；进一步拓展立法公开的渠道，积极探索通过开通官方微博微信、召开新闻发布会、网上直播审议过程等形式公开立法信息，使公开更加及时、受众更加广泛、传播更加迅速，增强立法公开的效果；所有的法规草案都向相关部门、部分全国、省、市人大代表、部分立法咨询专家书面征求意见。二是坚持"走下去"，深入基层听意见。突出地方特色需要地方立法"接地气"，面对面听取老百姓意见。三是坚持"请进来"，开门立法广纳言。可以通过在主流媒体发布公告，以公开邀请、自愿报名的方式确定立法座谈会参加人员，邀请社会公众对立法提出意见和建议，通过"走下去"，听取"请进来"，丰富了立法调研、意见的形式，为社会公众了解地方立法、直接参与地方立法探索了新途径。在此基础上，建立公众意见采纳情况反馈机制，注重对社会公众提出的立法建议进行及时归纳整理，认真研究分析，采纳合理建议，并通过适当方式反馈意见采纳情况和理由，形成立法机关与公民的互动，调动公众参与立法的积极性。

二是发挥立法专家咨询作用。地方立法突出地方特色，必须把理论与实践有机地结合起来，这就需要我们实现理论工作者与实际工作者的优势互补，充分发挥"智库"作用。可以聘请具有丰富地方立法实践经验的同志、法学教学科研一线专家学者组成立法专家咨询组。每部地方立法都应征求立法咨询专家的意见，立法过程中召开座谈会、论证会等，也应根据需要邀请立法咨询专家参加，听取他们的意见和建议。

三是建立基层立法联系点。党的十八届四中全会明确提出建立基层立法联系点制度。在立法过程中，不少基层群众虽然热心立法活动，但由于缺乏有效组织，对于立法工作的意见建议还缺少相关反映渠道。通过建立基层立法联系点，可以有效组织基层群众参与立法活动，直接听取基层意见。

第三，法律草案征求意见中凸显地方特色，在法规论证中，必须深入研究评估，体现地方立法的科学性。

法律草案征求意见是指将拟进入审议阶段前的法律草案面向民众征求意见、建议，在此基础上，由起草组将多数人的合理意见和建议吸收为法律规范的程序。

法律草案征求意见是确保立法的科学性、民主性的不可或缺的程序，在这一个程序中也可平添地方性特色。征求意见本身就是要在地方立法所及的辖区范围内进行的活动，如果能够真正地将地方民众多数人的合理性意见，妥当地吸收进地方性立法的规定，显然该立法就有了地方民众的民意基础，充溢着地方性特色。立法的地方特色的源泉来自于实际。结合本地实际，对法规进行深入的研究论证，是突出地方特色、保证立法质量的有效途径。只有在充分征求各有关方面意见的基础上，通过召开听证会、论证会等形式，对法规草案拟设定的某些制度进行深入研究、提供科学依据，做到科学合理设置权利义务，防止和克服部门利益倾向，制定的地方性法规才能够体现本地区的经济、文化和社会发展的特殊性，才能够切实解决社会生活中的现实问题。

一是举行立法听证和立法论证。在立法过程中，对涉及人民群众切身利益的事项进行听证，直接听取相关利益群体的意见，并作为立法的重要参考，对于突出地方立法特色十分重要。《立法法》的修改，对进一步建立健全立法听证、论证工作机制提出了要求。为此，应积极探索灵活、便捷的立法听证、论证方式，提高立法听证、论证效率，做到立法听证论证常态化；建立立法听证、论证报告制，立法听证会、论证会结束后，要制作听证报告、论证报告；建立完善反馈机制，把意见的吸纳情况告知听证陈述人、论证参加人，切实保障立法听证、论证效果。

二是开展立法后评估和法规案表决前评估。立法后评估是立法工作的一个重要环节。地方性法规实施一段时间后，在立法部门的主持下，对法规质量及其实施效果进行分析评价，发现法规本身存在的不足，提出修改完善的建议，并及时将其纳入立法程序，有利于进一步改进立法，提高地方性法规的针对性、可操作性和可执行性，充分体现地方特色。此外，党的十八届四中全会要求对部门间争议较大的重要立法事项，引入第三方评估。这要求我们立足于发挥人大常委会在立法工作中的主导作用，积极发挥争议协调职能，通过第三方评估，在充分听取各方意见的基础上，客观公正地协调争议。

第四，法律议案审议中凸显地方性特色，提高审议质量。

法律议案的审议是指审议法律议案或审议法律案，它是指有立法权的国家机关就已经列入会议议程的法律案进行审查讨论，这是立法程序的必经阶段，也是立法程序中的关键性阶段。因为，法律草案在被列入会议议程之后，能否被通过而成为法律，就取决于对该法律草案审议的结果。立法议案的审议是专门国家机关的职权活动，对于这一活动的程式性安排，我国《立法法》和其他法规、规章制定程序条例中已多有规定，但是，在程序上必须遵循既有规定的基础上，立法审议机关应该在此程序阶段，关注本审议的地方性立法具有哪些地方性特色、相关的规定以及措施的安排是否可以解决本地区的问题；如果条件许可的话，可以在审议的过程中，邀请地方相关职能部门的人员和人民代表及利益相关方代表发表看法，确保审议通过的地方性立法具有地方性特色。

这就要完善地方性法规草案审议、表决程序。地方立法特色不是任何个人或者少数人创造的，是按立法程序，集体努力、集中智慧的结果。从这个意义上说，完善地方性法规草案审议程序，提高常委会的审议质量，是地方立法突出地方特色的一个重要环节。地方人大常委会审议一般采用"两审制"，这是由于地方性法规适用范围较小，内容主要是实施性或者有关地方事务的规范，其原则或者法理都可以从直接上位法或者间接上位法、国家的政策规范中找到依据，因此"两审制"是符合地方实际的。但对于关系到人民群众切身利益、审议意见分歧较多、争论比较激烈的法规案，可提请三次以上审议再交付表决。对关系全局的重大地方性法规，还可在人大常委会审议的基础上提交人民代表大会表决。此外，对重要条款还可以探索单独表决，从而提高法规审议的质量。

第五，在法规内容上，必须坚持问题导向，强化地方立法的可操作性。

立法是一项实践性很强的社会活动，检验地方立法质量高不高、地方特色突不突出，主要看法规施行的效果如何，能不能在调整社会关系、解决实际问题中发挥出应有的作用。这就需要我们高度重视地方立法内容的可操作性，即条文规范具体、程序完备明确、举措成熟有力，能够实实在在解决实际问题。

一是突出问题导向，力求有效解决重点难点问题。立法的目的在于管用。所谓"针对问题立法、立法解决问题"，地方立法需要而且应当对本行政区域经济和社会发展中的重点、难点、热点问题中的社会关系加以及时调整，为又好又快发展提供立法支持和法制保障；需要而且应当对本行政区域内涉及维护人民群众合法权益的难点、热点、重点问题的社会关系予以及时调整，为表达人民诉求，维护合法权益，提供立法支持和法制保障。

二是突出精细化，力求法规内容务实管用。在社会主义法律体系已经形成的今天，地方立法对法制的各个环节的需求，在整体上已经上了一个层次，对立法观念、立法制度、立法技术等方面都有了比较高的质量需求。地方立法的重要价值之一在于，在国家立法调整的某个领域大的框架之下，对国家立法所调整的事项作进一步细化和补充,增加程序性和可操作性的内容。

三是突出单一化,力求立法体例"小而精"。由于地方立法处于补充和细化国家立法的特殊地位,在立法形式上可以不同于国家立法。从突出地方特色来说,地方立法在其调整范围和调整的事项上应当更加单一化,根据地方实际走"小而精"的道路。在立法体例上"成熟几条搞几条,需要几条搞几条",重在管用,而不是搞"大而全、小而全"。①

---

① 王林、梁明:《地方立法突出地方特色的实践与思考》,载《人大研究》2015年第8期(总第284期)。

第四章 地方立法中的利益平衡

在民主社会中，法律本质上是一种利益调节机制，立法的终极目标是实现全民相对利益均衡。如果立法没有实现利益均衡的制度选择与设计，则普遍的利益冲突将不可避免。立法过程中的争论、矛盾和各种主张都是某种利益的体现。能否妥善处理好各种利益关系，是立法能否顺利进行、立法后能否顺利实施的关键。目前对立法工作尤其是对地方立法工作的关注还是过多地停留在立法程序、立法质量等立法工作的静态表象的分析上，还缺乏对立法行为背后的利益诉求和主张的深入分析与研究。在地方立法中，对地方立法中的利益平衡问题进行深刻地认识和分析，不单是对地方立法深层次学术研究内容之一，更是各级立法部门必须面对和值得关注的问题。这对于真正推动地方立法工作水平的提高具有重要的理论和实践意义。

第一节 利益与法律

一、什么是利益？

"人们奋斗所争取的一切，都与他们的利益有关。"[①]可见利益对于人的重要性。

[①]《马克思恩格斯全集》(第1卷)，人民出版社1956年版，第82页。

但是至于何为利益，却众说纷纭。有人按照通俗的方法解释，说利益就是好处。多数学者则从学术的角度期望给出精确的定义。总的看来，利益的定义有"主观说""客观说"和"主客观统一说"。主观说和主客观统一说主要为苏联学者所主张，国内学者多持客观说观点，他们对利益含义的界定又各有不同。[1]主观说认为，利益是阶级和社会集团对于满足一定需要的意志指向性，属于主观的、社会意识范畴。利益"一般是指人们为了满足生存和发展而产生的各种需要"。[2]这主要是受到庞德的影响，因为庞德曾经讲过："它（指利益）是人类个别地或在集团社会中谋求得到满足的一种欲望或要求，因此人们在调整人与人之间的关系和安排人类行为时，必须考虑到这种欲望或要求。"[3]客观说认为，"利益是个客观范畴"。[4]主客观统一说认为，利益具有客观的制约性，但它的体现始终是人。所以利益是客观东西和主观东西的统一。霍尔巴赫的观点与此接近，他说："所谓利益，就是每个人根据自己的性情和思想使自身的幸福观与之联系的东西；换句话说，利益其实就是我们一个人认为对自己的幸福是必要的东西。"[5]孙国华教授从主体客体关系的角度如此界定："利益是主客体之间的一种关系，表现为社会发展客观规律作用于主体而产生的不同需要的满足和满足这种需要的措施，反映着人与其周围世界中对其发展有意义的各种事物和现象的积极关系，它使人与世界的关系具有了目的性，构成人们行为的内在动力。"[6]

我们认为，首先利益是源于一种需要，如果人无欲无求，就不会有所谓的利益，也不会有利益纷争，这种需要表现为利益的主观性，因为它是人的愿望和欲求，但是这种需要并非完全主观的，它也有客观的成分，人活着首先要吃、穿、住，这种生存的基本需要是人的自然属性决定的，是人的生理需要。当然，人的需要有精神性的，这些愿望往往是在生存的物质需要得以满足之后才进一步产生，生产力水平越高、物质生活越发达，人们的精神需求就越丰富。利益具有复杂性，

---

[1] 孙国华：《法理学》，法律出版社1995年版，第62页。徐显明：《法理学教程》，中国政法大学出版社1994年版，第357页。

[2] 沈宗灵：《法理学研究》，上海人民出版社1989年版，第58页。

[3] ［美］庞德：《通过法律的社会控制法律的任务》，沈宗灵、董世忠译，商务印书馆1984年版，第81—82页。

[4] 沈宗灵：《法·正义·利益》，载《中外法学》1993年第5期。

[5] ［法］霍尔巴赫：《自然的体系》，管士滨译，商务印书馆1964年版，第27页。

[6] 孙国华：《法理学》，法律出版社1995年版，第60页。

个人的需要不尽相同,正如鲁迅所言,"贾府的焦大是不会爱上林妹妹的"。小偷偷到提包,将其中的书面材料扔掉而保存钱财,因为他们需要钱财而不是那些资料。利益的客观性表现为它源于资源的有限性,正因为人们的可控资源是有限的,所以才产生利益和利益争夺;如果资源无限丰富,人要什么有什么,那么也就无所谓利益了。这里的资源包括自然资源和社会资源,自然资源是能够满足人类需要的物质,是首要的资源。社会资源则是由人们在社会环境和社会制度中所处的地位决定的。另外,利益之所以存在也在于某种东西具有能够满足特定人需要的客观特性。

其次对利益的界定要坚持主客观相统一。关于利益的属性,一些学者的认识本身存在矛盾。如孙国华教授一方面认为"利益是主客体之间的一种关系",另一方面又坚持利益是个客观范畴,即认同利益的"客观说"。他认为,利益可以形成意识、意志,但它是意识、意志之外的存在。意识、意志可以正确地反映客观存在的利益,也可以错误地认识或理解客观利益,而形成"主观利益"或利益的错觉。这恰恰说明,利益本身是客观存在,不以人的意志为转移。[①] 这种论证是牵强的,正如人们会对客观世界可能发生错误的认识,但并不能否认真理是主观与客观的统一一样。如果没有人的主观需要、人的欲望、人的目的,纯客观的物质或者资源就不会成为利益。葛洪义教授说:"利益,简单地说,就是好处。"[②] 这种通俗的解说中的"好处"自然是对人的好处,对某个主体的好处,如果没有人的主观需要,很难说什么东西是好处。同时也必须明确,利益也不是纯主观的,如果利益只有主观属性,那么我们可以各自独立地自由地去想象、幻想,在大脑里产生各种欲望,根本就不需要利益争夺。已有论者指出,利益就是人的需要的满足,认为利益虽与需要有密切的联系,但利益并不等同于需要。需要是客观的必要性,是利益的始因和基础,利益则是需要的满足。[③] 因此,对利益的界定还是要坚持"主客观统一说"。[④]

[①] 孙国华:《法理学》,法律出版社1995年版,第62页。
[②] 徐显明:《法理学教程》,中国政法大学出版社1994年版,第357页。
[③] 李秀平:《论法与利益》,载《淮阴师专学报》1996年第3期。
[④] 曾祥华等:《立法过程中的利益平衡》,知识产权出版社2011年8月版,第18-20页。

二、利益促进了法律的产生和发展

资源的有限性、利益主体不同境况和追求决定不同主体之间的利益具有一致性和差别性（利益分化与利益冲突）。在原始社会，生产力水平低下，在同一氏族或部落之间，只有共同劳动、共同分享劳动成果，大家才能维持生存，氏族成员之间的利益存在广泛的一致性，但是即使在原始社会也存在利益分化和利益冲突，比如在美洲印第安人中，"因为易洛魁人所能遗留下来的东西为数很少，所以他的遗产由他最近的同氏族亲属分享；男子死时，由他的同胞兄弟、姊妹以及母亲的兄弟分享；妇女死时，由她的子女和同胞姊妹而不是由她的兄弟分享。根据同一理由，夫妇不能彼此继承，子女也不得继承父亲"。另外，"从氏族的血族关系中便产生了那为易洛魁人所绝对承认的血族复仇的义务""起初是试行调解；……否则，受害的氏族就指定一个或几个复仇者，他们的义务就是去寻找行凶者，把他杀死"。[①] 在蒙昧时期的中期还盛行食人之风，并且保持很久。在古罗马，妇女出嫁后就丧失继承权，不论她或她的子女都不能继承她的父亲或这个父亲的兄弟的财产，因为不然的话，父亲的氏族就会失掉一部分财产。[②] 在原始社会，也是存在利益分化和利益冲突。在氏族或部落之间利益冲突特别明显，在氏族内部，也存在一定程度的利益分化。霍布斯认为，自然状态下人与人相互为敌，彼此如同豺狼一样，自然状态是"一切人反对一切人"的战争状态。这种论断虽然过分夸大了当时人们之间的利益冲突，否认了人们利益的一致性；但是在表明那个时代的残酷性和恶劣状况方面却具有一定的真理性。

随着生产力的发展，剩余产品的出现，利益分化程度逐渐加深，国家法应运而生。按照我国传统的理论，生产力发展到一定程度，私有制、阶级分化、国家的产生是法律产生的原因。在原始社会末期，由于金属工具的使用，劳动生产力得以大大提高，从而产生了私有制，产生了剥削和阶级分化。阶级矛盾使原始社会的习惯不能满足新的社会需要；因此，为了巩固奴隶主阶级的统治，就产生了作为阶级统

[①] 恩格斯：《家庭、私有制和国家的起源》，载《马克思恩格斯选集》（第4卷），人民出版社1972年版，第83页。

[②] 恩格斯：《家庭、私有制和国家的起源》，载《马克思恩格斯选集》（第4卷），人民出版社1972年版，第18页、第113页。

治工具的法律。国家是阶级矛盾不可调和的产物，而法律与国家相伴而生。按照霍布斯的观点，自然状态既然是"一切人反对一切人的战争状态"，任何人都没有欢乐，没有安全。虽然有自然法起调整作用，但没有一种使人们足以遵从的权威。为了摆脱这种状态，必须寻求指导人们行动以谋求共同利益的公共权力。通过社会契约，大家统一于国家（利维坦）之下，和平与安全保障由此而来。[1] 按照利益法学派（目的法学派）耶林的观点，法律的目的就是社会利益，社会利益是法律的创造者，是法律的唯一根源，所有的法律都是为了社会利益而产生。人类行为的目的有两种基本形式，即个人目的和社会目的。前者以利己为根据和出发点，后者以利他为根据和出发点。[2] 以上观点虽然存在差异，但是，都认为法律的产生与利益或利益分化紧密相关，或者是阶级利益，或者是人们的共同利益（和平与安全），或者是社会利益。

利益的发展促进法律的发展。利益、利益格局、利益冲突的变化决定法律的变化，法律的内容是相对稳定的，而利益在不同的时代随着社会形势而变更。科学技术和生产力的进步催生新的利益阶层，社会力量的此消彼长引起利益格局的改变，国家民族所面临的外部环境变化也会对国内利益发生重大影响。例如，工业革命产生新兴的资产阶级和工人阶级，中国抗日战争的爆发使民族矛盾重于阶级矛盾。法律在利益发生变化之后其内容和性质必然随之调整。马克思说："利益所得的票数超过了法的票数……凡是法为私人利益制定了法律的地方，它都让私人利益为法制定法律。"[3] 当代中国的改革，带来丰硕成果的同时产生了新的社会矛盾，由于计划经济向市场经济过渡，利益格局发生深刻的变化，贫富差距、地区差距扩大、利益分化加深、利益冲突加剧、利益多元化趋势日益明显，利益集团通过多种方式试图影响法律的制定，法律的重要性日益凸显，法律的立、改、废、释的任务加重，法律的内容需要不断地调整。[4]

三、利益的性质决定了法律的功能

社会中人们的利益具有一致性和矛盾性两个方面的性质，这两种性质为法律

---

[1] ［英］霍布斯:《利维坦》，商务印书馆1985年版，第132页。
[2] 张宏生、谷春德:《西方法律思想史》，北京大学出版社1990年版，第349-350页。
[3] 《马克思恩格斯全集》（第1卷），人民出版社1956年版，第369页。
[4] 曾祥华等:《立法过程中的利益平衡》，知识产权出版社2011年8月版，第22页。

的产生提供了可能，也决定了法律的功能。正因为利益分化、利益冲突，法律才有了存在的必要性。由于人类不想在激烈的利益冲突中毁灭，因而需要妥协，而利益的一致性为这种妥协提供了可能。这里已经蕴涵了法律的功能：维护社会公共利益和整合协调利益纷争。

法律首先确认和保证一种社会秩序，明确各种利益的界限，将利益冲突控制在一定范围之内，维系一个正常的社会状态，避免社会在冲突中毁灭。法律的价值正在于保证人们获取利益而又可以付出最小代价，霍布斯之所以认为人们会同意专制君主的统治，是因为人们需要和平与安全的秩序，只要有这种秩序，即使是专制的统治，也比充满危险的战争状态好。可见秩序对于人类的重要性。按照中国传统的法学理论，法的首要作用是维护统治阶级的统治；但是如果法律仅仅维护统治阶级的利益，丝毫不顾及被统治阶级的利益，那么被统治阶级就不会遵守这种法律，就会不停地反抗甚至暴力反抗。所以这种秩序尽管维护统治阶级的利益，但是也不得不在一定程度上保护被统治阶级。"因此，法所确定的社会秩序必然要包含被统治阶级成员利益的某种维护、抑制统治阶级成员的任性，将统治阶级成员的私利加以必要的限定。只有当法对被统治阶级成员的利益的保护和保护范围，以及对统治阶级成员的利益的限定程度和限定范围处于双方都可以接受的情况时，社会才能形成稳定的秩序。"[1]法律是由统治阶级的共同利益决定的，而统治阶级内部与这种共同利益冲突的各个人的利益是被"舍弃"的。只是"舍弃是在个别场合，而利益的自我肯定是在一般场合"。[2]另外，法律还有维护社会利益的任务，这种社会利益既符合统治阶级的需要，也符合被统治阶级的需要。

对秩序的维护需要整合和协调各种利益，这一点是马克思主义者和非马克思主义者都必须承认的，但是在整合和协调的目标和方式上却有所不同。美国的詹姆斯·麦迪逊从阐述联邦主义的必要性出发，提出了整合和协调各种利益、处理派系斗争的政治多元主义理论。所谓"派系"（factions），可以是党派，还可以是阶级，还可以是一般的社会组织、宗教团体或利益集团。他认为派系斗争深植于人性之中，根除派系斗争会废除政治生活不可缺少的自由，比派系斗争本身更坏。因此，只有用控制派系斗争危害的方法才能求得解决。共和制和联邦制比纯粹的

---

[1] 孙国华：《法理学》，法律出版社1995年版，第75页。
[2] 《马克思恩格斯全集》（第3卷），人民出版社1960年版，第378页。

民主制更能调整这些不一致的利益,使之有利于公共福利,控制派系斗争,防止一个派系在数量上超过其他派系而压迫他们,保护公益和私人权利免遭这种派系斗争的威胁。[①]也就是说社会多数在民主体制中是最强大的派系,因而成为美国宪政的主要制衡对象。而耶林的利益法学则从另外的角度阐述这个问题。他认为,要使利己和利他、个人与社会相结合,也就是要使利己主义和利他主义、个人利益和社会利益相结合,要使它们之间保持平衡,法律就是促使这种结合的手段和工具。他还认为,世界能够给予个人所需要的东西;因此,个人必须为世界服务,才能够获得同世界合作的机会。这种有责任为世界服务的做法,正是世界文明的基础。耶林还提出"个人的存在既为自身也为社会"。个人和社会是一种合伙关系。个人要为社会服务,社会也要为个人服务。怎样才能实现这种结合?耶林认为法律通过"报酬"的手段对人类的权利加以规定,通过"制裁"的手段强制人类履行义务,就能够实现上述的结合。[②]利益法学的另一位代表赫克认为:"作为利益法学的出发点的一个根本真理是,法的每个命令都决定着一种利益的冲突,法起源于对立利益的斗争,法的最高任务是平衡利益。"[③]

法律到底能不能平衡各种相互冲突的利益,有的学者对此提出了质疑,认为利益法学论述法律与利益的关系对了过程却错了结果。既然"法是冲突的人类利益合成和融合的产物",那么,法就是这种利益关系格局的最终表现和结果。至于为何形成如此状态的利益关系格局,这并不是法律能够干涉的,法只是这种基本结构的制度化的描绘和体现。法律永远紧跟利益之后是利益的正当化神圣的外衣,利益每动一步,法律适时跟进。因此,实证的法律仅是一个基础秩序的体现,它无法改变现实社会的力量结构和利益结构,反而进一步稳固和确认。利益平衡依靠实证法以外的东西实现,那些认为法律维护正义、体现正义的观念是幼稚和盲信的。[④]其实这种观点并非首创,柏拉图曾借色拉叙马霍斯之口说过,"正义不是别的,就是强者的利益"。"所谓正义就是政府的利益。"[⑤]阿尔夫·罗斯认为:

---

① [美]汉密尔顿、杰伊、麦迪逊:《联邦党人文集》,程逢如等译,商务印书馆1980年版,第44—51页。
② 张宏生、谷春德:《西方法律思想史》,北京大学出版社1990年版,第350页。
③ 张文显:《二十世纪西方法哲学思潮研究》,法律出版社2006年版,第109页。
④ 杨乾:《法律与利益之辨》,载《江苏省法学会法理学究法学研究会2007年年会论文汇编》,第124—125页。
⑤ [古希腊]柏拉图:《理想国》,郭斌和、张竹明译,商务印书馆1995年版,第18页。

"祈求正义无异于砰砰敲桌子！一种将个人要求变成绝对要求的感情表现。"[①] 纯粹法学代表人物凯尔森说，主张自然法客观存在的理论"是一个典型的幻想，是为了使主观利益客观化"。[②] 这类观点有一定的深刻性和真理性，但是其过分强调了法律的强制性和正义力量的虚弱。实证的法律确实与正义的理想有距离，并且偏向强者或掌权者的利益。但是暴力的统治总是难以持久，完全违背正义的靠暴力推行的法律在现实中也是寸步难行的，因为它必然遭到被统治者或被压迫者的反抗，迟早会面临被废除的命运。即使是暴力得到文化心理的化解而形成所谓的正当性权威从而减少暴力的直接推行，但是民众并非是愚蠢到永远不会清醒的。绝对的正义确实是一种理想，可能永远无法实现。但是我们却可以把理想的正义作为现实的法律的衡量标准，努力使法律接近正义，正如世界上根本没有直线一样，而直尺却能够成为画直线和测量的工具，我们并不能因为直尺根本代表不了直线就否认它的功能或者画出直线的价值。实证法确实不可能是完全正义的，它与正义只是一种交叉的关系，也就是说，实证法有正义的也有非正义的，但是我们不能因此就持一种极端的观点，认为法律与正义永远不会相交，利益平衡永远都不会有。

法律不仅仅是对现存利益格局的被动确认，如果如此，法律就没有任何能动作用了。首先，现有的利益主体根据其在社会中的地位和力量构成一种利益格局，但是这种利益格局是不明晰的、非固定的，如果要在法律上明确，要经过立法，而立法的过程是一个利益博弈的过程，各种利益主体、党派、社会组织或者利益集团要进行激烈的讨价还价、争论、协商，最后达成妥协。即使在君主专制的情况下，"法自君出"，但是君主不可能亲自起草法律，一方面，统治者内部也会出现利益争夺；另一方面，不可能完全不考虑被统治者的反应。而现代的立法机制根本排除了法律出自一人的可能性。对社会习惯的认可也是这样，不同的利益主体对某个习惯的态度不同，他们会从各自的利益出发采取各种方式，想方设法维持、废除或者变更习惯，这个过程实际上类似于立法过程。同时，法律一旦制定出来，就相对固定；而利益格局却会发生变化，在旧法没有修改或废止之前，必须按照既定的法律操作。这必然影响新的利益格局的形成。其次，在民主制下不

---

① [美]博登海默：《法理学——法哲学及其方法》，邓正来等译，华夏出版社1987年版，第246页。

② [奥]凯尔森：《法与国家的一般理论》，沈宗灵译，中国大百科全书出版社1996年版，第5页。

可能产生实质性的妥协,即关于实质性利益分配的妥协,只能达成制度性妥协。即使法律上明确规定保护某种利益,这种保护也依赖于制度来实现。在民主制中,实质性妥协不可能具有约束力,在社会形势发生变化的情况下,执政党会改变想法,不然就会被取而代之。总有些因素会激励某些政党违背诺言。民主制只能保证竞争的政治程序,不可能导致出现极度违背任何一方利益的结果。[1] 制度只是设置一种机制和程序,这种机制或程序只为保证某些利益主体的利益提供可能性,但是事先设置的制度可能在现实中并非如设计者所设想的那样,完全能够保证某种利益,结果可能出乎意料,有时甚至会出现相反的结果。如2008年我国台湾地区的"大选",事先作为"执政党"的民进党认为选举程序的设计会对自己有利,但结果却让他们失望,反而认为程序设计有误。最后,法律为执法、司法设有一定的程序,这些程序不同程度上体现正义的要求,比如自然正义原则要求"自己不能作自己的法官""听取对方当事人的意见"。这些都是正义的程序的自然要求。后来该原则发展成为"正当(法律)程序原则",并且成为美国宪法修正案中的著名条款。如今,正当程序原则的作用不仅限于美国,而且成为大多数国家执法、司法程序的基本要求。当利益纠纷进入执法、司法程序,其结果必然受到这些程序的过滤。正当程序可以通过其公开、公正、公平的机制排除权力的干扰,保障公民的权利(利益)。[2]

四、立法的本质是追求利益平衡

利益是法律产生的根源,法律是人们对各种冲突的利益进行评价后制定出来的,"正是利益才造就了法律规范的产生,因为利益造就了'应该'的概念。在利益法学看来,法律命令源于各种利益的冲突"。[3] 因此,法律在本质上是政治过程中的一种利益调节机制,"利益关系是法的基础,物质利益关系是法的终极基础,法是利益关系的上层建筑"。[4] 法律作为社会关系的调节器,其本身就

---

[1] [美]埃尔斯特、[挪]斯莱格斯塔德:《宪政与民主》,潘勤、谢鹏程译,生活·读书·新知三联书店1997年版,第74-76页。
[2] 参见曾祥华等:《立法过程中的利益平衡》,知识产权出版社2011年8月版,第27-29页。
[3] 熊时升、徐岚:《对地方立法中利益均衡问题的思考》,载《探索与争鸣》2008年第2期,第52页。
[4] 叶必丰:《行政法的人文精神》,北京大学出版社2005年版,第41页。

是社会利益相冲突的产物，其产生的目的就是消解利益的冲突，使相冲突的利益达到平衡，实现社会的稳定有序。通过制定法律，立法者及其所代表的群体的利益，在法律中得到表达、实现和维护。法律在对利益关系的调整过程中表明其自身的价值，展现其旺盛的生命力。法的整个运行过程实际上就是对各种利益进行平衡、选择、取舍并通过权利和义务对这些不同利益进行权限性、规范性调整的过程。

立法是人类有意识的制度选择与设计，它以理性人为基础，而理性人的最显著特点是追求利益最大化。在专制社会中，占少数的统治阶级通过立法谋求自身利益最大化。在此基础上，统治阶级内部也要实现某种程度的利益均衡。但是，从整个社会来看，利益分配是极不均衡的。在民主社会中，立法应体现全民的利益，追求全民利益的最大化，并在全民范围内谋求实现利益均衡。因为，在社会资源总量有限的情况下，不可能实现全民绝对的利益最大化，只能在利益竞争中力求达到利益均衡，实现全民相对利益最大化。因此，民主的立法实际上追求的是利益均衡，利益均衡是民主社会立法的根本宗旨和终极目标。我国是人民当家作主的社会主义国家，立法更应体现全民利益，实现利益均衡。同时，立法是一种集体性的选择与合意的过程，由于存在个体选择的差异，立法结果无法完全符合所有人的心意，因此，在立法过程中各方利益博弈在所难免，每一方都会用不同的方法向立法机关表达诉求，努力使自己的利益在立法中得以实现。在一个多元利益的社会中，利益的冲突和失衡在所难免，立法者的职责，就是要通过立法的价值选择把利益的冲突或者失衡控制在公平正义的范围内，使多元利益结构实现有序化。

五、法律一般通过设置权利来保护利益

利益在法律上可以通过权利加以保护。利益与权利关系密切。首先，利益是权利的基础，权利是法律所承认和保障的利益。社会上的利益纷繁复杂，利益纠纷和利益冲突广泛存在，为了给予各种利益以明确的界分，控制利益冲突，使各种利益主体的利益追求有明确的导向，法律把利益划分为合法利益与非法利益。合法利益是法律所承认和保障的利益，法律明确人们追求和实现合法利益的资格和自由就是权利。如果没有利益和利益纷争，法律就没有必要作出权利的规定。其次，利益是权利的实质内容和目的，人们之所以捍卫自己的权利，

实质就是捍卫自己的利益。这种利益可以是物质利益，精神利益；可以是财产利益、人格利益、知识产权利益；可以是经济利益、政治利益、文化利益；可以是个人利益、群体利益、国家利益或社会利益。撇开利益去谈权利，权利必然是空洞的。最后，权利是法律赋予权利主体享有或维护利益的一种武器。比如所有权人享有排除他人干预、侵犯的权利，对财产按照自己的意志自由处分的权利。债权人有请求债务人履行债务的权利。通过行使这些权利都可以直接给权利主体带来利益。有些权利的主体还可以通过行使权利间接地获得利益。比如选举权的行使可能让选举权人所倾向的代表或者领导人当选，从而有利于保障自己的利益。

　　但是权利与利益又不能画等号，两者不能混淆。首先，权利有几个层面，第一个层面的权利是指"自然权利"，即人作为人根据自然法所享有的天然的权利，是一种应然的道德权利。权利一词的出现晚于利益概念。自然权利或道德权利并非以利益为基础。第二个层面的权利是指法律权利，是主体根据法律规定所享有的权利。第三个层面的权利是指事实上的权利，即现实中实现了的权利。我们通常讲的权利是指法律权利。其次，法律权利与利益也有明显的区别。第一，权利是一种积极主动的诉求，通常由权利人积极地行动才能实现，而利益除了利益主体积极地争取利益以外，也可以被动消极地获得。如通过被赠与而获得。不过需要注意的是，在美国，以前人们认为政府在给付行政如政府救济、补贴、福利中所获得的利益是一种"特权"（privilege），而不是一种权利，因此不受正当法律程序的保护，如今美国法院的观点已经发生改变，通过判例确认获得这些利益的资格为一种权利，应当受到正当程序的保护。第二，权利只是为利益的获得提供一种可能性，并非必然带来利益。权利只表明为权利主体获得利益提供一种法律保障，但是并非事实上就实现了利益，利益的实现还依赖许多主客观条件。第三，不是所有的利益都受法律保护，都转化为权利，法律只保护合法利益，不保护非法利益，并且会禁止或限制非法利益。还有一些利益受道德、宗教等规则的调整，而不受法律保护，如爱情。张文显先生认为，宣布为权利的利益不能仅是纯粹的个人利益，而应被视为能够普遍享有的、获得广泛关注的，即可能相互冲突并可竞争的利益，或可以平等地适用于同一群体或社会成员的利益。那种被个别人垄断的利益是特权而不是权利；只被个人视为利益，而其他人对之漠不关心的东西不能成为权利，权利之必要，在于作为权利的内容的利益有可能被侵犯。如果侵犯行为是不可设想或者根本不可能的，也就不可能有真实的权利，也不必要有什么权利宣告。①

权利高于利益。权利产生的观念基础是人之作为人而存在，人是主体，而不是客体，人与人之间的关系是主体与主体之间的关系。康德说：人是目的，而不是手段，绝对不能把人看作是一种工具。"你的行动，要把你自己人身中的人性和其他人身的人性，在任何时候都同样看作目的，永远不能只看作手段。"② 权利的核心是人的尊严，人之成为人所必须具备的人格的尊严，而不是经济利益或物质利益。权利是一种诉求，是一个有尊严的主体主动提出的，而不是别人或者国家的恩赐。当然，物质利益与人的尊严也是相关的，财产对于人来说也很重要，黑格尔说："人唯有在所有权中才是作为理性而存在的。"③ 侵犯了所有权，就是侵犯了自由。权利包含利益，但是利益本身并不能代表权利的全部内容。"以实际的态度来看，当权利被解释为利益时，证明某人的利益在某种程度上比社会的利益更重要的责任转移给了那个人。在实践中，这一表达方式使天平向集体利益倾斜。在缺乏珍视人的生命的尊严和个人的内在道德价值的宗教或哲学传统的社会中，倾斜将更经常发生。"④ 权利可以制约利益，"权利不是以功利或社会效果为基础，而是以其正当性的演化与利益无关的道德原则为基础"。这就表现出权利可以对他人利益、社会利益和多数人的意志施加限制。权利不仅赋予人们追求和行动的能力，同时也是禁止他人妨碍或侵害的一种禁令⑤。所以德沃金说："个人权利是个人手中的护身符。"因此，当公共权力以公共利益为名侵犯个人权利的时候，必须证明其政策的合理性，而非当然合理。另外，法律权利并不足以保护个人正当利益，如果不承认人的自然权利或道德权利，法律权利不仅失去了正当的基础，而且失去了力量，因为政府可以同样以法律限制权利。没有自然权利，法律本身正当与否就失去了衡量的标准。⑥

---

① 张文显：《法哲学范畴研究》（修订版），中国政法大学出版社2001年版，第307页。
② 李梅：《权利与正义：康德政治哲学研究》，社会科学文献出版社2000年版，第133页。
③ [德]黑格尔：《法哲学原理》，范扬、张企泰译，商务印书馆1979年版，第50页。
④ [美]皮文睿：《论权利与利益及中国权利之旨趣》，夏勇、张明杰译，载《公法》（第1卷），法律出版社1999年版，第128页。
⑤ 李梅：《权利与正义：康德政治哲学研究》，社会科学文献出版社2000年版，第105页。
⑥ 曾祥华等：《立法过程中的利益平衡》，知识产权出版社2011年8月版，第29-32页。

第二节 利益冲突、利益平衡与立法

一、利益冲突及其产生原因

有利益必有利益冲突。所谓利益冲突,就是利益主体基于利益差别和利益矛盾而产生的利益纠纷和利益争夺。在法律上,利益冲突往往表现为权利冲突。权利是利益的法律外衣,利益是权利的核心结构。奥斯丁曾明确地指出:"权利的特质在于给所有者以利益""授权性规范的特质在于以各种限制条件对实际利益进行划分。"德国法学家耶林认为权利的基础是利益,权利来源于利益的要求,权利乃法律所承认和保障的利益。不管权利的具体客体是什么,上升到抽象的概念,对权利主体来说,它总是一种利益或必须包含某种利益。"赋予权利规则之本质特征的,就是这些规则将保护或增进个人利益或财产作为其具体目的。"[①] 只要利益存在冲突,权利就存在冲突,正是利益冲突导致了权利冲突,而权利冲突又隐含着价值或价值观的冲突。"存在各种人的权利发生冲突的情况……一个新闻记者的自由采访权可能与公民的隐私生活秘密权发生冲突……深层的问题发生在一项共同道德原则即社会责任原则与奉行自由主义民主价值观的社会里特定道德原则即言论、采访自由原则之间……认为所有的价值无论何时何地都是和谐的,这是由于将真理与价值作虚妄类比所导致的一个错误。在所有的真理陈述都不相矛盾的意义上,真理必定是和谐的。价值却非如此。不存在能够保障给人类生活的一个侧面确定价值的东西不与给另一侧面确立价值的东西发生冲突的先定的和谐(pre-established harmony)。在冲突的价值之间必须进行选择的可能性决不会从人类生活中消除。"[②]

利益冲突的第一个原因是利益的多样性和利益主体的多样性:"天下熙熙,皆

[①] N.MacCormic:k, Riglits inLegislation, inHac:ker and Raz eds, Law, Morality and Society, Oxford Press, p.190. 转引自张文显:《法哲学范畴研究》(修订版),中国政法大学出版社2001年版,第303页。

[②] [英]米尔恩:《人的权利与人的多样性》,夏勇、张志铭译,中国大百科全书出版社1995年版,第145-147页。

为利来；天下攘攘，皆为利往。"从不同的角度分类，利益可以被划分为公共利益和个人利益、长远利益和短期利益、物质利益和精神利益、整体利益和局部利益、强者利益和弱者利益。美国的罗斯科·庞德（Roscoe Pound）根据耶林的学说，从利益主体的角度将利益分做三大类：个人利益、公共利益和社会利益。个人利益是直接从个人生活本身出发，以个人生活的名义所提出的主张、要求和愿望。公共利益是从政治组织的社会生活角度出发，以政治组织的社会名义提出的主张、要求和愿望。社会利益是从社会生活角度出发，为维护社会秩序、社会正常活动而提出的主张、要求和愿望。三类利益各自又有具体的分类，其中个人利益包括人格利益、家庭关系利益和物质利益；公共利益包括国家作为法人的利益和国家作为社会利益捍卫者的利益；社会利益可分为六类：一般安全的利益、社会组织安全的利益、一般道德的利益、保护社会资源的利益、一般进步的利益和个人生活方面的利益。[1] 美国联邦最高法院有过更为详细的列举，认为下列社会利益为宪法所保护：（1）通信和宗教自由中的利益；（2）个人自由的广泛利益；（3）免于成为奴隶和雇佣工的利益；（4）迁居自由的利益；（5）经营和契约自由的利益；（6）承认个人有表现其个性和发挥其才能的机会的利益；（7）脱离某一宗教团体的利益；（8）法律面前平等的利益；（9）私有财产的利益；（10）和平、安全和良好的社会秩序的利益；（11）保护个人名誉的利益；（12）保护个人隐私的利益；（13）保护公众健康的利益；（14）变化于公共道德的利益；（15）保护国家安全的利益；（16）公正而有效的司法的利益；（17）有效的教育程序的利益；（18）保护立法程序的利益；（19）完善的选择程序的利益；（20）可不断利用的政治机会的利益；（21）保护贸易保障的利益。[2]

利益冲突的第二个原因是社会资源的有限性。利益来源于对资源的控制，利益的大小取决于对社会资源控制的多少。然而，社会中的现有资源总是处于匮乏状态。对资源控制的不同导致了利益差别，利益差别构成了利益冲突的根本原因。

---

[1] 沈宗灵：《现代西方法理学》，北京大学出版社1992年版，第291—295页。
[2] [美] 詹姆斯·安修：《美国宪法解释与判例》，黎建飞译，中国政法大学出版社1999年版，第200页。

二、利益平衡

"冲突并不完全是破坏性的,它也具有建设性的社会功能。"[1] 正是人们对利益的追求才构成社会发展的动力。但是,"利益就其本性来说是盲目的、无止境的、片面的。一句话,它具有不法的本能"。[2] 如果任凭互相冲突的利益横冲直撞,社会就会处于永久的利益纷争和无序的状态,就不可能向前发展,而可能最终导致彻底的毁灭。法律的作用就是对各种对立的利益进行协调和平衡,建立一套平衡利益冲突的规则,以使社会能够进入有序状态,保持持续发展。根据庞德的学说,法律的作用和任务在于承认、确定、实现和保障利益,或者说以最小限度的阻碍和浪费来尽可能满足各种相互冲突的利益。"法律表现为一种折中的机制,在所有个人、社会和公共利益要求中保持平衡。法律必须在两个方面发挥作用:一个是通过对各类冲突严格分析,然后确立最普遍的社会利益;一个是通过权利维护和法庭裁决对形形色色的个人要求进行鉴别,确立每个公民应该享有的个人利益。"[3]

这种平衡利益的方法在法学界通常被称为"利益衡量",对其研究得最多的当属民法学界,其次则是法理学界。"利益衡量"一语,许多人在不同的意义上使用,但含义未必相同,所使用的汉字亦因人而异。有用"衡量",也有使用"考量""较量"的。有学者认为,用"考量"一词,读起来容易一些,但是"考"的意思,是对双方的利益进行估量后,考虑应置重哪一方的利益,而利益衡量的"衡量"一词,有英语中 balancing of interest 的含义,因此,用有天平计量意义的"衡"字更好。[4] 对于利益衡量,学者们大多从司法的角度研究,将其作为一种法律解释的方法。我们主要从立法的角度出发,因而倾向于称之为"利益平衡"。从汉语语义上讲,"衡量"用来形容估量的过程或方法,而"平衡"则除此之外还可以表达一种公平的理想状态,就像天平两端保持平衡。利益衡量与利益平衡之间在其他方面也有些细微的差别。其一,利益衡量是从诉讼中法律适用的角度,在运

---

[1] 蔡文辉:《社会学理论》,三民书局1986年版,第128页。
[2] 《马克思恩格斯全集》(第4卷),人民出版社1958年版,第179页。
[3] [英]罗杰·科特威尔:《法律社会学导论》,潘大松译,华夏出版社1989年版,第83页。
[4] [日]加藤一耶:《民法的解释与利益衡量》,载梁慧星:《民商法论丛》(第2卷),法律出版社1994年版,第75页。

用于司法裁判的过程中，在法律实践中对已经出现的利益冲突进行事后的调整和平衡；而利益平衡则是从法律制定，即从立法制度安排的角度对各种可能出现的利益冲突进行事先的调整与平衡。其二，利益衡量的目的是解决个案中的利益矛盾和冲突，其中需要协调和平衡的利益是具体的、可见的，通过诉讼、审判，尽管争议或矛盾本身未必真正得到解决，但由于司法所具有的如把一般问题转化为个别问题、把价值问题转化为技术问题等特殊的性质和手法，因而发生争议或矛盾从而可能给政治及社会体系正统性带来的重大冲击却得以分散和缓解。① 而利益平衡的目的是调整社会上抽象的、有些模糊的利益，因此，把个案中实现公平、正义的解决方法转换为一般的规则适用于另外的案件或者普遍适用的、很可能会出现违背公平、正义精神的情况。其三，司法中的利益衡量只能在法律的空白地带进行，而经过利益平衡的立法是司法的前提。实际上每个法官都在他的能力限度内进行立法。对法官来说，这些限度无疑都比较局促。他只是在空白处立法，他填补着法律的空缺地带。他可以走多远，并且不越出这空缺，并不能在一张图表上为他标示出来。②

利益衡量与利益平衡更多的是相同之处，它们要解决的都是不同利益之间的冲突，都要在不同的利益之间作出价值判断和选择，都要遵循共同的价值准则，都以追求公平、正义为目标。经过利益衡量的司法判例对一般规则的形成有不同程度的影响，尤其在英美法系，判例往往形成一般规则。立法往往在宪法未曾详细规定的空间中进行，尤其行政立法要在宪法与法律的空白地带进行，行政立法的权限、裁量的范围都不能超越宪法、法律及授权法的规定。因此，对立法中利益平衡的研究离不开对司法上利益衡量的借鉴。③

三、立法对利益平衡的功能

在一个多元利益的社会中，利益的冲突和失衡在所难免，立法的功能，就是要通过立法的价值选择把利益的冲突或者失衡控制在公平正义的范围内，使多元

---

① 王亚新：《民事诉讼中的依法裁判原则和程序保障》，载梁治平编《法律解释问题》，法律出版社1998年版，第150页。
② [美]本杰明·卡多佐：《司法过程的性质》，苏力译，商务印书馆1998年版，第70页。
③ 曾祥华等：《立法过程中的利益平衡》，知识产权出版社2011年8月版，第100-104页。

利益结构实现有序化。

立法过程对利益平衡的功能主要表现为：

一是利益诉求表达功能。指在立法过程中社会利益主体向立法机关表明自己的利益愿望，以期在法律规范中实现自己的利益要求，立法过程为相关利益主体表达自己的愿望和诉求提供了一个渠道，也许有些诉求不属于立法问题或者该立法项目的内容，但在立法过程中的利益诉求表达本身就是一种价值和功能。

二是利益冲突消解功能。在立法过程中，各种利益诉求在充分表达的同时也在实现着沟通、妥协，最终形成的能够接受的立法解决方案一般是在考虑各方利益要求的基础上妥协后的折中方案，各方利益主体对最终方案的接受和认可在一定程度上代表着对利益冲突的认可和接受，这样就防止了利益冲突最终走向对抗的严重阶段，在一定程度上实现了利益严重冲突的预防。

三是利益的固化和确认功能。法律是确定和衡量不同利益的价值尺度，有效调整和保障利益的分配。当体现不同价值的利益发生冲突时，法律选择价值较高的利益作优先保护，对有绝对价值的利益，严格禁止侵犯；最后根据主体行为实现的利益价值等级的不同，对合法行为采取或赞同，或鼓励，或认可的态度；对违法行为则规定不同种类的制裁方式。通过公平立法，将利益划分为不同层次，固定在不同效力等级的法律及规范性法律文件中，或者在同一法律文件中按利益价值的不同将其置于不同的位次，从而形成利益关系的有序格局，从而形成对利益协调结果的固化和确认。因此，可以说立法的核心问题在于全面、正确地认识各种利益，在于对各种利益的协调、维护、促进或者限制、取缔。立法机构必须为不同利益主体提供一个博弈的平台，让其能够有机会充分参与博弈，立法者又必须相对超然，在利害相关人、专家意见、一般民意之间寻求与之维持平衡的形式，并考虑到理性、正义这些普遍原则，然后确保不同的利益得以平等且真实地表达、博弈、整合，进而在可接受的妥协和平衡基础上形成与多数强权或者多数暴政迥然不同的多数意志。[①] 作为民主法治运行载体的立法机关，其在立法过程中所依循的程序首先是承认并尊重利益的千差万别，而实现利益博弈的前提是让公民参与立法，充分表达利益诉求。因此从立法的全过程看，应有保障政治国家与市民社会的良性互动的制度规范，可接受的立法过程必须保证社会成员利益的充分表达和立法者对这些利益的充分关切。

[①] 宋薇薇：《地方立法中的利益协调问题研究》，载《人大研究》2011年第3期，总第231期。

第三节　我国地方立法利益平衡的实践及不足

地方立法中的利益平衡问题，是与我国经济社会发展进程及利益分化的进程密切相关的。改革开放以来，我国经济社会发展迅速，社会结构和分层发生了巨大变化，尤其是随着社会主义市场经济体制的建立和逐步完善，利益分化和重新组合的趋势愈发明显，社会发展变化带来的各种利益之间的冲突、融合等正在深度显现。利益分化和冲突协调在立法中愈发明显地显示出来，在立法过程中处理局部利益与整体利益、长远利益与近期利益、个人利益与社会利益、部门利益与全局利益的难度正在逐渐加大，平等主体之间利益的平衡和协调成为立法新的难点。

一、我国社会利益结构变化的主要表现

近30年来，我国社会利益结构发生急剧变化，利益表达意识和方式也在发生根本性的转变，主要体现在以下几个方面：

1. 社会利益主体多元化，利益源泉多元化

社会转型在一定程度上就是社会经济、政治、文化资源的重新调整和分配，即利益的分化和重组。经济成分的多元化必然产生多元化的利益主体。现有利益主体可以从纵向和横向两个方面划分。纵向利益主体主要有中央政府、地方政府、经济主管部门、企业、个人。横向利益主体主要有四个不同的阶层：特殊受益阶层，即新富阶层或者暴富阶层；普通受益阶层，诸如农民、工人、知识分子、干部等，他们是最主要的社会基础；相对被剥夺阶层，如下岗职工；绝对被剥夺阶层，指生活在绝对贫困线下的人群。利益主体的多元分化源于利益源泉的多元化。由于实行市场经济，多种经济成分并存，已经改变了过去只有公有制这个唯一的利益源泉状况，而形成了多种利益源泉。在利益不断分化的状态下，利益单元呈现个体化趋势，社会的利益单元迅速由国家和集体缩小到家庭和个人，人们原来在利益关系上的整体联系迅速地崩解为无数个小碎片。

2. 利益意识开始觉醒

利益意识觉醒是利益结构变化的内在动力和实际开端。利益意识的觉醒，使

人们产生了利益饥渴现象，导致社会利益关系的一系列重大变化。尤其是人们在重视经济利益的同时，开始重视对政治利益和文化利益的主动诉求，关注自我利益的意识越来越强，越来越重视利益与政治（政策）之间的关系。利益意识从物质利益、精神文化利益向政治利益的转向，对立法、公共政策提出了更高的要求。

3. 在利益表达的愿望和方式上发生了急速进步

利益的分化形成了不同的利益现状，社会群体利益表达的方式和渠道也逐渐多元化，不同阶层所要表达的重点和关注的中心明显有所区分。利益表达理性化和非理性化心态倾向并存和交替，转型时期人治和法治同在、官本位政治和民本位政治同在、计划经济遗留与市场调节同在、讲效率而忽视公平和讲公平无法获得效率同在、合理分配与致富和不合理分配与暴富同在、传统的封建思想影响和对现代民主的向往同在。复杂的社会格局导致了复杂的利益结构和复杂的社会心态，因此人们在进行利益表达时在心态上也是相当复杂的，导致利益表达过程中理性化和非理性化倾向同时存在并相互交替。

4. 利益表达的政治效能感增强

我国公民利益表达的政治效能感正在不断增强。首先，政治环境的宽容程度、民主程度、公正程度和平等程度在不断提高，个人具有了更为自由的活动空间；其次，长时期的改革也使人们心理承受能力不断增强，在利益表达目标的确定上，追求所能达到的基本满意状态成为普遍共识；再次，随着中国政治民主和政治参与的发展，很多公民的政治实践经验得到了丰富。选择何种渠道能最方便、最快捷和最有效地实现目标而不使自己的表达成为无效表达，许多公民和社会群体在实践中已经有了较为明确的意识和认识。[①]

二、我国不同时期地方立法中利益平衡的主要内容

利益结构的多元化和利益表达的变化是逐步显现和深化的，相应地带来不同时期地方立法中利益协调问题的主要方面存在不同表现形式。大体上可以分为几个阶段：

1. 在改革开放初期计划经济体制下，社会利益高度集中，国家掌握社会的主

---

① 宋薇薇：《地方立法中的利益协调问题研究》，载《人大研究》2011年第3期（总第231期）。

要财富，政府主导社会利益的分配，国家利益、集体利益、社会公共利益是社会利益的主导方面，公民个体利益依附于单位，依赖于政府的统一分配，社会发展活力不足。因此，此时立法的主要目的是为加强行政管制，强化政府管理的权力，公民个体利益微不足道，利益划分不明显，当时立法的主要矛盾是加强管制，强化政府的行政管理权限。这从过去地方立法几乎所有的立法题目都带有"管理"二字可以看出，但当时这并没有成为人们批评立法的主要理由。

2. 20世纪90年代开始，我国开始建设社会主义市场经济体制，经济社会发展迈进一个新阶段，相应的法制建设和立法工作也向适应社会主义市场经济体制要求的方向转变。加强立法工作，特别是抓紧制订与完善保障改革开放、加强宏观经济管理、规范微观经济行为的法律和法规，这是建立社会主义市场经济体制的迫切要求。按照建立社会主义市场经济法律体系的要求，国家和地方加快了立法步伐。经济发展、社会调控要求放松政府管制，这与政府部门长期以来形成的掌管一切的惯性产生冲突。此时政府部门的管理权限开始带来巨大的经济利益，部门利益成为地方立法中的突出问题。政府部门提出的法规草案中大量设置许可、审批、收费、处罚的规定，强化部门权力，减少自己责任，这成为人们批评立法的主要方面。同时，随着经济发展状况成为衡量地方政绩的主要标准，地方保护、区域壁垒成为建立全国统一市场体系的主要障碍，不少地方保护措施以地方立法的形式得到固化。比如在法规、规章中设置针对外地产品销售的限制，针对外地主体设置特殊许可，政府采购、公务开支严格限定于本地产品等内容。国务院多次下文要求打破地区分割和封锁，2001年4月21日国务院还颁布了《禁止在市场经济活动中实行地区封锁的规定》。这一现象直到中国加入世界贸易组织后，按照世界贸易组织规则要求集中清理有关法规、文件，以及随着对外开放合作的深化，才得到明显缓解。

3. 进入新世纪以来，随着利益分化的日趋明朗，随着中国特色社会主义法律体系的逐步建立和完善，立法过程逐步公开、民主化，在地方立法中虽然部门利益问题、地区保护仍有所表现，但已不再是主导方面。由于行政处罚法、行政许可法等法律对地方立法权限的约束明显增强，同时伴随着法治的深入人心，行政管理体制改革的深入推进，法治政府的全面加强，虽然地方立法仍然是以部门起草为主，但片面地强调部门利益问题已不如过去突出，而更多表现为通过立法推动某一方面工作的要求，有时缺乏对地方整体发展趋势的考虑。随着构建和谐社会、社会主义民主政治建设等的推进，人民群众权利意识、法治意识、民主意识的觉醒和不断提高，在地方立法中平等主体间利益的协调、强势群体对弱势群体利益的侵害、社会公共利益与少数人利益的保护等成为当前地方立法中面临的重要课题,并屡屡成为立法中的焦点和难点问题。比如道路交通安全法立法中机动车与行人的民事责任划分问题,限制燃放烟花爆竹的立法中燃放者与反对者之间的关系处理等是典型的平等主体间的利益协调问题;比如土地立法中征地行为对被征地农民权益的侵害,房屋拆迁立法中拆迁企业与被拆迁人之间的关系,物业管理立法中物业企业与业主的关系等都涉及弱势群体利益的保护;比如环境保护立法中,水源地核心保护区农民的发展受到严格限制,那么就需要对这部分少数人的权益给予特殊保护,才能实现实质的公平。在这些立法中,利益博弈的主体可能是法律意义上平等的当事人,不再是政府与管理相对人之间的关系,不再是简单的政府如何管理的问题,而是需要在立法过程中构建科学合理的利益表达、协调机制,并在法律框架内形成妥善的利益平衡结果和特殊情况下的利益补偿机制。[1]

三、我国地方立法在利益平衡方面的不足

近年来,地方立法机关在推进科学立法、民主立法方面迈出了重要步伐,立法的透明度、公开化、民主化显著增强,社会公众参与立法途径明显拓宽。应当说立法中利益表达、协调机制的基本框架已经初步构建起来,在一些立法项目中不同利益的平衡和协调得到了相对较好的处理。但我国地方立法在取得重大成绩的同时,在利益平衡方面仍面临许多问题。

第一,地方利益主义。在中国的政治文化语境中,地方往往与中央相对应,而过去常提的地方保护主义实质上既指与中央相对应的地方,又指地方上的不同地区。地方利益主义保护的是地方政府辖区的利益,指为了片面追求本级地方利益而越权、争权或侵权的现象,往往表现为地方立法自行其是,突破国家立法授权。由于涉及全局的国家立法具有滞后性,而地方立法按政治惯例有试验性,所以地方主义有时恰好是需要被容忍的。

第二,地区利益主义。地区利益主义起源于同级行政区间的利益冲突,表现为同级行政区之间各行其是,片面强调和追求本行政区利益而针锋相对地争权夺

---

[1] 宋薇薇:《地方立法中的利益协调问题研究》,载《人大研究》2011年第3期(总第231期)。

利或推诿。20世纪90年代地方政府之间的不正当竞争多数是地区利益主义作祟，它们通过制定本地规范性法律文件的方式，限制外地同类产品进入本地市场或限定本地市场只能销售特定产品。

第三，部门利益主义。部门利益主义可谓是受批评最多的，通常表现为有关法规起草部门，利用起草地方性法规、规章之机，极力保护本部门的权力和利益，甚至通过立法形式"以法扩权""以法夺权"，以法推行"部门意志"。部门利益化使得政府部门在行政管理中不仅是一个行政主体，而且还以独立的经济利益主体的身份出现，并利用行政立法扩张本部门的权力，争取更多的部门利益。

第四，城市利益主义。我国长期的二元经济社会结构造成了城乡发展的不平衡，由于地方立法多由驻于城市的国家机关进行，当立法牵涉到城乡利益冲突时，乡村和农民的利益在城市中心主义的作祟下往往受到排斥。典型的如有些城市制定禁止农民使用三轮车和农用拖拉机进城卖瓜的规定。

第五，强势群体中心主义。改革开放以来，我国的社会群体日益明显地分化为强势群体和弱势群体，且它们之间的差距还在不断扩大，这种差距也必然反映到立法尤其是地方立法中。在立法过程中，不同的利益群体，由于社会地位、掌握资源和个体能力的差异，在利益表达和利益实现等方面的效果也是不同的。强势群体总能比弱势群体对立法产生更大的影响，这使得两个群体之间的利益实现差距不断扩大，他们之间的利益冲突也只会愈加激烈。

第六，当代利益中心主义。当代利益中心主义是指地方立法以当代人的利益为中心和着眼点，片面追求当代利益甚至是眼前利益，致使当地的可持续发展能力遭到严重削弱。利益的冲突既可以发生在现实的当代人之间，也可以发生在当代人与后代人之间，不适当地强调当代人的利益需要，而忽视后代人的发展前途，必然导致当代人的幸福建立在后代人的痛苦之上。[①]

之所以会出现上述情况，是因为地方立法在利益表达、协调方面还存在明显不足。

1. 利益诉求表达的隐形化

目前，虽然民主立法大大推进，但是立法过程的公开度、透明度还难以完全适应社会的需求，社会公众了解和参与立法过程的程度还不够。由于立法过程还

---

① 熊时升、徐岚：《对地方立法中利益均衡问题的思考》，载《探索与争鸣》2008年第2期，第52页。

不够完全公开，导致立法过程的利益表达和诉求活动很多处于隐形状态中，利益主体的活动被隐藏在立法的表面程序之下，以非正式的方式发挥作用。比如关于限制燃放烟花爆竹的规定，除了支持限放者和反对限放者两方在精神文化需求、安宁权利等相对立的观点和要求之外，此项立法中潜在的最受影响的利益群体是烟花制造者和销售者，放开限制的时间、地域范围和销售方式、管理方式的变化对这部分群体的经济利益具有直接的影响。但是，他们往往只在内部讨论会上提出意见或者通过烟花销售监管部门的渠道反映自己的意见，并且这种意见被采纳的程度往往高于一般公众的意见，但在公开讨论、媒体报道以及立法听证会上，他们却没有公开出现，很多人可能也不知道他们在立法中发挥的作用和影响力。又如关于禁止吸烟的立法中，也不仅仅是吸烟者与不吸烟者的对立，还存在烟草生产者与销售者的利益问题，但在立法讨论中，这部分群体也不是焦点所在。由于部分利益主体的隐形，导致与之相对的利益群体难以实现正面的辩论和沟通，难以达成真正妥协，形成更为稳妥的公平方案。

2. 强势群体与弱势群体在利益表达和影响立法的能力上存在明显差距，弱势群体利益保护存在困难

随着社会利益群体的分化，我国已经在事实上形成了强势利益群体与弱势利益群体的划分。目前，强势利益群体的经济、政治地位和社会舆论控制能力都明显超过弱势利益群体。在一些立法中，他们会争权夺利，拼命维护自己的利益。在某些领域，他们在享受着垄断利润的同时又通过法律上的便利保护自己的利益，限制着同类事业的发展。"银行加证保，两电加烟草，两油加外贸，扫地的也不少"的民谣辛辣地讽刺着这种不合理的现象。又如房地产开发企业每每就房价、地价等问题的发言不断在舆论中引起轩然大波，但依然难以改变房价居高不下的现实。由于我国经济法律制度的不完善，垄断性行业及其主管部门制定的规章和惯例都在事实上发挥着法律的调整作用，在制定新的法律、法规时有时只能默认现实或者照搬某些规定。与此相对应的是，绝大多数处于社会较低层次的利益群体还缺乏代表组织和代言人，他们没有自己的利益诉求渠道，尤其是农民、下岗工人，以及被称为边缘人的"闲散人群"，他们才是立法和政府决策过程中需要予以特别关注的对象。但是，在很多情况下，在媒体上缺少他们的意见和声音，在代表机构里缺乏代言人，在涉及其利益时缺乏有效的意志表达渠道，导致在一些立法中他们的利益得不到有效保护。

3. 立法机关进行利益协调的意识和能力不足

立法机关还没有完全适应立法过程中利益表达和沟通协调带来的挑战，在很大程度上靠以往的惯性维系立法的运作。无论是立法的理论、制度还是实践，对于多元利益博弈及其均衡都缺乏足够的重视，立法过程中表现出积极的职权主义倾向，立法还被视为国家为公共利益进行制度设计的过程，立法者是否立法、如何立法单方面取决于立法机关的决策和领导者的决心。立法机关的实际操作模式还是过去的完全包办式，从立法规划、立法计划的确定，到法案的起草、提案、审议等各个阶段的活动，基本上都在国家机关的层面内封闭运行，立法机关还不善于或者不愿意面对不同群体的利益诉求。现有的立法公开也基本属于单方面"施舍性"的给予，缺乏双向沟通机制，决策过程不透明。而在具体问题的解决上，还缺乏妥协妥善处理的能力，在一些问题的决策上有时依然存在非此即彼的极端化处理，缺乏利益补偿机制。对于一些平等主体之间的利益协调，本应当通过主体自我协商、基层自治等方式进行协调处理，但由于缺乏社会自治的氛围和基础，最终以行政权力的强制介入和行政处理作为解决方式，但实施效果最终证明这种方式是无效的。[①]

第四节　地方立法如何进行利益平衡

根据立法的理论和实践，我们认为，地方立法进行利益平衡主要把握以下几个方面。

一、坚持"应予衡量原则"，考虑应予考虑的利益，排除不应考虑的因素

在利益平衡中遇到的第一个问题是所要平衡的利益范围，即哪些属于应予考虑的利益？哪些是应当排除的因素？

"应予衡量原则"的理论，主要是在德国联邦行政法院的判例中逐渐发展起来的。1969年的德国联邦行政法院的判决首先指出："违反妥当的应予衡量者，

---

① 宋薇薇：《地方立法中的利益协调问题研究》，载《人大研究》2011年第3期（总第231期）。

是指未为各该（妥当的）利益衡量时，或依具体的状况应予以考虑的利益，竟未并入衡量之中时……"其后，1972年该院判决将"应予衡量原则"扩张为对一般性的法治国家利益衡量审查的要求，其内容总括如下："是否欠缺对当时重要利益的妥当衡量？是否有就当时的法以及事实状况来看，明明应该被采纳，却没有在衡量之中并入考量的利益……"[①]前后判例在内容上虽有细微的变化，但是基本保持了一致，指明除"未为衡量"外，"衡量缺失"也构成对应予衡量原则的违反，即衡量的瑕疵。在进行利益衡量时，应当根据"法"的目的和要求以及具体的事实情况，将可预见受影响的各种"重要"利益都纳入比较衡量的范围之内。如果行政机关对重要的利益未加考虑，或虽有考虑却故意加以忽视，就构成了"衡量缺失"，即属违法。

在进行利益平衡时，有各种各样的因素应当予以排除，如果考虑了不应考虑的因素，利益平衡就失去了妥当性。加藤一郎认为，诸如人种、贫富、美丑等因素都应排除，而应当遵循宪法"法律之下的平等"的规定。既称为法，终究必须是对各人均等适用。不应因贫富或社会地位的不同，而在裁判上差别对待。这些因素说不定在事实上会有所考虑，但作为利益衡量，则不应考虑。[②]

在立法中同样需要平衡各种利益，要做到妥当的利益平衡，也必须考虑相关的因素，不得考虑不相关的因素。对于立法可能影响的重要利益绝对不可遗漏，更不能故意加以忽视。如在制定法规、规章时往往考虑管理的方便，不考虑群众的方便，即行政相对人的方便，就是一种带有"惯性"的遗漏。再如在制定娱乐场所的管理规定时，对于娱乐场所安全、内容的健康以及对未成年人的影响等因素必须纳入考虑的范围，否则就构成"衡量缺失"。目前在我国立法的过程中，往往采取由职能部门起草法规的办法，以至于部门利益被塞进法规之中，导致所谓"部门利益法制化""立一个法规肥一个部门""如果不规定某项收费，宁愿不制定法规"的立法偏私现象层出不穷。这里的部门利益就是立法中不应考虑、应予排除的因素。

[①] 马纬中：《应予衡量原则之研究——以行政计划为中心》，载城仲模：《行政法之一般原则》，三民书局1997年版，第514页。

[②] [日]加藤一郎：《民法的解释与利益衡量》，梁慧星译，载梁慧星：《民商法论丛》（第2卷），法律出版社1994年版，第81页。

二、尊重冲突各方的社会利益

平衡公共利益与个人利益是立法的一个重要目标和任务。"应予衡量,意指行政机关在作任何决定时,皆须经通盘考量,不能片面追求公益或某一方之利益,必须同时尊重并考虑不同之利益,亦即应就相互冲突之利益,尤其是公益与私益,作平衡的考量,而依实际的情况,客观地取舍。"①"公益"即公共利益的概念,极具抽象性和模糊性。德国学者纽曼(F-J. Neumann)认为公共利益分为公共及利益两个方面。而利益可分为主观利益和客观利益,主观利益是团体内各个成员之直接利益;客观利益是超乎个人利益所具有之重大意义的事物、目的及目标。公共也分为两种:一种是开放性,任何人可以接近,不封闭也不为某些个人所专有;另一种是国家或地方自治团体等设立、维持之设施所掌握的职务,因为这些设施的存在是为了公共事物。②德国学者 Walter Klein 提出一个判断公共利益的标准,即"量最广"且"质最高"。所谓"量最广"是指受益人数最多,尽可能使最大多数人均占利益;至于所谓"质最高",以对受益人强度而定,凡与人类生存愈有密切关联之要素,愈具有"质最高"之性质。③但是基于扶助弱者的立场,对于少数私益的保护,虽然不具备量最广的标准,却含有质最高的精神在内,这些少数人的利益足以形成公益。由于公共利益本身的抽象性,其概念并没有一个放之四海而皆准的内涵,因此,仍然需要结合实际情况具体判断。

在关于公共利益与个人利益的关系上,社会主义历来强调"个人利益服从集体利益,集体利益服从国家利益"。然而,是否存在完全脱离或超越个人利益的集体利益、国家利益或者公共利益?行政机关的行政行为是否完全代表了公共利益?是否存在虚假的公共利益?都是值得我们思考的问题。此外,需要注意的是集体利益并非就是公共利益,哈耶克认为,只有在根据某种互惠对等原则(some principle of reciprocity)而使特定群体的集体利益得到满足的情形下,一种集体利益才会成为一种普遍利益。"一旦人们期望由政府来满足这种特定的集体利益(虽

---

① 罗传贤:《行政程序法基础理论》,五南图书出版公司1993年版,第67页。
② 陈新民:《德国公法学基础理论》(上册),山东人民出版社2001年版,第185页。
③ 马㻛:《应予衡量原则之研究——以行政计划为中心》,载城仲模:《行政法之一般原则》,三民书局1997年版,第509页。

说这并不是真正的普遍利益），那么这就不可避免地会产生这样一种危险，即政府会用这种手段去为特定的利益群体提供服务。人们常常错误地认为，所有的集体利益都是该社会的普遍利益；但是在许多情形中，对某些特定群体之集体利益的满足，实是与社会普遍利益相悖离的。"①

《宪法》第51条规定："中华人民共和国公民在行使自由和权利的时候，不得损害国家的、社会的、集体的利益和其他公民的合法的自由和权利。"《民法通则》第7条规定："民事活动应当尊重社会公德，不得损害社会公共利益……"还有很多法律中都包含类似的规定。有人将宪法和法律的这些规定理解为个人利益无条件地服从公共利益，这种理解如果是在改革开放之前的时代，是很正常的事情。但是，在经过多年改革开放之后政府已经将"建立社会主义法治国家"作为追求目标的今天，这种理解就不合时宜了。法律规定公民一定要尊重公共利益，并非意味着国家或政府可以不尊重个人利益。相反，在2004年《宪法修正案》中明确规定：公民的合法的私有财产不受侵犯。国家为了公共利益的需要，可以依照法律规定对公民的私有财产实行征收或者征用并给予补偿。这些规定表明了一种法治观念上的进步。

我国台湾学者对处理公益与私益的关系有更精细的研究，认为在现代民主法治国家中，必须遵循以下各点：（1）宪法与法律的内涵，即为一种公益之显示，正义之追求、人性尊严之维护与诸权利之保护，为公益内容的核心。（2）在民主多元的社会中，无法找到绝对单一的公益，或是独立于人民利益之外的"国家利益"；考虑公益之具体内容，必须了解其为一"动态概念"，要顾及各个社会之历史背景及价值观，始能加以掌握；且其并非封闭的概念，随着社会情势与思潮演变，亦会有新的内容。（3）多元化公益的探究，必须透过民主、正当的程序，以保护少数、杜绝暴力的态度与方法为之。（4）公益相对于私益而言，不再具有绝对的优越性，公益欲超越私益时，必须在宪法中找到其法律基础，并且提出充足可信之理由。（5）私益有时亦可能成为公益，尤其是涉及基本人权之利益。②

美国学者安修认为在宪法审判中必须平衡的是社会利益，而不是个人利益和

---

① ［英］哈耶克：《法律、立法与自由》（第2.3卷），邓正来等译，中国大百科全书出版社2000年版，第9页。

② 马纬：《应予衡量原则之研究——以行政计划为中心》，载城仲模：《行政法之一般原则》，三民书局1997年版，第508页。

政府利益。有些法官认为在宪法审判中利益法学牵涉平衡个人之间的利益，或者个人与政府相冲突的利益。这是可悲的误解，因为在宪法诉讼中只有相冲突的社会利益才需要权衡和平衡。法院必须以准确的方式和手段，在力图实现的各种利益中考虑社会利益。法院通常应尽可能地尊重双方或多方相冲突的社会利益。迪安·庞德写道"在调解两者（相冲突的权利）中必须以一方尽可能小的牺牲来与对方共存"。[①] 我们通常把利益划分为公共利益和个人利益，而所谓的公共利益和个人利益，是仅就利益的主体而言，其实质均属于社会利益的范畴。以个人利益而言，一旦宪法或法律中加以规定，就具有广泛的社会性。虽然在个案中它以"个人利益"的面目出现，如个人的隐私权、言论自由权等，但它实际上代表国家与社会之间的权力界限，承载着社会上一般人对法律的要求与期望。[②] 美国著名法学家德沃金也反对公共利益与个人利益平衡的模式，他说："公共利益和个人利益的平衡的说法是植根于我们的政治和司法的修辞之中的，而且这个说法家喻户晓。并且有很强的吸引力。但是……是一个虚假的模式，而公共利益和个人利益平衡的说法是错误的核心。"但是，他的理由似乎与安修等人的观点恰恰相反，他认为只有社会其他成员的个人权利才是与公民享有的权利相冲突的权利，必须区分多数人的权利和作为多数人的成员所享有的个人权利。前者不能作为压制公民权利的理由而后者可以。[③] 总结上述学者的观点，可以看出他们的主张实质上是相同的，那就是在权衡和估量两种相对的利益主张或要求时，必须把它们放在同一层面上。如果我们把其中一个作为个人利益，而把另一个作为社会利益，就可能先入为主，作出错误的考虑和选择。

当然尊重各方的社会利益并非将各种利益都作为同等重要的利益，而是要从各方的利益的事实中发现社会利益，进而在社会利益中平衡，避免事先认为一种利益已经天然地优先于另一种利益。例如在乙肝歧视案件中，不能认为拒绝录用乙肝患者的行政机关代表公共利益，而被拒的乙肝患者代表个人利益，并且公共利益优于个人利益，其实被拒者的利益中折射了反对歧视的社会利益。这些原理

[①] [美]詹姆斯·安修：《美国宪法解释与判例》，黎建飞译，中国政法大学出版社1999年版，第198—203页。

[②] 胡玉鸿：《关于"利益衡量"的几个法理问题》，载《现代法学》2001年第4期。

[③] [美]德沃金：《认真对待权利》，信春鹰、吴玉章译，中国大百科全书出版社1998年版，第261页、第256页。

同样可以适用于立法之中。

在立法中还要处理全局利益与局部利益、长远利益与短期利益、强者利益与弱者利益的关系。①

三、合理确定利益的位阶与排序②

在两种利益或多种利益发生冲突的时候，我们必须对各种利益的重要性进行评价，如果两种利益不能同时得到满足，那么就需要确定它们的先后顺序和它们的相对重要性，这就需要运用利益位阶与排序原则。

30多年来，我国对外开放，对内改革，社会处于转型期。这一期间，利益的多元化、复杂化和深刻化超乎人们的预期，利益矛盾从隐性的冲突升级为明显的对抗。各地处理利益问题的主要方式之一是立法，调节地方利益关系是地方立法的核心问题。立法者依据一定的原则和程序，在对多元利益进行排序的基础上，对各种利益进行识别和选择，这一系列活动，就是地方立法的利益衡量。地方立法利益衡量中经常出现的难题是，两种或两种以上的利益皆合法正当，皆需要予以重视和保护。但与此同时，由于利益关系的复杂性，这些利益之间又呈现出相互冲突的局面，保护一种利益必然带来对另一种利益的损害，二者如同"鱼与熊掌"不可兼得。在这样的情形下，如何判断相互冲突的利益之间是怎样一个高低先后的秩序并以此为指引做出选择和确认，这是立法者必须严肃而审慎对待的问题。

（一）利益位阶与排序的理论和实践基础

马斯洛在1943年提出了人的需求层次论。这种理论把人的需要按重要性和层次性排成一定的次序。即将需求分为五种，像阶梯一样从低到高，按层次逐级递升，分别为：生理上的需求，安全上的需求，情感和归属的需求，尊重的需求，自我实现的需求。五种需求的重要性依次下降，只有在相对重要的需求得以满足的前提下，人们才会寻求下一需求的满足。如五种需求中最重要的是生理上的需求，这是人之所以为人的先决条件，只有在衣食住行基本满足的情况下，其他需求才会浮现；

---

① 曾祥华等：《立法过程中的利益平衡》，知识产权出版社2011年8月版，第105—110页。
② 本部分内容参见王丽：《地方立法利益衡量中的利益排序》，载《湘湖论坛》2015年1期（总第160期）。

重要性程度最低的是自我实现的需求，也只有在生存无忧、其他要求都得以实现的基础上，才会出现这一需求，寻求人的自由发展。心理学家做了有关动物的剥脱试验：剥夺动物的低级需要（饮食等），马上会引起动物的强烈反应，而剥夺动物的高级需要（自由等）并不能引起动物的强烈反应。该实验的结果对高级动物——人也成立，剥夺人的低级需要比剥夺人的高级需要更会引起"疯狂的抵御和紧急的反应"。[1]马斯洛的需求层次说可以作为构建利益位阶的理论基础。因需要是利益的始因，人的需求层次可以作为确定利益位阶的标准。从实践来看，国际人权法习惯于将人权分为三代：第一代为公民权利，主要是一些不干涉个人自由的"消极权利"，是18世纪人权的基本内容；第二代为政治权利，主要是指参与公共事务和国家事务的"积极权利"，是19世纪人权的新内容；第三代则是涉及社会公平和社会保障的权利，包括健康权、发展权和和平权，是20世纪人权的新发展[2]。一般来讲，上述三代权利根据人类文明进步逐步浮现，最早浮现的公民权利最为重要，其次是政治权利，再次是社会公平和社会保障权。重要性逐次下降，形成权利位阶。我们知道，权利是经过利益选择和利益评价后被认为是正当的利益，利益是权利的核心，因此，权利位阶就意味着利益位阶。此种由客观现实检验而来的，由实际生活形成的阶梯形利益层级，某种程度上可作为利益位阶的参考依据。实践结果从某种程度上既验证又补充了马斯洛的需求层次理论。[3]

在对社会现象进行观察之后，我们不难发现，在各种各样的利益选择中，基于人的自然生理属性需要和客观社会属性需要，出现了一些我们大多数人都认为值得尊重和认可的利益选择，这就是主流利益观，而也正是这些主流利益观，分出了利益的层次高低，成了利益的排序标准。正如博登海默所言："人的确不可能凭据哲学方法对那些应当得到法律承认和保护的利益，作出一种普遍有效的权威性的位序安排。但是，这并不意味着立法中相互冲突的利益都是位于同一水平上的，亦不意味任何质的评价都是行不通的。"[4]立法者依据利益的排序标准，就可以对纷繁复杂的多元利益进行一个阶梯式的排列，而这一种排列是做出利益选择

---

[1] [美]亚伯拉罕·马斯洛:《动机与人格》，许金声、程朝翔译，华夏出版社1987年版，第69页。
[2] 张文显:《二十世纪西方法哲学思潮研究》，法律出版社2006年版，第430页。
[3] 王丽:《地方立法利益衡量中的利益排序》，载《湖湘论坛》2015年1期（总第160期）。
[4] [美]博登海默:《法理学：法律哲学与法律方法》，邓正来译，中国政法大学出版社1999年版，第290页。

的主要依据。

(二)利益的位阶和排序

为了平衡各种相冲突的利益,需要确立何者优先的合理标准,除上述以外,国外司法实践中还采用过生命权、人格权优先原则;生存权优先原则;自由权优先原则等。具体地讲:按照生命权、人格权优先原则,为了保障生命与人格权价值的基本权利,应确定比非生命权、非人格权价值的基本权利优先的效力;按照生存权优先的原则,为保障人的生存所需要的基本权利,应确定比其他法益优先的效力;自由权优先的原则,为实现自由的基本权利,应确定比实现平等的基本权利优先的效力。[①]

我们认为,在地方立法中,利益的位阶和排序首先考虑基本利益,其次考虑非基本利益。

基本利益包括:

1. 生命利益

生命利益,这是最重要的利益,包括人身不受伤害和杀害的利益。包括生命利益和健康利益。生命是自然人享有一切利益的前提,自然人的一切利益均需依附在生命上,生命消亡或受损害会导致自然人利益消亡、减损,因此,生命利益优先于其他利益在逻辑上是顺理成章的事情,无疑应该是显见程度最高的利益。因此,我们说,在基本利益中,生命健康权是最本源的利益,高居利益位阶的顶端。生命利益具有以下特性:一是优先性。生命利益在与其他利益相冲突时,处于较高的位阶,即使为了社会公共利益,个人生命利益也不能"委曲求全",成就社会公共利益。特别要指出的是,一般情形下生命利益都具有优先性。当然,人是复杂的高等级生物,有自我的价值观和人生观,在有些人的眼里,生命权并非绝对优位,所谓"生命诚可贵,爱情价更高,若为自由故,两者皆可抛",也因道出对利益的取舍判断,引发人们的共鸣,多年来传诵至今。二是绝对平等性。生命利益不存在质的差别,自然人的生命利益处于同样等级,都是平等的。不仅是每一个体之间的生命利益是平等的,就是单个的生命利益与多数人的生命利益相比,两者也是平等的,无法评论谁更珍贵些。因此,不能作出这样的利益取舍,

---

① 张志华:《基本权利冲突及其协调方法》,载陈金钊、谢晖:《法律方法》(第1卷),山东人民出版社2002年版,第426页。

即为了大多数人的生命利益牺牲某个个体的生命。

2. 自由利益

自由利益是公民按照自己的意志进行活动的利益，既包括身体自由，也包括精神自由。身体自由即运动的自由，是指公民按照自己的意志和利益，在法定范围内作为或不作为的状态，包括结社自由和活动自由、迁移自由；精神自由即决定意思的自由，是指公民按照自己的意志和利益，在法定范围内自主思维的状态。包括思想自由、言论自由、宗教自由。为什么说自由利益是仅次于生命利益的利益呢？从哲学意义上讲，自由是人存在的充分、必要、先决条件，是人之所以为人的应有之义，即自由使人成为人。俗话说"不自由、毋宁死"，也大体表达了同样的意思。生命和自由，是人之所以存在的"一体两翼"，缺一不可。我国学者赵汀阳指出："人不仅是一个自然存在，而且是一个自由存在，存在与自由是不可分的。"[1] 学者吴经熊也讲："我不说自由意志就是道德；但自由意志是一切道德，一切人格的生死关键和必备条件"。[2] 法律意义上的自由是哲学上自由的一个具体领域，自由权是公民完整人格的基础，因此，法律总意味着某种自由，法律及法律精神总是内含着某种自由。就实质而言，法律上的自由就是每一个公民都可以不受约束地做法律允许做的事情，拥有行使权利的自由。至于义务也好、责任也罢，都是权利的延伸。一般而言，自由代表了最本质的人性，处于法的利益的顶端，优先于其他利益。对于这一点，我国《宪法》第34到37条将自由利益优先于其他利益就是最好的佐证。言论自由属于人格利益，经常和肖像、名誉等其他人格利益发生冲突。苏力认为，"言论自由具有被规定为宪法的基本权利的制度效益，不仅属于基本利益，更重要在于对社会贡献巨大，因此，比肖像、名誉等人格利益更为重要，主张言论自由应当优先配置。"[3] 但我国同时也有学者指出，"言论自由作为制度化配置方式的社会利益，上升为宪法利益，享有不可置疑的重要性。特别是公民和社会组织的政治言论自由，对于保障一个国家民主法制健全和发展尤为重要。但是，言论自由并不是绝对利益，无论何种制度的国家、地区，在配置言论自由利益时，都在法律和其他权威文件上或者在事实上加以一定

---

[1] 赵汀阳：《论可能生活》，北京三联书店1994年版，第26-27页。
[2] 吴经熊：《法律哲学研究》，上海法学编译社出版1933年版，第68页。
[3] 苏力：《秋菊打官司案、丘氏鼠药案和言论自由》，载《法学研究》1996年第3期。

的限制。"① 实际上,我国宪法是将言论自由的保护规定在人身利益的保护前面的,但是,在民法、刑法、行政法中,又对人身利益作出了绝对性的保护条款。② 因此,我们认为,言论自由是有限制的,但此限制是完全严格主义的,即在宪法、法律中有规定予以限制的,方能限制。限制是特殊,不限制是原则。为什么进行限制?当正义的眼睛检视着所有利益,力图平衡所有利益时,自由有时候也要往后退一步,这正应了卢梭的那句名言:"人生而自由,却无往不在枷锁中。"③ 特别要指出的是迁移自由利益。一般认为,迁徙自由是指"自由地在国内进行迁移和依法出入境"。④ 在当代中国,对绝大多数老百姓最具意义的是在国内"迁出"和"迁入"的自由。"迁出"自由目前来讲,已经没有太大问题,随着国内经济发展,劳动力流动,人们开始自由选择工作和生活的地方。但要"迁入",会受到户籍制度的影响,在医疗、教育、社会保障等方面不能和户籍人口得到同等待遇,在中国,城镇化是一个必定的过程。一方面,农民的大量进城可以说既是经济发展的必然,也是农民群众"用脚投票"的结果,趋势不可逆转。但是,问题的另一面是,中国的大部分城市在城镇化的进程中背负着大量涌进的农村人口,匆匆上阵,勉强前行,高房价、交通拥堵、环境污染等"城市病"由此加剧。这是目前中国社会形势比较严峻的一对矛盾,也是地方立法利益衡量所面临的最重要的问题。解决矛盾的关键要看哪种利益更需要倾斜保护。立法者要深刻意识到,以城市化为路径解决中国当下的发展问题,是现阶段改革能够深入进行的动力所在,也是改革开放到一定程度必然要经历的阶段。这一过程中,迁入地的立法者在利益衡量的过程中妥善处理好农民工群体、外来人群群体在融入迁入地过程中出现的问题,克服狭隘的地方保护主义意识,以博大的胸怀来接受逐步城镇化的农村人口,对所辖地居民实行全员管理,提供平等公共服务。当然,我们也可以从利益位阶,即利益重要性的视角来考察,迁移自由在利益层次的位阶里,属于人身自由,是仅次于生命利益的自由利益,是要在利益衡量过程中予以高度重视和关注的利益。

---

① 关金华:《论言论自由与人身权的权利冲突、制约和均衡》,载《亚太经济》1997年第4期。
② 如《民法通则》第99条到101条,规定了对人格利益的保护;《治安管理处罚法》规定,公然侮辱他人或者捏造事实诽谤他人的,处以拘留、罚款或者警告;《刑法》规定,侮辱他人或者捏造事实诽谤他人的,要追究刑事责任。
③ 卢梭:《社会契约论》,商务印书馆1980年版,第8页。
④ 朱小龙:《从历史发展看迁徙自由的概念》,载《山东行政学院山东省经济管理干部学院学报》2005年第3期。

3. 生存利益

生存利益不包括生命利益。生存利益，是指人在生命利益的基础上生命得以延续的利益，即人作为人应当具备的基本的生存条件，包括：基本环境利益，基本财产利益以及劳动（经营）利益、接受义务教育的利益以及获得社会保障的利益。这三方面的利益在位阶上并无上下高低之分，很难区分谁优于谁，谁高于谁，在层面上是平等的。

（1）基本环境利益。人类是自然之子，生存的必需条件是清洁的空气、未受污染的水和土地。在环境利益得到保护的前提下，才可以考虑衣食住行等下一步生命得以延续的条件。因此，我们可以说，有关人类可以延续生命所必需的基本环境要求就可以称之为基本环境利益，包括不受污染的空气、水和土地方面的利益。我国目前处于经济快速增长时期，从贫困阶段向中等发达阶段前进，是污染严重和环境紧急时期，也是环境利益与经济利益冲突最突显的时期。由于政府对发展的片面性认识，在维护和衡平环境公益与经济公益时往往表现出对经济利益过分强调和倚重，导致环境公害发生，同时由于环境利益受损需要一个较长的周期才能得以体现，出于眼前利益的考量，我们的地方立法低估了环境利益的重要性。但是，现在越来越多严峻的事实摆在我们面前，喝着不洁净的水，呼吸着肮脏的空气，癌症村大量涌现，生存利益受到严峻挑战。如何正确看待基本环境利益的重要性，平衡其与经济利益的关系，相信这是地方立法利益衡量需要面对的重要挑战。

（2）基本财产利益。基本财产利益是"人的生命健康赖以存在的基本物质利益，包括衣、食、住、行等方面的基本物质保障"。[①] 换言之，人们通过基本财产利益来获取衣、食、住、行方面的基本物质保障，从而保证自身的生存与发展。反过来讲，作为社会基本公共产品的食物、衣物、住房、通行利益，必须确保其安全性和必需性。这样一来，我们就比较容易理解，食品安全以及住房、交通等与公民生活水准密切相关的制度改革，在地方立法中利益序列上的具体坐标点，进而有利于推动我国公民生存利益的实现，促进我国公民生活水准的不断提高。

（3）基本劳动（经营）利益、接受义务教育的利益以及获得社会保障的利益。公民应当享有获取上述物质利益的手段，这样一来，劳动（经营）利益、接受义务教育的利益以及获得社会保障利益也得以进入到我们的视野。基本劳动是获取

[①] 上官丕亮:《究竟什么是生存权》，载《江苏警官学院学报》2006年第6期。

基本财产利益的合法手段，劳动利益属于生存利益无疑。同时，在当今社会，受到必要教育（义务教育），获取基本劳动素质和技能，是现代公民享受物质文明和精神文明的一种直接需求，也是进入社会谋生的基本前提，和人的生存紧密相关，因此，也是一种生存利益。此外，文明社会的理想，是对一切有劳动意欲和能力的人们提供劳动机会，取得基本财产，但实际上，由于资源稀缺，个体能力差异、经济不活跃等因素影响，上述理想很难实现，社会中总有一些人群无法依靠自己的能力获得基本的生存条件。文明社会理应为上述人群提供相应帮助，是使每一位公民能在社会上保持作为"人"尊严的最低限度的生活最低条件，这也是"文明社会"之"文明"本义。这样一来，公民在年老、疾病、失业等情况面临生活困难时就有获得国家或社会予以物质保障的利益。要强调的是，谈及劳动利益时，还附带休息利益，因为休息乃生理所必须，不休息就难以劳动。休息利益是劳动者继续劳动的重要条件，它体现了人的基本生存需要，是实现个人人身自由的需要，劳动者可以追求个人发展，实现人生目的，具有生存利益属性。学界对于休息利益的理解在本质上是一致的：主体通常是劳动者，针对劳动者在职业活动中的脑力和体力消耗，与劳动过程紧密结合，但又不以此为根据，而是较为宽泛的劳动过程。休息利益主要包括两方面的内容：对工作时间的限制和对休息时间的保障，劳动者是这项利益的享有者，用人单位是保障劳动者休息利益实现的义务人。[1]

4. 人身利益

人身利益是指人格利益与身份利益的合称，是指人所享有的，与其人身不可分离而无直接财产内容的利益，人身利益是物质利益或财产利益的对称，是精神利益。人身利益又可分为人格利益和身份利益。人格利益包括生命健康、自由、姓名、名称、肖像、名誉、隐私和婚姻自主等人生方面享有的利益；身份利益则包括公民因获得一定的社会身份享有的利益，包括荣誉、配偶、亲属等利益。[2] 由于人身利益中的生命健康利益及自由利益具有更为基础利益的性质，这里所称的人身利益是将生命健康利益及自由利益剔除出去的其他人身利益。公民享有人格尊严利益，获得社会和他人尊重，不受伤害。公民的尊严利益来自公民个体本身，但须获得社会的认可和尊重。有研究认为，"由于人格利益为人生而享有，与

---

[1] 王丽：《地方立法利益衡量中的利益排序》，载《湖湘论坛》2015年1期（总第160期）。
[2] 汪渊智：《民法》，法律出版社2006年版，第130页。

人这一主体不可分割。因此，人格利益优于身份利益。"[1]此外，人身利益里还包含一般政治利益。这里的政治利益之所以称之为"一般"，也是指除自由利益以外的政治利益，主要包括选举利益与被选举利益、监督利益、控告利益、申诉利益、批评利益、知情利益等。公民的政治利益既是民主与专制的区别之一，也是现代民主法治国家的应有之意，所以被列为基本利益的范畴。

非基本利益包括：

1. 更高层次的物质利益

总体而言，基于人类自私而追逐的天性，物质利益是社会得以生存和发展的内生动力，如果没有对物质利益的强烈欲望，社会财富得不到增长，整个人类的发展就会停滞不前。因此，我们说物质利益是维系人类生存和发展的物质保障，是人作为一个生命体得以生存和延续的外在必要条件。但是，物质利益是有层次高低的。满足人类"衣食住行"基本需求的物质利益，我们称之为基本物质利益。但是，追求更好的生活向来是人类的天性，基本的物质生存条件得到保障之后，不可避免地人们就会追求物质带来的享受，这部分侧重于"享受"，而非生存所必需的利益，我们称之为非基本物质利益。考虑到这部分利益源于具备基本物质利益以外更多的物质从而产生出来的对衣、食、住、行方面的更高要求方面的利益，也可称为更高层次的物质利益。基本物质利益与非基本物质利益之间，后者是前者的发展，前者是后者的根本。对于利益主体而言，基本物质利益是紧要而迫切的利益，这些利益如无法得到保障，人的生存都是问题，非基本物质利益在利益位阶上根本无法与之抗衡；但是，中国社会基本进入小康社会以后，生存问题基本得到解决，人们必定追求更高层次的物质享受，立法者同样不能忽略此种利益。

2. 更高层次的精神利益

人类发展，乃至每一个个体发展，无非要解决两个问题，一个是生存问题，这是物质问题；另一个是生活问题，这是精神问题。生存问题、物质问题得以解决之后，生活问题、精神问题就会浮出水面。古语云："仓廪实而知礼节"，讲的就是这个道理。换言之，当基本利益得到相对满足时，人们就产生一定的精神需求利益。尤其是当今中国社会，生命、自由、生存、人身等等基本利益都能够得到切实的保障，人们会更多地关注自我的内心世界，希望自己的生活安宁、舒适

---

[1] 刘国利、谭正：《人文主义法学视野下的解决权利冲突的原则》，载《法律科学》2007年第4期。

和愉快,希望满足物质和精神世界的双重需要,丰富这两个世界的内容,将"人"这一智慧生物的生命层次和价值提升。换言之,在目前的现实条件下,人们追求的更多的是精神层面的利益,即更高层次的精神享受利益。这种利益,种类多,范围广,在当下时代,几乎成为每个中国人的迫切需求。

(1)生活安宁利益。"生活安宁权是指自然人享有的完全按照自己的意志处理个人事务、个人领域等生活事务,维护个人空间不受他人不当干涉、侵扰的一项具体人格利益。"① 这一概念基本指明了生活安宁利益的内容。首先,生活安宁利益只属于自然人,法人或者其他团体因为不存在精神活动,自然也就不享有此项利益。其次,生活安宁利益的范围仅限于主体的个人事务和个人领域,以及个人领域外与公共利益无涉的其他方面。第三,所谓安宁,表现形式是个人空间不受他人不当干涉、侵扰。安宁利益实质上是内心世界和个人空间的安宁秩序,他人介入会引发利益人不安,造成对安宁利益的侵犯。如此一来,我们就可以看到,就内心世界安宁而言,隐私利益是典型;就外在空间安宁的利益而言,安静休息的利益,居住地的良好环境利益则是具体内容。最后,我们要认识到,安宁利益实质上处理的是个人与他人、个人与社会的相互关系,是自我世界与外在世界的界限。个人在世界的互动中,通过安宁利益保障了个体的独立和自由。

(2)生活舒适利益。人具有三种本性,即求生的第一本性,懒惰的第二本性和不满足的第三本性。第一本性与第二本性都属于人作为动物所具有的生理本性。懒惰性就是动物在生存或生活中能不动则不动,能少动则少动的本性。根据人的懒惰本性原理,我们可以说,任何人的意识,以及在意识作用下所做的任何事情都存在有惰性,在不受任何外力或外力合力为零的情况下,这种惰性将会一直保持下去。130 年前,保尔·拉法格(Paul Lafargue)就写下了《懒惰权》(The Right To Be Lazy)一书,② 道尽人们对懒惰利益的追求,到现在,懒惰利益成为人们在满足了基本的衣食住行后对本性的满足,懒惰的利益就是人们追求舒适的利

---

① 饶冠俊、金碧华:《生活安宁权保护的现实困境及解决思路》,载《行政与法》2010 年第 1 期。
② 保尔·拉法格(Paul Lafargue)是马克思主义理论家和宣传家、法国和国际工人运动的著名活动家,《懒惰权》(The Right To Be Lazy)是其休闲思想的集中体现。该文首次发表在 1880 年法国《平等报》上,后经修改加注于 1883 年以小册子形式出版,随之被译成德文发表在德国《社会民主党人报》上,对当时法国、德国等欧洲国家的工人运动产生了广泛影响,并被当代英国、法国、美国、加拿大等学者视为争取国民休闲权利的重要历史理论文献。130 年后的今天,《懒惰权》仍旧散发着思想智慧的熠熠光辉,开启着人们的休闲梦想。

益。包括能方便快捷出行的利益，就近购物、就医、上学的利益。典型事例如当下各地电动自行车能否上路的问题，也涉及行车人能否通过方便快捷的电动自行车实现便利出行的"懒惰"利益和"舒适"利益。当然，这里的"舒适"要尽量和因为生活安宁所带来的"舒适"分开，这里的舒适是基于"能不动则不动，能少动则少动"这一动物本性所致的生活便利利益。

（3）生活娱乐利益。娱乐利益是指人作为主体为愉悦的目的进行活动的利益；娱乐，是工作之余的消遣，它能放松精神、调节性情；娱乐，能润滑或者矫正现实的紧张与痛苦，是理想生活方式的重要组成部分；娱乐，既是一项人类的古老利益，也是人类与生俱来的利益，它是被自由主义哲学家称谓的自然或天然权利的延伸。无论它的内在价值、还是它的外在形式，都能使人在寓玩赏之中受到教益、受到陶冶、精神得到调节。人们通过主动参与娱乐，使身体活动本身与人的心情相互协调，产生愉悦心情，而愉悦的心情又反过来巩固身体的健康，健康的身体使人更愿意也更有能力去创造和享受娱乐，这种相互的作用可以缓解人们的心理疲劳和精神压力，达到身心和谐统一。同时，从文化角度看，娱乐是为不断满足人的多方面需要而存在的一种文化创造、文化欣赏、文化建构的生命状态和行为方式，它是有意义的、非功利性的，它给我们一种文化的底蕴，支撑我们的精神。因此可以说，随着时代的发展，休闲娱乐在现代人生活中的地位日益提高，也日益重要。[①]

（三）利益位阶的不稳定和不确定性

尽管存在一定的利益位阶，但由于利益的多元性和复杂性，不可能形成像化学元素表那样先在的图表，而是呈现出基本序列稳定，但其内容或增或减这样一个动态的结构。利益位阶的不稳定性主要源于下列原因：

一是利益的时代差异性。在现实社会中，利益主体在不同时代随着客观情况的变化，其需要也会变化。在经济不发达的时候，主体的温饱需要、生存需要被看成是第一位的需要；在经济发达的时候，主体的娱乐需要、生存质量需要则被提到重要位置。时代的变化决定了人们对利益的认识不尽相同，从而也就决定了利益内容重要性的变化。

二是利益的文化差异性。随着人类社会的发展，生产方式对于自然的依赖性

[①] 王丽：《地方立法利益衡量中的利益排序》，载《湖湘论坛》2015年1期（总第160期）。

明显转弱，物理因素对人类的影响已经趋同，"文化"才是影响人们利益判断的重要因素。不同文化的人往往会产生不同的认识。

　　三是利益的性格差异性，也可理解为人性的差异性。性格差异性往往构成法的利益冲突的根据。有的人崇尚自由，以人的个体性为首要根据。有的人喜欢平等，而平等则以人的社会性为根据，一旦个体性与社会性之间存在矛盾，自由与平等之间就会产生冲突。总之，"法的利益体系作为公理化体系或形式化体系，不可能既是完备的同时又是无矛盾的。它只能以牺牲完备性为代价来维持其无矛盾性，并且不断构建新的公理化体系，以应对客观世界和现实世界中新的不确定性"。这种复杂性时刻以不确定的、偶发的、变换的方式对地方立法的利益衡量者提出挑战。人们只能做到对个案的个别认识和感悟，而不可能从宏观上总结出所谓的放之四海而皆准的判断规则或方法规律。方法和规则本身为我们提供了一种思考的工具，但认为可以为之建立一套绝对正确、合理的科学依据则是荒谬的、自欺欺人的，科学一旦转化为教条，那就走到了另一个极端而成了伪科学。美国学者博登海默说得好："法律是一个带有许多大厅、房间、凹角、拐角的大厦，在同一时间里想用一盏探明灯照亮每一间房间、凹角和拐角是极为困难的，尤其是由于技术知识和经验的局限，照明系统不适当或至少不完备时，情形就更是如此了。"①

　　"之所以必须采取'在个案中之法益衡量'的方法，如前所述，正因为缺乏一个由所有法益及法价值构成的确定阶层秩序，由此可以像读图表一样获得结论。"②一是在处理不同的个案时，相冲突的利益对对方的危害程度在具体的情况中各不相同。有的时候高位阶的利益是强烈的，有的时候很微弱，有的时候只有一种表面的甚至虚假的关联，反而低位阶的利益很强烈，所以很难进行抽象的判断。立法者不可能注意和预料到生活的方方面面，只能留给法官们去进行衡量。在大多数情况下，会遇到相同位阶的利益冲突，这时利益位阶原则无法适用。二是随着时代的变化，社会的价值观念也会发生变化，一个时代的特定的历史背景，可能会促使利益位阶发生改变，试图建立永恒的价值位序只会是徒劳无益。

---

① ［美］E.博登海默：《法理学、法律哲学与法律方法》，邓正来译，中国政法大学出版社1999年版，第103页。

② ［德］卡尔·拉伦茨：《法学方法论》，陈爱娥译，商务印书馆2003年版，第279页。

四、利益平衡的其他标准

1. 据利益受影响的程度运用比例原则

当两种利益可能发生冲突的时候，如果保护一方的利益对另一方的利益没有明显的损害，则对前者的利益进行保护。当某种权利的行使并没有危及政府的利益或政府保护的秩序时，政府不应当对权利进行限制。即使是为了保护更重要的社会利益而减损另一利益，也要适用比例原则，仍须坚持最轻微侵害的手段和最小限制原则，不得超过为达到目的的必要限度。

2. 妥协与协调

当两种相冲突的利益并无尖锐对立、不可调和的对抗性矛盾时，双方各退一步，达成妥协，而不是保存一个牺牲另一个。"当事人各方相应的地位并不是简单明了的对或错，因此采取一种妥协或相互调整形式可能要比'二者取其一'的方法（either or solution）更为可取。"[①]

3. 尊重社会的伦理、道德价值和社会舆论

在立法中，必须注意以社会的道德和伦理价值来权衡和平衡社会利益，必须尊重"社会的道德判断"甚至"人类的良心"，应予保护那些"以深置于传统中的道德原则和社会基本情感……为基础的利益"，应受"人民共同的良心"的指导。[②]宪法中体现的各种价值，宪法保障各种自由、权利的规范所表达的各种价值，是我们社会中最重要的价值，立法不得违反。社会舆论"就是群众已经公开表示出来的意见……确切地说，舆论是群众对国家的政治、政府决策、公共问题，和对负责处理这些政策和问题的人所公开表示的意见"。[③]社会舆论具有代表社会价值观念和影响立法的社会功能。我国近来废除《城市流浪乞讨人员收容遣送办法》，正是应社会主流价值的变化以及因"孙志刚事件"引发的社会舆论的结果。当然，立法并非必须完全迎合舆论，还需要保持独立的理性选择。

---

① [美]E.博登海默：《法理学、法律哲学与法律方法》，邓正来译，中国政法大学出版社1999年版，第401页。

② [美]詹姆斯·安修：《美国宪法解释与判例》，黎建飞译，中国政法大学出版社1999年版，第213页。

③ 李道揆：《美国政府和美国政治（上册）》，商务印书馆1999年版，第73页。

4. 借鉴他国法律文化中利益平衡的经验

当今世界是一个开放的世界，各国法律都要对社会利益进行平衡，了解异国法律文化，吸收有益的经验，是合理有效地平衡相冲突的社会利益的一条捷径。立法如果在平衡各种利益中能够借鉴其他国家的经验，特别是与自己的社会价值观念及国情不相冲突的内容，将会收到事半功倍之效。

5. 社会效果

在立法之前或在立法过程中，对该项立法甚至每个条款将产生的社会效果进行科学的预测，该项立法或该条款对哪些人的利益将产生影响？将产生哪些影响？将有多大的影响？对人们利益的影响是否符合公平、正义的要求？对立法实施以后产生的实际效果进行调查，再根据社会效果进行修改、完善或者废止。

五、我国地方立法在利益平衡中要考虑的几个具体问题

除上述外，我国地方立法在利益平衡上还应当重点从以下方面努力：

1. 地方立法中的利益平衡应当坚持以下基本原则

一是自由原则。立法是集中人民意志的过程，立法所要分配的利益涉及全体人民或者部分人民，应当认真听取他们的意见和建议，尊重他们选择自己利益的方式和结果，变立法为民做主为由民做主，保障人民意志得以充分自由表达。二是兼顾原则。当不同利益处于一定的矛盾时，立法者的价值选择应当兼顾利益分配所涉及的各个方面，尽管其中应当有轻重、主次、先后之别，但都应当对各种利益给予合理的兼顾。三是公平正义原则。立法机关应当在立法协调过程中做到公平，既维护形式的公平，也维护结果的公平。四是必要的差别原则。在立法过程中，如果确有充分而必要的理由，也可以适用差别对待原则，在保证最大多数人利益的同时，对利益受损的一方给予适当的特殊救济和照顾。

2. 进一步推进地方立法的民主化

地方立法由于更加直接地面对人民群众，更加具体地引导、规范和保障人民群众的行为，对地方经济社会发展的作用更加直接，因此应当更加慎重地处理好利益平衡问题。在当前社会发展和逐步推进社会主义民主政治建设的背景下，关键是要进一步推进地方立法程序的民主化，提高立法过程的公开、透明程度，提高立法决策的科学性与民主性。只有通过科学、民主的立法讨论过程和决策过程，才能使利益衡量的结果得到社会认可，才能有利于社会公众的遵守和执行。

3. 在立法内容和价值取向上

在保护最广大人民群众利益的同时，通过合适的方式和具体的措施安排实现对少数人利益的保障，不能简单地以多数通过为立法的唯一要求，要注意避免以牺牲部分人利益为代价实现对多数人利益的强化。在法规中要增加对公权力的程序制约，明确具体职责，细化监督程序，增加违法行为的法律责任规定，减少对公民、法人和其他组织合法权益可能的侵害。

4. 在立法程序和工作方式上

要通过改革法规起草方式，通过委托起草、联合起草、地方人大常委会自行起草等方式，扩大法规草案来源；在起草过程中增加公开透明程序，从源头上限制消除部门利益的不利影响。要建立完善的立法信息公开制度。立法信息公开一方面可以减少民众参与立法的信息收集成本，提高民众参与立法的热情；另一方面，也可以使民众有效地监督政府部门在整个立法中的行为，对各部门在立法中的自利行为有遏制作用。

要进一步推进民主立法，扩大公民参与立法的渠道。在地方立法征求意见过程中，注意发挥利益群体及其代言人的作用，重点关注在当前社会条件下属于弱势的利益群体表达意见途径的有效性问题，要通过修改有关法律法规、完善立法程序，充分发挥其代言组织的作用。要加大扶持与促进力度，不断培育、壮大社会团体、行业组织的力量。

5. 进一步增强地方立法机关对利益的整合能力

个人或者团体的利益和意见表达与公共意志的形成是两回事。从个人意见到公众意见再到形成国家意志，是立法机关职能的体现。地方立法机关要对各种利益进行中立性的分辨，要善于区分政治利益与法律利益、公共利益与私人利益、真利益和假利益。"兼听则明，偏听则暗"最简约地表达了沟通程序的功能。立法过程中宽容地吸纳不同利益主体的意见，使其沿着正当的程序轨道运作，既是立法机关义不容辞的责任，也是反映社会管理水平的标志。

6. 进一步完善代表结构

提高代表的民意代言能力，改善立法审议程序，建立立法审议中的辩论机制，使各种利益诉求在法定立法审议过程中得到体现和解决。

7. 在立法过程中注意发挥新闻媒体的宣传和引导作用

使立法过程得到社会关注，使未能有效发掘的利益诉求得到充分表达，为法律法规的顺利实施打下坚实的基础，同时还要注意把握新闻宣传的规律和界限，防止立法受到新闻媒体的不正确引导和牵制。[①]

现代社会是利益多元和分化的社会,在此时代背景下构建和谐社会,必须要有一种可以协调和均衡各方利益的力量来促成并维系和谐。在各种力量中,我们认为立法是均衡利益、实现和谐的最佳选择。但是,我国地域广阔,国家立法原则性强,无法充分照顾各地区的差异,而地方立法能够切实反映当地实际,相对于国家立法,又具有操作性强的特点。因此,地方立法应该而且能够在实现利益平衡、促进社会和谐方面大有作为。

[①] 宋薇薇:《地方立法中的利益协调问题研究》,载《人大研究》2011年第3期(总第231期)。

第五章　地方立法中的部门利益及其规制

第一节　立法中的部门利益

立法中的部门利益就是指参与立法的部门主要是政府的职能部门通过立法所获取的政治、经济、文化等方面的权益。立法中部门利益的内容包括三个方面：一是政治利益，也就是部门占有的政治资源，主要表现为部门职权、政治地位等；二是经济利益，也就是部门占有的经济资源，主要表现为组织的经费、基础设施建设资金、员工的薪金、福利等；三是文化利益，也就是部门占有的文化资源，主要表现为部门社会形象、部门声誉等。立法中的部门利益从范围上分为两个方面：一是本组织的利益，也就是通过立法为本机关谋取的利益，二是本行业、本系统的利益，也就是通过立法为本机关领导或指导下的系统或行业所谋取的利益。

目前，主流观点认为立法中的部门利益是不正当的，是影响立法公正的重要因素，所谓要防止"部门利益法制化"。但也有学者认为应当承认立法中部门利益的存在。[①] 可见，立法中的部门利益是一个关系到立法公正的重大问题，看待这一问题不能简单化、概念化，而需要进行认真的考量和审慎的省察。

---

① 杨建顺：《行政立法过程的民主参与和利益表达》，载《法商研究》2004年第3期；孙同鹏：《经济立法中地方部门利益倾向问题的新思考》，载《法学评论》2001年第2期。

一、"部门利益"概念的历史由来

我国最权威的利益分类是按照利益主体的不同将利益划分为个人利益、集体利益和国家利益。最早提出这一划分的是毛泽东，他在1956年《论十大关系》中提出，在建设社会主义的过程中，"必须兼顾国家、集体和个人三个方面"，不能只顾一方面，否则不利于社会主义，不利于无产阶级专政；[1] 后来在1957年《关于正确处理人民内部矛盾的问题》中他进一步明确提出，要处理好"国家利益、集体利益同个人利益之间的矛盾"，必须兼顾国家利益、集体利益和个人利益，解决利益矛盾的根本方针是统筹兼顾、适当安排。[2] 此后，这种利益分类方法一直沿用到现在。

改革开放以后，旧的利益格局被打破，新的利益格局开始形成，"部门利益"概念也随之在20世纪80年代出现。1982年中共十二大报告提出"调动中央和地方两个积极性"的基础上第一次提出了调动部门积极性的提法："我们的全部经济工作，我们的一切方针、政策、计划、措施，都必须立足于统筹安排，兼顾国家、集体、个人三者利益，把中央、地方、部门、企业和劳动者的积极性都充分调动起来，科学地组织起来，使之发挥出最有效的作用。"[3] 1983年彭真在《关于中华人民共和国宪法修改草案的报告》中也指出，发展社会主义经济的基本原则是原则性与灵活性的统一、统一性与多样性的统一，"要在中央的集中统一领导下，发挥地方、部门、企业和劳动者的积极性"。[4] 1986年国务院向六届全国人大四次会议提交的《关于第七个五年计划的报告》提出，"我们的改革必须合理确定地方、部门的权益，特别要扩大企业的权益，以便更好地调动它们的积极性，把经济搞活。"[5] 这是官方文献最早明确从正面提到部门利益。1987年六届全国人大五次会议上的国务院政府工作报告也重申要调动部门积极性。[6] 1988年李鹏在七届全国

---

[1] 《毛泽东文集》（第七卷），人民出版社1999年版，第28页。
[2] 《毛泽东文集》（第七卷），人民出版社1999年版，第205-229页。
[3] 《十二大以来重要文献选编》（上），人民出版社1986年版，第25页。
[4] 《十二大以来重要文献选编》（上），人民出版社1986年版，第146页。
[5] 《十二大以来重要文献选编》（中），人民出版社1986年版，第956-957页。
[6] 《十二大以来重要文献选编》（下），人民出版社1988年版，第1331页。

人大一次会议上所作的政府工作报告中指出,"社会主义建设与改革,要统筹兼顾国家利益、集体利益和个人利益的关系,中央与地方之间的利益关系、城乡之间的利益关系、部门之间的利益关系和各地区之间的利益关系。"① 在同一时期,一些中央文件还从反面多次提到部门利益问题,比如,1988年乔石在中央纪律检查委员会的工作报告中批评了只从本部门利益出发而不讲集中统一的倾向;② 1988年李鹏在国务院全体会议上的讲话强调,"要真正把基建规模压下来,不影响一些地方和部门的利益是不可能的"。③

20世纪90年代以后,中央文件关于部门利益的表述日益明确化。1994年《中共中央关于加强党的建设几个重大问题的决定》指出,"中央各部门要正确行使中央赋予的职责和权限,根据改革的要求,切实转变职能,正确处理部门利益与全局利益的关系,加强和改进宏观调控和宏观管理,更好地为地方为基层服务。"1995年江泽民在中共十四届五中全会上的讲话指出,"我们既不允许存在损害国家全局利益的地方利益,也不允许存在损害国家全局利益的部门利益",处理利益矛盾的总原则是,"既要有体现全局利益的统一性,又要有统一指导下兼顾局部利益的灵活性"。④ 1999年《中共中央、国务院关于地方政府机构改革的意见》指出,"政府部门管理体制不适应社会主义市场经济的要求,部门权力利益化的倾向,造成一些部门、地区、行业之间的分割和封锁,加剧了部门、行业和地方的保护主义,阻碍了公平竞争和市场体系的培育、发展。"

21世纪以后,中央文件进一步明确了全局利益和部门利益之间的关系。2005年胡锦涛在省部级主要领导干部提高构建社会主义和谐社会能力专题研讨班上的讲话强调,"要坚持把最广大人民的根本利益作为制定和贯彻党的方针政策的基本着眼点,正确反映和兼顾不同地区、不同部门、不同方面群众的利益"。⑤ 同年胡锦涛在中共十六届五中全会上的讲话指出,"要深入分析研究改革发展中出现的利益关系和利益格局调整,正确处理中央和地方、地方与地方、部门与地方、部门和部门之间的关系,全面把握和妥善解决来自各方面的利益诉求,把最广大

---

① 《十三大以来重要文献选编》(中),人民出版社1991年版,第146页。
② 《十三大以来重要文献选编》(中),人民出版社1991年版,第280页。
③ 《十三大以来重要文献选编》(中),人民出版社1991年版,第310-301页。
④ 《江泽民文选》(第1卷),人民出版社2006年版,第472页。
⑤ 《十六大以来重要文献选编》(中),中央文献出版社2006年版,第712页。

人民群众的根本利益实现好、维护好、发展好,把各方面的积极性引导好、保护好、发挥好"。①2006年罗干在社会主义法治理念研讨班上的讲话提出,"要始终把全党全国工作大局和整体利益放在地方与部门的局部工作和利益之上,绝不能以局部代替全局,为了某个地方、部门、单位的局部利益,置全局利益和法制统一于不顾,搞执法特殊化,破坏社会主义法治,妨碍和影响大局"。②十八大以来,习近平等党和国家领导人多次提到"部门利益"。2014年2月17日,习近平在《省部级主要领导干部学习贯彻十八届三中全会精神全面深化改革专题研讨班开班式上的讲话》中指出,全面深化改革要立足国家总体利益、根本利益和长远利益进行部署,防止部门利益相互掣肘、相互抵消。要跳出条条框框限制,正确处理中央和地方、全局和局部、长远和当前的关系,正确对待利益格局调整,坚决克服地方和部门利益的掣肘。③

从以上材料的梳理可以看出,部门利益走过了一个从不被承认到被逐步接受的历程。

第一,部门利益已经被视为局部利益,并经常与地方利益并列。整体利益是由局部利益构成的,部门利益和地方利益同属于构成整体利益的局部利益。当然,在我国的政治社会生活中,地方利益被官方认可远早于部门利益。新中国成立以来,我国从调动中央和地方两个积极性出发,对地方利益一直是承认的。毛泽东曾指出:"正当的独立性,正当的权利,省、市、地、县、乡都应当有,都应当争。这种从全国整体利益出发的争权,不是从本位利益出发的争权,不能叫作地方主义,不能叫作闹独立性。"④此后,党和国家的正式文件一般都明确认可地方利益的存在。反观部门利益,则走过了一个从不予承认到逐步认可的漫长过程。这种现象产生的原因是多方面的。其一,"集体利益"在当下仍然具有极大的包容性和解释力,集体利益暗含着部门利益的存在。其二,从语言学角度来讲"部门利益"具有一定的歧义性,一旦正面承认"部门利益"的存在,往往使人误认为所有的部门利益都是合法的。其三,在我国一般民众心目中,一般都把部门利益视

---

① 《十六大以来重要文献选编》(中),中央文献出版社2006年版,第1105页。
② 《十六大以来重要文献选编》(下),中央文献出版社2008年版,第406页。
③ 习近平:《在省部级主要领导干部学习贯彻十八届三中全会精神全面深化改革专题研讨班开班式上的讲话》,2014年2月17日。
④ 《毛泽东文集》(第七卷),人民出版社1999年版,第33页。

为异化了的部门利益，或者说把部门利益等同于不正当部门利益。正是由于这些原因，目前官方在使用"部门利益"概念保时持一种非常审慎的态度。

第二，部门利益被纳入统筹兼顾的范围。由于部门利益已经被视为局部利益，自然被纳入统筹兼顾的范围。按照毛泽东提出的利益冲突处理法则，应当统筹兼顾国家利益、集体利益和个人利益的关系。相对于国家利益、个人利益含义较为清晰明确而言，集体利益是一个涵盖面极广的概念，凡是在国家之下的一定群体的利益都可以归于集体利益之列。集体利益的外延有一个逐步扩大的过程。毛泽东在《论十大关系》中描述的集体利益仅指涉工厂和合作社。改革开放以来，社会利益格局发生了深刻变化，利益主体日益多元化，集体利益的范围随之不断扩大。部门利益也属于新型集体利益的范围。从某种程度上说，部门利益是集体利益在我国社会主义市场经济条件下的一种特殊表现形式。

第三，执政党对部门利益采取了一分为二的态度。凡是与国家利益、整体利益、全局利益相一致的部门利益就是可以存在的、正当的，而凡是与国家利益、整体利益、全局利益相背离的部门利益就是不允许存在的、不正当的。①

二、国家对立法中部门利益的态度演变

随着部门利益概念在 20 世纪 80 年代的出现，立法中部门利益的概念也随之出现。1993 年乔石在八届全国人大常委会第一次会议上的讲话中指出，"起草法律，要从大局出发，从人民的根本利益着眼，避免从部门的利益出发"。这是立法中部门利益概念第一次出现在官方文献上。② 同年乔石在八届全国人大常委会第三次会议上讲话强调，"起草法律一定要从全局出发，从维护国家和人民的根本利益出发，避免不适当地强调局部的利益和权力；部门之间互相扯皮，就会贻误法律出台，阻碍统一开放市场的形成"。③1995 年乔石在立法工作座谈会上说，立法中要协调好中央与地方之间的关系、部门与部门之间的关系，科学合理地划分中央与地方的权限、部门之间的权限，"防止不适当地照顾和迁就地方和部门

---

① 丁渠：《立法中的不正当部门利益治理——代议制民主的视角》，中国社会科学出版社 2014 年版，第 21 页。

② 《十四大以来重要文献选编》（上），人民出版社 1996 年版，第 253 页。

③ 《十四大以来重要文献选编》（上），人民出版社 1996 年版，第 341 页。

的局部利益和权力"。①1999年朱镕基在全国依法行政工作会议上的讲话强调,"有些地方和部门从本地方、本部门的局部利益出发,互相扯皮,影响政府立法质量"。②2001年李鹏在九届全国人大四次会议上所作的全国人大常委会工作报告中称,"要切实解决在立法工作中某些不适当地扩大部门利益和地方利益的倾向",统筹兼顾中央与地方、整体与局部、长远与当前等多种利益关系。③2002年姜春云指出:"目前在立法工作中,影响法制统一的主要问题是部门利益倾向和地方保护主义比较突出。法律是调整社会关系的,立法涉及各个方面的利益,特别是在市场经济条件下,不同的利益群体、阶层,都会通过立法来反映或维护其自身的利益。出现部门利益倾向和地方保护主义往往成为立法的难点。这个问题,地方立法有,国家立法也有,是个'老大难',要下决心解决好。部门利益倾向,说穿了,是要扩大手中的权力,为本部门多争取一些好处。"④2003年李鹏在十届全国人大一次会议上说,要处理好中央与地方、全局与局部、长远与当前、发达地区与欠发达地区的利益关系,"防止和克服地方和部门的保护主义,维护好国家的整体利益和人民的根本利益"。⑤2005年经中共中央转发的《中共全国人大常委会党组关于进一步发挥全国人大代表作用加强全国人大常委会制度建设的若干意见》提出,要在立法工作中防止利益部门化问题,保证制定的法律体现党的主张和人民的意志。⑥2010年温家宝在全国依法行政工作会议上的讲话中强调,"要坚决克服立法过程中的部门利益化倾向,坚决克服借立法之机牟取私利、损害公民和市场主体合法权益的行为"。⑦同年印发的《国务院关于加强法治政府建设的意见》指出:坚决克服政府立法过程中的部门利益和地方保护倾向。

近年来,立法机关对立法中部门利益配置的认识日趋深入。例如,2003年吴邦国在全国人大常委会立法工作会议上指出,"特别是在大量的法律草案是由职能部门起草的情况下,如何正确处理权力与权利的关系、权力与责任的关系,显得

---

① 《十四大以来重要文献选编》(中),人民出版社1997年版,第1608页。
② 《十四大以来重要文献选编》(中),人民出版社1997年版,第901页。
③ 《十五大以来重要文献选编》(中),人民出版社2001年版,第1717页。
④ 姜春云:《地方立法要防止和克服部门利益倾向和地方保护主义——姜春云副委员长在四川调研时的讲话(摘要)》,载《中国人大》2002年第9期。
⑤ 《十六大以来重要文献选编》(上),中央文献出版社2005年版,第199页。
⑥ 《十六大以来重要文献选编》(中),中央文献出版社2006年版,第894—895页。
⑦ 《十七大以来重要文献选编》(中),中央文献出版社2011年版,第917页。

更为重要。我们既要注意给予行政机关必要的手段,以确保行政权力依法有效行使,又要注意对行政权力的规范、制约和监督,促使行政机关依照法定的权限和程序正确行使权力,确保自然人、法人和其他组织的合法权利不受非法侵害。这是立法质量高不高的一个重要体现"。①2014年3月9日,张德江委员长在向十二届全国人大会二次会议所作的全国人大常委会工作报告中指出:对法律关系比较复杂、分歧意见较大的法律草案,要统筹协调各方面利益关系,妥善解决重点难点问题,有效防止部门利益法制化和地方保护。

从以上文献的梳理中可以看出,国家对立法中的部门利益的态度经历了很大变化:起初是"避免从部门的利益出发",而后则调整为"避免不适当地强调局部的利益和权力""防止不适当地照顾和迁就部门的局部利益和权力""要切实解决在立法工作中某些不适当地扩大部门利益的倾向""防止通过立法不适当地维护或扩大部门权力的倾向""要解决好部门利益倾向""防止和克服部门的保护主义""防止利益部门化""要坚决克服立法过程中的部门利益化倾向""坚决克服政府立法过程中的部门利益倾向""有效防止部门利益法制化和地方保护"。这些调整后的表述值得认真分析。

第一,要避免"不适当"强调、照顾或迁就部门利益表明,"适当"强调、照顾或迁就部门利益是允许的。

第二,"部门利益倾向""部门利益化倾向"不同于部门利益。这就如同个人利益不同于个人利益倾向、个人利益化倾向一样,个人利益是中性的,而个人利益倾向、个人利益化倾向则是消极的。

第三,"部门保护主义"不同于部门利益。这就如同地方利益不同于地方保护主义一样,地方利益是中性的,而地方保护主义则是消极的。

第四,"利益部门化"不同于部门利益。这就如同个人利益不同于利益个人化一样,个人利益是中性的,而利益个人化则是消极的。

由此可以看出,国家并没有笼统地反对立法中部门利益,其明确反对的是立法中部门利益的异化形态:不适当的部门利益、部门利益倾向、部门利益化倾向、部门保护主义、利益部门化。进而言之,国家已不再完全禁止立法中部门利益的存在,而是采取了具体问题具体分析的态度:立法中的部门利益可以存在,但是要适当、要有一定限度、不能与整体利益和人民根本利益相抵触;凡是适当的、

---

① 《十六大以来重要文献选编》(上),中央文献出版社2005年版,第563页。

与整体利益和人民根本利益不相抵触的立法中部门利益就是正当的,反之则是不正当的。[1]

三、立法应正确对待部门利益

我们应当承认立法中部门利益存在的正当性。然而,政府部门的自利性不得与政府部门的公利性相背离;推动改革确实需要承认部门利益,但是部门利益不得损害全局利益;建构政治合法性基础也需要认可部门利益,但是前提是部门利益要接受人民根本利益的约束。立法中的部门利益仅具有第二位的正当性,立法中的公共利益才具有第一位的正当性,前者要接受后者的约束与指导。因此,我们在立法中应正确对待部门利益。

(一)立法要适当反映和体现部门利益

正因为部门自利性具有存在的正当性基础,立法理应对其予以反映和体现。立法过程就是一个利益、权利与权力的配置过程,社会主义立法的目的旨在公平合理地分配与调节国家利益、社会利益与社会不同群体的利益和个人利益,以协调社会正常秩序,促进不同利益各得其所,各安其位,避免互相冲突,做到相互协调,从而有利于促进社会的发展与进步。[2] 根据《立法法》的规定,除了科学合理地规定公民、法人和其他组织的权利与义务之外,立法还要科学合理地规定国家机关的权力与责任。在立法中不仅要规定国家机关应当履行的公共管理职责,还要赋予其为完成职责所必备的管理措施和物质保障条件,保障其合理的权益。如果不赋予其必要的管理措施和物质保障条件,不仅其所担负的公共管理职责无法完成,立法的目的和宗旨也将落空,并且不利于激励国家机关依法行政。在价值多元化的现代社会,只有客观地承认各个部门、各个领域都有其自身利益,并且其自身利益亦应该在立法中得以反映和实现,在此基础上,才能探索其如何坚持公共利益优先、整体利益优先乃至根据怎样的标准

---

[1] 丁渠:《立法中的不正当部门利益治理——代议制民主的视角》,中国社会科学出版社2014年5月版,第15-23页。

[2] 李步云、汪永清:《中国立法的基本理论和制度》,中国法制出版社1998年版,第40页。

和程序、通过何种手段和形式来实现真正意义上的国家利益和社会利益。[①]调动政府部门的积极性是启动改革的客观需要，而调动政府部门积极性就需要对部门进行激励。对政府部门进行激励的最有效手段，无疑是承认其正当权益并予以法制化保障，从而形成立法中的部门利益。当然，立法对政府部门自利性的保障程度必须控制在政府部门公利性所许可的范围内。《立法法》《行政法规制定程序条例》《规章制定程序条例》等法律法规也赋予了有关国家机关起草法律法规草案、参与协调等多项立法职权。在参与立法活动中，有关国家机关提出的赋予自身管理手段和物质保障条件的主张，只要是与其履行监管职责相适应的，就应承认其合理性。

（二）正确处理立法中的公共利益与群体利益、个人利益的关系

立法中部门利益正当性的存在也折射出公意在法律中的实现路径问题。法律是公意的行为，是全体人民意志的纪录。[②]那么，如何在法律中实现公意？一个关键问题是如何看待公意与众意、私意之间的关系，也就是如何看待公共利益与群体利益、个人利益之间的关系。处理这一问题的现有思路大体上有两个，一个是卢梭的观点，只认可公意而完全否定众意、私意的存在，"在一个完美的立法之下，个别的或个人的意志应当是毫无地位的，政府本身的团体意志应该是极其次要的，从而公意或者主权者的意志永远应该是主导的，并且是其他一切意志的唯一规范"。[③]另一个是边沁的观点，简单地把众意、私意等同于公意，"共同体的利益是什么呢？是组成共同体的若干成员的利益总和"。[④]

我国在处理公意与众意、私意关系上坚持的是第三条道路：既推崇公意，又承认众意、私意，并把众意、私意作为实现公意的重要途径。首先，个人利益是公共利益的实现方式。亚当·斯密认为，理性"经济人"的市场竞争行为客观上具有增进公共利益的功能，"他追求自己的利益，常常能促进社会的利益，比有意这样去做更加有效"。[⑤]自此，个人利益一直被视为实现公共利益的方式之一，

[①] 杨建顺：《行政立法过程的民主参与和利益表达》，载《法商研究》2004年第3期。
[②] [法] 卢梭：《社会契约论》，何兆武译，商务印书馆，第47页。
[③] [法] 卢梭：《社会契约论》，何兆武译，商务印书馆，第79页。
[④] [英] 边沁：《道德与立法原理导论》，时殷弘译，商务印书馆2005年版，第58页。
[⑤] [英] 亚当·斯密：《国富论》（下），杨敬年译，陕西人民出版社2001年版，第503页。

并且自20世纪70年代以来,随着公共管理的兴起,在公共利益的实现形式上还出现了向通过追逐个人利益来实现公共利益同归的趋势。[1] 其次,在一定意义上,部门利益也是公共利益的实现方式。从本质上讲,部门利益与公共利益之间是对立统一的关系。两者的统一性表现在:其一,部门利益与公共利益在一定条件下会互相转化。比如,政府部门将原本只用于内部使用的图书资料免费向社会开放,就使部门利益转化成公共利益。再比如,政府部门承担和实施行政职权的过程,会提高本部门的社会影响力和员工的职业自豪感与成就感,这就使公共利益转化为部门利益。其二,正当的部门利益具有实现公共利益的功能,比如,对政府部门办公条件的充分保障有利于提高行政管理效率,从而有利于实现公共利益。两者的对立性表现在不正当的部门利益会侵害公共利益、以牺牲公共利益谋求部门利益时必然损害公共利益。除上述两种方式之外,公共利益的实现还包括另外一种途径:政府担负实现公共利益的职责,成为公共利益的实现者。[2] 并且这种实现方式与通过部门利益来实现公共利益的方式,是紧密结合在一起的,是政府的公利性与自利性双重属性的混合体现。

因此,在立法中保障部门利益和个人利益,是实现公意的需要。"只强调公共利益,而忽视其他利益的存在及其合理性,当个人和组织的基本利益和角色利益得不到保障和满足时,公共利益不仅难以实现,甚至会因个人和组织寻求失常利益而蒙受巨大损失。"[3]

第二节 立法中正当性部门利益的判断

虽然,立法中部门利益的正当性具有文本依据和学理根据,但是,如何具体判断立法中部门利益的正当性,即何为立法中正当的部门利益、何为立法中不正当的部门利益仍是地方立法中很难解决的问题。

---

[1] 龚翔荣:《公共管理视野中的公共利益实现方式》,载《唯实》2003年第9期。
[2] 涂晓芳:《西方政治学中的政府利益观及其评析》,载《政治学研究》2005年第4期。
[3] 陈庆云、刘小康、曾军荣:《论公共管理中的社会利益》,载《中国行政管理》2005年第9期。

一、判断立法中正当性部门利益的困境

虽然学界关于立法中部门利益的讨论越来越深入，但是关于立法中部门利益的判断标准却鲜有人论及。在现有为数不多的文献中，在认定立法中部门利益正当性上主要有两种观点：一是公共利益说，二是立法价值说。

公共利益说。公共利益说以公共利益作为判断标准，凡是与公共利益相违背的就认定为立法中的不正当部门利益。持"公共利益"说的论者往往都没有专门讨论立法中不正当部门利益的判断标准，[1]而是在"不正当的部门利益""部门利益主义"等概念的定义中予以显示或是将其暗含在论述的前提预设中。[2]具有代表性的做法有，将"不正当的部门利益"界定为"政府部门过于以本部门利益为导向，过于强调和谋取部门小团体利益和成员利益，从而挤占了公共利益空间的那部分超出制度允许的利益"；[3]将"部门利益主义"界定为"政府职能管理部门在国家公共管理过程中，偏离职能目的和职责需要，以利用公权力获取服务于机关团体或个人、与公共利益相排斥的、以不正当利益为主导目的的利益冲动和利益追求"。[4]

立法价值说。立法价值说以立法的价值作为判断标准，凡是与立法的价值追求相违背的就认定为立法中的不正当部门利益。比较有代表性的，有学者认为，立法的基本价值包括秩序、效率、自由、平等、人权等，立法中的部门保护主义违反了立法的基本价值。[5]另有学者认为，立法价值主要由正义与利益组成，"中国立法中存在的'国家立法部门化，部门立法利益化，利益立法合法化'，以及立法中的部门保护主义、地方保护主义、立法腐败，凡此种种，都可能与立法的

---

[1] 在中国知网的"中国期刊全文数据库"以"部门利益"为题名进行检索，检索结果共318篇，而所有文章都没有讨论不正当部门利益或立法中不正当部门利益的认定标准。

[2] 现在关于部门利益的文献绝大多数对部门利益都不进行界定，可见论者们都将部门利益视为不证自明的概念。同时，这些文献在论述部门利益的表现形式和危害时都直接以公共利益作为参照系。

[3] 杨波：《行政立法中的部门利益倾向及其规范》，中国政法大学2010年硕士论文，第11页。

[4] 莫丽月：《行政立法中部门利益问题研究——以燃油税立法为例》，中国政法大学2008年硕士论文，第21页。

[5] 李步云、汪永清：《中国立法的基本理论和制度》，中国法制出版社1998年版，第7页。

本意价值形成悖论，对社会的稳定和法治的发展也没有发挥出最大的效用"。[①]

公共利益说和立法价值说分别从公共利益角度和立法的价值追求角度对立法中的部门利益进行审视，其对立法中不正当部门利益的鉴别在理论上具有很强的说服力。但是，这两种观点又存在共同的缺陷，就是太笼统、太模糊，在实践中很难操作。比如，什么是公共利益就是一个千百年来争论不休并且至今没有形成定论的概念，甚至有学者指出公共利益是"政治学的迷思"。秩序、效率、自由、平等、人权等立法价值也是很难清晰界定的概念。标准本身就为不确定，如何度量它物？也正因为立法中不正当部门利益的判断标准高度不确定，导致了现有文献中关于立法中不正当部门利益表现形式的表述异常混乱。其实，关于部门利益或不正当部门利益的判断标准也存在类似的问题。人们都以公共利益作为判断部门利益的标准，导致了部门利益的提法泛滥成灾。人们到处任意套用这个概念，结果是"部门利益"成了一个筐，无所不包，使其原有的解释力大为减弱。

二、判断立法中正当性部门利益的标准选择

公共利益说和立法价值说具有一个共同之处，两者都属于实质法治的范畴，而目前判断立法中部门利益正当性的理论困境也正源于此。因此，如果跳出实质法治的羁绊，从更广阔的视角思考问题就可能在一定程度上破解认定立法中部门利益正当性上的难题。面对我国正处于社会转型期的基本国情，在认定立法中部门利益正当性上，比较可行的选择可能是采用以形式法治为主、以实质法治为辅的标准。或者如有的学者所主张的那样，"我国的法治建设要以形式法治为基础，以实质法治为导向，坚持形式法治与实质法治的协调和统一"。[②] 具体来说，在认定立法中部门利益正当性上，首先应坚持形式法治标准，只要赋予部门利益的法律法规是依据立法权限和立法程序制定，并且没有与宪法及上位法相抵触，就应当认定该部门利益的正当性，而不能动辄以其不符合法律的实体价值为由否定其正当性；只有当依法制定的法律法规所赋予的部门利益明显背离公共利益或立法价值的，才可以依据实质法治标准否定其正当性。

[①] 李林：《立法理论与制度》，中国法制出版社2005年版，第9—12页。
[②] 袁曙宏、韩春晖：《社会转型时期的法治发展规律研究》，载《法学研究》2006年第4期。

1. 形式法治的含义

正义有形式正义与实质正义之分，此两种正义论在法治上的表现形式分别就是形式法治论与实质法治论。形式法治论认为法治乃法律的统治，而非人的统治；只要法律得到严格的施行，不管是什么样的法律，都能实现法治。罗尔斯认为，"形式正义的观念和有规则的、公平的行政管理的公共规则被运用到法律制度中时，它们就成为法律规则"。[1] 罗尔斯进而又阐述了形式法治的基本原则，即：应当的行为意味着可做的行为，类似案件类似处理，法无明文规定不为罪，自然正义观的准则。[2] 富勒则提出了形式法治的八项原则：法律的一般性、法律应当公布、法律应不溯及既往、法律的明晰性、法律应当避免矛盾、法律不应要求不可能实现的事情、法律的稳定性、官方行为和法律的一致性。[3] 而实质法治论认为，法治不仅是法律的统治，还是"良法"的统治，法治旨在制约公共权力从而保障公民权利。亚里士多德的法治定义可以说是实质法治论的经典阐释："法治应包含两重意义：已成立的法律获得普遍的服从，而大家所服从的法律又应该本身是制订得良好的法律。"[4] 1959 年在印度召开的国际法学会议上通过的《德里宣言》中对法治的界定是实质法治的最经典表述："法不仅被用来保障和促进公民个人的民事的和政治的权利，而且要创造社会的、经济的、教育的和文化的条件，使个人的合法愿望和尊严能够在这样的条件下实现。"[5]

在西方法律思想史上，实质法治论的思想渊源可以追溯到肇始于古希腊的自然法思想，并从此与自然法思想结下难解之缘，历代自然法思想家往往都是实质法治论者。在17至18世纪，实质法治理论与自然法理论同时达到鼎盛时期，而到了19世纪，随着法律实证主义的勃兴，实质法治理论和自然法理论受到严峻挑战，形式法治理论开始出现。与实质法治理论和自然法思想传统之间的亲缘关

---

[1] ［美］约翰·罗尔斯：《正义论》，何怀宏、何包钢、廖申白译，中国社会科学出版社1988年版，第233页。

[2] ［美］约翰·罗尔斯：《正义论》，何怀宏、何包钢、廖申白译，中国社会科学出版社1988年版，第235-237页。

[3] ［美］富勒：《法律的道德性》，郑戈译，商务印书馆2005年版，第55-111页。

[4] ［古希腊］亚里士多德：《政治学》，吴寿彭译，商务印书馆1965年版，第202页。

[5] 张文显：《二十世纪西方法哲学思潮研究》，法律出版社1996年版，第623页。

系类似，形式法治理论与法律实证主义之间也存在着不解之缘。① 不过，形式法治理论的理论谱系比较复杂，其代表人物除了拉兹等分析实证主义法学派的学者，还有新自然法学派的学者罗尔斯、富勒等。

实际上，形式法治论并不是完全无涉价值，而是暗含明确的价值偏向的，只不过其价值偏好不同于实质法治论。罗尔斯、富勒等形式法治论者所阐释的法治原则，就蕴涵着明显的法律形式价值。另外，形式法治论虽未将实质价值追求作为法治的构成要素，但并非完全不注重实质价值追求。许多形式法治论者都认为，其形式法治学说能够在一定程度上增进实质价值的实现。并且，西方现代形式法治论与实质法治论一样，均源自西方近代自由主义政治和法律传统，同样信奉自由主义理念和自由主义民主制度与价值，只是他们更强调程序公正和形式正义的重要性。②

2. 采用以形式法治为主、以实质法治为辅标准的主要理由

第一，有利于解决我国现阶段法治建设的主要矛盾。十一届三中全会之后，我国开始了大规模的立法工作，到2010年已经形成中国特色社会主义法律体系。因此，无法可依的矛盾已经基本解决，现在法治建设的主要矛盾是法律的全面落实，使纸面上的法律条文真正变成活生生的、有效运转的社会生活秩序。③ 虽然，实质法治观在我国学界占据主导地位，但是相比之下形式法治观可能具有更强的现实适用性，这是因为形式法治更强调法律的全面执行，更关注在法律引导下社会生活秩序的生成，更有利于解决我国现阶段法治建设的主要矛盾。虽然业已制订的法律未必尽善尽美，有些甚至背离了法的基本价值追求，但是与其不断地评判现有法律的优劣，不停地对法律进行修改完善，不如尽快将其严格实施，甚至

---

① 黄文艺：《为形式法治理论辩护——兼评〈法治：理念与制度〉》，载《政法论坛》2008年第1期。
② 梁治平：《法治：社会转型时期的制度建构》，载梁治平：《法治在中国：制度、话语与实践》，中国政法大学出版社2002年版，第92—100页。
③ 中国法学网所做的一项网上调查印证了这一点。这项针对未来中国法治建设重点的调查显示，在总共11299个参与者中，10%的人认为未来中国法治建设的重点是全面落实依法治国方略，6%的人认为是树立社会主义法治理念，9%的人认为是提高依法执政能力，9%的人认为是建设法治政府，10%的人认为是深化司法体制改革，27%的人认为是加强宪法法律实施，2%的人认为是深化法制宣传教育，23%的人认为是实现法治协调发展。以上调查表明，多数调查参与者判定的未来中国法治建设重点均与法律的全面贯彻落实有关。

哪怕是人们认为有失公平的法律制度。正如梁治平教授所言,"中国今天面临的最迫切也是最难解决的问题,与其说是重修宪法和法律,写进去更多更好的条款,不如说是通过一系列制度性安排和创造一种可能的社会环境,使业已载入宪法和法律的那些基本价值、原则逐步得到实现。"① 也就是说,我国现阶段存在的主要法治问题不是法律制定得太少、太差,而是法律执行得太差。中国法学网所做的一项网上调查也印证了这一点。这项针对当前我国法律实施状况的调查显示,在总共 25957 个参与者中,认为我国当前法律实施状况很好的占 3%,认为较好的占 4%,认为一般的占 14%,认为较差的占 20%,认为很差的占 59%。② 以上调查显示,高达 79% 的调查参与者认为我国当前法律实施的状况比较差或很差。

强调形式法治的功能并不是否定实质法治的作用,相反,由于实质法治彰显了自由、平等、人权等全人类共同认同的基本价值,已经成为人类追求的永恒理想,因此,"实质上的法治国家才是中国法治国家建设的终极目标"。③ 正如我国的改革开放事业有终极目标和阶段性目标之分一样,我国的法治发展既应有终极目的,也应有阶段性策略选择。如果现阶段不凸显形式法治的作用而过分强调实质法治的意义,就有可能模糊我国现阶段法治建设的主要矛盾,从而不利于法治秩序的真正形成。因此,以形式法治为主实质法治为辅的标准来认定立法中的不正当部门利益,只是现阶段的合理选择。

第二,有利于引导社会公众对法治的正确认识。

人们对自然和社会的认识也总是存在局限性的,因此立法总是缺憾的艺术,完全符合实质价值标准的法律是不存在的。目前我国正处于社会转型期:从自给、半自给的产品经济社会向社会主义市场经济转型,从农业社会向工业社会转型,从乡村社会向城镇社会转型,从封闭、半封闭社会向开放社会转型,从同质的单一性社会向异质的多样性社会转型,从伦理社会向法理社会转型。④ 在社会转型期,社会利益格局发生深刻变化,利益主体多元化,利益诉求多样化,

---

① 梁治平:《法治:社会转型时期的制度建构》,载梁治平:《法治在中国:制度、话语与实践》,中国政法大学出版社 2002 年版,第 94 页。
② 中国法学网:http://www.iolaw.org.cn/。
③ 邵建东:《从形式法治到实质法治——德国"法治国家"的经验教训及启示》,载《南京大学法律评论》2004 年秋季号。
④ 李培林:《"另一只看不见的手":社会结构转型、发展战略及企业组织创新》,载袁方:《社会学家的眼光:中国社会结构转型》,中国社会出版社 1998 年版,第 27-28 页。

其结果是，利用立法手段统筹各方面利益的难度加大，"利益的矛盾关系使立法者在适用公平（正义）原则时一般只能做到形式上（即程序上）的公平（正义），而不能保证事实上的完全公平（正义）"。[①]因此，对于同样一部法律，不同的阶层、不同的利益群体时常会有截然相反的评价，有人认为公平合理，有人却认为偏袒特定阶层与群体。这时如果过分强调法的实体价值，讲求绝对的公平合理，就会使民众对立法本身及立法赋予有关部门、群体的利益的正当性产生怀疑，对法治的信仰产生怀疑，进而甚至会抵制法律的执行。事实上，这种情况已经出现，现在几乎每每刚出台一部法律，马上就有人以立法偏袒有关部门、群体的利益为由怀疑整部法律的正当性。应当说，人们对法律有各种不同的看法是完全正常的，也是无可厚非的，但现在的问题是，把凡是赋予部门权力的立法不经认真分析思考一律都简单归结为不正当部门利益作祟已经成为一种流行政治话语，有时甚至是主导性的社会民意倾向。这种倾向的消极后果更会由于中国传统法律文化的影响而放大，"传统上，人们因为过分地注重所谓实质正义，常常倾向于超出法律思考正义问题，或者把法律与道德混为一谈"。[②]现在，一般认为立法中过多的不正当部门利益将破坏法律的公正性，动摇人们对法律的信仰。其实，如果过多强调实质法治原则，过于宽泛地认定立法中不正当部门利益，也同样会动摇民众对法律的信仰。徒法不能以自行，任何法律的落实、任何法律秩序的形成都需要广大民众对法律的认同，而如果一个社会的大量成员甚至是大多数成员以这样一种思维习惯对待法律，法律的全面落实和社会法律秩序的真正形成恐怕就会异常艰难。相反，如果以形式法治原则对待立法及立法赋予的部门利益，就会使人们对立法抱持更理性的态度，还会使人们充分认识到法治的局限性，使人们认识到法与法治都不是万能，进而破除对法治不切实际的乌托邦式的幻想。

第三，有利于保持建立社会法律秩序与实现社会公平正义之间的平衡。

虽然现阶段法治建设的主要任务是建立社会法律秩序，但是实现社会的公平正义也是不可忽视的法治目标。改革开放以来，我国的经济建设之所以取得举世

[①] 李林：《立法理论与制度》，中国法制出版社2005年版，第10页。
[②] 梁治平：《法治：社会转型时期的制度建构》，载梁治平：《法治在中国：制度、话语与实践》，中国政法大学出版社2002年版，第93页。

瞩目的成就，其根本原因就是因为我国的经济改革路径属于"帕累托改进"①：在经济体制改革中保持既有利益格局，而通过改进交易环境使经济活动效率提高。②具体来说，这种渐进式的改革战略，"在保证原有利益格局不受急剧性冲击的前提下，使市场制度能够以'边际演进'的方式获得生长。在这一过程中，市场的力量和益处通过'涓滴'效应③和'墨渍'效应，逐渐在传统体制内渗透和扩散，从而为向社会主义市场经济体制的全面转型创造了水到渠成的条件"。④虽然在整体上我国采用了渐进式改革方式，但是在不同的阶段上又呈现出各自不同的特点：20世纪90年代中期之前的改革基本上属于正和博弈，而其后的改革中零和博弈的色彩更明显。⑤因此，20世纪90年代中期之后，我国社会的利益分化与贫富差距日趋严重，不仅改革的共识在逐步破裂，改革动力在一定程度上丧失，社会群体结构也产生巨大裂痕。⑥可以说，目前我国社会的公平正义问题空前严峻，由此，

---

① 帕累托最优是经济学的一个概念，是1897年意大利经济学家帕累托在研究资源配置时，提出了一个最优状态标准，又称帕累托标准。主要内容包括：在某种既定的资源配置状态，任何改变都不可能使至少一个人的状况变好，而又不使任何人的状况变坏。帕累托标准是理想环境和条件下的资源配置、制度安排，帕累托最优是公平与效率的"理想王国"。帕累托改进则是达到"理想王国"的路径和方法。通俗的说，"帕累托改进"，就是一项政策能够至少有利于一个人，而不会对任何其他人造成损害。"帕累托最优"就是上述一切帕累托改进的机会都用尽了，再要对任何一个人有所改善，不得不损害另外一些人，达到这样的状态就是帕累托最优。在经济政策中为了改善某些人的利益而损害另外一些人，这就不是帕累托改进。我国在经济改革中就大量地应用了帕累托改进的理论，使改革能够比较顺利地推进。因为谁也没有受损，改革的阻力就比较小。

② 林毅夫、蔡昉、李周：《中国的奇迹：发展战略与经济改革》（增订版），上海人民出版社1999年版，第266页。

③ 涓滴效应也称作"涓滴理论"，又译作渗漏效应、利益均沾论、渗漏理论、滴漏理论。指在经济发展过程中并不给予贫困阶层、弱势群体或贫困地区特别的优待，而是由优先发展起来的群体或地区通过消费、就业等方面惠及贫困阶层或地区，带动其发展和富裕，或认为政府财政津贴可经过大企业再陆续流入小企业和消费者之手，从而更好地促进经济增长的理论。"涓滴经济学"常用来形容里根经济学，因为里根政府执行的经济政策认为，政府救济不是救助穷人最好的方法，应该通过经济增长使总财富增加，最终使穷人受益。该术语起源于美国幽默作家威尔·罗杰斯（Will Rogers），在经济大萧条时，他曾说："把钱都给上层富人，希望它可以一滴一滴流到穷人手里。"该词并非学术术语。

④ 中国社会科学院经济体制改革30年研究课题组：《中国特色经济体制改革道路（上）》，载《经济研究》2008年第9期。

⑤ 所谓正和博弈就是博弈结束后所有参与者都获得利益的博弈，零和博弈就是一个参与者的所失正好等于另一个参与者的所得的博弈。

⑥ 孙立平、殷练：《改革到了哪一步》，载《新远见》2005年第11期。

法治建设的任务也呈现出多维性：既要建立真正的法律秩序，又要实现社会的公平正义。所以，应当在凸显形式法治的主导作用的同时兼顾实质法治的作用。

总之，与单纯采用实质法治标准相比，采用以形式法治为主、以实质法治为辅标准来判定立法中部门利益的正当性，可能会呈现出一定的谦抑性，但是这样做，首先绝不意味着存在的就是合理的。我们并不认为我国当前的立法是尽善尽美的，相反，认为不正当部门利益的存在是立法中一个比较普遍的现象，是制约立法质量提高积重难返的痼疾。其次，这也绝不意味着应当迁就立法中不正当部门利益的存在，不需要探寻其形成的原因和治理对策。我们认为，对立法应当区别对待，对已出台的法律应当主要按形式法治标准来鉴别其是否存在不正当部门利益；而把提高立法质量的功夫主要用于未来的立法之中，从程序与实体等多个方面进行改进，以实现立法公正。换句话说，就是对"存量"保持稳定，而对"增量"进行改进。[①]

第三节　立法中不正当部门利益及表现形式

根据以形式法治标准为主以实质法治标准为辅的判断标准，可以把立法中的部门利益划分为立法中正当的部门利益和立法中不正当的部门利益。所谓立法中正当的部门利益是指各级政府职能部门通过立法所获取的合理的政治、经济、文化等方面的权益。所谓立法中的不正当部门利益是指各级政府职能部门通过立法所获取的不合法和不合理的政治、经济、文化等方面的权益。

立法中的不正当部门利益可以划分为立法中不合法的部门利益、立法中不合理的部门利益。立法中不合法的部门利益是指授予部门利益的法律法规不是依法制定的，而是违反了法定权限、法定程序，或与宪法、上位法相抵触。立法中不合理的部门利益是指授予部门利益的法律法规虽是依法制定的，但是明显背离公共利益或立法价值。立法中不合法的部门利益又可称为形式上不正当的部门利益，立法中不合理的部门利益又可称为实质上不正当的部门利益。

---

① 丁渠：《立法中的不正当部门利益治理——代议制民主的视角》，中国社会科学出版社2014年版，第36—43页。

一、立法中不合法的部门利益

凡是依据超越法定立法权限、违反法定程序制定的法律法规而获得的部门利益就是不合法的部门利益。当然，超越法定立法权限、违反法定程序而制定法律法规的原因可能是多方面的，如立法技术粗糙、语言本身的模糊性等，但是，不可否认，通过立法来谋取不正当部门利益是其中最重要的原因之一。在立法实践中，不合法的部门利益主要包括以下情形：

1. 越权设定法律责任

最突出的是超越立法权限设定行政处罚。主要表现为，在下位法中增设上位法没有规定的行政处罚种类，擅自扩大处罚幅度。有些法律、行政法规虽设定了命令性规范和禁止性规范，但无法律责任或者法律责任规定得十分简单。随着社会经济的发展，法律、行政法规所规范的社会关系日趋复杂，某些行政违法行为日趋严重。为了制止不法行为，弥补法律、行政法规规定之不足，许多地方相继出台了较为完整的地方性法规、规章。其中有的则超越有关法律、行政法规等上位法，设定了新的命令性规范和禁止性规范，并设定了相当严厉的法律责任。例如，《野生动物保护法》（本法已于2016年修订）第34条规定，"违反本法规定，在自然保护区、禁猎区破坏国家或者地方重点保护野生动物主要生息繁衍场所的，由野生动物行政主管部门责令停止破坏行为，限期恢复原状，处以罚款"。而《某市实施〈中华人民共和国野生动物保护法〉办法》规定，"破坏野生动物主要生息繁衍场所的，由区、县野生动物行政主管部门责令停止破坏行为，限期恢复原状，可以并处恢复原状所需费用3倍以下的罚款"。这就将《野生动物保护法》规定的应给予行政处罚的行为范围扩大了，违反了《行政处罚法》第11条第2款的规定，属于越权设定行政处罚。

2. 越权设定行政收费

越权设定行政收费就是没有法律依据而设定行政收费项目。目前我国设定行政收费项目的主要法律依据是中办、国办《关于转发财政部〈关于治理乱收费的规定〉的通知》（中办发[1993]18号）。该文件规定："行政事业性收费项目和标准实行中央和省两级审批。收费项目按隶属关系分别报国务院和省、自治区、直辖市人民政府的财政部门会同计划（物价）部门批准；制定和调整收费标准，按隶属关系分别报国务院和省、自治区、直辖市人民政府的计划（物价）部门会同财政部门批准；重要项目及标准分别报国务院和省、自治区、直辖市人民政府批准。省、自治区、直辖市人民政府批准的行政事业性收费项目和收费标准报财政部、国家计委备案。省、自治区、直辖市以下各级人民政府（包括计划单列市）及其各部门无权审批设立行政事业性收费项目或调整收费标准。面向农民的行政事业性收费，还应当经主管农业的部门审核。"统计显示，截至2007年7月，全国涉及行政收费的法律文件总共约7600件，其中属于法律法规规章的只有430件，余下的7100多件都是一般规划性文件。① 目前，地方政府越权出台的行政收费项目主要有：公路建设附加费、电力建设基金、邮电附加费、城市车辆增容费、城市人口增容费、入学高额赞助费等。② 例如，《某市城市房屋拆迁管理条例》和《某市城市房屋拆迁管理办法》规定的"拆迁管理费"就属于越权设定的行政收费项目。

3. 越权设定行政许可

越权设定行政许可是指违反《行政许可法》规定的设定权限而设定行政许可项目。目前，在规章以下的一般规范性文件中越权设定行政许可项目尤为突出。比如，内蒙古自治区人民政府2009年度全区规范性文件制定和备案审查工作情况的通报显示，内蒙古自治区各级政府、各部门2009年度印发的规范性文件中内容违法的占3%，其中就包括擅自设定行政许可和增设行政许可条件。③ 再比如，黑龙江省人民政府法制办公室关于2007年度规范性文件备案情况的通报显示，在市地及中、省直单位上报备案的485件规范性文件中有11件规范性文件存在问题，其中包括，"违法设定和实施行政许可。有的规范性文件在无任何依据的情况下，擅自将建设工程规划许可证分为正本和副本，增加了公民、法人和其他组织的法外义务；有的规范性文件变许可为审批、核准、备案等形式；还有的规范性文件在上位法规定的条件和程序之外，增设许可条件"。④ 另外，《行政许可法》颁布后，

---

① 黄庆畅：《行政收费法：缘何千呼万唤不出来？》，载《人民日报》2007年11月14日第13版。
② 张晓松：《去年全国共取消向企业不合理收费9499项》，载 http://www.chinacourt.org7public7detail.php?id=152379。
③ 内蒙古自治区人民政府办公厅：《内蒙古自治区人民政府办公厅关于2009年度规范性文件制定和备案审查工作情况的通报》，载 http://www.chinalaw.gov.cn7article/fzjd/bagz/201006720100600255599.shtml。
④ 黑龙江省人民政府法制办公室：《黑龙江省人民政府法制办公室关于2007年度规范性文件备案情况的通报》，载 http://www.sinowfoe.com/index.php7info/arinf0756520。

有关部门不按照要求及时修订法规、规章，致使应予以废止的行政许可项目继续保留的，属于越权设定行政许可的一种特殊形态。例如，1999年国务院某部门在规章中设定了一项核准代理人资格的行政许可。国务院取消该项行政许可后，该部门一直未对此规章进行相应修改，直到国务院法制办启动规范性文件备案审查程序，该部门才于2009年11月修改了规章，删除了行政许可的有关规定。[①]

此外，越权设定行政许可项目还表现在行政审批的混乱上。在《行政许可法》制定之前，行政审批与行政许可的含义大体上是一致的，而《行政许可法》实施后，行政审批与行政许可的概念相分离，出现了所谓的非许可的行政审批概念，使行政许可的覆盖范围远远小于行政审批。这种变化使大量的具有行政许可性质的事项以非行政许可的行政审批或者核准的名义游离于《行政许可法》之外。[②]据统计，自2004年行政许可法开始实施以来，中央一级取消和调整行政审批项目2176项，地方各级政府取消和调整77629项。[③]

4. 越权立法

越权立法集中体现在授权立法上。一是被授权机关越权立法。例如，1984年第六届全国人大常委会在《关于授权国务院改革工商税制发布有关税收条例草案试行的决定》中，授权国务院在国有企业利改税和改革工商税制的过程中制定有关税收条例，而国务院在1985年、1987年先后制定、修订了《进出口关税条例》，1986年制定了《个人收入调节税暂行条例》，这两个条例显然内容上已超出了"工商税制"的范围。1984年11月国务院发布的《关于经济特区和沿海十四个港口城市减税免征企业所得税和工商统一税的暂行规定》主要适用于"三资"企业，这严重违反了1984年8月全国人大常委会的"授权决定"所作的如下规定："……国务院发布试行的以上税收条例草案，不适用于中外合资经营企业和外资企业。"又比如，1985年4月第六届全国人大三次会议授权国务院对有关经济体制改革和对外开放方面的问题于必要时，可根据宪法，在同有关法律和全国人大及其常委会有关决定的基本原则不相抵触情况下制定、颁布实施暂行规定或者条例，并报全国人大常委会备案。但在国务院制定或颁布实施的这类暂行规定或条例中，有

---

① 秦佩华：《规范政府行政权力运行——盘点6年来法治政府建设的重大进展》，载《人民日报》2010年3月24日第17版。

② 周汉华：《行政许可法：观念创新与实践挑战》，载《法学研究》2005年第2期。

③ 《十七大以来重要文献选编（中）》，中央文献出版社2011年版，第917页。

的属于一般的经济法规或其他方面的法规，有的甚至涉及政治体制改革。[①] 二是被授权机关的所属部门在无"再授权"依据的情况下擅自行使本应由被授权机关行使的立法权。例如，1984年全国人大常委会授权国务院改革工商税制发布有关条例，被授权对象很明确是指国务院。然而在执行过程中，国务院所属的国家发改委、国家税务总局却先后制定过关于小轿车特别消费税的规定。[②] 三是被授权机关擅自转授立法权。《立法法》第12条规定，被授权机关不得将该项权力转授予其他机关。例如，在税收立法上国务院习惯于制定简单、原则的税收条例，然后在许多条款中将重要的税收立法权转授予财政部、国家税务总局、省级人民政府等行政机关。几乎每一部税收行政法规中都有转授权条款，如《车船使用税暂行条例》仅10条，就有6条涉及转授权。于是，财政部、国家税务总局、各省级人民政府等行政机关根据这些转授权条款制定了数量巨大的税收规章。

在《立法法》修改后，有些设区的市试图在《立法法》明确的城市建设与管理、环境保护和历史文化保护三项授权之外进行立法，或者在地方立法中规定这三项授权之外的内容，这都是越权立法的表现。

5. 通过立法解决经费、编制、机构问题

在立法中不得涉及经费、编制、机构问题，虽不是明文法律规定，但已经成为立法工作的基本规范。[③] 这显然是为了防止立法中的不合法部门利益。虽然有人提出，把此做法视为防止立法中不合法部门利益的措施很值得商榷。他们认为这种做法的前提预设是，在立法中规定有关部门的经费、编制、机构问题就等于为部门谋得了不合法的部门利益。照此逻辑，那么在立法中赋予有关部门行政许可权、行政处罚权、行政收费权、行政强制权不也等于为部门谋得了不合法的部门利益了吗？并且，这些权力的"含金量"恐怕也不逊于经费、编制、机构。国家行政权总要通过授予具体的行政机关来实现，不能因为这些权力有可能被滥用

---

① 蒋飞云、陈运来：《我国授权立法存在的主要缺陷及完善举措》，载《湖南大学学报》（社会科学版）2001年第2期。

② 胡玲莉：《关于完善我国授权立法的若干思考》，载《湖北经济学院学报》（人文社会科学版）第12期。

③ 限于文献搜集的局限，在立法中不得涉及经费、编制、机构问题这一立法要求的原始出处还没有找到。不过，一些地方立法规范倒是对此作出了明确规定，比如，《江西省人民政府拟订地方性法规草案和制定规章程序规定》第10条规定，立法的目的是解决有关部门的机构、编制、经费等具体问题的，不予列入省政府年度立法工作计划。

就不赋予有关部门必要的职权。因此，问题的关键是，有关部门是否应该得到这些权力，这些权力是否是有关部门履行法定职责所必需的。实际上，现在经费、编制、机构的混乱与失控，绝不是立法造成的，恰好相反，是因为经费、编制、机构问题上的"非法操作"或"体外循环"、领导在没有任何法律依据或法律依据不充分的情况下随意拍板决定造成的。这种分析有一定道理。但我们认为，我国机构编制立法严重滞后，目前还没有专门的机构编制法律，主要的机构编制法规是《国务院行政机构设置和编制管理条例》《地方各级人民政府机构设置和编制管理条例》。即使是已出台的这两个行政法规还存在规定过于笼统、操作性不强等问题。是否赋予有关部门经费、编制和机构？在部门立法中规定经费、编制、机构问题是否涉嫌超越地方立法的范围？这都是极其复杂的问题。并且，地方立法实践中，企图通过立法解决经费、编制、机构问题正是立法中部门利益倾向的典型和普遍的表现形式。所以，地方立法不宜涉及解决经费、编制、机构问题。

二、立法中不合理的部门利益

对于虽是依法制定的法律法规，社会公众往往也批评其存在不正当部门利益，理由是其规定行政执法机关的权力过多责任过少，规定管理相对人的权利过少义务过多。这实际上就涉及立法中不合理的部门利益问题，也就是《立法法》第6条规定的"立法应当从实际出发，科学合理地规定公民、法人和其他组织的权利与义务、国家机关的权力与责任"的问题。科学合理地设定管理相对人与国家机关的权利义务，是千百年来人们对立法的美好向往，也是我国立法不懈追求的目标。关于立法对公民权利义务的配置合理性的问题，是涉及权利立法的根本性问题，是一个大且复杂的问题，本书不多涉及。关于立法中国家机关权力的配置原则，罗豪才教授提出的平衡论理论是一种可资借鉴的观点。根据平衡论，在行政机关与管理相对人的权利义务关系中，权利义务在总体上应当是平衡的：它表现为行政机关与管理相对人权利的平衡，也表现为行政机关与管理相对人义务的平衡；既表现为行政机关自身权利义务的平衡，也表现为管理相对人自身权利义务的平衡。[①]立法中对行政机关权力责任的配置也应当遵循平衡原则：行政机关的权

---

① 罗豪才、袁曙宏、李文栋：《现代行政法的理论基础——论行政机关与相对一方的权利义务平衡》，载《中国法学》1993年第1期。

力与责任平衡，行政机关与公民、法人和其他组织之间的权利义务平衡。全国人大法律委员会在立法工作实践中也是以平衡原则作为判断立法中不合理的部门利益的标准："在条文中正确处理权力与权利、权力与责任、权利与义务的关系，体现权力与利益脱钩、权力与责任挂钩、权利与义务平衡的原则，把维护广大人民群众合法权益与保障行政机关实施有效管理统一起来，防止政府权力部门化、部门权力利益化、权力寻租合法化，从源头上制度上遏制与治理腐败现象。"[1] 因此，凡是立法中行政机关权力的配置符合平衡原则的，就应当认定其是合理的，反之，就是不合理的。

考察我国立法中行政权力责任配置的实际状况，如果把行政机关依法拥有的行政处罚权、行政许可权、行政收费权等主要的行政职权与国外相比较，可以看出，我国行政机关依法拥有的行政职权的状况与国外大体一致。[2] 但从纵向上看，我国现阶段立法中行政机关的职权和责任处于同步增长的态势，这种增长仍处于不平衡的状态。

第一，20世纪80年代之后立法中出现的行政机关权力增长具有一定的现实合理性。在20世纪80年代，我国的改革开放事业刚刚起步，立法工作还处于法制大破坏之后的恢复期，再加之受"宜粗不宜细"的立法指导思想的影响，当时的立法大多属于框架性立法，法律的内容一般比较简单，法律中赋予行政机关的权力也相对比较少。而到了20世纪90年代，随着建立社会主义市场经济体制的改革目标的确立和依法治国、建设社会主义法治国家的治国方略的确立，迫切需要将原来由政策调整的许多社会关系纳入法治的轨道。因此，在此之后出台的法律在内容上就更为全面具体，赋予行政机关的权力也就相应增加。

第二，20世纪80年代之后立法中出现的行政机关法律责任的增长，清晰地表明立法机关对行政机关权力过快增长的忧虑。从急剧增加的关于行政机关法律责任的法律规定上，可以看出立法机关对行政机关权力扩张的警醒和制约权力扩张的强烈意识，而从对罚款设定的限制上也看得出制约行政机关权力的实实在在的行动。

第三，从整体上讲，立法中行政机关权力与法律责任的同步增长仍属于不

---

[1] 阚珂：《全国人民代表大会年鉴（2004）》，中国民主法制出版社2004年版，第582页。

[2] 相关论述参见丁渠：《立法中的不正当部门利益治理——代议制民主的视角》，中国社会科学出版社2014年版，第45-49页。

均衡的状态：不管是在范围还是强度上，行政机关权力的增长都远超过其法律责任的增长。虽然，我国在立法中出现了行政机关权力和责任同步增长的态势，但是，对这种同步增长的评价既要有"量"的概念，也要有"质"的概念。具体来说，现行立法中增加的行政机关权力都是刚性的，都是具有强制执行力的"货真价实"的法定权力；而立法中增加的行政机关法律责任大多是柔性的，更多的是一种宣示性的条款。从这些条款的表述上就可见一斑：多是准用性规范，主要是重申了《刑法》中玩忽职守、滥用职权、贪污、渎职等职务犯罪的规定以及《行政监察法》《行政机关公务员处分条例》等纪律处分法规的规定，不属于新增设法律责任。

第四，立法中行政机关权力增长与法律责任增长之间的量差，就属于不合理的部门利益。立法中合理的权利义务配置应当是权力与责任的均衡配置，实现权力增长与责任增长之间的均衡，并且这种均衡既应是"量"的均衡，也应是"质"的均衡。也就是说，权力与责任的均衡配置不仅是两者数量上的均衡，还应是两者强度上的均衡，使行政机关法律责任的增长足以制约其权力的增长。而立法中行政机关权力责任的不均衡增长，势必就会形成权力增长与法律责任增长之间的一个量差，而这个量差就属于立法中不合理的部门利益。①

三、地方立法中谋取不正当部门利益的通常做法

在地方立法实践中，由地方政府提请制定地方性法规的议案或起草地方性法规草案所占的比例一直居高不下，其中一部分不同程度地带有部门利益倾向。这种倾向在地方立法中的表现形式多种多样，最突出的表现大致有以下三种：

（一）在选题立项上搞实用主义

在选题立项上搞实用主义，无利可图的法规推诿不立，这是地方立法中谋取不正当部门利益的通常做法。有数据表明，近年来，在人大通过的地方性法规中，由地方政府部门起草的法规草案占90%以上，这些法规草案的提出或多或少地存在与利益相关。没有利益的项目，有些部门不仅不会提出，更不会主动配合。

---

① 丁渠：《立法中的不正当部门利益治理——代议制民主的视角》，中国社会科学出版社2014年版，第57页。

（二）在立法中不适当地加入本部门的利益和权力

由于一些行政部门在工作中存在某种程度重罚轻管、重对外执法检查轻对内监督制约的问题，在起草的法规中，热衷于规定收费、发证、审批、罚款等条款，更多的是使一些有利于本部门的既成事实或期望目标法制化，以及将自己的管辖权不恰当地拓展，通过立法实行部门或行业垄断，以扩充本部门的权力。

（三）在规范自身行为上避重就轻，把本部门责任界定到最低限度

有的部门起草法规草案缺少规范管理、服务社会的理念，设定的权利义务不对等，只注重管理者的权利，只关注被管理者的义务，而弱化了被管理者的权利、忽视了管理者的义务，一定程度上带有居高临下，重官轻民，本末倒置的行政色彩。最突出的表现有以下三种：

一是重权力轻权利。在社会利益日趋多元化的时代语境下，地方立法已成为平衡、保护各方利益的最后一道屏障，但在公权力和私权利博弈的过程中，"借法扩权"，以立法之名，行侵权、垄断和谋取部门利益之实，非法限制或剥夺公民、法人和其他组织的合法权利，增加公民、法人和其他组织的法定义务的现象仍时有发生。最典型的就是增加行政审批、行政收费与行政处罚等管理手段，即只要某项社会活动与本部门的工作职责有一点关联，相关部门都要借助立法形式增设本部门对此项活动的审批权、收费权和处罚权。

二是重职权轻职责。在现代民主法治条件下，行政权力源自人民主权，人民授予行政机关管理权是为了维护人民的根本利益，因此，所授之权同时承载着重大的责任。但从我国30多年的法制发展史来看，权力一直走在责任前头，虽然近年来立法者已经正视这一问题，在立法中着力补救，但仅仅是缩短了权力与责任之间的距离而已，离两者齐头并进还相差甚远。实践过程中，很多地方性法规都对行政职能规定得细之又细，一一列明，恐有遗漏，而对行政机关在执法过程中应遵循的程序、条件以及应承担的责任则一笔带过，或干脆避而不谈。

三是重处罚轻引导。在地方立法实践中，普遍存在重视处罚而忽视教育引导的现象，只要法规中设定了"必须""应当""不得"等义务性、禁止性规范，就在法律责任中设置罚款条款，甚至对一些本来可以由道德规范来调整的行为也设立了行政处罚。这些行政处罚条款的设置和实施，虽然对维护正常的行政管理秩序、提高行政管理的效率起到了一定的作用。但是，因一些法规中未规定罚款前

置纠错程序，在具体执法过程中就缺少必要的教育引导，导致"以罚代管"现象泛滥，某种程度上罚款已成为违法行为合法化的通行证，这显然有悖于罚款设定的最初目的。①

第四节 地方立法中不正当部门利益的危害和纠正对策

一、地方立法中不正当部门利益的危害

近年来，一些部门将寻求部门自身利益上溯到立法的源头，通过主导立法过程自我赋权、蚕食公共利益，违背了法规应有的公平正义，产生严重的危害。

一是破坏了法制的统一。"维护社会主义法制统一"是经我国宪法所确立的一项基本原则。就地方立法而言，法制统一就是指地方性法规不得与宪法和法律相抵触，彼此之间也相互衔接、不相冲突。然而，许多部门在起草法规时，往往以追求部门利益最大化为依归，时常忽视法律的统一性与协调性，将一些畸形的利益格局或权力关系带入法规中，使得法规中出现下位法与上位法冲突、同位法律之间相互矛盾，影响了法律的衔接，破坏了法制的统一性。

二是降低地方立法的效率。随着20世纪60年代以来经济学与法学的融合，效率这一经济学的根本命题被引入法律领域。立法效率并不是一个固定值，它反映立法效益与立法成本之间的一种互动关系，体现的是立法动态过程中的经济性。② 而地方立法中的部门利益倾向会直接导致地方立法效率降低。首先，部门之间的利益之争会推迟地方立法的进程，增加立法成本。在制定涉及多个部门的法规时，相关部门都各自以自己上级主管部门的文件、规章为依据，在一些利益上互不相让，在责任上则相互推诿，致使立法者将相当一部分时间和精力花在了协调部门关系上，有些部门利益博弈过于激烈的法规只好暂时搁置。其次，影响法规"部门利益痕迹"的执行性，降低法规的效益。一些部门在立法时"有利则争，无利则推，他利则拖，分利则拒"，只站在自己部门的角度看问题，对于综合性、全局性的问题把握不够或漠不关心，导致法规执行性不强，极大地

---

① 阎锐：《行政处罚罚款设定普遍化研究》，载《人大研究》2005年第5期。
② 李佳：《当前中国立法成本研究》，辽宁师范大学2010年5月硕士论文。

浪费了立法资源。

三是成为滋生腐败的温床。谈到腐败,人们首先想到的是行政腐败和司法腐败,而很少会认识到颇具隐蔽性的立法腐败。其实,法律说到底是一种利益布局,立法无非是对利益布局作出安排和调整。① 在经济利益驱动下,政府部门热衷于通过立法这一权威手段将部门私利固化在法规文本中,法律这一社会公器某种程度上堕落为一些部门牟利的工具。而且,随着经济社会发展,我国社会利益关系更加复杂,利益多元化、分层化现象日益突出,一些利益集团为了实现其利益在立法上的最大化,会努力在选举过程中让其成员进入立法机关,或通过行贿等手段让有话语权的人员为其利益摇旗呐喊,这势必对社会公平正义造成戕害,实质上就是立法腐败。此外,部门利益法制化所造成的政府部门权力责任不对等,也为行政腐败的滋生提供了土壤。

二、地方立法中部门利益倾向的成因

地方立法中存在部门利益倾向,首先是认识上的偏差。一些地方对立法规划的认识过于机械,把严肃的立法工作与普通的工作任务同等看待,为完成任务而立法,势必为本部门利益提供了温床;一些人大常委会组成人员片面强调支持政府工作,尊重政府意见,忽视了监督把关。除了认识上的偏差,也有地方立法体制机制上的原因,主要表现在以下几方面:②

一是立法选项欠缺科学性。地方人大在30多年的立法实践和探索的基础上,创造了一些行之有效的好经验好做法。其中,地方立法选项机制就是在地方立法实践中孕育而生的,并在实践中逐步发展完善,为增强地方立法的科学性发挥了积极作用。但是也应看到,在地方立法选项工作中普遍欠缺科学性,为地方立法中部门利益倾向提供了便利。首先,立法项目来源单一。从实践看,地方立法项目中政府提请审议的项目基本占到80%以上,主任会议、各专委会提请审议的只有少数,人大代表等其他主体提请审议的更是微乎其微。而需注意的是报送立法项目的政府部门,大多以本单位工作的实际需要为出发点,带有一定的主观片面

---

① 王路波:《行政立法部门利益化的防范与控制》,中南民族大学2009年5月硕士论文。
② 何慧娟:《地方立法中部门利益倾向的成因及对策》,载《人大研究》2013年第3期(总第255期)。

性，报送立法项目本身就具有为本部门争取特定利益的潜在因素。其次，法规立项论证机制不完善。法规立项论证工作由来已久，但由于立法法中关于法规立项的规定较少，地方人大在法规立项论证工作机制建树并不多。实践中，各地人大常委会法制工作机构在立法选项工作中时常基于各方面协调的压力，不对立法项目进行充分论证和调研，而是简单地将各单位申报项目汇总编排，或者仅仅是形式上审议之后进行拼盘。这种不加分析、缺乏取舍的立法计划和立法规划编制方法，为带有部门利益倾向的立法项目进入立法计划和立法规划提供了机会。

二是法规草案起草主体固化。法规案起草工作本身是不能产生实际法律效力的，但在立法的诸多环节中，法规草案正是立法机关与立法参与者论证和审议的基础，起草者的价值取向一定程度上决定了法规案最终的走向。虽然从理论上说，对法规草案的审议、修改能够不同程度地淡化和遏制草案的"部门色彩"，但不容否认的是，这些程序难以真正有效地消除"部门起草"的不良后果。而在我国立法法中却没有对地方性法规起草主体进行明确，只是部分省在本省立法条例中有一些体现。但实际上，由于地方性法规的内容多是涉及社会管理和行政管理方面的，造成地方性法规案起草工作基本由政府部门"垄断"，人大专门委员会或常委会工作机构负责起草的多是一些综合性或涉及人大自身行使职权方面的法规草案，让部门利益在立法过程中有了不适当扩张的诸多机会。政府部门处于行政管理的第一线，掌握的情况、资源都比较丰富，有其起草法规案的优势，但权力具有天然膨胀的趋势，执法者直接参与立法，部门权力的扩张及其责任的规避就不可避免地会渗入到地方立法的各个环节，法的"人民性"很容易被"部门性"所取代。

三是审议过程把关不严。地方人代会或其常委会审议法规议案，或是会议时间过短，或是代表委员吃不透情况，即使有些法规议案经过多次审议，结果也只能是"夹生饭"。

四是公众参与度过低。公民通过参与立法来充分反映民意，并对立法过程进行监督，是遏制部门利益扩张，实现部门权力与公民权利平衡的重要途径。随着社会民主化、法制化程度的不断提高，"开门立法"已成为地方立法工作中的一个鲜明观点，绝大多数法规草案都设定征求公众意见环节，但实践中公众对参与立法的热情普遍不高，有时甚至表现得极为冷漠，有些法规草案甚至连一条公众意见都没有。这促成了行使公权力的政府不需要经过过多的努力，便很容易地使自己代表的利益最大化。究其原因，一方面是公众内心的法律信仰尚未形成。公众在内心深处无法确立法律的权威性，认为与自身关系不大，对于法律的出台自然表现出漠不关心。另一方面，缺乏公众参与立法的反馈机制。在外国议会中，不仅有庞大专业的立法队伍，而且议员还有立法助理，专门负责帮助收集和处理社会各方面对立法的意见和建议。但在我国地方立法机关中，普遍存在人员紧张的问题，很少能做到对公众立法意见进行直接回复或整体反馈。公众不知道自己提出的意见最终被如何处理，感觉无人关注，只是浪费时间"自说自话"，因此参与立法的积极性不高，导致公开征求立法意见往往面临无人关注的尴尬局面。

五是缺乏立法责任追究制度。在我国，如果行政主体和司法主体在行使职权中存在错误的、违法的行为都必须承担相应的责任，而对于立法权却并没有一个理性、成熟的责任追究制度以约束。其实，立法权较行政权、司法权而言，权力危害是有过之而无不及，如果缺少责任追究制度，就极易成为一种公然侵害人民权利的暴虐权力。究其根源，就是基于人与生俱来的自利性，没有责任的立法行为必然导致立法主体在立法工作中的主观和随意，肆意出于自身利益制定法律，侵害管理相对人的正当权益。纵然在执法过程中被指出存在部门利益，最多只是依法依程序提请修订或废止，立法者并不需承担任何法律责任，自然可以有恃无恐地偏离立法公正的天平。

三、纠正地方立法部门利益倾向的对策

地方立法中部门利益倾向导致公权力与私权利之间严重失衡，如任其发展，必将会破坏地方性法规的公正与纯洁，削弱地方性法规的权威性和公信力。因此，如何有效地遏制地方立法中的部门利益倾向，已经成为地方立法不可忽视的问题。

一要完善地方立法选项机制。立法选项是地方立法的首要环节。科学编制立法计划或立法规划能够预先把握一段时期内地方立法的总体需求，确定地方法制建设的重点和主要目标，整合立法需求，从源头上避免部门利益，提升地方立法的公正性和科学性。首先，要拓宽立法项目来源渠道。在编制立法规划和年度立法计划时，着力改变过去"政府报什么，人大立什么"的格局，充分发挥人大在立法工作中的主观能动性，善于将人大代表的议案、人大常委会组成人员的意见与立法选项有机结合，善于将人大监督工作中发现的问题与立法选项有机结合，善于将公众对立法项目的建议与立法选项有机结合，扩大立法选项覆盖面，更大程度地避免部门利益的立法需求进入立法选题视野。其次，要建立健全立项论证制度。立法作为一种资源，其供给和需求受特定历史时期社会文化、经济、政治

等条件的约束，具有稀缺性。因此，无论是立法机关自己提出的立法项目，还是有立法提案权的机关或个人提出的立法项目，都应由人大牵头组织专家学者对立法项目的必要性、适时性、可行性等进行科学论证，区分立法需求的轻重缓急，剔除少数政府部门出于"不良立法动机"提出的立法动议，既可确保法规立项的公正、公平，也可将有限的立法资源用在"刀刃"上，实现资源价值最大化。

二要构建人大主导的法规草案起草模式。近年来，各地人大在创新地方立法起草方面进行积极探索，在试图改变单一的由行政部门起草法规草案做法的同时，探索实行在立法机关主持下的专家起草制等形式。委托起草、招标起草等新型模式孕育而生。理论上而言，将有专业素养、立场中立的专业人士推向立法前台，使立法在源头上就拥有足够的智力支持、摆脱了不当利益的干扰，对于避免部门利益倾向的先天不足，提高地方立法质量无疑是大有裨益。但事实上，这种公正性和高质量都只是相对而言，一方面，任何团体和个人都会有自身利益，专业人士也不例外，当他们超然于利益之外时，可以充当中立者的角色，可一旦陷入利益的漩涡，还能否继续坚持公平、公正的立法理念就有待商榷；另一方面，因为经费与相关条件的制约，专业人士立法调研开展不足，对社会现实、各阶层利益把握不够，立法理念有时过于"超前"，法规草案被推倒重来并不鲜见。鉴于部门起草、委托起草、招标起草等"单兵"起草模式各有利弊，可以取其精华、弃其糟粕，积极构建由人大主导，立法工作者、实际工作者、专家学者、各方利益代表共同参与的联合起草模式。四者有机结合，既可克服部门起草的诟病，真正体现立法公平正义的价值取向，又可把有限的立法资源集中起来，充分借助各方优势，减少重复劳动，降低立法成本，提高立法效率。[①]

三要改变主要由政府提出议案为主要由人大专门委员会提出议案。立法机关的专门委员会一般能从全局出发，不受或很少受部门利益的影响，所提出议案能体现全局性和各方利益。同时，要积极探索立法项目的论证工作，对立法的必要性、预期效果进行全面评估，对带有部门利益的项目坚决"砍掉"。

四要扩大公众对地方立法的参与。在人民代表大会制度下，经过层层委托代理，立法成为极少数人的事，但随着社会利益日益多元化，仅仅依靠人大代表或人大常委会组成人员已经不足以反映公众各种不同的利益诉求。因此，立法决策

---

① 何慧娟：《地方立法中部门利益倾向的成因及对策》，载《人大研究》2013年第3期（总第255期）。

作为公共决策、重大决策的一种形式，唯有设置相应的制度与途径，更为直接地吸收公众的立法意见，才能避免地方性法规蜕变为少数部门的私有产品。

首先，要加强公众参与立法的法制保障。立法法中有关公民有序参与立法的原则性规定，无疑是对地方人大开门立法的指引，但制度只有得到细化与完善，才能防止公民参与立法流于形式。而从实践上看，各地关于地方立法方面的法规基本上对公众参与地方立法没有作出明确规定，或原则上规定应当将法规草案公开征求意见。因此，地方人大应加快有关公众参与立法的法制化进程，将工作中一些行之有效的做法上升为法律规范，完善公众参与立法的范围、方式和程序，避免立法机关的过分武断、随意取舍，为公众参与地方立法提供法制保障。

其次，建立公众参与立法的工作机制。如逐步完善立法听证制度，改变专家学者解决立法焦点问题的唯一途径。听证制度作为一项重要的程序制度，其核心就是让公众有直接参与立法的机会，关于听证主持人，听证内容及听证程序等都有明确规定。可以考虑建立听证后答复与反馈制度，要求立法机关对利害关系人提出的意见，建议的采纳情况给予答复和反馈，克服部门利益倾向必将产生重要作用。再如，在立法过程中，对事关广大人民群众切身利益的法规，除了将法规草案公开外，还应将立法有关文档公开，让广大公民就自己关心的事情表示或陈述意见，提高立法的透明度。

再次，要完善公众参与立法的反馈机制。公众参与立法不仅在于公众有便捷的参与方式，更在于公众和立法机关之间能做到"双向对话"，立法机关能"听得进"公众的意见，认真反馈公众的意见，这才是公众参与立法能够有"生命力"、能够取得实效的关键。因此，应建立健全一套公众参与立法的反馈机制，定期将公民对立法的建议进行汇总整理、统计分析，并无论意见采纳与否，都在完成立法意见征集后，通过法定程序和方式，将立法意见采纳情况及理由反馈给建议人，这样才能形成良性互动，激发公众参与立法的积极性。

五要改变统一审议形式的做法，严格统一审议制度。要按照立法法要求，严格法律委员会对法规草案的统一审议和把关，特别要注重按行政处罚法、行政许可法等法律的规定，严格审查法规中行政处罚、行政许可设定的是否合法，防止部门利益的渗透。要科学处理公权力之间、私权利之间、公权力与私权利间的关系，防止和克服部门利益透过地方立法而法治化。制定地方性法规的本义在于为政府及其职能部门依法行政提供依据，而不应成为某些部门谋取自身利益的手段。只要在立法过程中，坚持"科学立法、民主立法"的理念，一切依靠人民，一切为了人民，就一定能克服地方立法中部门利益问题。①

六要建立立法责任追究机制。有权力必有责任，权力与责任相统一，乃是现代民主政治的基本原理。②从实践层面看，国际上也已经有些国家在法律中或者法院判例中基于公共负担原则确立了立法责任制度。如1936年法国最高行政法院以判例的形式首次开创了国家对经济措施立法所致损害承担赔偿责任的先例。要回避地方法中部门利益倾向，就应在法律上明确立法主体应对立法行为负法律责任，这样才可以促使制定机关在制定法规时慎重行事、避免随意性，从而起到保障国家法制统一、保障公民权利的目的。

---

① 何慧娟：《地方立法中部门利益倾向的成因及对策》，载《人大研究》2013年第3期（总第255期）。

② 黄文艺：《谦抑、民主、责任与法治》，载《政治论丛》2012年第4期。

第六章 地方立法中法律责任制度的构建及条款设置

第一节 地方立法法律责任制度的基本原理

"法律责任作为法律运行的保障机制,是法治不可缺少的环节。"[①]一个国家的法律体系中除宪法、组织法、授权法等以外,基本都有法律责任的规定。对地方立法来说,法律责任制度的构建及法律文本中责任条款的设置,反映地方立法水平,也反映了立法者为保证所立之法能有效实施所采取的手段和措施。"法律责任规定的是否科学合理,关系着法律、法规的质量和实施效果。法律、法规的实施情况表明,任何一部法律、法规的实施效果和立法目的达到的程度,在一定意义上取决于其法律责任规定的科学合理方面所达到的程度,即可实现的程度。"[②]这是因为,权力与责任、权利与义务的设定构成了一部法律的主要内容。设置法律责任的目的和功能主要就在于,保障立法中所设定的权力与责任、权利与义务能够得以有效实施。当其受到干扰、阻碍或破坏,从而侵犯法律所保护的权益时,通过法律责任与救济使之停止侵害,经过法定的正当程度,依法裁判,使违法者承担相应的法律后果。因而,法律责任在地方立法格局中也应占有重要的位置,是地方立法的重要组成部分,立法者应当给予高度重视和深入研究。

---

① 张文显:《法哲学范畴研究》,中国政法大学出版社2001年版,第101页。
② 李培传:《论立法》,中国法制出版社2004年版,第402页。

一、权利、义务和法律责任

（一）权利和义务

权利和义务是一切法律规范、法律部门（部门法），甚至整个法律体系的核心内容。法的运行和操作的整个过程和机制（如立法、执法、司法、守法、法律监督等），无论其具体形态多么复杂，但终究不过是围绕权利和义务这两个核心内容和要素而展开的：确定权利和义务的界限，合理分配权利和义务，处理有关权利和义务的纠纷与冲突，保障权利和义务的实现，等等。

1. 权利的概念

权利一词可以在不同的意义上使用，如"道德权利""自然权利""习惯权利""法律权利"，等等。关于权利的本质，学者们的解释很不统一，主要有：（1）自由说，认为权利即自由。（2）范围说，认为权利是法律允许人们行为的范围。（3）意思说，认为权利是法律赋予人的意思力或意思支配力。（4）利益说，认为权利就是法律所保护的利益。（5）折中说（综合意思说和利益说），认为权利是保护利益的意思力或依意思力所保护的利益。（6）法力说，认为权利就是一种法律上的力。（7）资格说，认为权利就是人们做某事的资格。（8）主张说，认为权利是人们对某物的占有或要求做某事的主张。（9）可能性说，认为权利是权利人作出或要求他人作出一定行为的可能性。（10）选择说，认为权利是法律承认一个人有比另一个人更优越的选择。

我们讨论的是法律权利。所谓法律权利，就是国家通过法律规定对法律关系主体可以自主决定作出某种行为的许可和保障手段。其特点在于：第一，权利的本质由法律规范所决定，得到国家的认可和保障。当人们的权利受到侵犯时，国家应当通过制裁侵权行为以保证权利的实现。第二，权利是权利主体按照自己的愿望来决定是否实施的行为，因而权利具有一定程度的自主性。第三，权利是为了保护一定的利益所采取的法律手段。因此，权利与利益是紧密相连的。而通过权利所保护的利益并不总是本人的利益，也可能是他人的、集体的或国家的利益。第四，权利总是与义务人的义务相关联的。离开了义务，权利就不能得以保障。

2. 义务的概念

义务，一般在下列几种意义上使用：第一，它是指义务人必要行为的尺度（或范围); 第二, 它是指人们必须履行一定作为或不作为之法律约束; 第三, 它是指人们实施某种行为的必要性。义务的性质表现在两点: (1) 义务所指出的, 是人们的 "应然" 行为或未来行为, 而不是人们事实上已经履行的行为。已履行的 "应然" 行为是义务的实现, 而不是义务本身。(2) 义务具有强制履行的性质, 义务人对于义务的内容不可随意转让或违反。义务在结构上包括两个部分: 第一, 义务人必须根据权利的内容作出一定的行为。在法学上被称作 "作为义务" 或 "积极义务" (如赡养父母、抚养子女、纳税、服兵役等)。第二, 义务人不得作出一定行为的义务, 被称为 "不作为义务" 或 "消极义务", 例如, 不得破坏公共财产, 禁止非法拘禁, 严禁刑讯逼供等等。

3. 权利义务的分类

按照不同标准权利义务有不同的分类。根据根本法与普通法律规定的不同, 可以将权利义务分为基本权利义务和普通权利义务。基本权利义务是宪法所规定的人们在国家政治生活、经济生活、文化生活和社会生活中的根本权利和义务。普通权利义务是宪法以外的普通法律所规定的权利和义务。根据相对应的主体范围可以将权利义务分为绝对权利义务和相对权利义务。绝对权利和义务, 又称 "对世权利" 和 "对世义务", 是对应不特定的法律主体的权利和义务, 绝对权利对应不特定的义务人; 绝对义务对应不特定的权利人。相对权利和义务又称 "对人权利" 和 "对人义务", 是对应特定的法律主体的权利和义务, "相对权利" 对应特定的义务人; "相对义务" 对应特定的权利人。根据权利义务主体的性质, 可以将权利义务分为个人权利义务、集体 (法人) 权利义务和国家权利义务。个人权利义务是指公民个人 (自然人) 在法律上所享有的权利和应履行的义务。集体 (法人) 权利义务是国家机关、社会团体、企事业组织等的权利和义务。国家权利义务是国家作为法律关系主体在国际法和国内法上所享有的权利和承担的义务。

4. 权利和义务的相互联系

权利和义务作为法的核心内容和要素, 它们之间的连接方式和结构关系是非常复杂的。可以从以下角度和方面来分析:

第一, 从结构上看, 两者是紧密联系、不可分割的。诚如马克思所言: "没有无义务的权利, 也没有无权利的义务。" 因此, 权利和义务都不可能孤立地存在和发展。它们的存在和发展都必须以另一方的存在和发展为条件。它们的一方不存在了, 另一方也不能存在。

第二, 从数量上看, 两者的总量是相等的。关于此点, 有学者曾作出细致的逻辑推导：如果把既不享受权利也不履行义务表示为零的话，那么权利和义务的关系就可以表示为以零为起点向相反的两个方向延伸的数轴，权利是正数，义务是负数，正数每展长一个刻度，负数也一定展长一个刻度，而正数与负数的绝对值总是相等的。

第三，从产生和发展看，两者经历了一个从浑然一体到分裂对立再到相对一致的过程。在原始社会，由于还不存在法律制度，权利和义务的界限也不很明确，两者实际上是混为一体的。随着阶级社会、国家的出现和法律的产生，权利和义务发生分离。在剥削阶级法律制度中，两者甚至在数量分配上也出现不平衡：统治者集团只享受权利，而几乎把一切义务强加于被统治者。社会主义法律制度的建立，实行"权利和义务相一致"的原则，使两者之间的关系发展到了一个新的阶段。

第四，从价值上看，权利和义务代表了不同的法律精神，它们在历史上受到重视的程度有所不同，因而两者在不同国家的法律体系中的地位是有主、次之分的。一般而言，在等级特权社会（如奴隶社会和封建社会），法律制度往往强调以义务为本位，权利处于次要的地位。而在民主法治社会，法律制度较为重视对个人权利的保护。此时，权利是第一性的，义务是第二性的，义务设定的目的是为了保障权利的实现。

（二）法律责任

1. 法律责任的概念

在《现代汉语词典》中，"责任"一词有三个相互联系的基本词义。第一，分内应做的事。第二，特定人对特定事项的发生、发展、变化及其成果负有积极的义务。第三，因没有做好分内的事情（没有履行角色义务）或没有履行义务而应承担的不利后果或强制性义务。法律责任则是法律与责任的复合概念，更侧重于责任一词的后一种词义。

但迄今为止，无论是西方法学界还是中国法学界，都没有一个具有普适性的法律责任概念。这是由于"责任"一词的多义性，导致了法律责任概念的不确定性。目前对法律责任的解释主要有以下学说：（1）义务说。《布莱克法律词典》中认为"法律责任是因某种行为而产生的受处罚的义务以及对引起的损害予以赔偿或用别的方法予以补偿的义务"。[①]（2）制裁说。纯粹法学派创始人凯尔森强调法

---

① 孙笑侠：《公、私法责任分析——论功利性补偿与道义性惩罚》，载《法学研究》1994年第6期。

主要与权力、强制和制裁有关，因此他把"制裁"作为责任的中心词，认为，法律责任概念是与法律义务相连的概念，"一个人在法律上对一定行为负责，或者他在此承担法律责任，意思就是，如果作相反的行为，他应受制裁"。[①]（3）后果说。认为法律责任是一种法律后果，即人们因为实施违法行为而必须承担的法律后果。（4）责任能力及法律地位说。认为"在法律上泛称之责任……有时指应负法律责任的地位及责任能力"。该学说的代表人物为台湾学者洪福增。

在我国理论界，对于法律责任的概念，众说纷纭，莫衷一是。有人认为法律责任是由于行为主体侵犯法定权利或违反法定义务造成危害或者危害威胁，而由专门国家机关认定并归结强制性的义务。[②]有人认为"法律责任是指行为主体不履行法定义务所必须承担的否定式的法律后果"。[③]张文显则把法律责任定义为："是由于侵犯法定权利或违反法定义务而引起的、由专门国家机关认定并归结法律关系的有责主体的、带有直接强制性的义务，亦即，由于违反第一性法定义务而导致的第二性法定义务"。[④]这种观点，又被称为"义务说"。

以上学说分别从不同的侧面揭示了法律责任的本质，一定程度上都具有合理性。由于法律责任是一个非常复杂的问题，无论是部门法学或者法哲学都难以形成统一解释。本书对法律责任的定义采纳我国学界通说，即法律责任是指对违反法定义务（包括法律直接规定的义务和不当行使权利、权力）的违法行为所作的法律上的否定性评价和谴责，是国家强制违法者做出一定行为或禁止其做出一定行为，从而补救受到侵害的合法权益，恢复被破坏的法律关系（社会关系）和法律秩序（社会秩序）的手段。[⑤]简单地说，法律责任，就是行为主体不履行法定义务所承担的否定性法律后果，它是由法律规定，由一定国家机关依法追究，依国家强制力保证实施的。对地方立法来说，法律责任既是地方立法不可缺少的组成部分，也是地方立法得以实施的保障。地方立法实施效果如何，在很大程度上取决于法律责任设定的是否科学、合理。

法律责任与其他社会责任，如政治责任、道义责任等不同。其特点在于：

[①] 凯尔森：《法与国家的一般理论》，沈宗灵译，中国大百科全书出版社1996年版，第73页。
[②] 阮荣祥、赵恺：《地方立法的理论与实践》，社会科学文献出版社2011年版，第410-411页。
[③] 汤唯、毕可志等：《地方立法的民主化与科学化构想》，北京大学出版社2006年版，第283页。
[④] 张文显：《法学基本范畴研究》，中国政法大学出版社1993年版，第185-187页。
[⑤] 张文显：《法理学》，高等教育出版社2003年版，第146页。

（1）法律责任与违法有密不可分的联系，违法是承担法律责任的根据。（2）法律责任是由法律规定的。法律责任的大小、范围、期限、性质，都是由法律明确规定的。（3）法律责任的认定和追究必须由国家专门机关通过法定程序来进行，其他组织和个人无此项权力。（4）法律责任的承担以国家强制力作保证。

2. 法律责任的认定原则

认定法律责任，必须坚持以下原则：（1）责任法定原则。法律责任必须在法律上有明确的、具体的规定。当违法行为发生后，必须按照法律事先规定的性质、范围、程度、期限、方式追究违法者的责任。不能向法律责任主体实施和追究法律规定之外的责任，任何责任主体都有权拒绝承担法律中没有明文规定的责任。责任法定原则排除和否定责任擅断，同时，责任法定原则还意味着排除和否定有害追溯。（2）责任自负原则。法律责任是针对违法者的违法行为而设定的。凡实施了违法行为的人必须承担法律责任，而且必须是独立承担责任。任何法律责任，都只能限于违法者本人，不能株连其亲属或其他人。（3）法律责任与违法行为相适应原则。法律责任的性质、种类和轻重应与违法行为的性质、种类和危害程度相适应。既不能轻犯重罚，也不能重犯轻罚。（4）责任平等原则。在追究法律责任时，应对责任主体不分种族、民族、性别、职业、社会出身、财产状况等，一律平等地追究责任，绝不允许任何人享有规避法律责任的特权。

二、我国地方立法中法律责任的类型

根据不同的标准，法律责任可以作不同的划分。比如，以责任的内容为标准，可分为财产责任与非财产责任；以责任的程度为标准，可以分为有限责任与无限责任；以责任的人数不同为标准，可以分为个人责任与集体责任；以行为人有无过错为标准，可以分为过错责任与无过错责任。一般地说，法律责任是因违法行为而产生的，因而以引起法律责任行为的不同性质可分为：违宪责任、刑事责任、民事责任、行政责任和诉讼责任五种。违宪责任是指由于违宪行为而必须承担的法律责任。违宪责任是法律责任中最为特殊的一种，其特殊性主要表现为政治上的、领导上的责任。它的责任主体、追究和责任实现形式也是特殊的。刑事责任是指由于刑事犯罪行为而承担的法律责任。刑事责任是所有法律责任中性质最为严重、制裁最为严厉的一种。刑事责任主要是人身责任，刑事责任的主体主要是公民，但也可以是法人。民事责任是指由于民事违法行为现时承担的法律责任，

第六章 地方立法中法律责任制度的构建及条款设置

民事责任主要表现为一种财产上的责任，也有人身性质的责任如赔礼道歉。行政责任指由于行政违法行为而承担的法律责任。行政责任的主体比较广泛，除国家机关和国家公务人员之外，还包括普通公民、法人或其他组织。诉讼责任，是指诉讼主体因违反诉讼法所设定的程序义务而依照诉讼法应当承担的程序性不利法律后果。

由于受国家法律规定地方立法权限的限制，对地方立法来说，根据我国目前立法体制和技术规范以及权力机关分工的现实情况，在设定法律责任时，主要以设定行政责任为主，很少涉及刑事责任、民事责任。

关于地方性法规能否规定刑事责任？1989年全国人大法工委对宁夏回族自治区人大常委会关于"地方性法规能否规定追究刑事责任的条款"请示的答复中已予以明确，即地方性法规"所列构成犯罪、依法追究刑事责任的行为，都应是有刑法具体规定作依据的；刑法没有规定的，地方性法规不宜规定刑罚"。地方性法规对刑事责任的规定一般有两种写法。一种是"违反本条例规定，情节严重构成犯罪的，依法追究刑事责任"。这种写法显然侵越了国家的刑事立法权。另一种是笼统地规定"依法追究刑事责任"，这种写法很难说有什么实际意义，司法机关在处理刑事案件的时候，国家已有规定的自不必说，在国家没有规定某种刑事责任的情况下，这样的条文是根本不能适用的。

《立法法》首次对中央和地方的立法权限进行了划分。随着《行政处罚法》《行政许可法》等基本行政法律的实施，地方性法规规定行政类法律责任的权限正在逐步精确化；按照《立法法》的规定，刑事责任专属于中央立法权基本上不再存有争议。但是，对于法律责任基本类型之一的民事责任，地方性法规能否对其进行规定尚待进一步研究和明析。

《立法法》第8条、第9条规定，民事基本制度和基本经济制度以及财政、税收、海关、金融和外贸的基本制度只能由全国人民代表大会及其常委会制定法律进行规范；尚未制定法律的，全国人大及其常委会可以授权国务院根据实际需要制定行政法规。这一规定就是地方性法规规定民事、经济关系最主要的标准和依据。从条文表述看，除民事基本制度和基本经济制度以及财政、税收、海关、金融和外贸的基本制度外，地方性法规可以对非民事基本制度和非基本经济制度的有关内容进行规范，这似乎明确了地方性法规规定民事制度和经济制度的立法权限。但是，这一规定又是十分模糊的，对于何为民事基本制度、基本经济制度，《立法法》本身没有作出进一步的界定，全国人大及其常委会通过的法律、决定乃至正式文件中也没有对上述概念作出任何界定。

研究民事、经济各单行法律，可以发现有一些条文中会出现"法律（行政法规）另有规定的除外"等规定，这样的规定中如果没有出现"法规"，则我们可以认为就排除了地方性法规作出规定的权限。如《合同法》第10条、第36条、第44条、第52条、第77条等条文中都规定法律、行政法规有例外规定的，从其规定，那么，我们可以确认对于合同效力，只能由法律、行政法规加以规定。最高人民法院通过的《关于适用〈中华人民共和国合同法〉若干问题的解释（一）》也证实了这一点，其第4条明确指出，人民法院确认合同无效，不得以地方性法规、行政规章为依据。据此，我们可以说合同效力的确定属于民事基本制度，地方性法规无权规定。但是，这样的规定在各单行法律中是散乱的，不成系统的，地方立法时对其重视程度也是不够的；而且，对于未有此类例外规定的其他内容，地方性法规能否规定，仍然是不明确的。因此，虽然有了《立法法》，地方性法规在规范民事权利义务关系方面的权限仍然是不够清晰的。能否确定所谓"民事基本制度、基本经济制度"的范围，直接决定着地方性法规规定民事责任的权限。

就民事责任而言，如果将其作为一个整体来看，应当属于民事制度最基本和最重要的组成部分之一。但是，民事责任制度中包含的要素很多，在各种具体类型的民事责任中，各要素所起的作用和所处的地位是不同的。如果笼统认定所有关于民事责任的问题地方性法规都无权规定，则未免过于笼统和绝对，不是十分妥当，也不符合当前地方立法的实际情况。

地方性法规究竟能否规定民事责任，对民事责任规定到什么程度，不宜笼统概括，可以从以下几个方面来把握：

第一，对于一般地方性法规中出现的"造成损害的，依法承担民事（赔偿）责任"之类套话，从法规的简洁性、实效性出发，如果没有实质内容，只是起一个提醒作用或者像刑事责任那样起威慑作用，建议不再重复。

第二，对于现行民事、经济法律和民法学理研究中已经基本得到确认的确定各类民事责任的基本原则、基本构成要件等要素以及民事诉讼中涉及民事责任承担的举证责任分配、举证要求等关键问题，应当属于中央专属立法权，地方性法规不宜作出变通性规定或者不同规定，也没有必要重复。

在地方立法过程中，涉及相关民事责任时，首先需要分析该类责任在民法中所处的分类，研究认定该类责任所需要确定的关键因素，然后需要研究相关上位法、司法解释对这些因素的界定，才有可能明确地方遇到的实际问题哪些是属于地方立法权限，可以通过地方性法规加以解决的。对于不属于地方立法权限范围内的事项，即使确实十分需要，也不能以违背《立法法》为代价来换取立法"成绩"，而只能通过向上级立法机关反映、提出建议等方式予以解决。

第三，在民事责任的基本原则、基本构成要件等要素之外，还有其他一些因素可能对民事责任的最终归属产生影响，比如《北京市实施〈中华人民共和国消费者权益保护法〉办法》对经营者义务和消费者权益的具体列举，相对于国家法律来说更为具体，这些规定首先是从规范市场秩序出发制定的举措，但这些规定对于有关民事责任的认定会起到一定的辅助作用，如《北京市中小学生人身伤害事故预防与处理条例》中，从行政管理角度对于学校在教育教学活动中对于学生所负的保护和管理职责进行了明确列举，对于判断学校是否履行了足够的注意义务都具有直接作用。在这些方面，在对国家法律立法精神和具体规定有充分把握的前提下，地方性法规予以具体化和明确应当是可以的，并不超越立法权限。

第四，对于"责令赔偿"之类关于民事责任的实质性规定，这种规定一般适用于违法行为发生在两方当事人之间，其所指代的具体内容就是民事责任，其实完全可以由与之直接相关的利害关系人依据民法、经济法的有关规定通过民事诉讼的渠道获得解决。但在行政管理活动中，有时也同时对此类违法行为作出了处理，法规因而作出了相应规定；否则，有些行政管理行为显得不完整，相对人也认为行政职权行使得不够到位。此类规定的特别之处在于，这种行为是通过行政权力的介入使民事性质的法律责任得以实现，有时可能会辅以行政权力的强制。这等于用行政权力划分当事人之间的民事责任，并可能动用行政权力的强制性保证民事责任的履行。如果某项法规明确规定行政机关应当责令违法行为人赔偿，则行政机关对这种民事纠纷的处理和裁决权就转变为一种法定的行政职责。如果该机关不行使和不正当行使都构成行政机关的违法。这种规定等于赋予了行政机关对民事责任的决定权，而且在法规中对责任的具体内容和标准予以明确则更事先明确了民事责任的分担。如果立法中对于责任定性不准、规定不当或者执法机关在执法中把握不够慎重，就可能侵犯当事人合法的民事权益，造成当事人双方之间民事权利义务关系的不平衡。而且，民事责任的最终承担要由司法机构来确定，行政机关的裁决并不具有最终决定效力，赋予当事人寻求行政权力的救济未必就能从根本上减轻相对人的"救济之累"。因此，对于这种规定，地方性法规需要慎重对待，尽量不对民事责任作出绝对化的界定，尤其是对于数额、期限等

191

容易定量化的内容,以减少对民事专属立法领域的可能侵犯。

第五,在很多地方性法规中,民事、经济关系和行政管理关系交织在一起,一些本可以通过民事手段解决的问题被置于单纯的行政管理之下,使行政机关花费大量的精力来处理此类事情。比如养鸽子扰民,其实可以通过民法上的相邻关系来解决;再比如,扫雪铲冰这件在我们看来很头痛的事,在美国就是通过一些高额的民事损害赔偿判例使市民提高了各扫门前雪的积极性,并将其视为自己的当然义务。但是,在我国,很多类似的事情被迫纳入行政管理中,成为完全的行政管理事项。这种现象的出现,一方面是由于过去政府的管理方式和管理权限造成了人民群众习惯于将一切事情和问题都归结为政府管理不力,出了问题都希望用行政手段来解决,而一些政府部门也已经习惯了这种思维,没有从根本上对一些问题有清醒的认识;另一方面,我国现行民事诉讼制度和司法实践中存在的一些问题也使人民群众对民事诉讼的救济途径望而却步。这种情况的改变,不是短时间内能够完成的。但我们在立法过程中,对此类问题应当有一个适当的判断,公权力的运用要以保护公民的私权利为基本出发点,要有适度的范围,要有合适的方式,不能妨碍或者阻碍私权作用的发挥。立法时要认真分析所要解决问题的性质,协调运用行政管理手段和民事责任的不同功能,引导和鼓励民众更好地进行自我保护和救济。在运用行政手段对相关行为进行调整时,不应当限制其运用民事救济方式进行自我保护的自由选择权。[①]

三、地方立法中法律责任制度的功能

法律责任的目的在于,通过使当事人承担不利的法律后果,保障法律上的权利、义务,实现法的价值。这是因为,我们生活在一个社会共同体中,一方面每个人都追求各自的特殊利益,另一方面,大家都有共同的社会利益、国家利益或集体利益。法律要求人们在追求自己利益的同时尊重他人利益,并共同维护和促进社会利益、国家利益和集体利益。为此,法律对应当维护的利益加以认定和规定,并以法律上的权利、义务、权力作为手段,使违法者承担不利的法律后果,保障应当维护的利益得以实现。

---

① 郭俊:《地方性法规如何规定民事责任》,载《法制建设》2007年第6期。

法律责任的目的要通过法律责任的功能来实现。法律责任的功能主要表现为：惩罚、救济、预防。[①]这三个功能同时也是对某人或某一组织施加法律责任的理由。

（一）法律责任的惩罚功能

惩罚功能是法律责任的首要功能，是指法律责任具有惩罚违法者，维护社会安全与秩序的功能。英国法学家丹尼斯·罗伊德（Dennis Lloyd）认为，"'制裁'的主要目的并不在于惩罚违规的行为人以恢复旧有的状态，而是在维持社会秩序，因为违规行为有碍社会团结，这种团结必须予以恢复"。[②]在社会生活中，侵害、纠纷、争议和冲突在所难免。在人类历史的早期，以复仇或报复为形式的惩罚是主要的解决侵害、冲突和纠纷的方式。随着社会的发展，人们以公共权力为后盾，由专门的国家机关根据法律程序要求行为人承担不利的法律后果，以此惩罚违法者，从而以文明的方式平息纠纷和冲突，维护社会安全和秩序。

（二）法律责任的救济功能

法律责任通过设定一定的财产责任，赔偿或补偿在一定法律关系中受到侵犯的权利或者在一定社会关系中受到损失的利益。法律责任的救济功能，就是救济法律关系主体受到的损失，恢复受侵犯的权利。救济，即赔偿或补偿，指把物或人恢复到违法侵权行为发生前它们所处的状态。它可以分为特定救济和替代救济两种。所谓特定救济，是指要求责任人做他应做而未做的行为，或撤销其已做而不应做的行为，或者通过给付金钱使受害人的利益得以恢复。比如，停止侵害、排除妨害、恢复原状、赔偿损失等。这种救济的功能主要用于涉及财产权利和一些纯经济利益的场合。替代救济，是指以责任人给付的一定数额的金钱作为替代品，弥补受害人受到的名誉、感情、精神、人格等方面的损害。这种救济功能主要用于精神损害的场合。精神损害与其他人身损害一样，都是受害人所遭受的实际损失。替代救济是以金钱为手段在一定程度上弥补、偿付受害人所受到的心灵伤害，尽最大可能恢复受害人的精神健康，如果不能恢复，也使受害人的心灵得到抚慰。

---

① 汤唯、毕可志：《地方立法的民主化科学化构想》，北京大学出版社2006年版，第289页。
② ［英］丹尼斯·罗伊德：《法律的理念》，张茂柏译，新星出版社2005年版，第224页。

(三) 法律责任的预防功能

法律责任的预防功能，就是通过使违法者承担法律责任，教育违法者和其他社会成员，预防违法行为。法律责任通过设定违法行为必须承担不利的法律后果，表明社会和国家对这些行为的否定态度。这不仅对违法者具有教育、震慑作用，而且也可以教育其他社会成员依法办事，不做有损社会、国家、集体和他人合法利益的行为。英国哲学家哈耶克从自由与责任密不可分的关系出发，指出责任的预防功能："在一般意义上讲，有关某人将被视为具有责任能力的知识，将对他的行动产生影响，并使其趋向于一可欲的方向。就此一意义而言，课以责任并不是对一事实的断定。它毋宁具有了某种惯例的性质，亦即那种旨在使人们遵循某些规则的惯例之性质。"他同时指出，发挥责任的预防功能同时也是追究责任的理由："课以责任的正当理由，因此是以这样的假设为基础的，即这种做法会对人们在将来采取的行动产生影响；它旨在告知人们在未来的类似情形中采取行动时所应当考虑的各种因素。"①

从法律责任的目的和功能可以看出，法律责任条款是一部法律的关键条款，对地方立法来说也是这样。因此，立法者或者法律起草者对如何科学设定法律责任条款应当给予高度重视。

第二节　构建地方立法法律责任制度的原则

构建地方立法法律责任制度的原则，是指在设置地方立法法律责任过程中所必须遵循的准则。由于在法律责任的实施或追究过程中，涉及法律责任的依据、法律责任的主体、法律责任的认定、法律责任的程度、法律责任的承担等几个方面的问题，因此，在确定法律责任制度的构建原则时，必须同时兼顾各个方面，发现法律责任在设置中的一些共同性特征，否则，所谓的原则也就不可能是全面的。基于这种考虑，我们认为，构建地方立法法律责任制度应遵循的原则包括：合法性原则、合理性原则、不可替代和节制性原则、责任相当原则、责任协调统一原则、效益原则、适度的自由裁量原则等七项。其中，合法性原则和合理性原

---

① ［英］哈耶克：《自由秩序原理》，邓正来译，三联书店1997年版，第89-90页。

则为设定地方立法法律责任时所应遵循的基本原则。

一、合法性原则

合法性原则是构建地方立法法律责任制度的首要基本原则，是指地方立法中法律责任的设置必须以法律为依据，应当符合法治的要求。具体包括以下内容：

1. 从设置依据上看，法律责任的设置要遵循宪法和基本法律的精神和内容，不能与上位法相抵触

一国法律责任体系是遵循其宪法和基本法律建立起来的，人们不能也无权随心所欲地创设法律责任。为此，地方立法在设置法律责任时，必须明确：该法律责任须与宪法、刑法、民法以及有关诉讼法的基本原则和基本精神相符合。一国法律体系的和谐统一，集中体现在一国法律责任体系的和谐统一。这种和谐统一首先反映在一国法律责任体系与一国宪法、基本法律的精神和内容的一致上。因此，凡是宪法确认为权利的，有关立法不能采用相反的措施和手段来加以限制甚至禁止；凡是宪法确认为义务的，有关立法不能采用相反的措施和手段来加以鼓励甚至变相为权利；凡是宪法授权的行为，有关立法不得剥夺这种授权甚至对这种权利的行使予以处罚和制裁；凡是基本法律确认为刑事责任、民事责任、行政责任的，有关立法不能任意改变有关法律责任的性质，如将属于刑事责任范畴的法律责任转归为行政责任或民事责任，或者将民事责任转变为行政责任；凡是基本法律确认的不同法律责任的界限、处罚种类等，有关立法也不能任意改变。

具体地说，我国立法法、行政处罚法等法律规定，省级人大及其常委会在不与宪法、法律、行政法规相抵触的前提下，可以制定地方性法规；设区的市人大及其常委会在不与宪法、法律、行政法规和本省、市、自治区的地方性法规相抵触的前提下，可以制定地方性法规。刑事责任、诉讼责任、绝大多数民事责任和涉及有关对公民政治权利的剥夺，以及限制公民人身自由的行政处罚，只能由法律设定。法律可以设定各种行政处罚。行政法规可以设定除限制人身自由以外的行政处罚。法律对违法行为已经作出行政处罚，行政法规需要作出具体规定的，必须在法律、行政法规规定的给予行政处罚的行为、种类和幅度的范围内规定。省、自治区、直辖市人民政府和设的市人民政府制定的规章可以在法律、法规规定的给予行政处罚的行为、种类和幅度的范围内作出具体规定。尚未制定法律、法规的，上述地方政府制定的规章对违反行政管理秩序的行为，可以设定警告或者一定数量罚款的行政处罚。罚款的限额由省、自治区、直辖市人民代表大会常务委员会规定。《立法法》第82条第2款规定，地方政府规章可以就下列事项作出规定：为执行法律、行政法规、地方性法规的规定需要制定规章的事项；属于本行政区域的具体行政管理事项。根据这些规定，地方人大和地方政府根据本行政区域的具体情况和实际需要，所制定的地方性法规和规章，只要不同其上位法相抵触，均属合法有效。

2. 从内容上看，法律责任的设置要遵循法律保留原则

我国《立法法》第8条规定："下列事项只能制定法律：（一）国家主权的事项；（二）各级人民代表大会、人民政府、人民法院和人民检察院的产生、组织和职权；（三）民族区域自治制度、特别行政区制度、基层群众自治制度；（四）犯罪和刑罚；（五）对公民政治权利的剥夺、限制人身自由的强制措施和处罚；（六）税种的设立、税率的确定和税收征收管理等税收基本制度；（七）对非国有财产的征收、征用；（八）民事基本制度；（九）基本经济制度以及财政、税收、海关、金融和外贸的基本制度；（十）诉讼和仲裁制度；（十一）必须由全国人民代表大会及其常务委员会制定法律的其他事项。"第9条也规定："本法第八条规定的事项尚未制定法律的，全国人民代表大会及其常务委员会有权作出决定，授权国务院可以根据实际需要，对其中的部分事项先制定行政法规，但是有关犯罪和刑罚、对公民政治权利的剥夺和限制人身自由的强制措施和处罚、司法制度等事项除外。"这就从立法上确立了"法律保留原则"，对于有关犯罪与刑法、涉及剥夺公民政治权利或者限制人身自由强制措施、处罚以及司法制度等方面只能制定法律。因此，在设置法律责任条款时，需要根据不同层级的法律，来适当确定法律责任形式，而不能违背法律保留原则。

在我国，各级立法机关设定法律责任权限的基本的精神和原则是：任何立法机关均不得超越法定的权限范围任意设定法律责任，凡是涉及刑事责任、诉讼责任、绝大多数民事责任和有关涉及剥夺或者限制公民人身自由的行政处罚，应由全国人大及其常委会制定的法律设定；国务院制定的行政法规，只能设立除限制公民人身自由的其他行政处罚；对地方性法规和地方政府规章设定行政处罚的权限，我国《行政处罚法》作了明确规定。

3. 法律责任的设置要符合法定的种类和方式

确定的法律责任是使行为人预知法律的要求、正确安排自己行为的前提。责任不确定，或者责任太宽泛，不利于法律责任预防功能的正确发挥。这正如哈耶克所说："为使责任有效，就必须对责任予以严格的限定，使个人能够在确定各不相同的事项的重要性的时候依凭其自身的具体知识，使他能够把自己的道德原则适用于他所知道的情形，并能够有助于他自愿地作出努力，以消除种种弊害。"[1]因而，虽然在地方立法中一般只涉及行政责任的设定，但法律责任的设定也具有法定性，必须按照宪法和基本法律规定的责任种类和方式设定法律责任，这是责任法定原则在地方立法中的具体运用。

4. 法律责任的实施机关和程序要合法

法律责任的合法性原则还体现为法律责任的实施机关和程序要合法。首先，法律责任既涉及违法者所为的违法行为所导致的法律后果，也涉及有关国家机关将特定的法律后果强制性地付诸实施的责任。因而，有关法律责任实施机关的设定，必须符合法律。在我国，除宪法法律责任由立法机关确认和实施以外，其他法律责任的确认和实施者是国家司法机关、行政机关或者法律授权的机关。法律责任的确认和实施机关的选择，必须考虑公正和效率的原则。有关机关不能与违法者之间存有利害关系。如果利害关系的存在有其必然性，那么，法律要为当事人提供要求利害关系人回避的权利，以及必要的法律补救措施。其次，必须依据法律程序追究法律责任，非依"正当的法律程序"不得追究法律责任。因而，在法律责任条款中通常还涉及程序性规定，如行政复议、追诉时效等，这些规定也应符合国家基本法律的精神。

二、合理性原则

法律责任的设置，不仅要遵循合法的原则，而且也要体现合理的原则。法律、法规的法律责任设置的是否符合实际、合理恰当，直接关系着法律、法规本身的规范调整功能的健全和完善，关系着能否有效地保障法律、法规的顺畅实施，关系着立法目的实现程度和社会效果。[2]所谓合理性，是指在设定法律责任时必须考虑人的心智与情感因素，以期真正发挥法律责任的功能。哈耶克指出："既然我们是为了影响个人的行动而对其课以责任，那么这种责任就应当仅指涉两种情况：一是他预见课以责任对其行动的影响，从人的智能上讲是可能的；二是我们可以

---

[1] [英]哈耶克著，邓正来译：《自由秩序原理》，三联书店1997年版，第101页。
[2] 李培传：《论立法》，中国法制出版社2004年版，第411-412页。

合理地希望他在日常生活中会把这些影响纳入其考虑的范围。"[1]美国哲学家罗尔斯则从人的自由权和人是理性的两个角度论证了合理地设定及归结法律责任的必要性:"正是为了自由权本身的缘故,处罚才得到了承认。除非公民能够知道什么是法律,并得到公平的机会去考虑法律的指导作用,否则刑罚制裁对他们就是不适用的。这个原则只是把法制看作是为了指导有理性的人的合作而为他们设立公共规章制度的结果,是给予自由权以适当重视的结果。"[2]

法律责任的合理性原则,应当包含四个方面的要求:

1. 能充分发挥法律责任的各项功能

这主要表现为以下两个方面:(1)法律作为人们行为的重要社会规范,在它的实施过程中,肯定会把它的一些规范以及它所体现的一些理念内化到人的心里,实现一定的教育作用。这就要求在设定法律责任时,一方面要考虑它对人的心智与情感因素的影响,实现法、理、情最大限度的统一;另一方面要通过追究法律责任实现法律责任对人们的教育作用。(2)合理性原则要求,令某人或某一组织承担不利的法律后果时应当至少能够发挥法律责任中的某一功能;如果令某人或某一组织承担法律责任,只能发挥法律责任的一种功能,而事实上可以发挥法律责任两种以上的功能,那么前一种做法就不如后一种做法更合理。具体来说就是,归责应当或者能够发挥法律责任的救济功能,或者能够发挥法律责任的预防功能和惩罚功能,而单独的惩罚功能的实现是不合理的。换一种说法就是,只有在对某人课以责任时能够使他了解法律的要求,并因此根据法律相应调整其行为的时候,归责才是合理的;如果对他的归责仅仅令其感到法律的惩罚,而不思日后的依法行事,这种归责也是不尽合理的。

2. 必须符合时代需要

法律责任是一个历史的范畴,随着时代和文化的发展,法律责任的具体内容会发生巨大的变化。法律责任设置的合理性,要求在法律调整社会关系时所运用的国家强制或施加的责任负担是必需的、适度的。哪些社会关系和行为必须纳入法律调整范围并设定相应的责任,必须符合时代需要。同时,道德责任和法律责任之间在一定时间、一定情况下可以相互转化,有些原本是由法律调整的行为可

---

[1] [英]哈耶克著,邓正来译:《自由秩序原理》,三联书店1997年版,第99页。

[2] 转引自张骐:《论当代中国法律责任的目的、功能与归责的基本原则》,载《中外法学》1999年第6期。

以转变为由道德来单独调整，承担道德责任；有些原本是道德领域的问题也可以转化为法律问题，并设定相应的责任。

3. 责任强度要合理，即设定法律责任要适度

它要求责任应当与行为损害的具体度量相适应，对不同的违法行为应按其性质和程度分别设定不同的责任措施，对同等的违法行为应设立相当的责任。法律责任最基本的功能在于通过对违法行为设立否定性负担，而确保被侵害权利的恢复和正常秩序的维持。这便要求责任作为一种负担既要节制，又要使违法者不能从违法行为中获得的利益大于守法利益，这二者的临界点就是适度。这就要求：（1）在惩罚性责任中，惩罚与侵害之间应当有一个合适的比例，在责任负担与损害的利益之间求得一个均衡，要使法律责任的性质、种类、轻重与违法行为、违约行为以及对他人造成的损害相适应，如果处罚与违法行为不相适应，就不能起到恢复法律秩序的目的。（2）在以补偿为主的责任形式中，相对于惩罚性的责任，虽然补偿性责任更容易寻求对等性，但在补偿性责任中也存在责任负担的畸轻畸重问题，应尽力追求责任的公平性、适度性。一般来说，只要当事人在公平的情况下能就责任达成一致，那这个结果就是适度的。同时，补偿责任也应考虑行为人的过错程度，因为它对责任也有一定影响。

4. 责任形式要合理

在立法中，不同的责任形式具有不同的特征和功能机制，因而责任形式的分配应当合理，例如对于经济违法活动，应当以经济责任条款为主，实施经济制裁，如处于罚款、没收违法所得、罚金、没收财物等法律责任，而对于一些经济实力雄厚的市场主体的违法行为，如果仅仅采用经济责任制裁的话，收到的法律效果可能就不会很理想，甚至可能出现花钱买"合法"的问题，对于这类违法行为，应当给予资格罚或信誉罚，这样的责任形式就会很有效。

三、不可替代和节制性原则

在地方立法中，对于责任的设置应当持谨慎的态度，毕竟责任一旦设定，就会给相应的责任主体增加相应的社会或道义上的负担与责难，这与法治理念中的限权思维是相得益彰的。因此在地方立法法律责任的设置中，应当秉承着不可替代的理念，但凡能够通过其他的方式或手段代替法律责任，就应当尽可能用其他的替代性的手段或方式，而尽量避免采用法律责任的方式予以调整或规范。例如，由于市场中中介机构的不诚信行为急需通过立法加以制止，而罚款又未能实现制止中介机构的不诚信行为，某市在制定《市场中介机构管理条例》的过程中，没有采纳禁止不诚信的中介机构在本市开展业务活动即"禁止经营"的意见，而是通过改变过去"设定义务——处罚"的模式，以行政手段对市场中介机构的执业行为进行引导。在地方立法中引入了信用制度，通过建立信用平台，对守法诚信的中介机构给予政策扶持，对于不诚信的中介机构在信用平台上向社会公布，这种以市场引导代替处罚的方式，在实践中收到良好效果。[①] 也就是说，只要能够通过其他的替代手段加以替代的，一般就不应当再通过设定法律责任的方式予以调整。责任节制原则和不可替代原则一脉相承，在法律责任无法替代、不可避免的情况下才能设定，即使在这种情况下，在设定责任时也应当秉承责任节制的理念，在可多可少的情况下，应少设定责任，在可轻可重的设定情况下，则应当尽可能设定较轻的法律责任，责任节制理念要求责任设定能少则少，能轻则轻。

法律责任的不可替代和节制性原则，要求在整个社会的责任体系安排中，尽量少设定法律责任，而在设定法律责任时，要在可能和允许的范围内贯彻最节约、最不严厉、最人道的原则。这主要表现为以下两个方面：（1）在法律责任与非法律责任之间，在有可能运用其他社会调整方式有效地调控社会关系时，就没有必要采用法律调整，它的使用必须是最节制的，因为法律责任并非总是解决社会冲突与纠纷的最佳方式。（2）在法律责任体系中，各种责任形式的运用尤其是惩罚性责任的运用必须是节制的，这突出地表现在刑事责任中的刑罚的运用上。如果行为的非刑事控制方法的净收益等于或大于刑事控制方法的净收益，那么应采取非刑事方法。另外，在行政责任、民事责任体系中，对各种具体责任方式的安排也应贯彻节制原则。国家基于管理的需要可以设定必要的行政处罚措施，但必须注意这种处罚也应当限制在合理范围内，不得滥设行政处罚权。在民事责任中，要特别注意惩罚责任的限度，民事责任主要是补偿责任，应当在补偿不足以达到责任的完整目的和功能时，才考虑设定惩罚性的责任。但同时，不可替代和责任节制的原则也要求做到，"一是应设即设，即凡是有必要明确法律责任的违法行为都必须进行责任设定，以形成法网恢恢，疏而不漏的法律责任体系；二是设则

---

① 廖志斌：《浅谈立法过程中法律责任设定的几个问题》，载《政府立法中的法律责任设定研究论文集》，中国法制出版社2010年版，第62页。

有效，即设定的法律责任必须达到必要的强度，能够给予违法者有力的惩罚，使其慑于法律责任的严厉而放弃违法"。①

四、责任相当原则

责任相当原则包括以下内容：

1. 责任自负

在我国，公民在法律面前一律平等，对任何公民的违法行为，都同样地追究法律责任，没有不受法律约束或凌驾于法律之上的特殊公民。任何人只因其违法行为而承担法律责任，任何人没有承担因他人的违法行为导致的法律责任的义务，除非他人的违法行为与他的作为有内在的联系，如教唆他人犯罪等；任何人不能因与违法者存有亲属、朋友的关系而被断定为违法。因此，法律只追究违法者的法律责任。

2. 责任与损害程度相当

任何人只承担与其违法行为所造成的损害相当的责任，立法者要正确估计各种违法行为以及不同情节下的同一种违法行为给社会和他人造成的损害，即要综合考虑使行为人承担责任的多种因素，做到合理地区别对待。否则，会形成立法上法律责任的畸轻畸重现象，起不到法律应有的遏制违法的作用。因此，责任相当的原则是法律所追求的公正价值在设定法律责任时的充分体现。

3. 责任与违法性质相当

人们触犯的是刑事法律，就承担刑事责任；违反民法，就承担民事责任；违反行政法规，就承担行政责任，除非法律另有规定。立法者不能将当事人承担的民事责任，任意上升为刑事责任或行政责任。特别是法律责任的适用，重在教育不履行法定义务者，并消除当事人得以不履行法定义务的条件。在法律责任的设定中，有一种重罚款轻制止违法的倾向，其结果，不履行法定义务的当事人罚了款之后继续从事违法行为，等于花钱买合法，这是立法时要特别注意避免的。这就要求立法工作者对每一不履行法定义务的行为进行分析，选择最能制止不履行法定义务的法律责任，加以规定。

---

① 国务院法制办政府法制研究中心课题组：《法律责任设定有关问题研究》，载《政府立法中的法律责任设定研究论文集》，中国法制出版社2010年，第407页。

4. 义务性条款与责任条款相对应

凡是法律中设定的义务性条款，一般都应有对应的责任条款。否则，不但会给执法者适用法律造成困难，而且会造成有义务不履行，也无法追究法律责任的局面。这就要求立法者在拟定法律责任条款时，要与法定义务的内容相对照，将法定义务与法律责任形成一一对应的关系，不然，就会对社会产生负面影响。

五、责任协调统一原则

地方立法中法律责任的设置既要遵循合法性和合理性原则，又要使法律责任体系内在一致和形式协调，法律责任的设定要与其内部以及与现有法律体系相和谐统一。其具体内容是[①]：

1. 法律责任体系内部要和谐统一

法律责任体系应当是内在体系完整，没有明显的漏洞或空白，这要求损害行为的各种法律责任，如民事责任、刑事责任、行政责任等应当责任形式齐全，并具有内在协调的次序排列方式。在各种法律责任之间应注意协调，尤其在刑事责任与行政责任、民事侵权责任之间应安排适当的衔接措施，应当对责任的竞合作出立法选择。有些行为有附带法律责任的情况，如刑事责任与民事责任、行政责任与民事责任，应当同时分别追究，这两种责任的具体安排要有妥善的立法协调。同时，立法者应当明确一部法律的法律责任所建立的基准，即什么样的违法行为，法律不追究责任；什么样的违法行为，法律只追究行政责任；什么样的违法行为法律才追究刑事责任或者民事责任。然后，对可能出现的违法行为作损害或危害程度的量化分析，决定其法律责任。要避免出现：同样的行为或者同样的危害程度的结果，具有性质不同或处罚轻重程度不一的处罚的现象，如两条义务性条款的性质相同，违反义务性条款后的社会危害性相似，但在设定法律责任时，一则为行政处罚，另一则却追究其刑事责任。另外，要注意所设定的不同性质的法律责任之间要实现相互衔接，不同的法律责任之间不能混淆，不能出现行政处罚的严厉程度超过刑事处罚的严厉程度的现象。

2. 法律责任的设定要与现有的法律体系之间保持和谐统一

众所周知，立法者创制的法律终将融入一国现有的法律体系之中。为此，各种

[①] 孙潮：《立法技术学》，浙江人民出版社1993年版，第145页。

法律责任之间必须保持内在的和谐统一，不然法律体系的整体效应将被破坏，而出现不应有的法律规避现象。一国的法律责任体系的基准是刑法、民法、行政处罚法和有关的诉讼法。因此，任何新法的创制都必须了解其法律措施的界限，以及各种措施的适用范围，立法者不能从单个法律出发，建立完全脱离现有法律体系的法律责任体系。单个法律不能任意扩大处罚的适用范围，不能将民事责任与行政责任相混淆，更不能在一国法律中出现同一性质的违法行为，具有不同的法律责任。对地方立法来说，特别要注意法律责任的设定与国家法律、法规以及其他地方性法规和规章的和谐统一。对危害程度大致相同的违法行为，要设定严厉程度大致相同的法律责任。这就要求立法者对不同的违法行为都要作深入了解，并对不同的违法行为的危害程度作出恰如其分的估计，这样才能使违法行为的处罚规定互相协调，使危害程度严重的违法行为，受到严厉的处罚，不致在立法上对违法行为的制裁造成畸轻畸重。

3. 法律责任体系要与一国参加的国际条约、国际协议和国际惯例的法律责任体系相一致

与国际惯例接轨是我国建立社会主义市场经济所需的法律环境的必要保证。这种接轨不仅表现在行为规范的趋同，而且表现在法律责任体系的和谐与衔接。因此，凡是涉及市场经济活动的立法，立法者都应注意所立之法的法律责任，要与国际惯例、国际条约和国际协议的相关内容相衔接，除非这种衔接将导致我国主权受损，我们可以保留或者采用有利于我国的法律责任的规定。

4. 法律责任体系要与特定文化、习俗相协调

法律责任的设定不仅要与相关的权利义务相协调，力求对每种违反义务的行为设定相应的、可操作的、适当的法律责任，避免只有义务无相关责任的状况。同时，法律责任的价值选择和基本精神，从总体上说还要与其相应的道德、习惯等有着一致性。因为，人类文明在社会调整方式上有多方面的创造性，文化的相对性也会带来法律责任的相对性，各民族文化对法律责任的具体形态有着深刻的影响，各民族对同一种行为完全可能设定不同的法律责任。

六、效益原则

效益原则，指在设定及追究行为人的法律责任时，应当进行成本收益分析，讲求法律责任的效益。效益原则要求做到以下几点：

1. 法律责任的设置应考虑违法成本，能有效遏制违法行为

必要时应当依法加重违法的法律责任，提高其违法的成本，使其感到违法代价沉重、风险极大，从而不敢以身试法或有所收敛。在设计法律责任时，可以通过成本收益分析来确定对违法者适当的法律责任。如果对违法行为处罚太轻，就会使违法者认为违法有利可图，就不能充分发挥法律责任的功能。因而，要实现惩罚违法，挽回损失，威慑、预防违法的功能，就有必要加重处罚，以保证法律责任足够的威慑力度。虽然在实际生活中，确定法律责任还需考虑多方面因素，并可以广泛采用多种责任形式，但是，提高违法成本，不使违法者从违法中得到好处是一定要坚持的。

2. 法律责任要与违法行为造成的损害大体相等

效益原则的另一方面要求是，在通常情况下，法律责任要与违法行为造成的损害大体相等，使避免处罚的愿望稍微强于冒险违法或违约的愿望。"在进行惩罚时应该使其正好足以防止罪行重演。"[①]

3. 选用代价最小的责任方式

在运用各种具体的责任形式时，应当首先选用代价最小的责任方式。在有修理、重做或更换等责任方式的时候，一概要求赔偿损失或恢复原状是不经济的。比如，在一部100万字的作品中有1万字是盗版内容，要求销毁已印刷发行的上千册图书，就是不经济的。

4. 以最小的责任运作成本来实现最大的社会效益

法律责任制度的运作和实现有自己的成本算计，应以最小的责任运作成本来实现最大的社会效益，也就是使社会秩序的维护和发展的纠正成本降到最低。法律运作中，应尽量降低责任实施的成本。

七、适度的自由裁量原则

法律责任既是立法者向公民提供的行为准则，也是立法者给执法者对未来可能出现的违法行为予以处罚的标准。一方面，法律面对的是不断变动的社会现象；另一方面，法律责任的具体负担要考察多种因素。用恒定之法去规范不断变动的复杂世界，存在十分明显的局限性。有效的办法是，在明确法律责任的性质、幅度的同时，赋予执法者在特定范围内适度的自由裁量权，以适应日后的变化。这体现了法律责任实施中的原则性与灵活性的结合与统一。所谓原则性，是指立法者应当对法律责任的性质、种类、幅度、上限和下限、有责和无责、有责与免责

---

① ［法］米歇尔·福柯：《规训与惩罚》，三联书店1999年版，第103页。

等界限，作出明确具体的规定。而灵活性则表示立法者赋予执法者一定的、适度的自由裁量权，在此幅度、区域之间，由执法者自由决定法律责任的量。为此，要求立法者应当对法律责任的性质、种类、幅度，上限和下限，有责与无责，有责与免责等界限，作出明确、具体的规定。对于在一定幅度以内，在上限和下限以内，则赋予执法者一定的自由裁量权，由执法人员或者法官运用自由裁量权，决定实际执行的责任分量，甚至可以在同类法律责任中作出适合实际需要的选择。但是，不应赋予执法者过大的自由裁量权，否则，对公民与执法者都是不利的。因此，执法者无权在罪与非罪、有责与无责之间作出自由裁量。这是因为，法律责任不仅是执法者实施处罚的依据，也是法律适用者评价自己行为的法律依据。法律责任中确定性规定越少，执法者的自由裁量权就越大，法律适用者评价其行为的精确程度就越低，其结果只会导致人们更多地关注执法者的言行，而不是法律的规定。因此，立法者在有关法律责任内容的制作中，必须有高度的责任心。[①]

第三节　地方立法中法律责任条款的设置

一、法律规范、法律原则、法律规则和法律条款

法律，通常是指由国家制定或认可，并由国家强制力保证实施的，以规定当事人权利和义务为主要内容的，对全体社会成员具有普遍约束力的一种特殊行为规范。在我国，法律是由享有立法权的立法机关行使国家立法权，依照法定程序制定、修改并颁布，并由国家强制力保证实施的行为规范总称。我国的法律按效力等级的不同可划分为宪法、法律、行政法规、地方性法规、自治条例和单行条例、规章等。

法律是一种概括、普遍、严谨的行为规范。法律首先是指一种行为规范，所以规范性就是它的首要特性。规范性是指法律为人们的行为提供模式、标准、样式和方向。法律同时还具有概括性，它是人们从大量实际、具体的行为中高度抽象出来的一种行为模式，它的对象是一般的人，是反复适用多次的。法律还具有

[①] 参见汤唯、毕可志：《地方立法的民主化科学化构想》，北京大学出版社2006年版，第299-300页。

普遍性，即法律所提供的行为标准是按照法律规定所有公民一概适用的，不允许有法律规定之外的特殊，即要求"法律面前人人平等"，一旦触犯法律，便会受到相应的惩罚，对其教育、改良。法律的普遍性表现在，法律具有普遍的有效性，即在一国主权内法具有普遍效力和普遍的一致性。

一部法律（法律文本）是由数个法律条款组成的。构成一部法律的法律条款有规范性条款和非规范性条款。非规范性条款是指不直接规定法律规范，而规定某些法律技术内容（如专门法律术语的界定、公布机关和时间、法律生效日期等）的条款。规范性条款是法律规范的表达形式。

（一）规范与法律规范

规范，有名词、动词等词性。意指明文规定或约定俗成的标准。如：道德规范、技术规范等。或是指按照既定标准、规范的要求进行操作，使某一行为或活动达到或超越规定的标准。如：规范管理、规范操作。规范一词也有做形容词使用的，如：公司的管理很规范，这篇文章行文比较规范等。"规范"一词被广泛用于学术讨论中，尤其在法学、哲学及自然科学中。从词源上看，"规范"来源于拉丁语"norma"，意指"角尺""重垂线"，就是用来制造符合尺寸的手工器械。后来演变成两种意义：一种是规定特定行为的应然规范；一种是描述事物之间的现实存在的一般关系的实然规范。与今天被广泛适用的"规范"一词有一个共同点：即规范在某种程度上为特定的人必须为、应当为、可以为某种行为提供指导。这种指导，不仅包括有约束力的有效的社会规则，还包括各种社会交往中效力较弱的命令，如游戏规则、礼仪标准等，甚至非常私密的个人决定如道德习惯等。[①]规范一般可分为技术规范和社会规范两大类。

技术规范指规定人们支配和使用自然力、劳动工具、劳动对象的行为准则。在当前技术发展极端复杂的情况下，没有技术规范就不可能进行生产，违反技术规范就可能造成严重的后果，如导致生产者残废或死亡，引起爆炸、火灾和其他灾害等。社会规范是调整人们社会关系的行为准则。包括法律规范、道德、习惯及其他共同生活规则等。

法律规范是社会规范的一种。法律规范是一般的行为规则。它所针对的不是个别的、特定的事或人，而是适用于大量同类的事或人；不是适用一次就完结，

[①] 李广德：《法律文本理论与法律解释》，载《国家检察官学报》第 24 卷第 4 期。

而是多次适用的一般规则。至于只适用于某一具体的事或人的具体命令或判决，虽然也具有必须遵守的性质，但它不是法律规范，是法律规范在具体条件下的适用，是非规范性的文件。法律规范与其他社会规范有明显的区别：①法律规范是国家制定和认可的，其适用和遵守要依靠国家强制力的保证。其他社会规范既不由国家来制定，也不依靠国家强制力来保证。②在一定的国家中，只能有统治阶级的法律规范，其他的社会规范则不同，在同一阶级社会中，可以有不同阶级的规范，如既有统治阶级的道德，又有被统治阶级的道德。③除习惯法外，法律规范一般具有特定的形式，由国家机关用正式文件（如法律、命令等）规定出来，成为具体的制度。其他社会规范除某些社会团体制定的规章（不具有国家强制力保证的性质）外，一般没有正式文件的形式，而大都存在于人们的观念中或社会生活习惯中。法律规范和其他社会规范在社会生活中起着相辅相成的作用。

　　法律规范有一定的逻辑结构。我国学界通说认为，法律规范通常由三个部分组成，即假定、处理、制裁。它们构成法律规范的三个要素。

　　假定，指适用规范的必要条件。每一个法律规范都是在一定条件出现的情况下才能适用，而适用这一法律规范的这种条件就称为假定。如《刑事诉讼法》第60条："凡是知道案件情况的人，都有作证的义务。"这个法律规范中，"凡是知道案件情况的人"就是假定部分。在许多情况下，假定部分未明确写出，可以从规范条文中推论出来。如《婚姻法》第24条："夫妻有相互继承遗产的权利。"这条没有明确写出假定部分，但可以推论出来，即夫妻一方先亡而有遗产，便是假定。

　　处理，指行为规范本身的基本要求。它规定人们的行为应当做什么、禁止做什么、允许做什么。这是法律规范的中心部分，是规范的主要内容。如《婚姻法》第21条："父母对子女有抚养教育的义务；子女对父母有赡养扶助的义务。"这是规定应当做什么；第27条："继父母与继子女间，不得虐待或歧视"，这是规定禁止做什么；第14条："夫妻双方都有各用自己姓名的权利"，这是规定允许做什么。

　　制裁，指对违反法律规范将导致的法律后果的规定。如损害赔偿、行政处罚、经济制裁、判处刑罚等。法律规范的制裁部分在法律条文中有以下几种情况：（1）有些法律明确地规定了制裁。如《刑法》第397条："国家工作人员由于玩忽职守，致使公共财产、国家和人民利益遭受重大损失的，处五年以下有期徒刑或者拘役。"（2）有些法律规范的制裁部分，规定在其他法律文件中。如违反《选举法》的制裁，规定在《刑法》第256条中。不论制裁部分怎样规定，法律规范一般都有制裁，因为制裁是保证法律规范实现的强制措施，是法律规范的一个标志。

法律规范这三个部分是密切联系不可缺少的，否则就失掉法律规范的意义。但这三个部分不一定都明确规定在一个法律条文中，如法律原则条文中，就没有制裁。还有的条文未叙述假定部分，有的把假定与处理结合在一起，特别是刑事法律规范往往把假定与处理结合在一起，从表面上看它只有处理与制裁两个要素构成。有的未直接规定制裁。法律规范包括法律原则和法律规则。

（二）法律原则

法律原则，是为法律规则提供某种基础或本源的综合性的、指导性的价值准则或规范，是法律诉讼、法律程序和法律裁决的确认规范。法律原则有以下几类：

1. 公理性原则和政策性原则

按照法律原则产生的基础不同，可以把法律原则分为公理性原则和政策性原则。公理性原则，即由法律原理（法理）构成的原则，是由法律上之事理推导出来的法律原则，是严格意义的法律原则，例如法律平等原则、诚实信用原则、无罪推定原则、罪刑法定原则等，它们在国际范围内具有较大的普适性。政策性原则是一个国家或民族出于一定的政策考量而制定的一些原则，如我国宪法中规定的"依法治国，建设社会主义法治国家"的原则，"国家实行社会主义市场经济"的原则，婚姻法中"实行计划生育"的原则，等等。政策性原则具有针对性、民族性和时代性。

2. 基本原则和具体原则

按照法律原则对人的行为及其条件之覆盖面的宽窄和适用范围大小，可以把法律原则分为基本原则和具体原则。基本法律原则是整个法律体系或某一法律部门所适用的、体现法的基本价值的原则，如宪法所规定的各项原则。具体法律原则是在基本原则指导下适用于某一法律部门中特定情形的原则，如（英、美）契约法中的要约原则和承诺原则、错误原则和我国物权法规定的物权法定原则等。

3. 实体性原则和程序性原则

按照法律原则涉及的内容和问题不同，可以把法律原则分为实体性原则和程序性原则。实体性原则是指直接涉及实体法问题（实体性权利和义务等）的原则，例如，宪法、民法、刑法、行政法中所规定的多数原则属于此类。程序性原则是指直接涉及程序法（诉讼法）问题的原则，如诉讼法中规定的"一事不再理"原则、辩护原则、非法证据排除原则、无罪推定原则等。

现代法理学一般都认为法律原则可以克服法律规则的僵硬性缺陷,弥补法律漏洞,保证个案正义,在一定程度上缓解了规范与事实之间的缝隙,从而能够使法律更好地与社会相协调一致。但由于法律原则内涵高度抽象,外延宽泛,不像法律规则那样对假定条件和行为模式有具体明确的规定,所以当法律原则直接作为裁判案件的标准发挥作用时,会赋予法官较大的自由裁量权,从而不能完全保证法律的确定性和可预测性。为了将法律原则的不确定性减小在一定程度之内,需要对法律原则的适用设定严格的条件。法律原则的适用条件包括:

第一,穷尽法律规则,方得适用法律原则。这个条件要求,在有具体的法律规则可供适用时,不得直接适用法律原则。即使出现了法律规则的例外情况,如果没有非常强的理由,法官也不能以一定的原则否定既存的法律规则。只有出现无法律规则可以适用的情形,法律原则才可以作为弥补"规则漏洞"的手段发挥作用。这是因为法律规则是法律中最具有硬度的部分,能最大限度地实现法律的确定性和可预测性,有助于保持法律的安定性和权威性,避免司法者滥用自由裁量权,保证法治的最起码的要求得到实现。

第二,除非为了实现个案正义,否则不得舍弃法律规则而直接适用法律原则。这个条件要求,如果某个法律规则适用于某个具体案件,没有产生极端的人们不可容忍的不正义的裁判结果,法官就不得轻易舍弃法律规则而直接适用法律原则。这是因为任何特定国家的法律人首先理当崇尚的是法律的确定性。在法的安定性和合目的性之间,法律首先要保证的是法的安定性。

第三,没有更强理由,不得径行适用法律原则。在判断何种规则在何时及何种情况下极端违背正义,其实难度很大,法律原则必须为适用第二个规则提出比适用原法律规则更强的理由,否则上面第二个条件就难以成立。德国当代法学家、基尔大学法哲学与公法学教授罗伯·阿列克西(Robert Alexy)对此曾做过比较细致的分析。他指出:当法官可能基于某一原则 P 而欲对某一规则 R 创设一个例外规则 R' 时,对 R 的论证就不仅是 P 与在内容上支持 R 的原则 R.P 之间的衡量而已。P 也必须在形式层面与支持 R 的原则 R.pf 作衡量。而所谓在形式层面支持 R 之原则,最重要的就是"由权威机关所设立之规则的确定性"。要为 R 创设例外规则 R',不仅 P 要有强过 R.P 的强度,P 还必须强过 R.pf。或者说,基于某一原则所提供的理由,其强度必须强到足以排除支持此规则的形式原则,尤其是确定性和权威性。而且,主张适用法律原则的一方(即主张例外规则的一方)负有举证的责任。显然,在已存有相应规则的前提下,若通过法律原则改变既存之法律规则或者否定规则的有效性，却提出比适用该规则分量相当甚至更弱的理由，那么适用法律原则就没有逻辑证明力和说服力。①

（三）法律规则

法律规则是采取一定的结构形式具体规定人们的法律权利、法律义务以及相应的法律后果的行为规范。

法律规则有很强的逻辑结构。前文讨论的法律规范的逻辑结构主要表现在法律规则上。法律规则的逻辑结构，指法律规则诸要素的逻辑联结方式，即从逻辑的角度看法律规则是由哪些部分或要素来组成的，以及这些部分或要素之间是如何联结在一起的。关于法律规则的结构，目前学界有不同看法。主要有"三要素说"和"两要素说"两种观点。"三要素说"认为，每一法律规则通常由假定、处理和制裁三个要素构成。（这在前文"法律规范的逻辑结构"部分已有讨论）"两要素说"认为，法律规则是由行为模式和法律后果两部分构成的。我们持新的"三要素说"，认为任何法律规则由假定条件、行为模式和法律后果三个部分构成。

所谓假定条件，指法律规则中有关适用该规则的条件和情况的部分，即法律规则在什么时间、空间、对什么人适用以及在什么情境下对人的行为有约束力的问题。它包含两个方面：（1）法律规则的适用条件。其内容有关法律规则在什么时间生效，在什么地域生效以及对什么人生效等。（2）行为主体的行为条件。

所谓行为模式，指法律规则中规定人们如何具体行为之方式或范型的部分。它是从人们大量的实际行为中概括出来的法律行为要求。根据行为要求的内容和性质不同，法律规则中的行为模式分为三种：（1）可为模式。指在什么假定条件下，人们"可以如何行为"的模式。（2）应为模式。指在什么假定条件下，人们"应当或必须如何行为"的模式。（3）勿为模式。指在什么假定条件下，人们"禁止或不得如何行为"的模式。从另一个角度看，可为模式亦可称为权利行为模式，而应为模式和勿为模式又可称为义务行为模式。它们的内容是任何法律规则的核心部分。

所谓法律后果，指法律规则中规定人们在作出符合或不符合行为模式的要求时应承担相应的结果的部分，是法律规则对人们具有法律意义的行为的态度。根据人们对行为模式所作出的实际行为的不同，法律后果又分为两种：（1）合法

---

① 舒国滢：《法律原则适用中的难题何在》，载《苏州大学学报》2004年第6期。

后果，又称肯定式的法律后果，是法律规则中规定人们按照行为模式的要求行为而在法律上予以肯定的后果，它表现为法律规则对人们行为的保护、许可或奖励。值得指出的是，目前我国法律、法规的内容中还有规定奖励性措施的奖励性条款。奖励性条款是立法者为鼓励法律实施者有效地执行法律、遵守法律而制定的。它从激励机制的角度，来推动整个社会和公民实施法律，随着社会主义法治建设和法学理论的发展，运用奖励性规范调整社会关系的立法越来越必要，它对法律的社会认可有着积极的意义。（2）违法后果，又称否定式的法律后果，是法律规则中规定人们不按照行为模式的要求行为而在法律上予以否定的后果，它表现为法律规则对人们行为的制裁、不予保护、撤销、停止，或要求恢复、补偿等。

法律规则有多种分类：

1. 授权性规则和义务性规则

按照规则的内容规定不同，法律规则可以分为授权性规则和义务性规则。所谓授权性规则，是指规定人们有权做一定行为或不做一定行为的规则，即规定人们的"可为模式"的规则。所谓义务性规则，是指在内容上规定人们的法律义务，即有关人们应当作出或不作出某种行为的规则。它也分为两种：（1）命令性规则，是指规定人们的积极义务，即人们必须或应当作出某种行为的规则，例如婚姻法规定的"现役军人的配偶要求离婚，须得军人同意"即属于此种规则。（2）禁止性规则，是指规定人们的消极义务（不作为义务），即禁止人们作出一定行为的规则，例如宪法规定"禁止任何组织或者个人用任何手段侵占或破坏国家和集体的财产"即属于此种规则。

2. 确定性规则、委任性规则和准用性规则

按照规则内容的确定性程度不同，可以把法律规则分为确定性规则、委任性规则和准用性规则。所谓确定性规则，是指内容本已明确肯定，无须再援引或参照其他规则来确定其内容的法律规则。在法律条文中规定的绝大多数法律规则属于此种规则。所谓委任性规则，是指内容尚未确定而只规定某种概括性指示，由相应国家机关通过相应途径或程序加以确定的法律规则。例如，《计量法》第32条规定："中国人民解放军和国防科技工业系统计量工作的监督管理办法，由国务院、中央军事委员会依据本法另行制定。"此规定即属委任性规则。所谓准用性规则，是指内容本身没有规定人们具体的行为模式，而是可以援引或参照其他相应内容规定的规则。例如，《商业银行法》第17条规定："商业银行的组织形式、组织机构适用《中华人民共和国公司法》的规定。"此规定即属准用性规则。

3. 强行性规则和任意性规则

按照规则对人们行为规定和限定的范围或程度不同,可以把法律规则分为强行性规则和任意性规则。所谓强行性规则,是指内容规定具有强制性质,不允许人们随便加以更改的法律规则。义务性规则属于强行性规则。在体现人们个人意志的活动(如民事活动)中,强行性规则不允许当事人有个人意思表示,如果当事人之间签订了违反强制性规则的协议,则该协议被认为是无效的。所谓任意性规则,是指规定在一定范围内,允许人们自行选择或协商确定为与不为、为的方式以及法律关系中的权利义务内容的法律规则。在权利性规则中,有些属于任意性规则。其内容大都是国家赋予人们某种意志表达力更大的权利和自由,或者说法律规则一般只对人们的权利(可以做什么或不做什么)作原则性的规定,当事人个人自行确定或选择自己权利和自由的内容或方式。例如,按照我国法律规定,合资企业的产品可以出口,也可以在中国市场销售。此种规定即属任意性规则。

(四)法律原则与法律规则的关系

法律原则与法律规则都属于法律规范,在内容上、适用范围上、适用方法上都有明显的不同,但二者缺一不可。法律规则着眼于主体行为及各种条件或情况的共性,明确具体的目的是削弱或者防止法律适用上的"自由裁量",这在一定程度上体现了法律规则的僵硬性缺陷。在法律存在漏洞,没有明确的法律规则可用的情况下,可以以法律原则作为裁判的依据,克服法律规则的僵硬性缺陷。法律原则与法律规则有明显的区别:

1. 在内容上

法律规则的规定是明确具体的,它着眼于主体行为及各种条件(情况)的共性;其明确具体的目的是削弱或防止法律适用上的"自由裁量"。与此相比,法律原则的着眼点不仅限于行为及条件的共性,而且关注它们的个别性。其要求比较笼统、模糊,它不预先设定明确的、具体的假定条件,更没有设定明确的法律后果。它只对行为或裁判设定一些概括性的要求或标准(即使是有关权利和义务的规定,也是不具体的),但并不直接告诉应当如何去实现或满足这些要求或标准,故在适用时具有较大的余地供法官选择和灵活应用。

2. 在适用范围上

法律规则由于内容具体明确,它们只适用于某一类型的行为。而法律原则对人的行为及其条件有更大的覆盖面和抽象性，它们是对从社会生活或社会关系中概括出来的某一类行为、某一法律部门甚或全部法律体系均通用的价值准则，具有宏观的指导性，其适用范围比法律规则宽广。

3. 在适用方式上

法律规则是以"全有或全无的方式"（all or nothing fashion）或涵摄的方式应用于个案当中的：如果一条规则所规定的条件被该案件事实所满足，那么，这条规则所规定的法律后果就被确定地适用该案件，也就是说，必须接受该规则所提供的解决办法；如果该规则规定的条件没有被满足或者由于与另一个规则相冲突而被排除，那么，该规则对该案件就是无效的，也就是说，该规则对裁决不起任何作用。美国法理学家德沃金（Dworkin）在说明这一点时，曾举棒球规则的例子：在棒球比赛中，击球手若对投球手所投的球三次都未击中则必须出局。裁判员不能一方面承认三击不中者出局的规则有效，另一方面又不判三击不中者出局。这种矛盾在规则的情况下是不允许的。[1] 而法律原则的适用则不同，它不是以"全有或全无的方式"或是以衡量的方式应用于个案当中的，因为不同的法律原则是具有不同的"强度"（weight，分量）的，而且这些不同强度的原则甚至冲突的原则都可能存在于一部法律之中。例如，在民法中，无过错责任原则和公平责任原则，可能与意志自由原则是矛盾的。所以，当两个原则在具体的个案中冲突时，法官必须根据案件的具体情况及有关背景在不同强度的原则间作出权衡：被认为强度较强的原则对该案件的裁决具有指导性的作用，比其他原则的适用更有分量。但另一原则并不因此无效，也并不因此被排除在法律制度之外，因为在另一个案中，这两个原则的强度关系可能会改变。例如，我们不能根据在某一个案中采用公平原则，而否定意志自由原则的效力；相反，我们在另一个案中强调意志自由原则，也并不否定公平原则的效力。当然，在权衡原则的强度时，有些原则自始就是最强的，例如法律平等原则、民法中的"诚实信用"原则，它们往往被称为"帝王条款"，另外，法律原则的适用有极严格的条件限制。

（五）法律规范与法律条款、法律责任与法律责任条款

一切法律都必须以作为"法律语句"的语句形式表达出来的，具有语言的依

---

[1] ［美］罗纳德·德沃金著：《认真对待权利》，信春鹰、吴玉章译，中国大百科全书出版社1998年版，第43页。

赖性。离开了语言，法律就无以表达、记载、解释和发展。如果没有语言，法律就失去了架构规范与事实之间的桥梁。法律规范是通过特定语句表达的，表达法律规范的特定语句往往是一种规范语句。根据规范语句所运用的助动词的不同，规范语句可以被区分命令句和允许句。命令句是指使用了"必须"（must）、"应当"（ought to should）或"禁止"（must not）等这样一些道义助动词的语句，例如"要求结婚的男女双方必须亲自到婚姻登记机关进行结婚登记""送养人不得以送养子女为由违反计划生育的规定再生育子女"。允许句是指使用了"可以"（may）这类道义助动词的语句，例如"当事人协商一致，可以变更合同"。但是，这并不意味着所有法律规范的表达都是以规范语句的形式表达，而是可以用陈述语气或陈述句表达，例如《民法通则》第15条规定："公民以他的户籍所在地的居住地为住所，经常居住地与住所不一致的，经常居住地视为住所。"但是，这句话不能理解为是在描述一个事实，而是表达了一个命令，因为这句话可以被改写为一个规范语句，"公民应当以他的户籍所在地的居住地为住所，经常居住地与住所不一致的，经常居住地应该视为住所"。

　　法律文本是由书写固定下来的法律话语，它有一定的文字实体和语言符号组成，这些语言和符号经创作者的选择和排序并赋予确定的权利义务的意向，通过适用的语境传递给读者以特定的意义。一部法律的法律文本是对整个规范性文件这一法条集合作出的某种概括。而法条（法律条款）是用来描述法律文件中的具体单位。[①] 现代国家的规范性法律文件（如法典）大都是以法律文本的形式表现的，它又以条款为基本构成单位。从其表述的内容来看，法律条款可以分为规范性条款和非规范性条款。规范性条款是直接表述法律规范（法律规则和法律原则）的条款，非规范性条款是指不直接规定法律规范，而规定某些法律技术内容（如专门法律术语的界定、公布机关和时间、法律生效日期等）的条款。这些非规范性条款不可能是独立存在的，它们总是附属于规范性法律文件中的规范性法律条款的。因此，应当把法律规范和法律条款区别开来。法律规范是法律条款的内容，法律条款是法律规范的表现形式，并不是所有的法律条款都直接规定法律规范，也不是每一个条款都完整地表述一个规范或只表述一个法律规范。法律条款与法律规范不是对应关系。在立法实践中，通常采取两种不同的方式来明示人们的行为界限，分别以不同的条款规定表现出来。具体而言，大致有以下几类情形：（1）

[①] 李广德：《法律文本理论与法律解释》，载《国家检察官学报》第24卷第4期。

一个完整的法律规范由数个法律条款来表述；（2）法律规范的内容分别由不同规范性法律文件的法律条款来表述；（3）一个条款表述不同的法律规范或其要素；（4）法律条款仅规定法律规范的某个要素或若干要素。

法律责任是法律规范的重要内容，法律责任又是由具体的法律责任条款来表达的。法律责任条款是指在法律文本中表达法律责任内容的法律条款。责任条款可以看作是法律责任的表述形式，也是法律责任内容的呈现载体，其与法律责任是形式与内容的关系。"一个法律责任的全部构成要素可以通过数个法律责任条款加以表述，其中的一个要素也可能分别见诸不同的法律责任条款。"[①] 进一步看，一个法律责任内容的全部构成可能存在于不同的法律责任条款。这方面比较明显的例证是《刑法》，针对社会危害性的不同，不同的犯罪情节，使犯罪分子承担的刑罚责任是不同的。

例如《刑法》第241条规定："收买被拐卖的妇女、儿童的，处三年以下有期徒刑、拘役或者管制。收买被拐卖的妇女，强行与其发生性关系的，依照本法第二百三十六条的规定定罪处罚。收买被拐卖的妇女、儿童，非法剥夺、限制其人身自由或者有伤害、侮辱等犯罪行为的，依照本法的有关规定定罪处罚。收买被拐卖的妇女、儿童，并有第二款、第三款规定的犯罪行为的，依照数罪并罚的规定处罚。收买被拐卖的妇女、儿童又出卖的，依照本法第二百四十条的规定定罪处罚。收买被拐卖的妇女、儿童，对被买儿童没有虐待行为，不阻碍对其进行解救的，可以从轻处罚；按照被买妇女的意愿，不阻碍其返回原居住地的，可以从轻或者减轻处罚。"

这种模式的立法例很多，不仅存在于刑事法律责任，行政法律责任、民事法律责任的设置也可以见到这种立法例。同时法律责任条款甚至还可能存在于不同的法律文本之中，更有甚者，可以跨域不同的法律部门。例如，《土地管理法》第73条规定："买卖或者以其他形式非法转让土地的，由县级以上人民政府土地行政主管部门没收违法所得；对违反土地利用总体规划擅自将农用地改为建设用地的，限期拆除在非法转让的土地上新建的建筑物和其他设施，恢复土地原状，对符合土地利用总体规划的，没收在非法转让的土地上新建的建筑物和其他设施；可以并处罚款；对直接负责的主管人员和其他直接责任人员，依法给予行政处分；构成犯罪的，依法追究刑事责任。"甚至该法的第74、76条也都规定了跨部门的

[①] 阮荣祥、赵恺：《地方立法的理论与实践》，社会科学文献出版社2011年版，第414页。

行政法律责任与刑事法律责任，我们暂且不论这种法律责任条款设计模式的优劣。再如《行政处罚法》第7条规定："公民、法人或者其他组织因违法受到行政处罚，其违法行为对他人造成损害的，应当依法承担民事责任。"针对这种既侵犯公共利益、破坏行政管理秩序，又侵犯他人合法权益的行为，在法律责任设置上，就设定了跨部门的行政法律责任与民事法律责任。因此，我们不能将法律责任条款与法律责任混为一谈，应当将二者的区别与联系搞清楚。①

二、我国地方立法中法律责任条款的类型

法律责任根据不同的标准可以有不同的分类，同样，法律责任条款基于不同的标准，也可以分为不同的类型，对法律责任条款的类型化分析，可以使我们更全面地把握责任条款的内涵与外延，为法律责任条款的科学设置提供细致的理论解剖。

1. 实体性责任条款与程序性责任条款

按照法律责任条款的内容，可以将法律责任条款分为实体性责任条款和程序性责任条款。其中，实体性责任条款包括直接规定和确认责任主体、违法行为、损害事实、主观过错、因果关系等五个方面内容的相应条款。构成法律责任的实体条款，包含主体条款（责任主体条款、责任认定主体条款、责任强制实施主体条款）、行为条款（违法行为性质认定条款、责任强制实施条款、法律制裁或补偿方式、种类、幅度条款）。程序性责任条款则包括保障法律责任得以认定、实施、承担、救济的有关程序为主的相应条款，构成法律责任的程序条款，包括各类责任行为的时效条款、违法行为认定程序条款、责任强制程序条款、法律救济程序条款等方面的内容条款。

当然，实体性责任条款与程序性责任条款也不是天然分离的，大多数情况下，实体性责任条款和程序性责任条款是分离的，包含在不同的法律责任条款之中，但也很可能在一个法律责任条款中既包含了实体性内容，也包含了程序性内容，但这种立法例并不常见。地方立法中的法律责任条款主要是实体性条款。

区分实体性责任条款与程序性责任条款，可以使我们在责任条款设置时有所

---

① 李亮：《法律文本中责任条款的概念与类型论析》，载《广西政法管理干部学院学报》第28卷第3期。

侧重，对于实体性责任条款要更加注重考量其实体公正性，而对于程序性责任条款则更加注重考量其程序正当性。有所侧重可以使责任条款的设置更加科学化，增加其实施中的可操作性，当然，有所侧重并不意味对其他层面的忽视。①

2. 民事责任条款、行政责任条款、刑事责任条款与宪法性责任条款

从法律责任条款所属法律部门的角度划分，可以把责任条款主要划分为民事责任条款、行政责任条款、刑事责任条款、宪法责任条款，此外还包括诸如国家赔偿责任条款、诉讼责任条款等。民事责任条款主要是在法律文本中表述民事责任内容的法律条款；行政责任条款主要是指在法律文本中表述行政责任内容的法律条款；刑事责任条款则是指在法律文本中表述刑事责任内容的法律条款；宪法责任条款主要是指表述宪法性责任的法律条款，包括但不限于宪法，如《立法法》中的责任条款亦可以归入宪法性责任条款的种类。地方立法中主要是行政责任条款。

将法律责任条款按照部门法的角度进行分类，具有重要的理论与实践价值。针对不同部门的法律责任条款，在立法设计时，可以有针对性地进行设置。例如，行政责任条款与刑事责任条款同属公法责任条款表达，其责任属性和作为私法责任条款表达的民事责任条款之间显然是存在差别的，公法责任条款表达的特征在于国家强制，而私法责任条款表达的特征在于意思自治。

3. 确定性责任条款、委任性责任条款与准用性责任条款

从法律责任条款的设立方式上，可以把责任条款分为确定性责任条款、委任性责任条款、准用性责任条款。其中，确定性责任条款是指在法律文本中明确规定了法律责任的所有内容要素，无须再援引其他条款的责任条款；委任性责任条款是在法律文本中没有明确设定法律责任的所有内容，而授权某一机构加以具体设定的责任条款；准用性责任条款是指在法律文本中没有明确设定法律责任的所有内容，但明确指出可以援引其他法律文件的责任条款内容。

对法律责任条款按照设立方式进行分类，提醒我们在法律责任条款设计时，要充分考量责任条款的可操作性，在综合考量各种立法因素的前提下，应当尽可能地设定确定性的责任条款，退而求其次则是设定委任性的责任条款，对于授权性责任条款的设定，则应当谨慎。

---

① 李亮：《法律文本中责任条款的概念与类型论析》，载《广西政法管理干部学院学报》第28卷第3期。

从可行性的角度出发，确定性的责任条款具有较强的可操作性，委任性责任条款，如果援引的责任条款也是确定性责任条款，则可操作性方面尚可，如果援引的也是委任性责任条款或者授权性责任条款则其可操作性就会大打折扣，因此对于委任性责任条款中援引的责任条款应当有所限制，一般限定援引确定性条款为宜，而对于授权性责任条款则应当谨慎设定，如果设定，应当充分保障其可行性，否则这种责任条款的设定只能注定停留在文本上，而无法践行。例如，现行《体育法》第32条规定："在竞技体育活动中发生纠纷，由体育仲裁机构负责调解、仲裁。"这也是一种权利的救济方式，虽然《体育法》规定，"体育仲裁机构的设立办法和仲裁范围由国务院另行规定"，但到现在，"我国体育仲裁制度仍未建立，其他救济制度因缺少体育法的确认，从而使得体育法律责任设置结构不完善"。再如，《道路交通安全法》第17条规定："国家实行机动车第三者责任强制保险制度，设立道路交通事故社会救助基金。具体办法由国务院规定。"但国务院迟迟没有出台相关规定，使得对于受害人的救济受到严重制约。

此外，法律责任条款还可以按照责任性质划分为补偿性法律责任条款与惩罚性法律责任条款。一般而言，民事责任条款多为补偿性责任条款，行政责任条款与刑事责任条款多为惩罚性责任条款，但也有例外，例如《食品安全法》中，在民事责任条款中就设定了惩罚性赔偿责任条款。

三、地方立法法律责任条款的设置原则

法律责任条款的设置原则，是指立法者在法律文本中设置与表述法律责任条款时所应当遵循的价值指引、观念标准和必须遵循的基本准则。有人认为，立法者应坚持"三易"的原则，从确保当事人和执法者易读易懂易操作的角度进行责任条款的设计和表述。一是法律责任条款设定的内容要全面，所需的实体性条款和程序性条款应肯定、准确，不能含糊不清。二是法律责任条款应与义务性条款、禁止性条款前后相呼应，不留空白，更不能相互冲突。三是同一法规的各类责任条款设定结构、排列、语言表达能形成相对固定的统一模式，专业术语使用规范，符合语言习惯，通俗、有利于推广和运用。[1] 有人认为，法律责任条款的设置应

---

[1] 参见徐向华：《地方性法规法律责任的设定——上海市地方性法规的解析》，法律出版社2007年版。

当努力追求：一是各类法律渊源立法权限合理得当，相辅相成，衔接有序；二是法律责任种类齐全，责任方式有机组合，针对性、操作性强，实现制裁性法律责任、强制性法律责任和补救性法律责任方式有机组合；三是法律责任设定表述技术成熟，技术规范统一；四是责任承担主体权利平衡，法律救济制度健全；最后是法律责任修订、废止及时，合法性、合理性得到保证。[①]也有人认为法律责任条款的设置应当遵循合法性原则、协调性原则、均衡性原则与可操作性原则。[②]上述观点都是可取的。我们认为，法律责任条款的设置除了要遵循法律责任的一般原则外，还应遵循以下原则。

（一）责任条款设置的协调性原则

法律责任条款设置的协调性原则，是指在法律文本中，责任条款的设定，要相互协调、和谐有序。法律责任条款设置协调性原则是维护社会主义法制的统一和尊严的必然要求，也是建设中国特色社会主义法律体系的必然要求。法律责任条款的协调性原则要求，法律责任条款在设置时从宏观到微观，应当符合以下几点。

1. 不同部门的法律文本之间责任条款设定要相互协调

这就要求在法律责任条款设定时，本法律文本中设定的法律责任条款与其他法律文本中设定的责任条款，要有效地协调起来。实践中有些行政法律责任条款，往往规定了"构成犯罪的，依法追究刑事责任"，这种笼统的责任条款设置时，需要注意到究竟这种行政违法行为超过一定的限度，达到犯罪程度时，是否能够与刑事责任条款有效协调起来，是否有相应的罪名与其相对应。

2. 不同层级的法律文本中责任条款的设定要相互协调

上位法在法律文本中对责任条款设定作出过规定的，下位法就没有必要再作重复性的设定，避免立法资源的浪费。但这并意味着下位法在法律责任中就不用作相应的设定，根据法定的主体和权限，下位法可以在上位法作出的法律责任条款规定的行为、种类和幅度的范围内，进一步作出具体的规定，下位法设定的法律责任条款应当保持与上位法设定的法律责任条款相统一，不能突破上位法框定的责任范围随意设定。即使在同一层级的法律文本中，责任条款的设定也要考虑

[①] 阮荣祥、赵恺：《地方立法的理论与实践》，社会科学文献出版社2011年版，第403-405页。
[②] 叶传星：《论设定法律责任的一般原则》，载《法律科学》1999年第2期。

到"左邻右舍",要注意到相互之间的协调,特别是对某些相似或相近的违法行为的法律责任的设定过程中,"应当大体保持均衡和相近,不应当过于悬殊,避免导致理论上和实践上难以解释的被动局面,从而为执法创造有利条件"。① 这就和责任条款设定的均衡性原则联系起来了,下文将作详细论证,此处不作赘述。

3. 同一法律文本中的义务和责任条款应当相互协调

在同一法律文本中,责任条款应当与其他条款相互协调,其中包括与权利性条款、义务性条款、奖励性条款,特别是和带有禁止性或强制性义务条款,有机地协调和统一起来。这是法律责任中的一个很关键的问题。"因为义务性条款,特别是带有禁止性或强制性义务条款的设定,往往涉及所制定的法律、法规中的一些重要的或者实质性问题,涉及立法目的和任务需要实现或达到的程度。……这些重要条款需要在法律责任中得到相应的体现,需要有法律责任给予支持和保障。倘若义务性条款作了上述重要规定,而在法律责任方面未作相应规定,得不到有力支持和保障,势必影响法律、法规的质量,影响法律、法规的实施效果。"② 在同一法律文本中,如果设定了相应的义务性条款,就要力图避免不设责任条款、只对责任条款作出原则性的设置或者设置了相应的责任条款,但这些条款却分散在一些章节的条文中,比较凌乱,不成体系。比较恰当的做法应当是设定法律责任专章,对责任条款的设定作出相对集中、统一的设置。

总之,法律责任条款的设置应当严格遵循协调性原则,它不仅关系法律、法规结构形式的健全和完善,更重要的是关系着法律、法规的质量和实施效果,关系着立法目的的实现程度,甚至会关系着社会主义法治的权威和尊严。

(二)责任条款设置的均衡性原则

法律责任条款设置的均衡性原则是指在法律文本中,责任条款中责任主体的行为模式和其法律后果应当相对应的原则。法律文本中,责任主体的行为模式一般用权利性条款和义务性条款来表述,而其相应的法律后果则主要是通过责任条款来表述,因此责任主体的行为模式和法律后果的对应的原则,究其实质,还是强调权利性条款、义务性条款与责任条款的对应与均衡,但主要是义务性条款和责任条款之间的均衡。法律文本中,责任主体的行为模式和其法律后果只有相对

---

① 李培传:《论立法》,中国法制出版社2004年版,第417页。
② 李培传:《论立法》,中国法制出版社2004年版,第417页。

应，才能达到比较良好的规范调整功能，在实施中才能收到比较好的社会效果。法律责任条款设置的均衡性原则，主要表现在如下几个方面：

1. 法律文本中义务性条款和责任条款应当相均衡

法律文本中的义务条款一般都有明确规定，而义务条款所具有的作用、意义和价值的实现，在一定条件下，要取决于法律责任条款的支持和保障。因此，义务性条款应当与责任条款相均衡。从立法技术角度来看，义务性条款一般用"应当""必须""禁止""不得""有……的义务""须经……批准"等语词来表述。但是，在法律责任中对其违反义务性条款所产生的法律后果若未作对应性的规定，一旦出现违反义务性条款规定的法律行为时，就难以得到及时有效处理。据此，有人就认为在法律文本中义务性条款应当与责任条款在数量上相对应或者大体相对应。这种观点有些片面。诚然，如果义务性条款的数量与责任条款的数量相当，一般说来能够使义务性条款的遵守或履行提供有效的责任保障，但这也不尽然，而且基于责任条款设定模式的不同，目前我国法律责任条款的排列模式有集中和分散之分，表述模式也有行为叙述式、条款对应式和综合表述式等之别。[①] 因此追求数量的均衡并不可取，而应当注重的是保障上的均衡，当然，如果设定较多的义务性条款而设定极少的责任条款肯定也是不可取的。

2. 法律责任形式应当与义务性条款的性质和程度相均衡

在法律文本中，法律责任形式的设定应当与义务性条款的内容性质和行为程度相均衡。在法律文本中，义务性条款和责任条款都是有一定张力的条款，这就要求在条款设定时，责任条款的张力要与义务性条款的张力大体相均衡、相互衔接、相互协调。例如，在法律责任条款中规定，"对单位直接负责的主管人员和其他直接责任人员依法给予警告、记过、记大过的处分，情节较重的，依法给予降级、撤职，开除的处分"。这样的法律责任条款设定具有较大的张力，能够满足不同情形下针对责任主体的行政处分，法律责任的种类和违反义务条款的行为相互间对应性较强，一般不会产生明显的处罚不当的情况，这样的责任条款适用性就较强。[②] 法律文本中，责任条款不宜采用原则式的或兜底条款式的设置方式。这种设置方式存在明显的缺点或不足：其一，法律责任条款与义务条款之间对应性不强；其二，由于原则式的或兜底式的设置，一般都比较简洁，致使一些义务

[①] 徐向华、王晓妹：《法律责任条文设定模式的选择》，载《法学》2009年第12期。
[②] 李培传：《论立法》，中国法制出版社2004年版，第420页。

条款的行为后果往往被疏漏。因此,这样设定出的法律责任条款一般不够健全和完善,一旦法律、法规在实施中需要运用法律责任条款判断和解决问题时,找不到法律依据。所以,设定法律责任条款采用原则式的或者兜底式的设置方式,其实际效果不理想。这种原则式或兜底式的设置方式,使得法律责任条款的张力过大,无法与义务性条款之间形成有效的对应或协调,也就使责任条款和义务性条款之间出现了不均衡的局面。[1]例如,《失业保险条例》共设 6 章 33 条,而且大部分条款设定的比较具体实在。但是,第 5 章罚则共 4 条,设定的却比较原则。显然,对保障其他条款的有效实施是不利的。

3. 法律责任条款的表述应当与义务性条款相衔接

设置法律责任条款的主要目的,就是要保障法律文本中的权利性、义务性条款,尤其是带有禁止性或强制性的义务条款的有效实施。因此,就要求法律责任条款的表述应当与文本中的义务性条款的表述相互衔接,相互对应,这样才能够有效地保障义务性条款的实施。例如,修订前的《农药管理条例》第 34 条第 4 款的义务性条款中规定:"剧毒、高毒农药不得用于防治卫生虫害,不得用于蔬菜、瓜果、茶叶、菌类、中草药材的生产"。在第 45 条的法律责任条款中规定:"违反本条例规定,造成农药中毒、环境污染、药害等事故或者其他经济损失的,应当依法赔偿。"第 46 条规定:"违反本条例规定,在生产、储存、运输、使用农药过程中发生重大事故,造成严重后果,构成犯罪的,对直接负责的主管人员和其他直接责任人员,依法追究刑事责任;尚不构成犯罪的,依法给予行政处分。"把上述条款和其他禁止性义务条款和法律责任条款相互联系看,彼此间对应和衔接的比较紧密和协调,有利于法规的顺利施行。反之,如果法律责任对违法行为的表述与义务条款的表述对应或衔接得不好,在实施过程中人们往往会产生歧义和争论,影响法律、法规的实施效果。

(三)责任条款设置的可操作性原则

法律责任条款设置的可操作性原则是指法律文本中责任条款的设置应当符合实际、可行和有效的原则。可操作性原则,对保障法律、法规的有效实施,达到立法预期目的具有重要作用。法律、法规只有制定的比较符合实际、比较科学合理,确实具有可操作性,实施起来才能比较顺畅。可操作性原则要求法律责任条

---

[1] 李亮:《法律文本中责任条款设置的理念与原则》,载《云南大学学报法学版》2013 年第 26 卷第 3 期。

款的设置应当注重可行和有效两个方面。

第一个方面，法律责任条款的设置应当具有可行性。法律文本中，责任条款的主要功能就是支持和保障人们在行使和履行法律文本中的权利、义务中遇到障碍和困难时提供法律责任方面的支持和保障，以保障其有效实施。这必然要求法律责任条款本身的设置要符合实际、切实可行。因此，法律责任条款设定，不能仅从书面上考虑，还要注重这种责任在实践中是否切实可行。例如，我国《会计法》第49条规定"违反本法规定，同时违反其他法律规定的，由有关部门在各自职权范围内依法进行处罚"。这种责任设定就没有切实考虑到，如果某一违法行为既违反了会计法，同时又违反了预算法、审计法、税法应当如何处理，难道说这些有关部门在其职权范围内都要对其进行处罚吗？有关部门若不去处罚，则是违反法律规定，是失职，甚至应当追究其执法责任；有关部门若都要在各自职权范围内依法进行处罚，这又有可能违背我国行政执法中一般遵循的一事不二罚原则。[1]这种责任设置在实践中很容易出现执法机关在执法中，如果有利可图，就会一拥而上，相互扯皮，如果无利可图，就会踢皮球，相互推诿，这同时也为权力寻租提供了生存的土壤空间。因此，法律责任条款的设置应当具有可行性。否则，就没有实际意义。设置的法律责任条款如果缺乏可行性，只能是有害无益，因为它损害了法律本身的严肃性，法律实施起来也会大打折扣。[2]

第二个方面，法律责任条款的设置应当具有有效性。法律责任条款设置的有效性是指法律责任条款应当具有一定的合理的力度，保证法律、法规在实施中具有良好的社会效果。法律责任具有合理有效的力度，能使法律、法规对其所规范调整的客观事物具有良好的促进和保障作用。法律文本中的法律责任条款应当具有可行性的同时，应当强调其要具有合理的力度，要能收到良好的实施效果，这

---

[1] 一事不二罚原则是《行政处罚法》第二十四条规定的，即"对当事人的同一个违法行为，不得给予两次以上罚款的行政处罚。"这一规定的含义是：(1)行为人的一个行为，同时违反两个以上的法律法规的规定，可以给予两次以上的处罚。但如果处罚是罚款，则只能罚一次，另一次处罚可以是其他处罚行为。(2)行为人的一个行为，违反一个法律法规规定，该法律法规同时规定施罚机关可以并处两种处罚的，不违背一事不再罚原则。(3)违法行为性质严重已构成犯罪的，依法追究其刑事责任的同时，依法应予行政处罚的当然适用。(4)同一个行为，需要分别对单位和相关责任人进行处罚的，不属于一事再罚。

[2] 李亮：《法律文本中责任条款设置的理念与原则》，载《云南大学学报法学版》2013年第26卷第3期。

才是实现立法目的所需要解决的重要问题。

法律责任条款设置可操作性原则所蕴含的可行性与有效性是责任条款设置中所必不可少的要素，而且这两个要素之间是有机联系，相互支撑的。

第四节 地方立法中法律责任设置存在的问题及解决

一、地方立法法律责任设置存在的问题

法律责任条款作为法律规范中的重要组成部分，本身应该具备严谨、周密、协调、明确、具体等特点，但从我国已经出台的地方性法规中的法律责任条款来看，却存在着不少问题，直接影响了地方立法的有效施行。

（一）法律责任条款的设置不协调、不衔接，甚至相互冲突

1. 地方立法与国家法律、法规和部委规章的法律责任条款之间互不衔接，行政责任与其他法律责任形式衔接得不好

在有的法规中，本来应承担单一责任的，却追究了双重责任，以致责任性质混淆不清，认定标准也不明确；有的法规以罚代刑，纵容了犯罪；有的法规在设置行政处罚的同时，虽然也规定了构成犯罪的要追究刑事责任，但在刑法上却找不到可以援引适用的条文。比如一些地方立法，对某些严重违反经济法律的行为，往往规定"依法追究刑事责任"，但对这种行为如何定罪量刑，《刑法》却无规定，致使该违法行为在《刑法》中找不到"归宿"，因而这个法律责任条款没有任何意义，甚至有悖于《刑法》的基本精神。再例如，有的地方性野生动物保护法实施办法规定：非法猎捕当地一般保护野生动物，情节严重，构成犯罪的，依法追究刑事责任。但根据我国刑法有关规定，只有非法捕杀国家重点保护的珍贵、濒危野生动物的，才追究刑事责任。

2. 地方性法规与地方政府规章的法律责任条款之间相矛盾

地方性法规与地方政府规章都属于地方立法，但是由于立法的主体不同，往往对同一个违法行为，规定了不同的法律责任。

3. 同一个地方立法内部法律责任条款之间不协调

同一个地方立法内部法律责任条款之间不协调的现象，在地方立法中时有发生。

如某省《个体户管理暂行条例》规定，未经登记擅自开业的，勒令停业，给予罚款；利用营业执照为合法形式从事非法经营的，其非法所得，应予没收。按照这两个条款的规定，利用营业执照为合法形式从事非法经营，应当没收其非法所得。这当然是对的，但是，对连合法形式都没有，未经登记就擅自开业，搞非法的无证经营，反而不必没收其非法所得。显然，这是《条例》内部法律责任条款之间的不衔接。

4. 下位法设定的法律责任与上位法设定的法律责任相抵触，或者下位法设定的法律责任与上位法的基本原则、精神相抵触

根据《宪法》《地方组织法》和《立法法》关于"不抵触原则"的规定，地方立法与法律、行政法规的法律责任条款之间应当保持衔接，不得与宪法、法律、行政法规的具体条文和基本原则、精神相冲突、相违背。

5. 同阶位的地方性法规之间设定的法律责任不一致甚至相互矛盾

与其他地方性法规的法律责任条款之间不协调或者相互矛盾的现象，在地方立法中也时有发生。如《××省防洪条例》第15条规定："禁止任何单位和个人破坏、侵占、损毁堤防、护岸、闸坝、排涝泵站、排洪渠系等防洪排涝工程和防汛、气象、水文、通信等设施以及防汛备用器材、物料。"第40条规定："违反本条例第十五条规定的，由县级以上人民政府水行政主管部门责令其停止违法行为，限期恢复原状或者采取其他补救措施；逾期不恢复原状或者未采取其他补救措施的，代为恢复原状或者采取其他补救措施，所需费用由违法者承担，可以并处5000元以上5万元以下的罚款。"而在该省另外一部地方性法规《××省河道管理条例》第22条中，对同一违法行为作出的是"除责令其停止违法行为外，可视情节给予警告、采取补救措施，处以30000元以下罚款；……"显然，在一省行政区域内同一违法行为依据不同的地方性法规，就会带来不同的法律后果，这就必然造成实际执法的混乱，导致不公。

（二）法律责任条款照搬照抄上位法

由于缺乏对地方立法技术的理论研究，目前很多地方立法机关的立法活动纯粹属于无意义的"二次立法"，即将国家最高立法机关的现行法律和国务院的行政法规再重复一遍，往往是国家立法刚出台，地方随后就颁布实施国家立法的一些地方性法规；在立法项目上，盲目比照国家法律、行政法规，重复选题，而具体内容包括法律责任条款也是大量照抄照搬国家法律、行政法规的条款规定。

大量重复和照抄照搬上位法，使一些符合本地实际、有特色、能解决问题的内容被淹没了。这种照抄照搬上位法的随意性很大，抄哪些，不抄哪些，抄多少，往往因立法者不同而异、因部门的"兴趣"而定。照抄照搬国家法律条文，其结果使制定的地方性法规篇幅冗长，内容繁杂，缺少特色，严重影响了地方立法的质量。同时，也在一定程度上降低了国家法律的效力，损坏了法律自身的完整性。照抄照搬上位法的条文，属于地方特色的内容少而又少，可操作性很差，不仅造成立法上人力、财力、物力的浪费，而且也影响了法规质量和法制的统一。

（三）法律责任条款过于原则、笼统，内容不明确

在地方立法中，有些法律责任条款规定的不明确、不具体，过于笼统、原则、抽象。主要表现为：

1. 执法主体不明确

一方面，一些法律责任条款没有明确执法主体，只明确了处罚的种类和幅度，但由谁去执法，却没有明确规定。例如，很多地方立法中均规定"对有关直接责任人员依法给予行政处分"。但如何给予行政处分，由哪个机关提出，哪个机关批准，哪个机关决定、执行，哪个机关监督，没有明确具体的规定。这样规定执法主体多头，内容笼统，直接结果是谁都管，谁都不管。另一方面，少数地方性法规混淆了主管部门、监督检查部门和执法部门三者间的区别，把三者混为一谈。

2. 处罚对象规定不明确

在立法上，对处罚对象应作明确规定，不能笼统地提"有关部门"或"有关人员"。如果处罚对象不明确，或者多头并列，使执法人员无所适从。因而对不同的处罚对象，法律责任应分别规定。很多地方立法只笼统地规定对"违反本条例规定"的，给予行政处罚（处分），但到底哪些行为属于"违反本条例规定"，没有明确具体的表述。这种空泛的法律责任条款在实际执行中很容易落空。

3. 对法律责任的表述量化程度不高

现行许多地方立法的法律责任条款，只是满足于抽象的法律责任的表述，似乎抽象性法律条款本身就能发挥法律效力而无须任何具体要求。例如，对于行政处罚，只笼统地规定给予罚款或其他形式的行政处罚，但没有明确具体地规定裁量幅度，即缺乏分开档次、区别对待的具体规定。这种空泛的、不加区别的、没有量化的条文，不利于对违法行为的惩处，使法律法规的规范性受到严重影响。

4. 缺乏对违法构成的分析

任何一种法律责任都有其法律构成，否则我们就不知道行为人在何种情况下

才承担相应的责任。违法构成有四个要件：违法主体、主观方面、违法客体、客观方面，违法者只有具备这四个方面的法律事实才承担法律责任。许多法规对法律责任的违法构成不加具体描述，以致划分责任的标准往往不明确、不科学。拿违法主体来说，违法者必须是具有法定责任能力或法定行为能力的人。根据行政处罚法的规定，不满14周岁的人有违法行为的，不予行政处罚。有的地方条例因出台较早，规定"违反本规定的行为人未满18周岁没有经济收入的，对他的罚款或者由他负责赔偿的损失，由其监护人依法承担"。这显然是不符合法律对违法主体的要求，应当及时修改。总之，在设置法律责任时如果抛开违法构成不谈，就很难把法律责任规范的合法性与合理性统一起来。

（四）行政机关工作人员法律责任条款设置存在缺陷

我国地方性法规设定的行政机关工作人员的法律责任承担模式或者责任承担顺序几乎一致，大致分为三个层次：第一，国家行政机关工作人员违法或不当行使行政职权侵犯公民、法人或者其他组织的合法权益，情节轻微的，由有关国家机关给予行政处分；第二，侵犯公民、法人或者其他组织合法权益并造成损害的，由有关国家机关给予国家赔偿。对于有故意或者重大过失的行政机关工作人员，国家机关在给予当事人赔偿后有依法予以追偿的权利；第三，国家行政机关工作人员的行为情节严重构成犯罪的，依法追究其刑事责任。该三个层次在逻辑关系上呈明显的递进关系，责任后果随行为人的行为危害程度而逐渐加重。这一逻辑关系表面上看似乎合情合理，但稍加分析便可发现，相对于其他公民而言，国家行政机关工作人员的责任承担层次中，明显缺失行政处罚责任和行政不作为的责任。

根据行政处罚法的规定，行政处罚是公民、法人或者其他组织违反行政管理法律秩序应当承担的法律责任。应当承担行政处罚责任的行为侵害的对象是行政管理秩序，而行政管理秩序是通过行政权力的配置和运作来维持的，是行政权力主体——行政机关与行政管理相对人——公民、法人或者其他组织在行政管理关系中形成的一种秩序。这种秩序的基本特点是："它是一种公共秩序"，"它所指向的是公共利益"，[1]这种特点所引申出的一个基本结论就是，只要行为人的行为违背法律规定，侵犯了公共秩序，侵害了公共利益，不论其主体如何，

---

[1] 汪永清：《行政处罚法适用手册》，中国方正出版社1996年版，第2页。

都应当承担行政处罚责任。法律并没有赋予国家行政机关工作人员执行职务时享有违法的特权,也没有对其侵犯社会公共秩序、侵害社会公共利益的行为设定豁免。我们难以想象,行为人侵犯的客体相同,承担的法律责任不同,符合行政法律责任制度的一般原理。对于行政不作为责任,法律赋予国家行政机关工作人员维护行政管理秩序的责任,这种责任,既是权利也是义务,如果不履行管理责任,理应是一种违法行为,应当承担行政法律责任,但在地方性法规规章设定的法律责任中,几乎看不到类似规定;而对于公民、法人或者其他组织而言,如不履行法律规定的义务,将受到制裁,这反映了管理者与行政管理相对人的不平等。

(五)法律责任条款有明显空白漏洞

在地方立法法律责任条款中,有很多应该规定的条款没有规定,出现明显的空白漏洞,使法律责任条款残缺不全,这主要表现在以下三个方面:

首先,没有规定执法主体不作为的法律责任。如果法律对执法者不作为(不执法)规定要承担具体的法律责任的话,则对克服"有法不依,执法不严"现象无疑会起促进作用。但如果对于执法主体不作为而造成严重后果的,不规定应负什么法律责任,就会为执法者"有法不依,执法不严"打开方便之门。这是我国地方立法中存在的较为普遍的问题。

其次,没有规定直接责任人员的法律责任。在地方立法法律责任条款中,只注意到对单位的惩处,而缺乏追究个人法律责任的条款。然而,在处罚单位的同时,如果不能同时有效地处罚直接责任人员,就无法发挥处罚的功能。正如哈耶克所说:"欲使责任有效,责任还必须是个人的责任。在一自由的社会中,不存在任何由一群体的成员共同承担的集体责任,除非他们通过商议而决定他们各自或分别承担责任。……如果因创建共同的事业而课多人以责任,同时却不要求他们承担采取一项共同同意的行动的义务,那么通常就会产生这样的结果,即任何人都不会真正承担这项责任。"[1]

再次,法律责任规范的逻辑结构不完整,没有与义务性条款相对应的法律责任条款。表现为:规范的行为模式与后果模式不够协调一致,或者只有权利没有救济,或者法律责任过于笼统,或者只规范了行为却缺少法律责任规定。在

---

[1] [英]哈耶克:《自由秩序原理》,三联书店1997年版,第99–100页。

地方立法法律责任条款中，有时没有与义务性条款相对应的法律责任条款，没有将违反义务性条款的法律后果直接对应地表述出来，造成法律责任设定上的空白，使执法者难以追究违法者的法律责任。责任主体的行为模式和其法律后果应当相对应。法律文件中的行为模式和其法律后果只有相对应，才会具有比较好的规范调整功能。地方性法规中的义务性条款一般都是比较明确、具体的规定。在一定条件下，地方性法规中义务性条款所具有的作用、意义和价值的熟悉取决于法律责任条款的支持和保障，若没有相对应的法律责任条款的支持和保障，其作用、意义和价值就会大大减弱，在社会实践中一旦遇到违反义务性条款的行为时，就会发现这些义务性条款显得软弱无力，难以起到其自身应有的规范调整作用。

二、地方立法法律责任设置的缺陷矫正

地方立法法律责任的设置缺陷，直接影响了地方立法的实施效果。因此，对地方立法在法律责任设置中存在的问题，应当采取一定的措施矫正，进而提高地方立法质量。

（一）法律责任的设置要体现地方立法的目的

地方立法法律责任的设置要体现地方立法的目的，实现地方立法的目标，这是地方立法社会价值在法律责任领域的具体表现。

首先，地方立法要有利于建立与市场经济体制相适应的法律秩序。在市场经济体制下，行政执法比以往增多，追究法律责任的方式也相应地增加，特别是财产罚成为最重要的追究法律责任方式。这就出现了以部门利益、地方利益为取向的现象，反映到地方立法当中，一是部门之间不但争审批权、管理权、发证权，而且还极力争处罚权；二是条块矛盾突出，为了地方利益而进行立法，设定不当的法律责任，保护地方的利益，例如，通过立法设定法律责任，限制外地产品进入本地市场。为了解决这些问题，除了政府对其各部门职能合理配置之外，其根本的办法是要建立与市场经济体制相适应的法律责任体系。对地方立法，特别是经济方面的立法，在设定法律责任时必须划清职能权限，防止交叉执法、多头处罚，尽可能地集中行政处罚权，通过限定行政处罚权，遏制部门利益的倾向，促进新的法律秩序建立。

其次，地方立法要有利于促进本地区经济的发展。地方立法在设定法律责任时，既要依据国家法律、法规确定的原则和具体规定，同时还要结合本地区的实际情况，具体设定法律责任。其最重要的原则是：一是围绕着解决实际问题，根据宪法和国家有关法律、法规确定的原则设定具体权利和义务，并为实现权利和义务来设定法律责任；二是结合本地的实际情况，从公正和效益的原则出发，鼓励什么、限制什么、禁止什么，设定相应的法律责任，保护和促进本地区经济的发展。一般来讲，法律责任主要是配合义务性和禁止性规范设定，特别是禁止性规范越严格，法律责任的设定就越具体。在体制转轨中许多事物还在探索中发展，对地方立法来说，设定法律责任要紧密结合本地区的实际情况。有的地方立法可以规定得原则一些，给企事业单位及其他生产经营者留有较大的空间，例如，发展乡镇企业、民营科技企业等，不要设置过多的禁止性规范，动辄处罚，搞得企业寸步难行。相反，对土地、环境保护这些有关基本国策方面的地方立法，可以处罚严厉一些，目的还是保护和发展生产力，促进社会进步。另外，对于财产罚也要和本地经济状况相适应，对非经营性的违反行政管理秩序行为，不宜处罚过高。

再次，地方立法要有利于维护中央和地方双向利益。地方立法设定法律责任要和法律、行政法规、部门规章有机地衔接起来，不能违背国家的基本法律原则和精神。其具体要求是：地方立法设定法律责任，应当与上层级的法律规定相一致。比如，就地方性法规和地方政府规章设定行政处罚而言，法律、行政法规对违法行为已经作出行政处罚规定，地方性法规需要作出具体规定的，必须在法律、行政法规规定的给予行政处罚的行为、种类和幅度的范围内规定；已经制定了法律、行政法规或地方性法规的，地方政府规章作出的关于行政处罚的具体规定，不得超出法律、法规规定的给予行政处罚的行为、种类和幅度的范围。这不仅有利于维护国家法律的统一，更主要的是有利于国家基本法律原则和精神的贯彻执行。同时，地方立法在设定法律责任时，要在法律规定的范围内，充分发挥其主动性和积极性，这有助于使地方立法突出其地方特色，适应地方的政治、经济和文化发展的需要。

最后，地方立法要充分保护相对人的合法权益。立法是为了保护权利，市场经济条件下的地方立法更是如此。一个法不能只规定单方面的权利或单方面的义务，或者权利是抽象的，义务是具体的。这方面，我们过去的立法都把行政管理者的义务和相对人的权利规定得比较原则，立法中行政管理的色彩较重。按照设定法律责任公正的原则，在地方立法中应增加一些行政管理机关义务性规范，着力体现政府服务的职能，比如应当审批而不审批、应当登记而不登记的行政行为，应该承担什么责任，都要根据实际具体化。特别是应在地方立法中规定行政机关应作为而不作为的法律责任，行政管理相对人可以根据情况提出行政诉讼，造成损失的，可以要求赔偿。这样既便于人民群众监督政府依法行政，同时更有利于保护相对人的合法权益。①

（二）法律责任的设置要体现科学精神

地方立法法律责任内容的设定，要体现出科学精神，具有可操作性。这要做到以下几点：

首先，法律责任的内容要全面、适当。地方立法主要涉及行政责任的设定。《行政处罚法》第4条第2款规定"设定和实施行政处罚必须以事实为根据，与违法行为的事实、性质、情节以及社会危害程度相当"。因而地方立法在设定法律责任时，要努力做到：（1）法律责任的名称要规范，一般不要超出国家法律、法规规定的名称。（2）法律责任应当尽可能量化。例如，罚款数额要有明确规定，有时上位法不便于具体规定的，要有要求下位法作出相应规定的条文。同时要注意罚款和没收、赔偿、责令改正等手段的综合运用。（3）法律责任要针对执行的具体情况，采取应对的措施。例如，出版行业要确认违法所得极为困难，印刷业管理条例规定罚款的数额按总定价的倍数计算，就便于执法人员实施处罚。（4）要明确执法主体（机关）。特别是行政处罚，应当按照一件事由一个部门管的原则，划分行政部门的执法权限，防止互相扯皮、推诿。（5）要明确责任人，责任人是个人还是组织。如果是组织，其承担责任是否免去代表组织活动的个人的责任；组织承担责任后是否要向代表组织活动的个人追偿等等，这些问题都要有明确的规定。（6）要考虑法律责任的强制执行问题，要有强大的力量保证切实追究责任人的责任。另外需要注意的是，在设定罚款时，不能为部门创收提供法规方面的空子，更不能以严管重罚为由，任意加大罚款数额，甚至超过法律、行政法规已明文规定的罚款限额。

其次，要重视行政执法程序的科学设定。行政执法程序的设定，一是要使行政执法的程序具体化，增强可操作性；二是要使行政执法有监督制约。特别是《行

---

① 毕可志：《论完善对地方立法中法律责任的设定》，载《河南省政法管理干部学院学报》2004年第1期（总第82期）。

政处罚法》规定的处罚决定与调查取证分开、罚缴分离的制度及听证制度，在地方立法中应具体化。①

（三）注意区分规则、原则与政策，注意划分不同法律责任的界限

通常讲法律、法规的实体内容是由规则、原则、政策等要素构成的。在法的诸要素中，规则是主体。它的特点是，可操作性强，确定性程度较高。如授权性规范和禁止性规范都是典型的确定性规则，这两类规范的完整形态必须包括法律后果部分。另一方面，法的确定性又是相对的，不同的法的规则，确定性程度也有一定差别。尽管如此，立法者的目标仍然是追求法的规则最大限度的确定性。法的原则是制定和适用具体法的规范的指导性准则。与规则相比，原则具有抽象、模糊的特点，确定性差，但有较强的稳定性，如法律面前人人平等的原则。尽管我们反对混淆"政策"与"法"的界限，一些政策性的条文还是时常出现在法律、法规中，如："国家推行计划生育、使人口的增长同经济和社会发展计划相适应。"这类条文在一部法规中占极少数，但却存在于绝大多数的法规中，有人视之为法律原则的一种，称为"政策性原则"。这类条文通常具有鲜明的时代特色，往往具有宣言性、号召性、倡导性的特点，内容则是政策性的，而非规范性的，因此不需要设置法律责任。②

关于几种不同的法律责任，前面已经讨论过，对地方立法来说，在设定法律责任时，主要以设定行政责任为主。行政责任一般可分为：制裁性法律责任、强制性法律责任和补救性法律责任。因而地方立法的立法者在拟定法律责任条款时，要注意划清几种法律责任的界限，尤其要注意行政处罚与行政处分的界限。

1. 划清制裁性法律责任与补救性法律责任的界限

在地方立法中，制裁性法律责任一般是基于行政法律关系而设定。但在实践中，常常需要有制裁性法律责任和补救性法律责任同时并用。例如，在市场交易行为中，对生产销售假冒伪劣产品的，除了行政处罚外，还应让违法者承担赔偿责任，但常常出现违法者"花钱买合法"的情况，只对违法者实施行政处罚，使

---

① 毕可志：《论完善对地方立法中法律责任的设定》，载《河南省政法管理干部学院学报》2004年第1期（总第82期）。

② 王爱声：《地方立法如何设置法律责任》，载《法学杂志》2003年第2期（总第137期）第24卷。

受害者的追偿权得不到保障。所以在设定地方立法的法律责任时，不能以制裁性法律责任代替补救性法律责任。

2. 划清制裁性法律责任与强制性法律责任的界限

在地方立法中，设定法律责任时，要防止强制性法律责任与制裁性法律责任的互相代替。例如："……由作出处罚决定的机关责令限期缴纳罚款，逾期每天加收百分之一的滞纳金，可按规定冻结其银行存款，并可申请人民法院强制执行。"本条所规定的"滞纳金"就属于强制性法律责任，不能用制裁性法律责任代替。

3. 划清行政处罚与行政处分的界限

在地方立法的实践中，常常会遇到一个如何区分行政处罚与行政处分的问题。虽然行政处罚与行政处分两者都由行政机关实施，但两者在制裁行为、对象、形式、程序以及救济等方面均存在着较大的区别，属于两种不同性质的制裁形式。两者在适用上也是遵循彼此独立适用、互不替代的原则。地方立法设定法律责任时，应特别重视这个问题，该适用行政处罚的就适用行政处罚，该适用行政处分的就适用行政处分。例如，属于机关内部管理不善的行为，对此类行为只能给予行政处分，而不能给予行政处罚。

（四）全面梳理法律规范中的义务性条款

法律责任是行为人不履行法律义务而承担的责任，因此，拟定法律责任条款，应当对法律义务进行梳理。通过梳理，达到以下效果：

1. 确定法律规范中的义务性规范的布局

一般的法律规范不仅有义务性规范，而且还有授权性规范。只有必须由当事人为一定的行为或者在法律实施中最易出现违法和偏差的地方，或者有关行为的实施将损害当事人和国家以及其他权益人的利益时，立法者才可以设立一定的义务性条款。通过梳理，可以弄清楚本法案涉及的义务性条款有多少，分布在本法案的哪一部分，这些法律义务如果不履行，将产生什么样的后果。

2. 列举出不履行法律义务的法律责任条文

通过梳理，弄清楚本法案所规定的义务如果不履行，哪些已有承担法律责任的根据，哪些尚无承担法律责任的根据。（1）对那些已有承担法律责任根据的义务性条款，现行有效的法律规范的规定是否合适，是否需要补充、修改；（2）那些尚无承担法律责任根据的义务性条款，或者对现有的承担法律责任的法律根据需要补充、修改的，本法案是否予以规定。只有这样，法律起草者才能逐一列举出本法案所能规定的不履行法律义务的法律责任条文。

3. 建立法律责任与义务性条款的对应关系

从原则上讲，法律责任条款应当与法律条文中的义务性条款完全对应起来。不能出现义务性条款与法律责任的脱节现象，不能出现法律中义务性条款严厉有余，而法律罚则条款宽泛的现象。这是从违法行为与法律责任的关系的角度提出的要求，即不履行法定义务的行为就应当承担相对应的法律责任。使人一看法律责任，就可得知这一法律责任是适用哪一法定义务的，不致使人产生理解上的偏差。[1]

（五）正确确定责任主体和执法主体

在拟定法律责任条款时，应确定责任主体和执法主体。只有这样，法律规范才能得到贯彻落实。

1. 确定责任主体

责任主体，即应当承担法律责任的主体。确定责任主体有两种情况：个人的行为和组织的行为。在个人行为的情况下，责任主体就是行为人，不能让非行为人也承担法律责任。在组织行为的情况下，则要分别情况，根据有利于教育行为人员制止不履行法律义务的行为的客观需要，确定责任主体。确定组织行为的责任主体，有以下几种选择：（1）代表组织实施行为的个人是责任主体，则追究该行为人的法律责任；（2）组织的直接负责的主管人员和代表该组织实施行为的个人是责任主体，则追究该组织的直接负责的主管人员和其他直接责任人员的法律责任；（3）不仅直接负责的主管人员和其他直接责任人员是责任主体，该组织也是责任主体，就要同时追究组织及其直接负责的主管人员和其他直接责任人员的法律责任；（4）组织是责任主体，仅追究组织的法律责任，但这时应当研究，是否对直接负责的主管人员和其他直接责任人员实行追偿的问题。不言而喻，以限制人身自由的方式承担的法律责任，只有个人，或者是行为人，或者是直接负责的主管人员和其他直接责任人员才能成为责任主体。一般来说，组织行为的赔偿责任只能由组织承担，为加强直接主管人员和代表组织实施行为的行为人的责任

---

[1] 汤唯、毕可志：《地方立法的科学化与民主化构想》，北京大学出版社2006年版，第306页。

心，组织赔偿后应向有故意或者重大过失的直接责任人员追偿。其他法律责任都是既可由个人也可由组织承担的。

2. 确定执法主体

依据国家法律的规定，刑事责任只能由法院审判决定；民事责任除由仲裁机关仲裁和有关组织调解外，也只能由法院审判决定。这里需要讨论的是给予行政处罚的行政机关。行政处罚是保障行政机关执法和有效进行行政管理的重要手段。确定给予行政处罚的行政机关，应当考虑四种因素：（1）根据《行政处罚法》第 16 条的规定，限制人身自由的行政处罚权只能由公安机关行使。（2）暂扣或者吊销许可证、暂扣或者吊销执照的行政处罚权，一般由颁发该证、照的机关行使。（3）警告、罚款、没收违法所得等一般的行政处罚权，应当由对该法律的执行承担责任的行政机关行使。因为，这一行政机关对该法律的执行效果承担责任，有利于强化行政执法，使行政机关不至于因徇私情而不严肃执法。（4）对企业处以关闭、停产停业整顿等较重的行政处罚权的设定，除有上位法规定外，对实施机关应当明确并作必要的限制，而不是所有行政机关都有权行使。另外，对于大量的、一般性的违反行政管理秩序的行为，在国家法律、行政法规只作原则性规定的情况下，地方立法在设定执法主体时，亦可以采取灵活的方式，在不违背宪法和国家法律、行政法规原则精神的前提下，根据实际情况，进行授权。因为，一方面，这些事业单位有管理公共事务的职能；另一方面，在目前精简机构，行政执法人员难以增加的情况下，如果把具有行政执法权的机关限制过严，有些法规就不能得到很好的执行。尤其一些边远山区和广大农村受各种条件的限制，执法不便，主要还要靠一些事业组织。但这种授权或委托要有必要的制约，并要加强对其执法的监督，不能使其形成行业的垄断而限制竞争发展。

（六）加强法律责任条款的量化力度

法律是行为规范，是指导实践和为实践服务的，需要明确、具体的法律责任条款，以便实施。立法者要避免设立口号式的法律责任，任何抽象的法律责任从本质上讲，都是毫无意义的。但现实中对于法律责任的规定，很多只是原则性规定，给执法机关的行政执法带来了困难。例如，依法追究当事人的刑事责任，这既没明确刑事责任，又没明确援引刑法的有关规定。因此，地方立法在设定法律责任时，必须量化法律责任，以增强其操作性。这就要求我们必须做好以下几点：

1. 量化法律责任

立法者可以对本法可能出现的违法现象，就违法的种类、违法的社会危害程度、违法的恶意程度等做出量化分析，使处罚与违法的责任程度相当。要明确处罚的对象。在规定对违反规定者给予处罚时，要明确给谁处罚，是给个人，还是单位，或单位的上级主管部门。不要只笼统地说"对违反本规定的，给予处罚"。要明确对哪些行为给予处罚。在规定对哪些行为给予处罚时，不要抽象地说"违反本……规定的"。可以采取的方式是：将违反规定应受处罚的具体行为表述出来；也可以不一一表述具体受处罚的行为，只表明违反××条规定；可以既点明违反××条规定，又一一表达违反规定的具体行为。对于罚款，如果有特定的非法所得数额，法律可规定处以非法所得的几倍的方式明确罚款数额。对于其他处罚，罚则应当明确不同法律情节的处罚标准，而不能对一种违法行为只作笼统的抽象表述。

2. 确定法律责任的幅度

法律责任的幅度要与不履行法定义务的行为的危害程度相适应。立法者要考虑该法律责任所对应的行为的各种情况，能够适应于其所对应的行为的各种情节。对同一不履行法律义务的行为，由于情节不同、危害程度不同，为其所设定的法律责任也不应相同，使危害程度不同的不履行法定义务的行为，都能适用相应的法律责任。立法者为此就要估量不履行法定义务行为危害程度的差异，并为其设定不同幅度的法律责任。在规定给予行政处罚时，应区别情况，分开档次，明确给予哪种行政处罚，在涉及经济制裁时，应明确规定在什么情况下，给予多少量的制裁。

3. 注意法律责任的处理

应当通过对法律责任进行归类，确定对各种法律责任的处理。其具体操作方法是：（1）把所有应承担刑事责任、民事责任和行政责任的行为分别归类。（2）分析每一行为应当承担的具体法律责任是什么，例如，如果承担行政责任，是罚款，还是其他行政处罚。（3）查对每一行为承担的法律责任，是否在现行法律、法规或者规章中有规定，并核对拟定的法律责任与现行法律、法规或者规章的规定是否一致。（4）对每一行为所承担的法律责任作出处理，这种处理一般应区别不同性质的责任作出处理。承担刑事责任的，刑法上一般有明文规定，可不予规定；如果承担民事责任，则仅规定依法承担民事责任即可；对于违法行为的行政处罚，一般要逐项规定，写明每一行为所应受到的行政处罚是什么；至于行政处分，虽然有统一的行政处分的法律法规，仍可根据该法律法规作出明确具体的规定。

（七）合理设定行政机关工作人员法律责任

法律面前人人平等的法治原则不允许法外特权的存在，行政机关工作人员也不例外，他们虽然受托行使国家行政权，其身份（社会属性）有别于一般公民，但并不能因此而否认其天然的"公民"（自然属性）身份。作为行政权力的代行者，他依法拥有法定的职权，使他在履行行政职责时拥有一定的便利，但在行使行政权的同时，依然必须尊重和服从社会公共秩序。

国家机关工作人员受人民委托行使国家权力，他们是人民意志的代行者和实践者，与一般公民相比，他们更应具有较高的政治素质和法律水平，他们在享有国家行政权力以及由此带来的诸多便利的同时，应该比一般公民更为"模范遵守宪法和法律"（《公务员法》第12条）。苏联《行政违法行为法典》的许多条文对同样的违法行为，为公职人员设定了更高限度的罚款额。之所以向公职人员追究更高的行政责任并规定更广泛的行政责任的根据，这是因为他们具有权威的权力，并且，公职人员必须是严格遵守规定的规则的模范。从这种意义上出发，我们认为，我国刑法的相关规定更具有现代民主意义、更能体现法治原则中公平、公正的价值理念。《刑法》第238条规定："非法拘禁他人或者以其他方法非法剥夺他人人身自由的，处三年以下有期徒刑、拘役、管制或者剥夺政治权利。"其中，国家机关工作人员利用职权犯前罪的，从重处罚。刑法关于国家行政机关工作人员刑事责任制度的设计为行政法律责任制度的改良提供了科学的模式，值得地方立法借鉴。

完善地方立法的法律责任的内容，我们不能把眼光只盯在相对人身上，还要敢于正视和强化行政主体的法律责任，使行政主体的权力与职责相适应，更加注重对公民权利与自由的保护，使行政主体和相对人之间的关系趋于平衡，从而有利于实现行政法治，确保行政法律秩序的合法性与合理性。程序性法律责任问题是行政法律责任规范体系中必不可少的内容，还可以增设执法机关不作为的法律责任的规定；对应重处罚而轻处罚的违法执法行为设置法律责任。①

---

① 王爱声：《地方立法如何设置法律责任》，载《法学杂志》2003年第2期（总第137期）第24卷。

（八）合理表述法律责任条款

1. 法律责任条款表述的科学性

法律责任条款表述的科学性，是指法律责任条款的表述，应当符合客观实际，符合事物自身的运用和发展规律。这是法律责任条款是否真正具有权威和生命力的关键所在。法律责任条款在某种意义上讲，是行政执法和司法部门及其工作人员用来判断、衡量和处置是否违法和犯罪行为的标尺，它起着准绳的作用。因此，法律责任条款的表述应当具有科学性。

从改进立法工作和提高立法质量的角度看，我国有的法律、法规的法律责任条款在表述方面存在不科学的弊端。例如，《草原法》第67条规定："在荒漠、半荒漠和严重退化、沙化、盐碱化、石漠化、水土流失的草原，以及生态脆弱的草原上采挖植物或者从事破坏草原植被的其他活动的，由县级以上地方人民政府草原行政主管部门依据职权责令停止违法行为，没收非法财物和违法所得，可以并处违法所得一倍以上五倍以下的罚款；没有违法所得的，可以并处五万元以下的罚款；给草原所有者或者使用者造成损失的，依法承担赔偿责任。"在草原上采挖植物跟从事破坏草原植被的其他活动，显然，两者的问题性质和危害程度是不同的，其法律后果应该也是很不相同的，但却采取相同的处罚，这同样是很不科学的，难以起到有效保护草原的作用。法律责任条款的设定的科学性，对立法者提出了较高的要求，从立法技术上看，非常关键的一点就是要准确把握不同责任类型、不同责任形式、不同责任幅度、不同责任情形之间转化的"程度"，也即量变上升到质变的程度。能够准确把握这个转化程度，就能对责任条款的设定作出符合科学性的表述，反之则会和科学性背道而驰，造成不科学、不合理的表述情况。应当指出的是，法律责任条款不具有科学性，是立法中的一忌。因为它影响法律、法规的质量和有效实施。在具体表述法律责任条款时，应当努力注重表述的科学性。①

2. 法律责任条款内容的准确性

法律责任条款内容表述的准确性，是指法律责任条款的表述，应当概念清楚，表述内容准确，能清晰地传达法律责任条款的内容。"法律责任条款表述的准确，能有效防止和避免人们在适用法律责任条款时发生歧义和争论，对确保其法律、

---

① 李亮：《法律文本中责任条款的设置规则论析》，载《江汉学术》第35卷第4期。

法规的顺畅实施,具有重要实际意义。"[1] 在我国立法实践中,也比较注重对法律责任条款的准确表述,然而,在具体立法中,仍然存在不少表述不准确的问题。

第一,定义条款等其他条款的缺失,直接影响了责任条款的准确与有效。这方面比较典型的如,《国防教育法》第33条规定:"国家机关、社会团体、企业事业组织以及其他社会组织违反本法规定,拒不开展国防教育活动的,由人民政府有关部门或者上级机关给予批评教育,并责令限期改正;拒不改正,造成恶劣影响的,对负有直接责任的主管人员依法给予行政处分。"但是,《国防教育法》在其总则等各章里对什么是国防教育并未作出明确具体规定,"国防教育"一词的法律用语含义指的是什么,在该法里未作界定。因此,如何判断某一机关、团体、单位和社会组织是否开展国防教育活动,首先就会碰到什么是"国防教育"这一不可回避的问题,对国防教育的含义产生歧义和争论,无疑会对国防教育法的有效实施不利。

第二,法律责任条款概念不明确,往往会产生歧义或争论。例如《退耕还林条例》第58条中规定:国家机关工作人员在退耕还林活动中违反本条例的规定,未及时处理有关破坏退耕还林活动的检举、控告的,未及时向持有验收合格证明的退耕还林者发放补助粮食和生活补助费的,对直接负责的主管人员和其他责任人员,构成犯罪的,依法追究刑事责任;尚不够刑事处罚的,依法给予行政处分。但是,该条例对什么叫"未及时"并未作出具体规定,也未对"未及时"的法律用语含义作出解释,"未及时"在本条例中不是一个明确的法律概念。因此,实施中一旦由此涉及对有关工作人员是否给予行政处分时,就会对"未及时"这一概念产生歧义和争论。

第三,法律责任条款表述得比较原则,在具体实施中容易产生歧义和争论。例如,我国《基本飞行规则》第119条规定:"空中交通管制员、飞行指挥员未按本规则规定履行职责的,由有关部门视情节给予批评教育、警告、记过、降职或者撤销资格,免除职务的处分;构成犯罪的,依法追究刑事责任。"《通用航空飞行管制条例》第42条规定:"违反本条例规定,未经批准飞入空中禁区的,由有关部门按照国家有关规定处置。"这样的法律责任条款规定得比较原则,如果把法律责任条款都写成由有关部门按照有关规定处置,其作用和意义不大,就失去了设置法律责任条款的本意。再如,《进出口关税条例》第66条规定:"有违反

---

[1] 李培传:《论立法》,中国法制出版社2004年版,第426页。

本条例规定行为的，按照《海关法》《中华人民共和国海关法行政处罚实施条例》和其他有关法律、行政法规的规定处罚。"这样的法律责任设定得太原则、太简单。采取这种简单省事的方法设定出来的法律责任条款，其作用和意义有限，从立法上来说，是不可取的。

3. 法律责任条款逻辑的合理性

法律责任条款表述的逻辑合理性，是指法律责任条款的表述，在逻辑上应当合理，包括遵循逻辑完全性、一致性与可靠性。责任条款的设定应当与违法行为相对应，并与其性质和危害程度大体相吻合。法律责任条款的逻辑合理性是有其可行性基础的，主要体现在它对事物的质和量上有比较符合理性与实际的恰当界定。法律责任条款的设定如果离开了这一重点，就很难具有逻辑合理性。例如，修订前的《大气污染防治法》第57条第2款规定："违反本法第41条第2款规定，在人口集中地区、机场周围、交通干线附近以及当地人民政府划定的区域内露天焚烧秸秆、落叶等产生烟尘污染的物质的，由所在地县级以上地方人民政府环境保护行政主管部门责令停止违法行为；情节严重的，可以处200元以下罚款。"这一款里的"人口集中地区、机场周围和交通干线附近"，很难进行量化进而作出具体规定。若真要作出这样或那样的具体规定，却又恰恰违反了立法本身从具体到抽象的一般逻辑理路的要求。所以，在有些情况下只能在尊重实际的意义上，来认识和把握法律责任条款的合理性。如果完全陷入"理想化"境地设定出的法律责任条款，实际上也是行不通的。

有的法律责任条款，从其内容表述上看，主要规定的就是罚款，而且有的条款规定的罚款内容和金额也不尽合理。例如，我国《水污染防治法》的法律责任共有十三条，其中绝大部分条款规定的是罚款事项。《〈水污染防治法〉实施细则》（以下简称《细则》）的法律责任共有十一条，每条都有罚款内容，而且对向水体排放剧毒废液、含有病原体的污水、船舶的残油、废油，向水体倾倒含有汞、氰化物、黄磷等可溶性剧毒废液、放射性固体废弃物、工业废渣、城市生活垃圾、船舶垃圾等，都是规定以罚款了事。细则第39条第4项中规定，向水体排放、倾倒工业废渣、城市生活垃圾，可以处1万元以下的罚款。从法律责任的总体上或是具体条款的规定上看，缺少应有的力度，显得不够合理。这样的法律责任条款难以达到防治水污染的立法目的。反之，如果注重责任条款表述的逻辑性与合理性，对于维护责任条款和保障其他义务性条款实施乃至维护法律实施都具有重要的作用。但这种逻辑性与合理性背后也是有规律可循的。例如《政府信息公开条例》第23条（已失效）

规定，行政机关认为申请公开的政府信息涉及商业秘密、个人隐私，公开后可能损害第三方合法权益的，应当书面征求第三方意见。但没有规定第三方未答复意见时，能否公开该信息。这时候如第三方超过期限不答复，将影响整个信息公开的流程。如果法律要进一步界定第三方不答复的后果，则需要考虑信息公开的流程和信息公开申请的成本。申请人为生产生活需要申请信息公开，如未获得信息，则其生产生活受到影响，此为其支付的成本；行政机关调查取证似乎为行政机关服务民众的体现，但面对众多的申请人，如都因第三方不答复而需调查取证，弄清第三方的真实意图，则行政机关将不堪重负，造成成本过于巨大；而第三方将同意公开或者不同意公开的意见反馈给行政机关，其支付的成本极小。因此，从支出的成本考虑，将答复作为一种义务界定给第三方，意味着社会以最小的成本保证了信息公开流程的顺畅。这种义务和责任的分配背后就有充分的理性选择理论的支撑，也是和经济学的"理性人"假设一脉相承的。在此基础上，当第三方超过期限不答复时，应当将不答复的不利后果赋予第三方，即视为第三方同意公开该信息，以保证整个信息公开流程顺畅。不管是法律中的不利后果或者是法律责任，其设定都应当遵循一定的逻辑性与合理性。①

4. 法律责任条款语言的规范性

立法语言不仅应当遵循一定的逻辑规则，还应当遵循一定的语言规则，包括语言的准确性、明晰性与简洁性。"立法语言文字应准确、简洁、清楚、通俗、严谨、规范和庄重。"② 法律责任条款语言表述的规范化，是指法律责任条款表述，包括章的名称和具体条款的设定都应当从实际出发，注重表述的标准化、一致性。法律责任条款表述语言的规范化作为整个法律文本语言表述规范化的重要组成部分，对于推进整个法的结构规范化乃至推动我国社会主义法治进程都具有重要意义。而且，法律责任条款表述语言的规范化是我们在立法中能够努力做到的。法律责任条款语言的规范性，主要表现在如下几个方面：

首先，法律责任条款的章名要规范。大多数法律文本，把法律责任条款专章的名称规定为"法律责任"，这是比较规范的称谓。但是，也有不少的法律文本，把法律责任条款专章的名称规定得较为混乱，例如，"争议的解决和法律责任""奖励与惩罚""救助措施与法律责任""惩罚""惩处""惩戒""罚则""法律责任和

---

① 李亮：《法律文本中责任条款的设置规则论析》，载《江汉学术》第35卷第4期。
② 佘绪新、周旺生、李小娟：《地方立法质量研究》，湖南大学出版社2002年版，第167页。

执法措施""监督与处罚""强制措施和法律责任""监督与惩处"等,不胜枚举。上述这些极为混乱的称谓,至少有两个方面的问题,一是把不同性质的条款和法律责任条款混在一起不科学,降低了法律责任条款的清晰度,会影响法律责任条款的严肃性和实施效果;二是使用各种各样的不同称谓有损法律责任本身的严肃性和权威性。基于此,我们建议,应当将法律责任条款的相关规定设专章予以表述。这样,既能使整个法律、法规的章、节结构布局和法律条款位置安排更加合理、线条分明,又能使法律责任的条款集中、清晰,显得既严肃规范,在司法适用时,又方便查找适用。

其次,法律责任条款中的具体用语要统一、规范。实践中,在法律责任条款的具体表述上,有时表述的内容是同一的,但表述方式却五花八门,很不统一,显得不够规范。如,"未构成犯罪的""不构成犯罪的""尚不构成犯罪的""尚未构成犯罪的""尚不够刑事处罚的""达不到构成犯罪标准的""不够犯罪的"。又如,可以并处罚款的表述也是多种多样,"可以并处""并处""处""处以""并处以""单处或者并处""并处或者单处",等等。有的在同一部法中法律责任条款表述都不一致,如,《政府采购法》的法律责任条款中关于给予行政处分的表述就有"依法给予行政处分""依法给予处分""给予行政处分"等。

再次,不要把没有必要写的内容或是不属于法律责任的内容,写进了法律责任中,显得法律责任的内容既零乱又不规范。如我国体育立法中,就将法律责任与体育社会团体的纪律处分混合在一起。修正前的《体育法》第 49 条规定:"在竞技体育中从事弄虚作假等违反纪律和体育规则的行为,由体育社会团体按照章程规定给予处罚。"第 50 条规定:"在体育运动中使用禁用的药物和方法的,由体育社会团体按照章程规定给予处罚。"《体育法》做出这样的规定既"不合逻辑,也容易造成错误的理解,将体育社会团体的纪律处分承担的责任理解为也是一种法律责任的承担方式,也会出现国家法律对体育社会团体纪律处分的不适当的干预。"[1]再如,修订前的《音像制品管理条例》第 48 条规定:"依照本条例的规定实施罚款的行政处罚,应当依照有关法律、行政法规的规定,实行罚款决定和罚款收缴分离;收缴的罚款必须全部上缴国库。"其实,在该条例实施之前,国务院于 1997 年 11 月 17 日发布的《罚款决定与罚款收缴分离实施办法》对上述问题均已作出明确规定。因此,该罚则没有必要写入第 48 条的内容。

---

[1] 汪全胜、陈光等:《体育法律责任的设定及其完善》,载《体育学刊》2010 年第 2 期。

第六章　地方立法中法律责任制度的构建及条款设置

《文物保护法》第 69 条中规定："历史文化名城的布局、环境、历史风貌等遭到严重破坏的，由国务院撤销其历史文化名城的称号；历史文化城镇、街道、村庄的布局、环境、历史风貌等遭到严重破坏的，由省、自治区、直辖市人民政府撤销其历史文化街区、村镇称号……"上述内容是对历史文化名城、城镇、街道、村庄的布局、环境和历史风貌等遭到严重破坏后，如何按照法律规定撤销其原称号的规定，它不属法律责任的范畴。另外，条文前面的"城镇、街道、村庄"和后面的"街区、村镇"也对应不上。

最后，法律责任条款表述的形式要规范。法律责任是法律、法规的重要组成部分，是法律运行的保障机制。法律责任的条款一般位于法案分则的末尾部分。实践中，地方立法法律责任条款的表述，主要有三种形式：（1）行为归纳表述法。先对行为模式进行归纳（主要是禁止性行为），再规定相应的行政处罚。这种表述方法适用于违法行为易于归类表述的情况。一般表述为："违反本条例规定，（实施）……（行为）的，由××（行政管理部门）予以××处罚。"（2）条文对应表述法。先引述法规中违法行为模式所在条款序号，再表述所给予的相应的行政处罚。这种表述方法适用于对多个条款规定的数种违法行为，给予相同种类、幅度的处罚，或违法行为难以归纳的情况。一般表述为："违反本条例第×条第×款规定的，由××（行政管理部门）予以××处罚。"（3）综合表述违法。既列举违法行为模式所在条款序号，又归纳引述违法行为特征。这种表述适用于法规中有多种违法行为，表述方式和处罚种类又各不相同的情况。一般表述为："违反本条例第×条规定，（实施）……（行为）的（有下列行为之一的），由××（行政管理部门）予以××处罚。"上述三种表述方法，在立法中都经常采用，但在同一法规中，宜统一采用一种表述方法，以保持表述的协调。我们认为，地方立法根据不同的情况采用条文对应表述法和综合表述法，便于执法部门和公民、法人或者其他组织对违法行为和处罚一目了然、清晰明了。[①]

另外，关于法规的一些共性条款是否表述问题。法规中有几种条款，是共性的条款。这些条款有：（1）一般性的行政复议和诉讼、强制执行条款。根据《行政复议法》第 19 条的规定，地方性法规可以规定"行政复议前置"。地方性法规根据实际情况，在必要的情况下，确定某一方面的行政诉讼实行行政复议前置是可以的。但在地方性法规中，常见的却是一般性复议、诉讼及强制执行条款，如

[①] 吴斌：《地方立法值得关注和探讨的若干具体问题》，载《江淮法治》2008 年第 5 期。

"对行政处罚决定不服的，可以依法申请复议或提起行政诉讼。逾期不申请复议或者不提起诉讼又不履行处罚决定的，由作出处罚决定的机关申请人民法院强制执行"等，这就完全没有必要。何况，诉讼及强制执行，均属国家专属立法权。因此，地方立法无须再作规定。（2）罚款全额上缴同级财政部门，罚款使用省财政部门统一印制的票据等罚没款收缴方式条款。对于罚没款的收缴，《行政处罚法》第49条、第53条已经作出了明确规定。这是普遍适用的法律规定，法规无须再作重复规定。（3）法规具体应用中的解释条款。法律解释包括立法解释、司法解释和具体应用中的问题解释，《立法法》、全国人大常委会《关于加强法律解释工作的决议》都已作出了明确规定，在法规中就不必再作规定。（4）刑事责任条款。在现行地方性法规的法律责任条款中，基本上都设定了"违反本条例，构成犯罪的，依法追究刑事责任"等刑事责任的条款。如果不作这样的设定，包括人大常委会组成人员在内的许多人都认为遗漏了重要的法律责任方式，感觉没有这个条款规定，就觉得处罚、制裁轻了。实际上，这类规定是不妥当的。因为：其一，某种行为是否构成犯罪，只能由审判机关依据刑法的实体规定和程序规定予以认定，除此之外，任何机关都无权认定某行为是否"构成犯罪"；其二，刑法、刑诉法对如何追究刑事责任已经明确作出规定，地方性法规无须再作重复规定。还有一种对国家机关工作人员责任追究的条款。自从强调权责一致立法以来，许多法规都写一条："××（国家机关）工作人员在××工作中滥用职权、玩忽职守、徇私舞弊，依法给予处分；构成犯罪的，依法追究刑事责任。"对国家机关工作人员的责任追究这种笼统表述条款也没有必要再作重复规定。作为一种普遍适用的追究行政责任的条款，一般来讲，《公务员法》《行政监察法》已作出明确规定，对于违法实施行政许可、行政处罚、行政强制，《行政处罚法》等已经作出明确规定。因此，地方性法规不宜再重复这类条款。[①]

（九）加强法律责任条款的衔接和协调

法律冲突的现象在世界各国普遍存在，不是中国法治之特有。各国法治发展的历史长短不同、立法技术优劣不同、法治发达程度不同，都一定程度地影响着法律冲突现象严重与否。

就我国而言，立法主体的多元性是法律冲突的首要原因。不同立法机关在立

[①] 吴斌：《地方立法值得关注和探讨的若干具体问题》，载《江淮法治》2008年第5期。

法时只考虑部门利益、地方利益，对同一事项作出不同立法，是产生法律冲突的重要原因。其次，新旧体制转型，社会关系变化急剧，必然产生新旧法律的矛盾。与此同时，我国有关法律文件的清理、修改、补充等规定并未形成制度，实际工作远远落后于现实需要。

在地方立法中防止和消除立法冲突，是一个涉及面广且很复杂的系统工程。针对地方立法法律责任条款不协调、缺乏衔接的问题，应采取以下措施，使法律责任条款和谐一致。

一是加强立法，规范法律责任条款的设定，杜绝照搬照抄上位法。我国社会主义法律体系尚处在建立过程中，需要用法律规范的事项比较多，不少"法律空白"需要填补，不少过去制定的法律因为情况变化了，需要修改、补充或废止，如果不保持适当的较快的立法步伐，法律供不应求，就会阻碍经济的发展和社会的进步，法治也很难实现。从这个意义上讲，追求一定的立法数量在目前还是必需的，但数量的增加要以提高质量为前提。在地方立法中，应该杜绝小法抄大法、下位法抄上位法的"三世同堂"，甚至"四世同堂"的现象发生，避免因重复立法所造成的立法资源浪费，减少立法成本。

具体到法律责任条款的设定，要遵循同国家法律法规相统一的原则，按照上位法的精神，结合本地的实际需要，对所要规范的事项尽可能地作出具体明确的规定，需要几条就规定几条，不必追求内容的完整配套和章节条款的一应俱全。地方立法在有上位法规定的情况下，设定法律责任不得扩大或者缩小制裁权限，减少、变更或者增加制裁条件或者手段、幅度。应该补充的是，在法律、行政法规空白时，不抵触原则允许地方性法规先行制定，但是一旦法律、行政法规对此又作出规定时，先行制定的地方性法规仍不得与其相冲突、相矛盾，否则需要相应的废止或者修改。

二是要避免法律责任条款的空白漏洞。地方立法设定法律责任条款时，常常由于对地方立法所涉及的内容、适用范围和对象等缺乏总体驾驭，对实际缺乏深入系统的了解，而造成法律责任条款中该规定的没有规定。因此，必须做到以下几点：第一，要对地方立法所涉及的全部内容心中有数，掌握哪些是重点和难点，围绕重点和难点设定法律责任。第二，要对地方立法的适用范围、适用对象有数，根据适用范围和适用对象的特点设定法律责任。第三，要对地方立法施行中可能出现的新情况进行预测，根据预测情况设定法律责任。第四，不要忽视对各种法律责任手段的综合运用，因为地方立法的法律责任是一个有机联系的法律责任体系。第五，要体现权责相当的原则，对单位违法的，在设定法律责任时，不要忽视直接责任人员和主管领导人员的法律责任。[①]

三是加强备案工作，制约和纠正法律责任条款不适当的情形。从目前的规定来看，我国地方立法的备案制度应该是比较完善的，但是从实际情况来看，很多备案往往是流于形式，并没有收到预期的效果。希望进一步加强这项工作，并把备案工作与处理法律冲突结合起来，以更好地维护法制的统一，减少和避免相互冲突的现象。同时，有必要加强对地方立法的清理工作。

[①] 毕可志:《论完善对地方立法中法律责任的设定》，载《河南省政法管理干部学院学报》2004年第1期（总第82期）。

第七章　地方立法中行政处罚设置问题研究

　　行政处罚设置是指享有立法权的国家机关，根据法定权限及程序，设定和规定行政处罚的行为、种类、名称、幅度、适用范围、程序等专门活动。依照行政处罚法的规定，地方性法规可以设定除限制人身自由、吊销企业营业执照以外的行政处罚，但法律、行政法规对违法行为已经作出行政处罚规定，地方性法规需要作出具体规定的，必须在法律、行政法规给予行政处罚的行为、种类和幅度的范围内规定。行政处罚权是一项重要的国家权力，也是国家行政管理活动中一项有效的行政手段。国家行政主体通过行政处罚达到一定的行政管理的目的。我国80%以上的行政法规范中规定了行政处罚条款。这些行政处罚条款的设置和实施，从总体上来说，对维护正常的行政管理秩序、提高行政管理的效率起到了重要的作用。但是，行政处罚也是一项干预性极强的行政行为，涉及行政相对人的基本权利。在社会主义法治国家中，必须注意保护公民、法人和其他组织的合法权益。设置和实施行政处罚的合法与否、适当与否直接关系到社会主义法治原则的实施，也直接影响到公民的基本权利和政府的形象与威信。因此，行政处罚的设置和实施始终处在有效加强行政管理和充分保护公民合法权利的张力场中，是一个难以处理的问题。在地方立法中是否设置行政处罚和如何设置行政处罚是两个令人困扰但又必须解决的问题。

第一节　行政处罚设置权基本理论

一、行政处罚的概念及种类

行政处罚是指行政主体（行政机关和法律、法规授权组织）依法对违反行政法律规范应当承担法律责任，但尚未构成犯罪的行政管理相对人所给予的特定的法律制裁。行政处罚有以下几个特征：

1. 行政处罚是由国家法律、法规和规章确定的带有强制性的制裁措施。在法治国家中，任何法律制裁都是特定立法的产物，行政处罚也不例外，它必须由立法来规定。

2. 行政处罚是国家行政机关依照法律所赋予的行政处罚权实施的行政行为。行政处罚的主体、种类及幅度均由法律、法规或规章明确规定，不得越权处罚。

3. 行政处罚是行政机关依法对尚未构成犯罪的违法行为的制裁，是对违反行政法规定的强制性义务的行政管理相对人的处罚。行政处罚原则上只对违反行政法强制性义务，破坏行政秩序的组织或个人进行处罚，并不是对所有违反法律的行政相对人都要科以行政处罚。

4. 行政处罚是一种法律制裁，不是强调伦理道德的谴责。其目的是通过行政处罚维持社会公共利益和公共秩序。

5. 行政处罚是一种科以额外的惩戒性义务的行政处理决定。与科以非惩戒性义务的行政处理决定如在行政法规范中常见的责令（民事）赔偿等不同，与法律制裁体系中的民事制裁和刑事制裁也有本质上的不同。

行政处罚的种类，主要是指行政处罚机关对违法行为的具体惩戒制裁手段。学理上，中国的行政处罚可以分为以下几种：1. 人身罚。人身罚也称自由罚。是指特定行政主体限制和剥夺违法行为人的人身自由的行政处罚。这是最严厉的行政处罚。人身罚主要是指行政拘留，以前还包括劳动教养。劳动教养指行政机关对违法或有轻微犯罪行为，尚不够刑事处罚且又具有劳动能力的人所实施的一种处罚改造措施。2013年11月15日公布的《中共中央关于全面深化改革若干重大问题的决定》提出，废止劳动教养制度。2013年12月28日全国人大常委会通过了关于废止有关劳动教养法律规定的决定，这意味着已实施50多年的劳教制度被依法废止。2.行为罚。行为罚又称能力罚，是指行政主体限制或剥夺违法行为人特定的行为能力的制裁形式。它是仅次于人身罚的一种较为严厉的行政处罚措施。包括：责令停产、停业；暂扣或者吊销许可证和营业执照。3.财产罚。财产罚是指行政主体依法对违法行为人给予的剥夺财产权的处罚形式。它是运用最广泛的一种行政处罚。包括罚款和没收财物（没收违法所得、没收非法财物等）。4.申诫罚。申诫罚又称精神罚、声誉罚，是指行政主体对违反行政法律规范的公民、法人或其他组织的谴责和警戒。它是对违法者的名誉、荣誉、信誉或精神上的利益造成一定损害的处罚方式，包括警告和通报批评。通报批评是对违法者在荣誉上或信誉上的惩戒措施。通报批评必须以书面形式作出，并在一定范围内公开。

《行政处罚法》第8条以列举方式列出6类行政处罚：警告，罚款，没收违法所得和没收非法财物，责令停产停业，暂扣或吊销许可证、执照，拘留。另加了一个兜底条款。1.警告。是国家对行政违法行为人的谴责和告诫，是国家对行为人违法行为所作的正式否定评价。从国家方面说，警告是国家行政机关的正式意思表示，会对相对一方产生不利影响，应当纳入法律约束的范围；对被处罚人来说，警告的制裁作用，主要是对当事人形成心理压力、不利的社会舆论环境。适用警告处罚的重要目的，是使被处罚人认识其行为的违法性和对社会的危害，纠正违法行为并不再继续违法。2.罚款。是行政机关对行政违法行为人强制收取一定数量金钱，剥夺一定财产权利的制裁方法。适用于对多种行政违法行为的制裁。3.没收违法所得、没收非法财物。没收违法所得，是行政机关将行政违法行为人占有的，通过违法途径和方法取得的财产收归国有的制裁方法；没收非法财物，是行政机关将行政违法行为人非法占有的财产和物品收归国有的制裁方法。4.责令停产停业。是行政机关强制命令行政违法行为人暂时或永久地停止生产经营和其他业务活动的制裁方法。5.暂扣或者吊销许可证，暂扣或者吊销执照。是行政机关暂时或者永久地撤销行政违法行为人拥有的国家准许其享有某些权利或从事某些活动资格的文件，使其丧失权利和活动资格的制裁方法。6.行政拘留。即公安机关对违反治安管理的人在短期内剥夺其人身自由的一种强制性惩罚措施。由于行政拘留是行政处罚中最严厉的一种，因而法律对其适用作了严格的规定：（1）在适用机关上，只能由公安机关决定和执行；（2）在适用对象上，一般只适用于严重违反治安管理法规的自然人，但不适用于精神病患者、不满14岁的公民以及孕妇或者正在哺乳自己一周岁以内的婴儿的妇女，同时也不适用于我国的法人和其他组织；（3）在适用时间上，为1日以上，15日以下；（4）在适用程序上，必须经过传唤、讯问、取证、裁决、执行等程序。7. 法律、行政法规规定的其他行政处罚。行政处罚法除以列举方式规定了上述行政处罚外，考虑到这六种行政处罚可能不足以处罚行政违法行为，又用兜底条款授权法律和行政法规可以创设六种行政处罚以外的其他行政处罚。由法律和行政法规新创设的行政处罚主要有劳动教养（已取消）、通报批评、驱逐出境、撤销注册商标、注销城市户口等。

行政处罚的概念、特征及其种类是考虑设置行政处罚的出发点，地方立法是否设置和如何设置行政处罚都必须以此为依据。

二、行政处罚设置权的内涵

行政处罚涉及两个方面的权力：一是行政处罚设置权，二是行政处罚实施权。行政处罚实施权即施行行政处罚的权力，属于行政权力的范畴，应当由行政主体来行使。行政处罚设置作为行政处罚实施的前提，是整个行政处罚运行环节的关键一环，它属于立法的范畴。

我们认为，行政处罚设置权是指立法机关和特定行政机关依照职权或依照宪法、法律授权在法律规范中设定和规定行政处罚的权力。这种权力的内容包括设定或规定行政处罚的种类、名称、处罚的数额幅度、规定行政处罚的适用范围和行政处罚程序等。行政处罚的设置权来源于国家的权力，而国家的权力归根到底来自于人民。为了保护公共利益，国家才有权行使行政处罚权。而国家要使行政处罚权发挥作用，就必须以一定的形式表现出来，这种表现形式就是行政处罚的设置及其实施。

行政处罚的设置权在不同的行政处罚设置权主体之间分配，这是国家权力结构的内部职责分工。这种分配一般也以宪法和法律的形式固定下来。值得指出的是，从法社会学角度来看，这种行政处罚设置权的分配受到一国国情（社会、经济、政治发展）的制约。不同的国家由于国情不同，行政处罚设置权的分配也不同。根据我国《宪法》和《立法法》等法律规定，我国行政处罚设置权主体是作为国家立法机关的全国人大及其常委会、作为国家最高行政机关的国务院及其所属部委和省、自治区、直辖市、设区的市的人大及其常委会、人民政府。《行政处罚法》第9条至第14条明文规定了行政处罚设置的权限。

行政处罚设置权包括设定和规定行政处罚这两种权力。"设定"一词作为法律概念，首次出现并正式成为法律用语就是在《行政处罚法》中，《行政处罚法》开创了设定制度之先河。不仅如此，《行政处罚法》规定的设定权制度还突破了"只有法律才可以设定行政处罚"的严格法治主义的界限。依照《行政处罚法》的规定，只有限制人身自由的行政处罚的设定权专属于法律，除此之外的行政处罚均可以由有权行政机关或者地方立法机关予以设定，从而使得行政法规、地方性法规和规章等规范性文件可以设定行政处罚。①2003 年通过的《行政许可法》在秉承《行政处罚法》所确立的设定权制度的基础上，对设定权制度又作出了更为丰富的规定。②2011 年通过的《行政强制法》综合吸收了这两部法律中对设定权制度的规定，进一步完善了设定权制度。

虽然，《行政处罚法》确定了设定权制度并为《行政许可法》和《行政强制法》延用。但是，这三部法均未界定"设定"的含义。《行政处罚法》第二章尽管对行政处罚的设定权采取列举的方式作了规定，也并未对"设定权"给予明确定义。这就造成了学术界对于"设定"这一概念的界定分歧很大。具体学术观点主要有以下三种。

其一，行政处罚的设定，是在立法上对公民、法人或者其他组织的权利及利益进行限制和剥夺。就"设定"一词的意义而言，包括两方面的含义，即"创设"（或创制）和"规定"。前者指在没有法律规定的情况下创制新的处罚形式、方法和原则等，即创造性地规定；后者指依据已创行政处罚的法律再加以具体化。③因此，也可以认为，行政处罚的设定是指由谁创设和规定行政处罚以及设定权如何划分。④此时的设定包括创设和规定两个方面。

其二，"设定"可以分为广义上的设定和狭义上的设定两种。《行政处罚法》第二章标题上的"设定"是广义上的设定，而具体条款中的"设定"是狭义上的设定。对行政处罚狭义上的设定，系指在上位法尚无对行政处罚作出设定的条件下，下位法率先对给予行政处罚的行为、种类、幅度作出规定。对行政处罚的规定，系指在上位法已对行政处罚作出设定的条件下，在上级规范性文件所设定的处罚行为、种类和幅度范围内再作具体的规定。广义上的设定包括狭义上的设定

---

① 参见《行政处罚法》第 1、2、4、9-14 条共 7 个条款。
② 参见《行政许可法》第 1、3、4、5、11-21、41、71 条等 16 条。
③ 杨解君：《论行政处罚的设定》，载《法学评论》1995 年第 5 期，第 19-25 页。
④ 应松年：《当代中国行政法》，中国方正出版社 2005 年版，第 850 页。

和规定[1]。所以，行政处罚设定也包括广义上的行政处罚设定和狭义上的行政处罚设定两种，广义上的行政处罚设定包括狭义上的行政处罚设定和行政处罚规定。这种观点与第一种观点基本相同。

其三，行政处罚设定权，是国家机关依据法定权限和法定程序创设行政处罚规范的权力。[2] 从本质上看，行政处罚设定权就是一种创设行政处罚的权力，它可以使本来不属于行政处罚的行为，从法律制度的角度规定为应当受到行政处罚的行为，而行为人就有可能受到相应处罚[3]。设定是一种立法活动，是一种判断并在此基础上的创新活动，设定权属于创制性立法。规定权是在罚则规定的行政违法行为、罚种和幅度内结合实施的需要，对罚则的规定加以具体化，属于执行性立法[4]。设定是从无到有，规定是从有到具体，是对已有的设定进一步具体化。这一观点排除了行政处罚设定具有广义上的设定的观点。认为行政处罚设定就是一种立法活动，仅指从无到有的创制活动，不包括规定权。

上述三种观点的分歧主要在于行政处罚设定权是否包含规定权。我们认为，"设定"一词是《行政处罚法》首次提出的，虽然"设定"的通常含义是创设与规定的意思，但作为一个正式的法律用语，其具体意思必须放在具体语境中，结合《行政处罚法》的体系，通过法律规范上下文之间的承接转换来进行分析，把握它的内涵。

在《行政处罚法》中共有11处"设定"，分别是第1、2、4、9、10、11、12、13、14条和第二章的标题。通过对《行政处罚法》具体法律规范上的分析和把握，显而易见，"设定"有别于在法律、法规规定的范围内作出"具体规定"。在我国法律规范中，"规定"一词大量存在，比如《立法法》中就有66处之多。通过分析比较可以发现，在一般意义上，"规定"既包括"设定"（创设新的法律规则），也包括对已有的法律规则作出"具体规定"[5]。所以，这时的规定反而包含设定。具体分析《行政处罚法》中11处"设定"可以发现：首先，作为第二章的标题，统领第二章的全部具体内容，其中的"设定"是否包括规定呢？《立法法》

---

[1] 胡建淼：《行政法学》，法律出版社2010年版，第293页。
[2] 胡锦光：《行政处罚研究》，法律出版社1998年版，第60页。
[3] 沈福俊：《部门规章行政处罚设定权的合法性分析》，载《华东政法大学学报》2011年第1期，第27-34页。
[4] 胡锦光：《行政处罚研究》，法律出版社1998年版，第56页。
[5] 冯军：《行政处罚法新论》，中国检察出版社2003年版，第123页。

第 61 条规定:"法律根据内容需要,可以分编、章、节、条、款、项、目。"可以通过章的设置情况,了解到法律的整体结构和主要内容。法律的章是具体法律规范的高度概括,它有助于人们透过纷繁冗长的法条文句迅速抓住该法条的核心规范,也有助于人们提纲挈领地把握该法条的整体内涵。因此,章是对其统辖下的具体法律规范的高度概括,虽然有着提纲挈领的作用,但也只是主要内容,并不是具体条文的全部内容,这是显而易见的。所以,从立法技术的角度讲,《行政处罚法》第二章标题中的"设定"一词并不必然包括"规定"。其次,从《行政处罚法》第 10 条到第 13 条的规定可以看出,"设定"与"规定""具体规定"是明显不同的。"设定"在行政处罚法中始终是指设定权;"具体规定"是指规定权;"规定"既含有设定权也含有规定权。如《行政处罚法》第 8 条规定了 6 种基本行政处罚种类,第 7 项则是为了防止现有法律和行政法规规定的处罚的遗漏和预防今后立法中可能出现的新的处罚措施而设定。所以该处的"规定"含有创设的意思,包含设定权。所以,《行政处罚法》中的"设定"仅指从无到有的设定权,不包括规定权。[①]

综上,我们认为,综合《行政处罚法》第 10 至 13 条和《行政许可法》第 15、16、17 条以及《行政强制法》第 3、4、5、10、11、13 条的规定,可以看出,"设定"是设定对象从无到有的过程,是一种创设新法律规则的立法行为,凡是被"设定"出来的法律规则均具有"创设性"。它有别于对法律、法规既有规定所作出的"具体规定"。设定权是一种根据宪法以及宪法相关法所体现出的精神和原则,就法律、行政法规未曾规定的事项创设新规则的权力,是自行"创设"规定某些事项的权力。[②] 因此,所谓行政处罚设定权,是指依法享有行政处罚设定权的机关依照法律规定的范围和程序并以法定形式创设行政处罚规范的权力,它包括何种行为应给予处罚、给予何种处罚、由谁来实施处罚、依照什么程序处罚等内容。地方性法规的行政处罚设定是在法律、行政法规还未作出规定的情况下,率先对行政处罚的行为、种类、幅度、程序作出的创设性规定。毫无疑问,行政处罚设定权是与私人权利相对应的公权力的一种,属于国家公权力的范畴。行政处罚设定权只能由国家机关来行使,任何单位和个人不得行使。但是,这不意味着所有国家机关都具有设定行政处罚的主体资格。规范行政处罚须从行政处罚的设定开始,这就需要明确行政处罚设定权的立法权性质,以便对行政处罚设定权作出科学合

---

① 顾东婧、吕青松:《论行政处罚的设定权》,载《行政论坛》2014 年第 6 期(总第 126 期)。
② 肖金明:《行政许可要论》,山东大学出版社 2003 年版,第 97—98 页。

理的制度安排。行政处罚设定权是关于行政权的权力,而对行政权作出创设安排的权力只能是立法权。

地方立法中的行政处罚设定权与规定权既有区别又有联系。

行政处罚的规定与行政处罚的设定不同,后者是指在法律规范中创造出新的行政处罚措施。行政处罚的规定是指在上位法已就行政处罚措施有相关规范的情况下,依据上位法就该种行政处罚的适用作出更加具体、细致的规定。设定意味着创制、创设,是一种制度从无到有,是新制度的创立;规定的本意为对已有的事项予以落实,从现有的概括规定到具体规定,从粗到细。相对于设定权是一种创设权力来说,规定权是对已有的法律规范根据实施的需要进行具体解释和适用的权力,即对已有法律规范进行具体化的权力。从性质上说,是一种执行性的权力,不溯及对行政相对人的权利的限制或者义务的创设,只是对已有法律规定的一种贯彻落实。但是,地方性法规行政处罚设定权和规定权也存在一些联系。具体表现在对行政处罚作出规定时须遵循上位法就该种行政处罚所设定的原则、程序、条件、适用范围等,不得超出上位法所设定的要求,否则不产生预期的法律效力。《行政处罚法》第11条规定:"地方性法规可以设定除限制人身自由、吊销企业营业执照以外的行政处罚。法律、行政法规对违法行为已经作出行政处罚规定,地方性法规需要作出具体规定的,必须在法律、行政法规规定的给予行政处罚的行为、种类和幅度的范围内规定。"第13条规定:"省、自治区、直辖市人民政府和省、自治区人民政府所在地的市人民政府以及经国务院批准的较大的市人民政府制定的规章可以在法律、法规规定的给予行政处罚的行为、种类和幅度的范围内作出具体规定。"尚未制定法律、法规的,前款规定的人民政府制定的规章对违反行政管理秩序的行为,可以设定警告或者一定数量罚款的行政处罚。罚款的限额由省、自治区、直辖市人民代表大会常务委员会规定。

三、地方立法中行政处罚设置权的必要性

在我国的行政处罚设置权力结构中,法律规定地方立法有一定的行政处罚设置权,这是由我国的国情所决定的。第一,我国地域广阔,各地的社会经济发展不平衡,因此,在法制统一的前提下要考虑到各地的特点,给予地方一定的立法权和行政处罚的设置权;第二,我国正处在社会转型时期,在法制统一的前提下,赋予地方一定的创制性立法权和行政处罚设置权,以满足当地改革进程的需要和

积累经验。

实践证明,赋予地方立法行政处罚设置权是必要的。这是因为,第一,全国人大及其常委会、国务院没有足够的时间来制定地方所需要的每一项法律、法规;第二,有些法律、法规技术性较强,地方特点复杂,国家难以统一制定,难以考虑各种细节问题;第三,有些法律规范需要一定的灵活性,特别是在经济转型时期,各种社会关系变动较大,国家不宜轻率地统一立法。最后,还有许多法律、法规原则性较强,在执行过程中还需要通过地方立法进行细化。在地方立法中,行政处罚作为行政管理的一种有效手段,国家赋予地方一定的行政处罚设置权,可以提高地方行政管理的效率。但为了保证宪法规定的法制的统一性,地方立法中的行政处罚设置权是有限的。

四、地方立法设置行政处罚的价值标准

1. 首先应从保护公共利益的角度考虑

在立法中设置行政处罚并由行政主体执行行政处罚是以维护公共利益为中心的国家行政管理活动的客观需要,行政处罚的最终目的是追求一种客观效果。这种客观效果就是通过行政主体采取各种行政处罚,对违反行政管理法律规范的管理相对人给予一定的制裁,达到教育相对人吸取教训,自觉遵守行政法律规范,自觉履行行政法义务的效果。同时也使大多数行政管理相对人从他人受处罚的事实中吸取教训,并自觉履行法律规范规定的义务,从而起到预防和减少行政违法的作用。此外还包含着努力消灭行政违法行为的理想在内。其现实目标是保证公共利益,保证各种行政管理活动的顺利进行,促进国家政治、经济、文化事业的健康发展。

2. 其次要从保护行政处罚相对人的基本权利的角度考虑

行政处罚的性质具有强制性和法律制裁性,是一种对公民基本权利进行严重干预的行政行为。申诫罚、行为罚、财产罚和人身罚都是对(个体的)公民、法人和其他组织的基本权利(人身权和财产权)的干预和限制。从法学理论上说,在法治国家中,这种对公民基本权利的干预性行政行为原则上应加以限制。

法律规范中设置行政处罚,旨在保护公共利益。保护公共利益是对行政相对人的基本权利加以限制和干预(科以一定的义务)的合法性前提。如果不是为了保护公共利益,就不能对宪法所保护的行政相对人的基本权利加以任何限制和干

预。因此，在设置行政处罚时，必须权衡公共利益和公民个人权益及集体利益，这也是我国宪法中关于兼顾国家、集体和个人利益的条款所明文规定的。

3. 还要从行政效率的角度考虑

即所设置的行政处罚必须符合实际，以最小的行政成本换取最大的实效。行政处罚权在行政处罚主体之间的分配只是一种静态的行政处罚权结构。行政处罚权只有通过行政处罚设置主体行使其行政处罚设置权，并通过行政处罚主体，按照设定的行政处罚权执行行政处罚时才会发挥作用，才变成一种动态的行政执行权。然而，这种由静态权力变成动态权力的过程，又受到社会经济发展的制约。因为，行政处罚的实施需要必要的行政资源，没有必要的行政资源（人力、财力、物力、技术力量），行政处罚是不可能实施的。违背社会心理（文化传统），超出行政相对人的物质和心理承受能力，花费大量的行政资源，即使取得一定的、暂时的行政管理实效，也是不可取的。另外还要考虑在现有的行政资源下，如何优化行政处罚的结构体系，以取得最大的实效。也就是说，在行政处罚设置主体设置具体行政处罚时只有充分考虑到社会经济的客观条件，才能提高行政效率，有效地发挥行政管理权力。

设置行政处罚时，立法者要同时考虑上述三重价值。这三重价值角度是互相牵制的，有时甚至是互相冲突的。因此，下文在讨论地方立法中行政处罚设置原则时，必须从行政法最基本的原则，即行政合法性和行政合理性原则出发。

第二节　地方立法中行政处罚的设置原则

地方立法中行政处罚设置原则是贯穿于地方立法设置行政处罚过程中总体性和普遍性的要求，是把握行政处罚设置的价值取向的基础和出发点。地方立法中行政处罚设置原则的正确与否，关系到行政处罚设置的合法性和合理性，同时也关系到行政处罚的执法效率和执法实效。因此，必须研究地方立法中行政处罚设置原则。

从上一节论述来看，设置行政处罚的立法者要解决公共利益、个人权利和行政效率三重价值互相牵制问题所遵循的原则，是行政合法性原则和行政合理性原则。然而，情况并非如此简单。因为，法律原则的种类较多，如果以法律原则在法律上的地位和作用为标准，有基本原则和一般原则之分。基本原则是指在法律中对该法的制定、适用均起根本性指导和协调作用的原则，其涵盖面十分广泛。

一般原则是指在法律中只对某一方面或某几方面起指导和协调作用的原则。[①]在此意义上，一般原则比基本原则更具有针对性。行政合法性原则和合理性原则是行政法的基本原则，它们固然可以涵盖地方立法中设置行政处罚的原则，但是过于广泛，操作难度大。在此，要讨论的是针对地方立法中设置行政处罚的一般性原则，而基本原则是讨论一般性原则的基础。

一般性原则具有以下几个特点：一是诸原则之间有内在逻辑关联的"结构的制度性"；二是体现法律的本质和根本价值的"内容的本源性"；三是相对稳定地适应一定领域的社会关系和社会需求的"效力的稳定性"；四是能涵盖特定领域的所有法律关系的"范围的普遍性"；五是对人们的行为起到宏观导向作用的"功能的指导性和补充性"。[②]

根据上述地方立法中行政处罚设置的有关理论和确定原则的标准，我们认为地方立法行政处罚设置应遵循以下10项原则：法定原则；排除和防范危害原则；不替代民事制裁原则；与刑罚衔接原则；有限设置权原则；地方特色原则；可行性原则；利益平衡原则；正当程序原则和种类合理原则。这是因为上述10项原则具有内在逻辑上的联系，互为限制，又互为补充，具有结构的制度性；这一原则群在整体上体现了法律的本质和根本的价值（公正、公平、公开），符合行政法的基本原则（合法性原则、合理性原则），具有内容的本源性；相对稳定地适应地方立法中设置行政处罚的需要，具有效力的稳定性；涵盖地方立法中设置行政处罚的所有法律关系（中央与地方立法权的关系、行政与公民的关系、规范性与可行性的关系、实体法与程序法的关系），具有应用的普遍性；可以对地方立法中设置行政处罚发挥宏观导向的功能，具有功能的指导性和补充性。因此，这些原则可以作为地方立法中设置行政处罚时的主要原则。[③]下文将作进一步的阐述。

一、法定原则

在地方立法中设置行政处罚必须首先遵循法定原则，这是由我国宪法规定的

---

① 孙笑侠：《法律对行政的控制》，山东人民出版社1999年版，第166页。
② 孙笑侠：《法律对行政的控制》，山东人民出版社1999年版，第168页。
③ 参见王维达等：《地方立法中行政处罚设置原则研究》，载《政府法制研究》2001年第7期（总第107期）。

法治国家原则所决定的。法治国家原则包括了法制统一性原则、依法行政原则和保护公民基本权利原则。根据我国的国情，地方立法中有一定的行政处罚设置权，但是，地方立法必须在法制统一的前提下进行。如果地方立法中设置行政处罚时，一味强调地方特点而各自为政，法出多门，无疑将破坏法制的统一性，也就从根本上破坏法治国家的原则。此外，由于行政处罚具有干预性行政行为的性质，所以各行政处罚设置主体必须严格依照宪法和法律规定的权限设置行政处罚，不得超越法律规范规定的行政处罚设置权限的上限，更不能滥用行政处罚设置权，超越法律规范规定的行政处罚的种类、处罚名称、数额幅度的上限，否则会过度地限制公民的合法权利。

《行政处罚法》第11条规定："地方性法规可以设定除限制人身自由、吊销企业营业执照以外的行政处罚。法律、行政法规对违法行为已经作出行政处罚规定，地方性法规需要作出具体规定的，必须在法律、行政法规规定的给予行政处罚的行为、种类和幅度的范围内规定。"《行政处罚法》第13条第1款规定："省、自治区、直辖市人民政府和省、自治区人民政府所在地的市人民政府以及经国务院批准的较大的市人民政府制定的规章可以在法律、法规规定的给予行政处罚的行为、种类和幅度的范围内作出具体规定。"《行政处罚法》第13条第2款又规定："尚未制定法律、法规的，前款规定的人民政府制定的规章对违反行政管理秩序的行为，可以设定警告或者一定数量罚款的行政处罚。罚款的限额由省、自治区、直辖市人民代表大会常务委员会规定。"这样，《行政处罚法》界定了地方行政处罚设置主体的权限，规定了各行政处罚设置主体之间的关系。如果说，在改革开放初期我国法制尚不健全的情况下，地方立法在地方性法律规范中自主设置行政处罚具有一定的积极意义，那么，在目前法律、法规正在逐步完善的条件下，地方立法就不能在地方法律规范中自主设置行政处罚，而必须严格遵循法定原则。即在地方立法中设置行政处罚必须依照《行政处罚法》第11条和第13条的规定。

二、排除和防范危害原则

排除和防范危害原则是指只能对行政相对人危害行政管理秩序、破坏公共利益的违反行政法强制性规定的行为设置行政处罚，给予相应的制裁；而不能对相对人的其他的违反行政法规定的行为设置行政处罚。行政处罚是指特定的国家行政机关依法对违反行政法律规范规定的强制性义务，破坏行政管理秩序，但尚未构成犯罪的行政管理相对人所给予的特定的法律制裁。行政处罚的这一特点，决定了地方立法中设置行政处罚时必须遵循排除和防范危害原则。所谓排除和防范危害，是指采用强制的手段，排除和防范相对人对公共秩序和公共利益的危害。行政处罚以维持公共秩序为目的，只适用于维持秩序功能的行政管理范围，而不适用于调控社会经济发展功能的行政管理范围。

自近代宪政制度建立以来，公法学基本上是按照国家与社会相区分的理论模型构建的。在这一理论模型中，管制的国家与自治的社会代表着对国家与社会关系的基本理解。期间，行政法学的发展大致可分为19世纪自由主义国家和20世纪福利主义国家两个阶段。19世纪自由主义国家时期，西方各国普遍奉行自由主义国家政策。在国家与社会的关系上，个人的生存责任由个人负担，国家作为"守夜人"仅承担维护个人自由、维持公共秩序和安全以及自由竞争秩序的任务。[①]为保护公共秩序和安全，在立法中设置行政处罚，以防范和排除对公共秩序和公共安全的直接威胁和破坏。随着工业化的发展，国家的任务范围扩大到社会生活的其他领域，行政法也随之发展起来。国家的任务虽然扩大到其他领域，但还是承担维持各个社会领域的秩序（即使扩大到经济领域，也只是维持经济秩序，如工商登记，可能产生危险的生产设备的许可，集市贸易的秩序等）的任务。自20世纪初以来，国家的任务从维持公共秩序扩大到调控社会经济的发展上。国家行政管理的方式变得复杂起来。国家的调控作用不同于维持秩序的作用。调控并不是防止和排除对公共秩序和公共安全的直接的威胁和破坏，也不在于科以行政相对人特定的义务，而在于引导行政相对人自愿地朝着调控的目标行为。所以，在起调控功能的行政管理过程中采用行政处罚这种干预性行政行为的合法性基础并不存在，因此在这一过程中不应设置行政处罚，而只能采用其他的行政管理行为（如行政指导、行政合同，国家订货等）。地方行政处罚设置主体在经济行政、社会行政领域内行使行政处罚设置权时，应特别注意行政维持秩序功能和调控功能的区别，决不能在调控功能的范围内设置行政处罚，用强制性的行政处罚手段来进行社会经济发展的调控。

---

① 杨登峰：《国家任务社会化背景下的行政法主题》，载《法学研究》2012年第4期。

三、不替代民事制裁原则

行政处罚的目的是保证公共利益，纯粹民事关系不应受到行政处罚的制裁。然而，某些民事关系也涉及公共利益，例如：贩毒、卖淫、转移有毒、有害物品等。对此必须给予行政制裁。区分纯粹民事关系与后一类涉及公共利益的民事关系的主要标准是看民事关系的社会性，看其是否涉及公共利益。在行政处罚与民事制裁的区别方面，值得注意的是不轻易设置行政处罚去替代民事制裁。在法律条文的表述上要明确国家对民事关系的干预是通过行政制裁还是民事制裁。行政处罚和民事制裁是两个不同的法律范畴，是解决两种不同法律关系的手段，不能加以混淆。否则，将引起不良的法律后果。例如，《上海市公共汽车、电车运行管理条例》中的补票条款，该条例中有关条款的表述正确区分了民事制裁和行政处罚。条款规定："乘客无故不支付或者少支付车费的，经营者及其从业人员可以要求其按营运收费标准的5倍补缴车费。"地方立法者从法理上认定乘客买票乘车是民事合同法律关系。虽然乘车不买票，是一种违约行为，同时也是一种违反公共秩序的行为（公交公司是私法主体，但完成的是公共任务）。但是，地方立法者认为，这种违反公共秩序的行为，尚未直接危害或威胁到公共安全，不宜采用行政处罚的形式对违反者进行制裁。所以，地方立法者通过地方法规对民事合同关系进行了适度的干预：保留了民事制裁的方式（补缴车费事实上是支付违约金），规定了违约金的额度，而不是用行政处罚（罚款）去取代民事制裁，并对此作了明确的表述。因此，在地方立法中设置行政处罚时，必须分清是行政处罚还是民事制裁，有否必要用行政处罚的形式去干预民事关系。如有必要，则必须遵循行政处罚不替代民事制裁的原则，理顺行政处罚与民事制裁的关系，在法律条款的表述上必须明确。

四、与刑罚衔接原则

行政处罚是特定的行政主体对相对人违反行政法律规范规定的强制性义务，破坏行政管理秩序，但尚未构成犯罪的行政管理相对人所给予的特定的法律制裁。因此，行政处罚的设置还必须遵循与刑罚衔接的原则。现代刑法理论和实践趋向于刑罚谦抑主义。没有罪过的行为,不具常态性和普遍性的危害行为和利害交织、含糊不清的行为,一般均被排除在刑法之外。但是,这些行为往往仍有可能对公共秩序和安全构成危害或危险。是否应当把这些行为纳入行政处罚值得探讨,在这里涉及与刑罚衔接的问题。在刑法上没有罪过的行为,不具常态性和普遍性的危害行为和利害交织的模糊状行为,只要它们对公共利益构成直接的危害,应当纳入行政处罚。在当代国内外的行政立法实践中,已经在相当一部分领域内,如在环境保护、交通运输、食品卫生、产品责任领域内施行了严格的责任制,为确保公共安全,还设置了行政处罚。当然,为了充分地保护公民的权利,在这些领域内设置行政处罚必须谨慎,对设置处罚的利弊,对个体公民的权利和公共利益必须作全面的权衡,同时遵循下文所述的利益平衡原则和正当程序原则。

另外,也不能以罚代刑。凡是在刑法上已规定由刑罚制裁的,具有严重社会后果的违法行为,不能再设置行政处罚。同时,行政处罚的严厉程度必须与刑罚的严厉程度相衔接,行政处罚的严厉程度不能超过刑罚的严厉程度。

五、有限设置原则

地方立法中行政处罚设置权在制定地方性法律规范方面是有限的,这是《行政处罚法》明确规定的,也是法定原则的必然延伸。根据法定原则,地方人大和地方政府必须遵守。首先,创制性地方立法中行政处罚设置的范围有限。虽然,《行政处罚法》只规定了其下限,但是,其上限事实上也受到各方面的限制。其次,地方立法中设置行政处罚的种类和幅度也有限。如果从《行政处罚法》所规定的我国行政处罚体系结构来看,地方立法中行政处罚设置权在创制性法律规范方面也受到这一体系结构的制约。这一体系结构进一步决定了地方立法中创制性行政处罚的有限设置原则。

行政处罚的边际首先以排除公共危害原则、行政处罚不替代民事制裁原则和与刑罚的衔接原则为界限;其次以纯粹思想领域的活动、纯粹私人之间的行为和身份及状态为界限。纯粹思想领域的活动、纯粹私人之间的行为和身份及状态不属于行政处罚范围,因为行政处罚强调的是对相对人破坏公共秩序和公共安全,但又尚未构成犯罪的违法行为予以强制性制裁。纯粹思想领域的活动尚未变成具体的行为,不会对公共利益、公共秩序和公共安全构成直接的危害和破坏。纯粹私人之间的行为是指社会性不强的私人之间的行为,不会对公共利益产生直接影响的行为,而身份和状态也不涉及公共秩序、公共安全。因此,在这些领域中不得设置行政处罚。

在行政处罚的严厉程度上，必须考虑行政处罚与刑罚的衔接。行政处罚的严厉程度必须低于刑罚的严厉程度。当然，行政处罚与刑罚的严厉程度的可比性，只限于对人身自由的限制方面。根据《行政处罚法》，人身罚的设置权在全国人大及其常委会。所以，在行政处罚严厉程度的衔接方面，此条对地方立法的意义不大。

关于行政处罚的种类分配问题。在法定原则之下，行政处罚的种类已定，我国的《行政处罚法》已规定了6种行政处罚种类。从这6种种类来看，是以财产罚与行为罚为主、申诫罚和人身罚为辅的模式。申诫罚主要是警告和教育的功能，财产罚具有惩罚和威慑的功能，可能产生实效的行政处罚种类主要是财产罚。由此可见，地方立法主体可支配的行政处罚种类是有限的。

对地方立法中设置行政处罚，尤其是创制性立法中设置行政处罚来说，地方立法主体根据其设置权限只能在法定处罚种类组合关系和法定处罚幅度的优化上加以考虑。所谓优化，是针对各种违法行为的动机设置最有效的行政处罚。例如：对于相对人的某些违法行为，如采用罚款处罚，可能处罚多次，依然无效；采用停产停业，就可能立即产生实效。但停产停业只能对企业法人实施，而地方政府只能设置警告和罚款两种。因此，地方政府只能在行政处罚的幅度上加以优化。

六、地方特色原则

《宪法》规定地方立法权的初衷是充分考虑我国各地的不同情况，在中央统一领导的前提下充分发挥地方的积极性和满足地方特点的要求。在地方立法中有两种情况：一种是执行性的地方立法，即通过地方性法规和地方政府规章的制定将法律、法规具体化，并适合地方特点。例如在《环境保护法》中规定，地方立法中规定的地方环保标准可以超过法律、法规规定的最低限度。另一种情况是根据地方特点制定创制性的地方性法规和政府规章。对于前者来说，地方人大或地方政府在制定地方法律规范时可以在法律、法规规定的幅度范围内按当地的实际情况作出规定。就设置行政处罚来说，就是在法律、法规规定的种类、数额幅度内作出具体规定。对于后者来说，就是在法律、法规尚未作出规定时，自主地按照当地的实际情况作出规定。就设置行政处罚来说，则必须按照《行政处罚法》第11条第1款和第13条第2款的规定。因此，在地方立法中设置行政处罚时，可遵循的地方特色原则是在法定原则前提之下的。

在地方立法的实践中，设置处罚适用地方特色原则时往往与法定原则产生冲突，这是由于我国某些现行法律的滞后造成的。例如《环境保护法》规定，排污超标准费[①]按当时规定的数额，从经济发达城市的经济发展来看，则显得更低。但经济发达城市的地方立法在规定罚款数额时又不能超越《环境保护法》所规定的数额幅度。这样，此项行政处罚在这些城市就失去了应有的威慑制裁作用。对于这种类似的情况，地方立法主体不能因地方特色原则，而破坏法定原则。在这两种原则冲突的情况下，地方人大或地方政府应作具体分析，具体规定要按法定程序获得批准。

七、可行性原则

行政处罚的设置只是静态的行政权的表示，而行政处罚的实施才是动态的行政权的表示。静态的行政处罚权转换成动态的行政处罚权的过程要受到社会经济发展状况的制约。这些制约因素有物质的（如行政资源、人员、经费、技术装置等客观条件），也有精神的（法律意识、文化传统等）。如果在地方性法律规范中设置行政处罚时，不注意研究执法的可行性，那么在设置了行政处罚后，也很难得到实施，相反会影响法律的尊严和权威，影响政府的威信。因此，在地方性法律规范中设置行政处罚必须遵循可行性原则。

可行性原则分解成两个方面：一是执法成本方面（物质制约）；二是所谓"法不责众"方面（其背后的深层结构是社会心理和文化传统）。行政处罚的实施需要花费一定的社会成本。实施行政处罚的人员和机关需要财政负担，进行调查取证；行政处罚的执行和救济都要花费一定的人力、物力和财力。这些都要加重国家、社会和个人的负担。因此，在设置行政处罚时必须遵循执法成本原则。行政处罚的适用有一定的极限，只能用来对付少数违法者。在有效的行政活动中，科以行政处罚的违法者的人数必须大大少于守法者，这就是"法不责众"的原则。如果违反法律规范的行政相对人多，那么执法成本就高，而行政处罚的效率则递减。因此，在设置行政处罚时，必须考虑可能违反法律规范的行政相对人的人数，仔细分析行政相对人违反法律规范的原因。例如，要仔细分析在节庆日放鞭炮的

[①] 排污超标准费是否作为罚款，在行政法学界尚有争议。

原因是什么；是否要禁止、还是要限制；是否要设置行政处罚，如必须设置，采用何种处罚种类为宜，如设置罚款，罚款的数额幅度是多少；要有效实施设定的行政处罚，必须投入多少人力、物力；政府是否有能力承担等等。在执法成本超出政府财政承受能力时，最好不要设置行政处罚，而通过其他的行政手段来解决，否则会造成有法不依，甚至影响法律的权威性。行政处罚作为行政管理的一种手段，其效果是成为一种"公共产品"。这种"公共产品"，就是公共秩序的稳定、公共安全的可靠性。它与一般的产品不同，除了要考虑其经济效益（成本和收益）外，更强调其社会效益。在特定的情况下，为了达到必要的社会效益，可以不计成本。但是，必须考虑到政府对成本的承受能力。这就是所谓的可行性原则。

对地方立法主体来说，设置行政处罚的可行性问题，可以通过两种途径解决。其一，优化处罚主体结构；其二，优化行政处罚种类结构。

首先，由于受到有限行政资源的制约，必须考虑如何优化处罚主体结构，节省行政资源（人力、物力、财力），以最少的行政资源，取得最大的执法成效。因为，处罚主体结构是行政处罚静态结构转化成动态结构的关键，处罚主体机构可分成横向和纵向结构。在横向结构上，过多地设置处罚主体，会造成人浮于事，或力量分散，或互相冲突，造成行政资源的浪费和执法效果的不佳。行政处罚主体在纵向上设置位置过高，则有时会造成监管不力，反应迟钝，效果较差。执法主体通过法规授权或委托给外部社会组织，固然可以节省行政资源，但过多授权或委托则会造成控权不力，导致公权私化。因此，在地方立法中设置行政处罚时，必须首先考虑处罚主体设置在何处，即设在现有的执法主体中还是新设主体？处罚主体设在哪个行政层级上？处罚主体设在行政内部还是法规授权或委托给外部社会组织？为解决这些问题，应遵循以下几个原则：

1. 在接近的行政领域内，行政处罚主体尽量设在现有的处罚主体中，实行综合性执法。

2. 对社会性、分散性强的违法行为的处罚，且处罚种类为罚款或警告的，可以授权或委托社会组织处罚，但必须严格控制。

3. 对相对人违法行为发生频率较低的行政处罚，处罚主体可以设在县（区）级；对相对人违法行为发生频率较高的行政处罚，处罚主体可设到街道、乡镇一级。

其次，在行政处罚的微观层次上，可以针对不同的情况配置法定的行政处罚种类，并对罚款的幅度进行优化。如何优化，则取决于对实际情况的经验性调查结果和利弊权衡。在此，我们力图采用法律的经济分析方法来界定可行性原则的内涵。设置行政处罚的可行性原则包括行政处罚的实效和行政成本承受能力两个方面，涉及4个参数。即：行政违法行为的得益；行政违法的成本；行政处罚实施的成本；行政处罚的机会成本。在设置行政处罚时，应从这4个参数上加以考虑。

行政处罚要收到实效，必须使行政处罚对行政违法人具有足够的威慑力。这种威慑力使得行政违法人产生心理影响，不敢再违法。这种心理影响的作用因素有经济方面的因素，也有非经济方面的因素（如文化、传统）。当行政处罚（行政违法行为的成本要素之一）超过违法行为的得益时，对行政违法人造成了威慑力，行政违法人将不再违法，从而使行政处罚收到了实效。行政处罚超过行政违法的得益愈大，威慑力愈大，行政处罚的实效也就愈大。但是，行政违法行为的得益有有形的（直接的经济性的），也有无形的（非经济性的，或间接的经济性的）。例如，企业不使用排污设备超标排污以节省成本的违法行为；违章搭建获取经济利益的违法行为；贩卖违禁物品谋取利益的违法行为等都属经济性的得益。而随地吐痰、乱穿马路、乱停车辆、超速驾驶、在公共场所抽烟等则属非经济性的得益（生理或心理上的快感），或间接经济性的得益（节省时间）。对于有经济性得益的违法行为，行政处罚力度的设置是可计算的，即行政处罚的经济后果超过违法行为的经济得益，就能收到实效。在这里，超过违法所得的罚款、没收违法所得、停产停业等处罚种类都是可行的。对于非经济性的违法得益的违法行为，在设置行政处罚时，行政处罚主体很难确定其合理的处罚幅度（主要是罚款的幅度），但是行政执法成本，即消除这一违法行为所产生的后果的成本可提供制定罚款数额下限的参考。例如，清除痰迹的成本，拖拉车辆的成本，查处人员的人工成本和其他行政成本等。其上限则需根据过罚相当的原则和社会现实条件下经济制裁可能产生的心理压力强度（市民的平均收入与罚款数额的比例）来决定。

行政处罚要收到实效，还要从行政处罚实施成本来考虑。行政处罚实施成本主要包括查处手段（人力和技术设施）的成本。查处手段的行政处罚实施成本与行政违法人数和违法的频率相关，在一般情况下，违法人数多，或违法频率高，则行政处罚实施成本也大。例如，在对机动车超速行驶设置行政处罚时，要投入一定的警察或设置一定的监视器。如违法的人数多，或频率高，就要投入较多的人员或设施，行政处罚实施的成本就高。因此，在设置行政处罚时，必须考虑行政资源的限度。如行政实施成本过高，超出行政资源的限度，则应慎重考虑是否设置。

此外，要进一步从行政处罚种类的实施机会成本上来考虑。不同的行政处罚种类，具有不同的威慑力量，产生不同的实效，而且其实施的成本也不同。就地方性法规有权设置的警告、罚款、没收非法所得、停产停业4种行政处罚来说，其威慑力量、实效、实施成本也是不同的。因此，要从行政处罚种类实施的机会成本来考虑如何设置行政处罚。如对非法所得的违法行为只设置没收非法所得，那么对违法人的制裁是不足的，因为没有使违法人的违法得益为负数，违法人还会再违法，行政处罚没能收到实效。如果在设置没收非法所得时，再并处罚款，其处罚实施的成本是相同的，但并处罚款后，违法人的违法得益为负数，这样就能收到实效。如果对这种行为设置停产停业，那么处罚实施成本也几乎相同，而违法人的违法得益为更大的负数，行政处罚则也可能收到实效。优化行政处罚的种类和幅度结构是贯彻可行性原则的有效手段。

虽然用经济分析的方法，有助于贯彻可行性原则，但是还必须根据行政合理性原则考虑利益平衡原则和正当程序原则。

八、利益平衡原则

行政处罚是强制性干预公民权利的行政行为，具有侵权的危险性。行政处罚实施的结果必然影响被处罚人的法律地位，必将对被处罚人的权利义务发生影响。如果行政主体错误使用行政处罚，或者滥用行政处罚，就会对行政相对人构成侵权，甚至会给行政相对人造成难以弥补的损失。此外，行政处罚的过度适用，将会导致被处罚人的逆反心理和反抗情绪，所以在设置行政处罚时必须遵循过罚相当和比例原则。否则，不仅达不到立法者期望达到的实效，而且会使行政相对人产生对行政处罚制度的误解，甚至产生对政府的不满情绪。

因此，在设置行政处罚前，必须对行政处罚要实现的公共利益目标与该行政行为对相对人私利的干预进行比较，即使公共利益大于相对人私利，也应通过合理设置处罚，使相对人私利的损失相对小。这就是利益平衡原则。这个原则包括下面几个内容：一是排除和防范危害原则；二是过罚相当原则；三是控制自由裁量权，防止滥用权力原则；四是处罚与教育相结合原则。排除危害原则已在上文中讨论过，在此讨论其他三项。

1. 过罚相当原则

过罚相当原则是合理性原则的具体表现，也是《行政处罚法》的法定原则。《行政处罚法》第 4 条第 2 款规定：设定和实施行政处罚必须以事实为依据，与违法行为的事实、性质、情节以及社会危害程度相当。在此应采用比例原则，在设置行政处罚时，应尽量视违法行为的性质、程度和后果，设置相应不同的处罚种类和幅度。能用处罚严厉程度较轻的处罚种类或幅度达到处罚目的的，就设置较轻的，而不要设置过重的处罚。

2. 控制自由裁量权，防止滥用权力原则

由于社会经济发展的动态性，在设置行政处罚时赋予行政主体以一定的自由裁量权是难以避免的。但是，如果行政处罚的自由裁量权幅度过大，使用条件和范围不具体，极易造成自由裁量权的滥用，其结果必然对相对人的合法权益造成不当的损害。为了切实保护相对人的基本权利，在设置行政处罚时，尽量控制执法主体的自由裁量条款，以防止滥用权力，这是非常必要的。

3. 处罚与教育相结合原则

行政处罚的主要功能是法律制裁而不是道德谴责，但是作为法律制裁，行政处罚也兼有教育的功能。行政处罚对违法行为的制裁，确实能起到罚一儆百的作用。但是在处罚的同时，纠正相对人的违法行为，使相对人认识到违法对己、对人都不利，从而做到自觉守法。为此，立法者在设置行政处罚时，应遵循处罚与教育相结合的原则。

《行政处罚法》充分体现了这一原则。为起到教育作用，《行政处罚法》规定对不满 14 岁的未成年人违法，免于处罚；对已满 14 岁不满 18 岁的未成年人违法，从轻或减轻处罚；对成年人违法轻微的，或主动消除减轻违法行为危害后果的，或受他人胁迫实施违法行为的，或配合行政机关查处违法行为有立功表现的，从轻、减轻或免于行政处罚。因此，地方立法者在设置行政处罚时，应充分考虑行政处罚的教育功能，设置相应的从轻、减轻和免于处罚条款。

此外，为了实施利益平衡原则，必须同时设置严密公正的行政处罚程序条款、行政法律责任条款和相应的行政处罚救济条款，以避免行政侵权现象的发生和保证被侵权者及时恢复合法权利。

九、正当程序原则

上述地方立法中设置行政处罚的诸原则固然重要，但如果没有正当程序原则的保证，这些原则也不能得到真正实现。因此，在讨论地方立法中设置行政处罚的原则时，应特别强调正当程序原则。正当程序原则是现行地方性法规和政府规章制定程序法律规范所明文规定的原则，包括以下几个方面：

1. 前期调研

由于行政处罚设置的必要性、设置的范围、设置的种类和幅度都在很大程度上取决于社会经济的发展、历史传统和文化心理。因此，地方立法中设置行政处罚时对这些非法律的因素必须作全面的、详细的调查研究，以取得第一手经验性资料。在此基础上才能确定必要的行政处罚范围、种类和幅度，才能设置具有实效的行政处罚。

另一方面，法律是一个严密的逻辑体系，地方法律规范中的行政处罚是整个行政处罚体系结构中的一个组成部分。因此，在立法前期也需要研究现行的法律规范，确定要设置的行政处罚是否是执行性的，还是创制性的；要设置的行政处罚是否违反上级法律规范；与其他的法律规范是否有重复或冲突。

2. 公民参与

一般来说，地方立法具有地方特点，更具体、更贴近公民。地方性法律规范中的行政处罚是干预性的行为，直接涉及公民的基本权利，同时，地方性法律规范中的行政处罚也是为了保护包括个体公民的利益在内的公共利益、公共秩序和安全。因此，公民应有权参与。宪法规定的法治原则的具体内涵之一，就是要完善基层民主，让公民参与行政处罚的立法程序。

另一方面，公民最了解实际情况，了解自己的切身利益。公民的参与可以给地方立法主体提供直接的、真实的情况。特别是设置行政处罚本身是在公民个体利益和整体利益的张力场中，立法者需要全面权衡利弊。公民的参与，可以表达自己的看法和意见，有助于立法者的决策。此外，公民的参与也是普及法律的一种最佳形式。公民在参与设置行政处罚的过程中受到了教育，有助于日后的守法，也有助于降低行政执法的成本。

3. 公开性

法律的特点之一是公开，因为法律是公民行为的共同规范。法律不公开就不能发挥其信息功能。公民不知法就不能期待其守法。另外，公开原则是前期调研原则和公民参与原则的前提条件之一。地方立法主体设置行政处罚，如不公开，就不能进行有效的前期调研和公民参与立法程序。单纯的"行政立法""专家立法"会导致法律规范与社会实际的脱节，降低其可行性，而且也可能造成对相对人利益的过度限制。因此，在地方立法中设置行政处罚时应遵循公开原则，从一开始就公开立法意图,在制定过程中公开立法草案,进行公开讨论,在制定后立即公布实施。

十、种类合理原则

在《行政处罚法》的制定过程中,对这一问题争议较大。一种观点认为,地方性法规除不能设定限制人身自由的行政处罚外,对于其他种类的行政处罚都应当有权设定。另一种观点认为,对地方性法规设定行政处罚应当严格限制,如没收财物、吊销许可证和执照等等这些行政处罚不宜设定。《行政处罚法》对地方性法规设定行政处罚种类的规定,综合考虑了各方面的意见和我国立法的实际状况,作出了明确的规定。依照该法第 11 条第 1 款的规定,地方性法规不得设定限制人身自由和吊销企业营业执照的行政处罚。也就是说,地方性法规可以设定警告、罚款、责令停产停业、暂扣或者吊销除企业营业执照以外的许可证和有关证照、没收违法所得等行政处罚。

从我国地方立法实践看,在地方性法规规定的行政处罚种类中,行政罚款的设置占了行政处罚种类的绝大部分,地方性法规设置的行政处罚种类比较单一,这应该引起立法者的注意。也有个别地方性法规在设置行政处罚时,对一个行政违法行为同时设置了警告、罚款、没收非法所得和吊销证照等多种类的并罚规定,对于一个行政违法行为如何设置并罚,也是制定地方性法规应注意的一个问题。

当然,地方立法主体在设置行政处罚种类时,并非要求其保持行政处罚种类的均等性,而是要根据实际需要,合理地设置行政处罚的种类。长期以来,人们对地方性法规的功能认识不够,加之受到各种利益的驱动,在行政处罚的设置上,乐于罚款了之。因此,在地方性法规中大量设置行政罚款,而忽视了其他行政处罚种类以及其他行政处理方式所发挥的作用,从而使行政处罚种类过于单一化。

总之,上述的 10 项原则之间具有内在逻辑上的联系,互为限制,又互为补充。在地方立法中设置行政处罚,必须遵循上述诸原则。[①]

---

① 参见王维达等:《地方立法中行政处罚设置原则研究》,载《政府法制研究》2001 年第 7 期(总第 107 期)。

第三节　地方立法设置行政处罚的几个具体问题

为了维护公共利益和社会秩序，保护公民、法人和其他组织的合法权益，对于一些违反法律、法规、规章所规定的行政管理秩序的行为，需要给予行政处罚。行政处罚法虽然专章对行政处罚的种类和设定作了规定，但是，立法实践中仍有一些具体问题需要研究。

一、实施性地方法规设置行政处罚有关问题

（一）实施性地方法规可否创设行政处罚

根据《立法法》第73条有关立法权限的划分，通常将地方性法规分为三类：即针对地方性事务制定的地方性法规；针对中央专属立法权之外、中央尚未立法的事项制定的地方性法规；为执行已有法律、行政法规的规定而根据本地方实际情况作出具体规定的地方性法规。由于前两种没有直接上位法，理论上把它们统称为创制性地方法规，而把后一种叫作实施性或执行性地方法规。即《立法法》第73条规定，地方性法规可以为执行法律、行政法规的规定，根据本行政区域的实际情况作具体规定，即在有具体上位法的情况下，为了保证该项法律、行政法规的贯彻实施，结合本行政区域内的实际作出具体规定。

所谓实施性地方法规创设行政处罚，就是指实施性地方法规在直接上位法规定的行政处罚之外，增设新的行政处罚。实践中主要是"（1）上位法对行为人实施禁止性规定或不履行某种义务性规定的行为没有设置行政处罚，实施性的地方性法规却对行为人实施的上述行为设置了相应的行政处罚和（2）实施性的地方性法规结合本地实际另设定某种禁止性规定或义务性规定，并对行为人违反上述规定的行为设置了行政处罚"这两种情形。关于实施性地方法规可否创设行政处罚，也就是上述两种情形是否与上位法相抵触，存在着针锋相对的两种观点，并且主要是针对上述第二种情形。因为多数观点认为上述第一种情形是应该禁止的。理由是：上位法已规定了某种禁止性规定或义务性规定且没有对违反这些规定的行为人予以行政处罚，是考虑到了对其行为可能造成的社会危害程度不足以通过

行政处罚来达到惩处的目的。因此地方制定实施性法规时，应当与上位法保持一致，如果设置了行政处罚，这就违反了上位法的立法精神。关于实施性地方法规可否针对上述第二种情形创设行政处罚，分歧的原因在于对《行政处罚法》第11条第2款的不同理解。《行政处罚法》第11条第2款规定："法律、行政法规对违法行为已经作出行政处罚规定，地方性法规需要作出具体规定的，必须在法律、行政法规规定的给予行政处罚的行为、种类和幅度的范围内规定。"否定论者认为，该规定从行为、种类和幅度三个方面，对地方性法规设定行政处罚的问题进行限制，其中，有关"行为"的限制就是明确否定地方性法规创设行政处罚。因此，实施性地方法规只能对其上位法设定的行政处罚在种类、幅度等方面进行细化，作出更加具体可操作的规定，而不能扩大上位法规定的行政处罚范围，另行增设新的违法行为并给予行政处罚。肯定论者则认为，实施性地方法规对于其上位法已设定的行政处罚可以细化，自不待言。但对于上位法没有规定的违法行为，也可以作出补充规定并增设相应处罚。理由如下：

首先，《行政处罚法》第11条第2款并未明文禁止实施性地方法规在上位法既有规定之外另行设定行政处罚。"必须在法律、行政法规规定的给予行政处罚的行为、种类和幅度的范围内规定"的前提条件是，"需要作出具体规定"。因此，按照语言逻辑，如果地方性法规不是对法律、行政法规规定的行政处罚作出具体规定，而是在法律、行政法规的既有规定之外另行"设定"行政处罚，就不应该受"必须在法律、行政法规规定的给予行政处罚的行为、种类和幅度的范围内规定"的约束。否定论者忽视了语言内部的逻辑关系，曲解了条文的含义，是不正确的。实际上，也可以说，条文本身并没有界定所争议的问题。

其次，实施性地方法规创设行政处罚是我国立法实际状况的需要。第一，国家立法通常是站在比较宏观的位置，全面考虑行政处罚的设置问题，而从各地的实际来看，由于经济、文化等发展不平衡，地方之间的差异较大，仅由国家立法难以兼顾各地方的特殊情况，也难以将所有具有地方特点的社会关系纳入国家立法的调整范围。正因为如此，国家往往也给地方立法留下一定的空间，通过地方立法机关制定实施性法规来弥补国家立法中的不足。按照立法法和行政处罚法的规定，地方性法规有创制一定种类的行政处罚的立法权限。地方在实施性法规中结合本地实际，另外设定某种禁止性规定或义务性规定，并对行为人实施了这一禁止性规定或不履行义务性规定的行为设置行政处罚，实际上就是对国家立法的一种补充。第二，在我国现行有效的法律体系中，有不少法律、行政法规制定于改革开放之前或改革开放的初期,甚至有些建国初期的法律至今仍然有效。如《城市私有房屋管理条例》《城市集市贸易管理办法》等,均制定于 20 世纪 80 年代初期;《农业税条例》《户口登记条例》《城市街道办事处组织条例》等,则制定于 20 世纪 50 年代。这些法律、行政法规立法时的社会背景与当今的社会现实已大不相同,难以适应改革开放后社会经济状况的不断变化。就行政处罚方面而言,当时的规定已经不能满足或适应现在行政管理的需要。第三,历史上,我国的立法活动一直贯彻着"宜粗不宜细"的指导思想,许多法律、行政法规只是框架式的或粗线条的,处罚条款的设计自然也是粗略的,并不能完全满足各地区行政管理的实际需要。第四,立法者的认知水平总是有限的,并非全知全能。任何立法都必然打上立法者认知水平的烙印。因此,在立法中,对某些领域、某些环节考虑不周,遗漏某些事项、细节,是难免的。还有,我国地域辽阔,各地社会、经济、文化等情况差异较大,在一地存在或突出的问题,在另一地方则不一定存在或突出。法律、行政法规的制定者必须站在全国的角度,通盘立法,这就难免忽视甚至舍弃局部,使得各地的实际问题并不都能反映到全国的立法上。总之,上述种种因素综合导致了法律、行政法规在设定行政处罚条款时不可能面面俱到,包揽无遗,为了适应现代行政管理的需要,地方性法规必须对法律、行政法规进行补充。否则,地方性法规本身存在的意义也会成为问题。

再次,从关联条文的理解和实际运用看,实施性地方法规也可以创设行政处罚。《行政处罚法》第 10 条第 2 款规定:"法律对违法行为已经作出行政处罚规定,行政法规需要作出具体规定的,必须在法律规定的给予行政处罚的行为、种类和幅度的范围内规定。"此条是对实施性行政法规(即为实施法律而制定的行政法规)设定行政处罚的限制。不难发现,它与《行政处罚法》第 11 条第 2 款的表述方式完全相同。相同的表述应作相同的解释。那么,是不是实施性行政法规也不能超出法律的规定而另行创设行政处罚呢?我们还是先看两个例子。《土地管理法实施条例》(1999 年 1 月 1 日实施)第 44 条规定:"违反本条例第二十八条的规定,逾期不恢复种植条件的,由县级以上人民政府土地行政主管部门责令限期改正,可以处耕地复垦费二倍以下的罚款。"该条对"不恢复种植条件"的违法行为设定处罚,就是一种创设规定,其上位法《土地管理法》并没有对这种违法行为进行规定,更没有设置处罚。再如,《森林法实施条例》(2000 年 1 月 29 日发布并实施)第 46 条规定:"违反本条例规定,未经批准,擅自将防护林和特种用途林改变为其他林种的,由县级以上人民政府林业主管部门收回经营者所获取的森林生态效益补偿,并处所获取森林生态效益补偿三倍以下的罚款。"该条"将防护林和特种用途林改变为其他林种"的违法行为，在其上位法《森林法》中也未作规定，同样属于创设的行政处罚。这样的例子在国务院的行政法规中还可以找到很多。既然实施性行政法规可以"突破"法律的规定，创设行政处罚，那么，地方性法规为何不能"效仿"呢？

总之，肯定者认为，实施性地方法规创设行政处罚，不仅为实际所需要，而且理论上和法律上可行。当然，这并不是说实施性地方法规可以随心所欲地创设行政处罚。在具体立法过程中，我们必须注意我国行政处罚一度过多过滥的事实，准确把握宪法规定的法治精神以及行政处罚法限制处罚、避免滥罚的立法意旨，谨慎为之。[1]

我们认为，肯定论者的观点和理由很有道理。并且，从各地方制定实施性法规的立法实践来看，这种地方立法创设行政处罚的做法已被不少地方立法采用，且全国人大及常委会对地方实施性法规中的这一类情形的立法未加否定。我们基本认同这种观点。我们认为，实施性地方立法可以有条件地创设行政处罚，但是，要考虑到实施性地方立法仅仅是对上位法的补充，要准确把握宪法规定的法治精神以及行政处罚法的立法意旨，不能违背上位法的立法宗旨和原则，更不能违反"不抵触原则"脱离上位法而随意设置行政处罚。

但问题是，《行政处罚法》第 11 条第 2 款的立法意旨是什么？地方立法面对形势发展形成的强烈的地方立法需求和我国立法的现实状况，如何准确把握宪法规定的法治精神以及行政处罚法的立法意旨？如何准确把握地方立法与《行政处罚法》第 11 条第 2 款的关系？这才是当前地方立法所面临的亟须解决也是很难解决的问题。

对此，2017 年 9 月 12 日，全国人大法律委员会主任委员乔晓阳在第二十三次全国地方立法工作座谈会上的讲话中，详细而深刻地阐述了如何把握和处理地方立法与行政处罚法第 11 条第 2 款的关系问题。这对地方立法很有指导意义。现将主要内容摘录如下：[2]

---

[1] 骆惠华：《行政实施性地方法规创设行政处罚的有关问题》，载《人大研究》2007 年第 4 期（总第 184 期）。

[2] 乔晓阳：《地方立法与行政处罚法的关系如何把握？——在第二十三次全国地方立法工作座谈会上的讲话》，微信公众号"地方立法决策协同服务"2017 年 9 月 28 日。

从目前掌握的情况看，这三部法律（即行政处罚法、行政许可法、行政强制法）在地方实施的情况总体是好的，地方人大法制委、常委会法工委坚持法制统一原则，严格把关，行政许可、行政强制的设定基本没有出现突破上位法的情况，行政处罚的种类、幅度突破现象也比较少，问题主要集中在突破行政处罚行为的限制，增设了新的处罚行为，有的是在法律有关行政处罚规定中直接增加违法行为，有的是另列条文增加规定违法行为。

综合法工委行政法室和备案审查室的梳理，地方性法规在法律之外，增加新的行政处罚违法行为，主要有以下几种情形，需要认真研究分析：

一是法律未规定管理事项，地方性法规增加规定了管理事项以及相应行政处罚。有些法律制定时间较早，在实施过程中出现新情况，因此，有些地方性法规增加规定了新的管理制度来解决新问题。如大气污染防治法2015年修改前，没有规定排污企业应当设置大气污染物排放口的要求。近年来，大气污染防治形势严峻，规定设置大气污染物排放口，有利于监测、监管，更好地适应大气污染防治新要求，一些地方在法律修改前就增加规定了这项制度并规定了相应行政处罚。

二是法律规定了管理制度但未规定违法情形及相应行政处罚，地方性法规根据当地情况增加规定了违法情形及相应行政处罚。如《文物保护法》规定，使用不可移动文物，必须遵守不改变文物原状的原则，负责保护建筑物及其附属文物的安全，但未规定相应违法行为及行政处罚。一些地方进一步规定，文物保护单位未经批准用火或者与文物保护无关的用电，未按照规定安装、使用自动报警、灭火、避雷等设施，以及遇有危及文物安全的重大险情，未及时采取措施或者未向文物行政部门报告的，给予行政处罚。

三是法律规定了管理制度，地方性法规根据当地需求规定了更高标准、更为严格的管理制度及相应行政处罚。如《大气污染防治法》规定，在城市市区进行建设施工或者从事其他产生扬尘污染活动的单位，必须采取防治扬尘污染的措施。有的地方进一步规定，混凝土搅拌站不得新建、扩建，已建成的在规定期限内关闭，并规定了相应行政处罚。

四是法律规定责令停止作业、责令恢复原状、行政检查等措施，地方性法规增加规定不配合的行政处罚。如《电力法》规定，在依法划定的电力设施保护区内进行烧窑、拖锚、挖沙等作业，危及电力设施安全的，责令停止作业。有的地方规定，作业者逾期不停止作业的，处以罚款。《水法》规定，擅自在江河、湖泊新建、改建或者扩大排污口的,责令限期恢复原状,处以罚款。有的地方规定,逾期不拆除排污口的,还要再处以罚款。

五是法律作了禁止性规定但未规定相应行政处罚,地方性法规增加规定行政处罚。如《大气污染防治法》规定,机动车污染物排放超过规定排放标准的,不得上路行驶,但未规定对车主的行政处罚。有些地方增加规定,在用机动车排放污染物超过规定排放标准的,责令改正,对车主处以罚款。

六是法律对某一违法行为规定了行政处罚,地方性法规增加了其他相关违法行为。如《安全生产法》规定,危险物品的生产、经营、储存单位以及矿山、金属冶炼、建筑施工、道路运输单位的主要负责人和安全生产管理人员未经考核合格的,对主管人员和其他直接责任人员处以罚款。有的地方性法规将该行政处罚的违法行为扩大至"船舶修造、船舶拆解单位"相关人员未经考核合格的。又如,《人口和计划生育法》规定,伪造、变造、买卖计划生育证明的,处以罚款。有的地方增加规定"使用"虚假计划生育证明的也要处以罚款。

《行政处罚法》第11条第2款规定:"法律、行政法规对违法行为已经作出行政处罚规定,地方性法规需要作出具体规定的,必须在法律、行政法规规定的给予行政处罚的行为、种类和幅度的范围内规定。"对于什么是"法律、行政法规对违法行为已经作出行政处罚规定",一直有不同认识。有的认为,从字面理解,上述规定只限制法律、行政法规已经规定的违法行为,也就是说,地方性法规可以规定新的违法行为;有的认为,法律、行政法规是对某类事项的违法行为规定行政处罚,地方立法不能增加该类事项范围内的违法行为;有的认为,法律、行政法规已经穷尽了本领域的行政处罚情形,地方立法不能增加新的违法行为;还有的建议修改行政处罚法,删去第11条第2款中的"行为",只保留"种类和幅度"。

上述地方性法规增加新的给予行政处罚的违法行为以及对《行政处罚法》第11条第2款认识的不一致,形成的原因是多方面的,包括我国经济社会快速发展,有些法律规定明显滞后,难以对新事物、管理的新需求及时作出回应;各地发展不均衡,法律采取"平均规范标准"难免顾此失彼,以及是从立法原意理解,还是纯从条文字面理解,自然也会产生认识上的差异等。

《行政处罚法》是第一部规范行政机关共同行为的法律,它对法律、法规、规章设定权的配置以及行政程序、行政执法主体的许多规定,都是第一次,具有开创性,对后来的行政立法和行政执法产生了深远影响,对依法行政和依法治国发挥了重要作用,可以说具有里程碑意义,我们要充分认识行政处罚法的历史贡献。讲到这里,我想首先需要回顾21年前制定行政处罚法的背景。1996年制定行政处罚法的初衷是什么?有些同志,特别是刚开始行使地方立法权的地方的同志可能还不大了解。行政处罚是行政机关纠正违法行为使用最为频繁的制裁手段,与公民、法人和其他组织的权利义务关系最为密切。但当时对行政处罚却没有统一的法律规定,实践中出现行政处罚"乱"和"滥"的问题,一是行政处罚的设定主体乱,谁都可以设定处罚;二是执行行政处罚的主体乱,谁都可以行使处罚权;三是行政处罚的名目、种类乱,当时统计有120多种,有些行政机关有行政处罚依赖症,形成行政管理就是行政处罚、没有处罚就不会管理的惯性;四是行政处罚没有程序规定,随意性很大,也没有必要的监督;五是有些行政处罚完全受经济利益驱动,只罚款不纠正违法行为。与此同时,还存在行政处罚"软"的问题,一些行政机关放弃职责,该管的不管,放任违法行为的发生。上述问题严重影响了行政处罚的公正性,严重侵害了公民、法人和其他组织的合法权益。社会发展至今,行政机关依法行政水平有了长足进步。但是在当时,一些地方乱扣人、乱吊销、乱没收,尤其是乱罚款成为一大公害、一大腐败现象,人民群众反映强烈,意见很大,迫切需要制定法律,对行政处罚的设定、种类、实施及程序作出统一规定。这是21年前制定行政处罚法的背景和初衷。

《行政处罚法》第11条第2款的规定正是这一初衷的体现,它的立法原意就是已经有法律、行政法规的,地方性法规可以结合本地情况,根据法律、行政法规关于行政处罚的规定予以具体化,但是不得超越法律、行政法规关于哪些违法行为应当给予行政处罚、给予什么种类的行政处罚和行政处罚的幅度的规定。这一条款是地方立法"不抵触"原则在行政处罚领域的具体化和重要体现,彰显了"国家法制统一"原则。当然,从前面列举的地方立法增加规定法律之外的违法行为及处罚的例子看,有些是地方管理实际需要的,是有道理的。现在面临着两难的选择,是坚持法制统一原则,还是松一个口,任由地方根据自己的需要增加法律、行政法规规定之外的违法行为?如果我们选择了后者,这个口子一开,可能又会出现行政处罚五花八门、各行其是的混乱局面,如此也就违背了制定行政处罚法的初衷。我们还是要不忘初衷,继续前行,在前行的进程中逐步破解这一难题。如何赋予地方必要的立法空间应对地方性问题成为新课题；如何防止行政权扩张，杜绝部门利益法制化，也需要我们持续关注；国家立法机关与地方立法机关之间如何建立畅通的沟通渠道，形成内部协调一致、上下疏密相间的工作机制，也还需要我们共同努力。在现阶段，如何在地方立法中把握与《行政处罚法》第11条第2款的关系，结合行政法专家和法工委从事行政立法和备案审查工作同志的研究意见，我谈几点看法，供大家参考：

一、用足用好法律给地方立法留有的空间。（1）有的法律明确授权地方性法规可以增加规定违法行为。如修改后的环境保护法规定，地方性法规可以根据环境保护的实际需要，增加按日连续处罚的违法行为。（2）还有一些法律授权地方就特定事项规定管理制度，地方可以在规定管理制度时规定相应的行政处罚。如野生动物保护法规定，地方重点保护野生动物和其他非国家重点保护野生动物的管理办法，由省、自治区、直辖市人大或者其常委会制定。又如，固体废物污染环境防治法规定，农村生活垃圾污染环境防治的具体办法，由地方性法规规定。还如，食品安全法规定，食品生产加工小作坊和食品摊贩等的具体管理办法由省、自治区、直辖市制定。

二、采取积极的立法政策，赋予地方更多的立法空间。（1）有的法律对违法行为的责任规定得较为笼统，应当允许地方作出具体规定。如审计法规定，被审计单位拒绝或者拖延提供与审计事项有关的资料的，或者拒绝、阻碍检查的，审计机关责令改正，拒不改正的，依法追究责任。这里的"依法"包括依地方性法规，"责任"包括行政责任，即行政处罚。（2）对于法律没有规定管理制度，或者规定了管理制度但未规定行政处罚，以及规定了管理制度但地方根据当地经济社会发展水平规定了更高标准、更为严格的管理制度的，可以研究允许地方在遵循上位法立法目的、立法原则的基础上，根据地方经济社会发展水平和实际管理需要，规定违法行为及相应行政处罚。（3）根据地方立法合理需求，允许对法律规定的含义作必要的扩展性理解。如文物保护法规定，擅自修缮不可移动文物的处以罚款。一些地方对"擅自修缮"作了扩展性理解，不仅是指未经批准修缮，也包括未按批准的计划、方案修缮以及擅自变更计划、方案修缮的情形。

三、通过完善上下联动、密切配合的立法工作机制，推动实现地方立法需求与法律立改废释的良性互动。（1）对于法律规定了责令停止违法行为、责令恢复原状、行政检查等措施，行政相对人不配合的，能否规定行政处罚，需要进一步研究。多数可以通过行政强制执行制度来解决，有阻碍执行公务行为的，还可以追究其治安管理处罚责任。（2）法律作了禁止性规定但未规定相应行政处罚，地方性法规增加规定行政处罚。这种情形属于少数。法律中只作禁止性规定往往是有考虑的，如违法原因较为复杂，行政处罚实践中难以执行，社会效果不一定好等，对此要进一步区分情况研究。如果随着时间推移，地方同志在实践中发现情况发生变化，需要增加的，可以提出修改法律的建议。（3）法律对某一违法行为规定了行政处罚，地方性法规增加了其他相关违法行为。这类规定较多，研究表明，有的规定有合理性，有的规定并不合理，如文物保护法规定在文物保护单位的保护范围内不得进行爆破、钻探、挖掘等作业，十多个地方性法规增加了不得进行采石、建窑、烧砖、葬坟、捞沙、挖塘、开矿、毁林开荒、射击、设置户外广告、栽植移植大型乔木、修建人造景点等十多种违法行为。实际上，对于法律的规定需要进一步明确具体含义的，以及法律制定后出现新的情况，需要明确适用法律依据的，立法法规定了法律解释的解决路径。像这种情况，由法律解释解决比由地方突破法律规定自行解决更符合法制原则。总之，解决这个问题较为稳妥的办法还是由地方提出有关法律解释或者修改法律的建议。（4）今后，法律在规定相关制度和行为时，需要充分考虑各地的差异和不同需求，为地方性法规留有必要的空间。

四、通过研究修改《行政处罚法》第11条第2款等有关规定，力争彻底解决当前面临的难题。任何法律都是可以修改的，行政处罚法当然也不例外。经过21年实践，有些问题应当说已经看得比较清楚，建议尽快组织力量，抓紧研究修改行政处罚法有关规定。修改中，既要坚持行政处罚法的立法初衷，又要能够满足地方立法需要。

困扰地方多年、反映最大的地方立法与"行政三法"，主要是与行政处罚法的关系问题，这也是和提高地方立法质量密切相关的一个问题。这个问题不好讲，既要维护法制统一，又要解决地方实际需要，应当说这还是一个需要我们共同探索的问题。在探索中，包括研究修改行政处罚法，我们既要注重科学立法、民主立法，更要注重依法立法。

（二）实施性地方性法规设定行政处罚能否照抄上位法

在立法实践中，地方立法照抄上位法，特别是将国家规定的且地方无设置行政处罚权限的行政处罚种类移植到地方性法规上来的现象比较普遍。这种做法是否合法？

我们认为，实施性的地方性法规设置行政处罚，首先要遵循立法法和行政处罚法关于设置行政处罚权限的规定，不得超越立法权。如行政处罚法规定设置吊销企业营业执照的行政处罚权限，只有国务院以上层级的立法主体享有，地方各个层级的立法主体都不享有该种类的行政处罚设置权。因此，地方制定的实施性法规，不得将只有法律、行政法规设置权限范围的行政处罚种类再具体作出规定。实施性地方性法规在设定行政处罚时照抄上位法关于行政处罚的规定，如果照抄的内容是属于实施性地方性法规有权设置的行政处罚种类，那并不违反上位法的规定，也不违反"不抵触原则"，属于立法不够科学、立法水平不高的问题。但是，关于地方立法能否将国家规定的且地方无设置行政处罚权限的行政处罚种类照抄到地方性法规上来的问题，我们持否定的观点。理由是：第一，按照立法技术的一般要求，制定实施性的地方性法规不宜照抄上位法，实施性法规的意义是将法律行政法规具体化，照抄上位法就失去了立法的意义。第二，照抄上位法，在某种程度上是降低了法律行政法规的效力等级，不利于维护国家法律法规的严肃性和权威性。第三，地方立法机关照抄上位法可视同地方立法，而地方性法规设置行政处罚不能超越国家立法权限，否则便是越权立法。

（三）实施性地方法规设置行政处罚的种类和名称

实施性地方性法规设置行政处罚应当按照行政处罚法的规定，在法律、行政法规规定的行为、种类和幅度范围内作出具体规定。地方制定实施性法规的一个基本前提就是应当保持与上位法的一致性，前者是对后者的具体化。地方制定实施性法规在设置行政处罚时应当遵循这样一个基本原则，即上位法有处罚种类规定的，在立法权限范围内，可以予以具体化；在上位法没有行政处罚规定情况下，地方立法在一般情况下不宜增加新的行政处罚种类。如果地方立法机关在设置行政处罚中违反行政处罚法的规定，增加行政处罚种类，超越或者降低行政处罚幅度的，均为与上位法相抵触。在立法实践中，通常发生以下几种情形：一是部门在起草法规草案时，为扩张本部门的权限，不顾上位法规定的实际情况，从本部门利益出发，任意设置行政处罚；二是实施性的地方性法规在有两个以上的上位法的情况下，没有注意各上位法之间的关联性和协调性，在设置行政处罚时，顾及一面而忽略另一面，结果造成该法规与上位法的冲突。对于前者，地方在设置行政处罚时应当坚决予以杜绝。而对于后者，立法者则在立法工作中要认真研究各上位法关于行政处罚的规定，避免该法规与多个上位法发生冲突，并结合本地实际作出行政处罚的具体规定。

实施性地方法规设置的行政处罚种类有哪些呢？我们认为，根据行政处罚法的规定，实施性地方法规只能设置警告、罚款、没收违法所得（非法财物）、责令停产停业、暂扣许可证（执照）等五类行政处罚（简称"五类处罚"）。实施性地方法规没有理由突破此限，设定其他行政处罚种类。当然，这里还涉及一个处罚种类与名称的对应关系问题。一方面，由于立法技术、立法传统以及行政管理本身的复杂性等，行政处罚法规定的处罚种类与具体法律、法规中出现的处罚名称有时并不完全一致。如行政处罚法中规定的责令停产停业，在具体法规中可能表现为责令停产（停业）整顿、责令停产（停业）改进、责令改正等；行政处罚法中规定的暂扣许可证（执照），在具体法规中可能表现为暂扣证书、吊扣驾驶证等；行政处罚法中规定的没收违法所得（非法财物），在具体法规中可能表现为没收毒品、没收非法工具（设备）等。这种"一类多名""同罚异表"的现象是司空见惯的，应当引起我们的注意，不要把不同的处罚名称误作不同的处罚种类而加以排斥。简言之，实施性地方法规在创设行政处罚时，既不能突破上述"五类处罚"的范围，又要兼顾处罚种类与处罚名称不对应的实际情况。在具体立法活动中，做到依法表述、准确表述、灵活表述，同时要尽量与上位法使用的处罚名称相一致，避免产生歧义。另一方面，我们要注意区分不同类别的行政处罚，避免混为一谈。这是因为，尽管行政处罚法仅规定了六种处罚种类，但由于法律、法规可以创设处罚种类，使得实际出现的处罚种类远远超过六种。其中，有些处罚种类易于混淆，可能误以为是"同罚异表"。如通报批评不属于警告，责令限期治理不属于责令停产停业等。这就是说，实施性地方法规在创设行政处罚时，不能望文生义，把不属于"五类处罚"的处罚种类误以为"五类处罚"而加以设定。[①]

[①] 骆惠华：《行政实施性地方法规创设行政处罚的有关问题》，载《人大研究》2007年第4期（总第184期）。

二、创制性地方性法规设置行政处罚应注意的问题

依照《立法法》第 73 条规定，地方立法机关可以就属于地方性事务的事项制定地方性法规，即在没有具体上位法的情况下，根据本行政区域内政治、经济及其社会各项事业发展的实际情况和需要，依据相关的法律、行政法规和国家政策，对某一方面的社会关系的调整作出具体规定。立法实践中，将这一类地方性法规称之为创制性的地方性法规。

创制性的地方性法规虽然没有直接相联系的上位法，但在立法中仍要考虑到不能与其他相关的上位法相抵触，同时还要考虑到与国家的大政方针和其他一些规定相吻合。制定创制性的地方性法规具体要考虑以下几个方面的问题：

一是要按照行政处罚法规定的地方立法主体所享有的行政处罚设置权限和本地方的实际需要，合法合理地设置行政处罚。既不能超越立法权限，也不能不顾本地方的特点和要求。

二是要考虑到行政处罚的设置与相关的法律、行政法规以及国家有关政策的吻合性。创制性的地方性法规设置行政处罚时，一方面要考虑相关法律、行政法规的立法精神和宗旨，如国家相关法律、行政法规鼓励的某种行为，地方立法便不能通过行政处罚来限制这一行为，否则即是与国家相关法律、行政法规相冲突的立法。另一方面还要考虑到国家相关政策的规定。政策是国家根据形势变化和发展适时作出的具有号召性的规定，某些成熟和定型化的政策通过立法程序可以上升为法律或行政法规。因此，地方性法规在设置行政处罚时，还要关注该项立法与相关政策的关联性。

三是要考虑到国务院部门规章的相关规定。按照《立法法》的规定，省、自治区、直辖市的人民代表大会及其常务委员会根据本行政区域内的具体情况和实际需要，在不同宪法、法律、行政法规相抵触的前提下，可以制定地方性法规。设区的市的人民代表大会及其常务委员会根据本市的具体情况和实际需要，在不同宪法、法律、行政法规和本省、自治区的地方性法规相抵触的前提下，可以制定地方性法规。从这些规定来分析，《立法法》没有将国务院各部门制定的规章作为地方立法的依据，而且部门规章的效力等级也不在地方性法规之上，那么制定创制性的地方性法规为何要考虑国务院部门规章的相关规定呢？我们认为，第一，国务院各部门制定的部门规章，通常是在垂直的范围内

发生效力，同时也涉及地方的适用问题；第二，国务院各部门制定的规章通常是按照相关法律或者国务院的行政法规以及有关政策的精神而制定的，在一定程度上反映了客观实际需要，可供地方性法规参考。第三，有利于减少和避免地方性法规与部门规章之间的冲突。当然，制定创制性地方性法规不能要求与部门规章保持绝对的一致性，因为部门规章毕竟不是地方性法规的上位法依据。如果两者在设置行政处罚出现了不一致，按照《立法法》的规定，可以通过立法裁决机制加以解决。

三、授权实施行政处罚的条件

《行政处罚法》第17条规定："法律、法规授权的具有管理公共事务职能的组织可以在法定授权范围内实施行政处罚。"授权或者不授权取决于立法者的选择。立法者在什么条件下需要授权社会组织行使行政处罚权呢？

依照我国人民代表大会制度，政府及其所属的行政管理部门，是依据宪法和有关组织法的规定而设立的，从设立之日起就获得了行政主体的地位。根据宪法、组织法的规定实施行政管理，是其法定职权，也是其义务。因此，原则上行政职权包括行政处罚权理应由行政机关而不应由其他机关、组织行使，行政机关应当承担起实施行政处罚的职责。授权不仅造成行政处罚权转移到非行政机关行使，还存在扩大或者增加行政执法主体、剥夺行政机关行使行政委托权之虞。无疑，立法授权只能是特殊条件下的选择。

这些特殊条件，法律没有列出，有关教科书也语焉不详。从立法实践上看，至少要符合三个条件。其一，行政机关本身实际上不能行使行政处罚权。这主要是由于缺乏执法队伍，不具备执法能力。随着法律制度的完善和法律体系的建立、健全，涉及行使行政处罚权的部门越来越多，其中不乏行政部门由于没有与实际工作相适应的执法队伍，不具备实际行使行政处罚权的能力，便只能通过授权或者委托，由具有执法队伍、执法能力的其他机关、组织行使行政处罚权。其二，行政机关实际上难以承担实施行政处罚的责任。行政机关可以自行委托执法，但是必须要承担委托执法的相关法律责任。为了承担责任，就必须对被委托单位加强监督、指导。有的行政机关承担监督、指导工作也存在人员上的困难，难以做好监督、指导工作，从而实际上不能承担委托执法所应承担的法律责任。在这种情况下，立法授权可以有效解决这一难题。其三，有些社会组织因为更接近行政相对人，对行政相对人的行为更熟悉，其本身又具有管理公共事务的职能，授权其行使行政处罚权比行政机关自己实施更为合适。行政机关在改革过程中，一些原行政机关改成了行业协会，其本身仍具有管理公共事务的职能，就属于这类社会组织。行政部门所属的一些专业管理组织，对某些专业技术管理领域行使公共事务管理职能，也属此类可授权的社会组织。确定被授权主体，应以上述三种条件同时具备为宜。

授权社会组织行使行政处罚权，要求该社会组织能够公平公正地执法，因此，其不能既是执法者，又是该项执法的行政相对人，即不能既是裁判员，又是运动员。在立法实践中，此类问题屡屡出现。立法者选择社会组织授权，这也是取舍应当参考的重要因素。

四、对有些违法行为可以不设定行政处罚

（一）不是所有"违反行政管理秩序的行为"都要设定行政处罚

《行政处罚法》第 3 条、第 12 条、第 13 条、第 30 条中，都规定了对"违反行政管理秩序的行为"可以设定、实施行政处罚。但是，不能由此认为所有违反行政管理秩序的行为都需要设定相应地行政处罚。《行政处罚法》第 3 条从实施的角度强调，对违反行政管理秩序的行为，"应当给予行政处罚的"，依法给予行政处罚。这里的"应当"，无疑也是立法设定行政处罚需要遵循的。那么，何为"应当"呢？行政处罚法没有对"应当"的情形作出明确规定，《行政处罚法》第 27 条在规定行政处罚的适用情形时，在第 2 款明确规定，"违法行为轻微并及时纠正，没有造成危害后果的，不予行政处罚"。虽然"不予行政处罚"不等于不设行政处罚，但是，既然法定了不给予行政处罚的条件，所定条件也应理解为是可以不予行政处罚的条件。

由上推论，法律所规定的是最基本的行为规范，必须得到严格执行和遵守，违法，即应承担法律责任。换言之，立法者对所有"违反行政管理秩序的"行为，都可以设定行政处罚。但是，有的违反行政管理秩序的行为，情节轻微并及时纠正，又没有造成危害后果，从"坚持处罚与教育相结合，教育公民、法人或者其他组织自觉守法"的角度考虑，并非非处罚不可的，可以不给予行政处罚。由此推论，对此种行为，立法可以不设定行政处罚。但需要注意两点：其一，不予行

政处罚的条件只是不设定行政处罚的选择条件。有些违反行政管理秩序的行为，造成的潜在危害极大，如擅自发布地震消息，即使违法者已纠正且没有实际危害后果，也需要予以行政处罚。这一类行为往往涉及的是基本制度、重大问题、重要利益。其二，"危害后果"应指对社会或者他人的利益造成后果，是法律规范具体指向的行为结果，不能宽泛地理解为对行政管理秩序的不遵循，否则就无需将危害后果作为不予处罚的条件。

（二）法条对被处罚的违法行为表述不明确不准确的，不宜处罚

法条的表述，要求明确、准确。对违法行为的处罚直接涉及被处罚者的利益。因此，立法中，对违法行为的表述尤其要明确、准确，以减少执法的纷争。立法实践中，涉及处罚主体、被处罚的行政相对人、处罚种类、处罚额度或者幅度、被处罚行为性质的区分等，表述上受到较多重视，而对被处罚的行为本身如何表述明确、准确，往往重视不够。

解决这个问题，不仅要求用词造句避免模糊含混、逻辑不清，还应注意以下问题。其一，对于被禁止的"其他违法行为"与"等违法行为"不宜设处罚。实际存在的违法行为可能做不到完全列举，而且随着事物的发展可能出现新的违法行为。为了解决这一问题，立法技术上，法的禁止性规范往往设置兜底款项："其他违法行为"。在仅引述前列款项而不复述具体行为时，"其他违法行为"也就成为被处罚行为。但是，这个违法行为是不明确的，是可能成为因执法者主观意志而定的，也是没有对社会公告周知的，是不教而诛。因此，对"其他违法行为"设定行政处罚是不合适的。同理，有的禁止规范在列举违法行为后加一"等"字。由于"等"字含有不完全列举的意义，因此，也是不明确的。对这两种情况的处理办法，应是在处罚规范中具体列出违法行为。其二，禁止性规范的某一款项列出多种违法行为，其中有的应予处罚，有的可不予处罚，处罚的种类、数额或者幅度应予区分，而且有的禁止性行为还附有前提条件，对此，设定行政处罚时，也不宜只引禁止性规范条款项而不列具体行为。其三，禁止性行为在程度、方式、危害等方面是可以细加区分的行为，也不宜不加区分地设处罚。例如，为了保证公园水质，规定不得在公园规定的水域洗涤。但洗涤的差别很大，游客洗手、洗弄脏的手帕、鞋帽等小件衣物也是洗涤行为，对此类行为，完全可以不设处罚，且也以不设行政处罚更符合实际，更具人性化。对类似情况，在设置处罚时，可采取"但书"的方式排除一部分行为。其四，有的设置了行政处罚，但前面却未

设置相应的禁止性行为规范，其所设处罚是推定的而不是明示的行为，这也不适宜。其五，行为规范设定的是义务，表述为"应当"，相应的行为却设置了处罚。立法实践中，行政管理相对人"应当"的行为中有义务性行为规范，也不乏倡导、鼓励的行为规范，因此，对义务性规范条款，不能一概推定为可以设定行政处罚的违法行为。

五、规定行政处罚情节后果的选择性情节应考虑的后续工作

从违法行为的复杂性和法律本身的稳定性考虑，设定行政处罚时往往对"情节严重""后果严重"的行为，规定加重处罚额度，或者加之以更严厉的处罚种类。对具体什么是"情节严重""后果严重"的行为，往往在立法时未作明确规定。

作为行政管理相对人必须遵守且一旦违法就要受到严厉处罚的行为规范，立法者对"情节严重""后果严重"之情节、后果，必须明确规定并公而告之。换言之，"情节严重""后果严重"是立法应当明确规定的。立法时若将其作为执法者的自由裁量权作了规定，执法机关就必须明白，这是自由裁量权，但裁量尺度应当公告于社会。

对国家法律中设定的处罚中的情节、后果的选择性规定，国家规定一般通过三个方式处置，涉及民法、刑法的，由最高人民法院、最高人民检察院作司法解释；涉及行政管理的，由国务院通过制定法律实施办法作出规定；涉及技术性操作规范的，由国务院相关部门在其制定的规章中作出规定。这三种处置办法，实质上都是通过立法行为，对法律规定的情节、后果，进一步作出具体规定。

地方立法设定行政处罚的情节、后果选择性规定以后，执行中执法机关有的长期不对"情节严重""后果严重"之情节、后果作具体规定，直至执法过程中出现问题才考虑作具体规定，这实际上出现了立法漏洞。因此，执法机关应当于法规实施之前作出具体规定。

实施中对于地方性法规设定的行政处罚的情节、后果选择性规定，存在三种处置方式。其一，政府在制定实施性规章中作出具体规定。这应是最优最符合法理的处置方法。其二，政府行政机关制定配套性规范性文件，于其中具体规定。这也是可行的。但鉴于政府是行政法规实施的主体，所以政府在规章中作出规定更为规范。其三，在立法机关的工作部门、执法机关编写的法规释义中予以明确。由于这类释义属于工作应用性质的解释，是学理上的解释，不宜作为定论，更不

能视为规范。尽管编写者是立法机关工作部门或者是执法机关，但法规释义毕竟不是规范性文件，不具有普遍遵守的效力，因此，法规释义与规范性文件不能等同而论。况且，这种释义多数属执法机关工作人员的工作用文本，没有公开发行，没有公示社会，行政管理相对人难以完全知晓。

因此，对于地方性法规中设定的行政处罚的情节、后果选择性规定，有关方面应于立法后、法规实施前以规章或者规范性文件作出具体规定。倘若法规草案中就设行政处罚的情节、后果选择性规定，草案在提请立法机关审议时，就宜同时备注与之相配套的具体规定的内容。立法机关审查实施法规的规范性文件时，应将规范性文件对行政处罚情节、后果的选择性规定的具体规定作为必须审查的内容，以保证其合法性。

六、关于行政处罚中罚款设置的三个问题

（一）行政处罚罚款普遍化倾向及其矫正

罚款是制裁力较强的一种行政处罚措施，也是法律责任体系中的"主角"，更是我国地方性法规中的主要行政处罚措施。在地方立法实践中，只要法规中设定了"必须""应当""不得"等义务性、禁止性规范，在为违反该规范者设置法律责任时，许多人的第一反应就是为其设置罚款。有学者统计，从网上随机遴选了八个省、市、自治区人大常委会在行政处罚法颁布以后制定的且有行政处罚规定的地方性法规20部，并对行政处罚事项进行了统计。这20部地方性法规中，共设置各项行政处罚211项。其中，设置行政警告2项，占行政处罚总数的近1%；行政罚款192项，占行政处罚总数的91%；没收违法所得5项，占行政处罚总数的2.3%；吊销各类许可证10项，占行政处罚总数的4.7%，责令停业和暂扣证照各1项，分别占行政处罚总数的0.47%。虽然随机遴选的地方性法规有一定的局限性，但该数据从一定层面反映了地方性法规规定的行政处罚种类中，行政罚款的设置占了行政处罚种类的绝大部分，它表明地方性法规设置的行政处罚种类比较单一。[1]

在多种行政处罚种类中，为什么罚款设定的比例居高并趋向普遍化？一方面，

---

[1] 徐向华、郭清梅：《行政处罚中罚款数额的设定方式——以上海市地方性法规为例》，载《法学研究》2006年第6期。

这是由于罚款自身所具有的优点和地方立法权限所决定的。在行政处罚领域，随着牟利性违法行为的增多以及金钱在人们日常生活中重要程度的不断提升，人们开始需求一种不仅可以使行为人无利可图，还增加其违法成本，促使行为人不敢或者不再从事违法行为，最终引导其在法律范围内行事的处罚，这就是罚款。对违法行为人处以罚款，不影响行为人的人身自由和其他行为能力，其可以继续开展社会活动，较之拘留、吊销许可证等处罚，对行为人的影响相对较小。相应地，有利于维护与行为人进行交易的第三人的交易安全。实践中，即使对某一违法行为规定了多种法律责任，在实施中最终选择的多数还是罚款。因此，罚款设定普遍化这是财产罚本身的优越性在立法中的一种体现。另一方面，也是由于我们地方立法中存在着非正当化的立法取向。一些非正当化的立法取向，也可能成为罚款设定普遍化产生的原因。实践中，有些政府部门的收入往往与其罚款、收费的数额有直接关系，这就无形中增加了部门希望多实施罚款，多一些罚款实施依据的要求。我们应当避免这种行政处罚罚款普遍化的倾向。

1. 设定罚款必须要有正当化的立法取向

罚款设定必须服务于公共目的。当处罚与特定利益集团的利益相衔接，如增加收入、扩大税收基础、弥补财政收入不足时，罚款的正当性便丧失殆尽。因此，在罚款设定上，明确罚款设定的目的，并保证其始终服务于公共利益，应当是地方立法立法者的责任。

2. 协调配置各种行政处罚种类

立法是一门科学，有其内在的规律性，其中协调性是一个重要的方面。"立法要协调，就要求各种法之间的纵向和横向关系均协调一致。"[1] 既然罚款的功能是有限的，地方性法规在设定法律责任时，就要综合考虑各种法律责任方式（比如警告、吊销许可证照等），来实现内部法律责任配置的协调以及法规之间法律责任配置的协调。

3. 协调配置罚款与前置纠错措施

罚款是要求行为人承担额外的金钱给付义务，通过增加违法行为的成本，达到遏制违法行为、维护行政管理秩序的目的。实践中，如果在设定和实施罚款前，不要求行为人改正已发生或正在进行的违法行为，则极有可能产生"以罚代管"的现象，罚款将成为违法行为继续存在的通行证，这显然有悖于罚款设定的最初

---

[1] 周旺生：《立法论》，北京大学出版社1994年版，第197页。

目的。因此，建议在设定法律责任时，在罚款前增设前置纠错程序，以实现规制目的。

（二）警告与罚款不宜作选择性规定

实践中，有的地方立法将对违法行为的处罚规定为给予"警告"或者"罚款"，这是不合适的。

警告与罚款是行政处罚法规定的两个行政处罚种类，其性质是不同的。警告是申诫罚的一种，是对违法者实施的书面形式的谴责和告诫，是一种影响违法者声誉的处罚形式。罚款属于财产罚，是强制违法者承担一定的金钱义务，要求违法者在一定期限内交纳一定数量货币的处罚。警告与罚款的相同之处仅在于二者都具有强制性。此外，虽然两种行政处罚实施结果之一是违法者都会从中受到教育，但比较起来警告更具有教育性质，而罚款则侧重使违法者经济上受到损失。故此，立法设定警告与罚款的行政处罚时，立法者应结合设置行政处罚的目的之侧重点而作选择，不宜规定给予警告"或者"罚款。[1]

（三）地方性法规设置罚款数额必须考虑的因素

立法实践中，对设置罚款数额有着不同的认识。有的认为，我国的立法应着眼于教育作用，引导人民群众自觉遵守，不能以处罚为"撒手锏"，罚款达到教育、改正的目的即可，不必罚得太重。有的认为，对违法者要通过处罚达到惩戒和警诫的目的，罚少了无异于鼓励违法行为，因此要重罚，使之感受到罚之痛，有的行为应不惜罚得其"倾家荡产"。这两种观点各有道理，但又失之偏颇。

设置罚款数额有四个原则应当考虑。其一是过罚相当原则。违法者的违法行为是千差万别的，有故意有过失，有一般情节有恶劣情节，损失有大有小有眼前有长远，危害后果有轻微有严重，违法所得有多有少，等等。因此，设置罚款的数额应综合考虑，使之过罚相当。其二，最小侵害原则，即必要性原则。在能够达到制裁、补救损失等设置罚款所追求目的的前提下，尽可能使违法者损失保持在最小的范围内。绝不能以激愤的情感来设定罚款数额。其三，价值补偿原则。依据行政法的比例性原则，行政机关给行政管理相对人所造成的损害或不利影响，不得超过其追求的行政目标所包含的公共利益，行政行为的目的利益与手段成本

---

[1] 陈军：《地方立法设定行政处罚的十个具体问题》，载安徽省人民政府法制办公室网站。

之间应保持适当的比例关系。违法行为造成损失有多大，纠正违法行为的成本有多少，设置罚款数额度，应从这两个方面考虑价值补偿，并使之略高于价值总额。其四，承受能力原则。法是要执行的，设置的罚款数额过高，超过了多数违法者的经济承受能力，法的施行必至困境，终究会成为有法难依。因此，必须考虑违法者的承受能力。

另外，确定按数额罚还是按比例罚？设置罚款有两种方法，一是直接规定罚款数额，二是规定依照所得、营业额等一定的比例来确定数额。在这两者之间该如何作出选择？

在立法实践中，一般对违法行为造成确定的经济损失、违法所得、补救成本的，直接规定罚款数额，对造成非财物性损失的，也直接规定罚款数额。难以把握的是什么情况下需要按基数比例确定。至少有三种情况。一是市场物价变化大。违法行为涉及的被损害财物市场物价变化大，而法又具有稳定性，无论作出怎样的罚款数额规定，都可能因时间变化而使过罚相当原则得不到体现，以致出现处罚畸轻畸重的问题。二是地区间经济发展水平差异过大，设定确定的罚款数额，在甲地合适，乙地经济发展水平低可能就执行不了且补救成本远低于此数额，丙地经济发展水平高，违法者对此一数额的损失视之若无且补救成本远高于此数额。三是违法所得差别过大、违法损失差别过大，无法科学直接地确定罚款数额。

有一种特殊情况，即本应按基数比例确定罚款，但基数的记载查实困难，在这种情况下，只能直接定罚款数额。例如，有的个体经营者违法经营，由于平时不记账，或有意隐瞒账务往来，执法者无从取证核实基数。此时便只能给予一定数额的处罚。[①]

七、行政处罚中罚款数额的设定方式[②]

（一）我国立法实务中的罚款数额设定方式

在我国地方性法规规定的行政处罚种类中，行政罚款的设置占了行政处罚种

[①] 陈军：《地方立法设定行政处罚的十个具体问题》，载安徽省人民政府法制办公室网站。

[②] 本部分内容参见徐向华、郭清梅：《行政处罚中罚款数额的设定方式——以上海市地方性法规为例》，载《法学研究》2006 年第 6 期。

类的绝大部分，这应该引起立法者的重视。考察法律、行政法规、部门规章及地方性法规、地方政府规章的法律责任条款，可以发现，主要采用了 8 种罚款数额设定方式和 4 类罚款数额组合形式。

1. 罚款数额设定方式

固定数值式，指将罚款设定为某一固定数额。如《广东省城市垃圾管理条例》第 32 条第 5 项关于对不按规定时间、地点和方式排放生活垃圾的居民"处 50 元罚款"的规定。

固定倍率式，指将罚款设定为某特定基数的某个倍率。如国家环境保护总局颁布的原《废弃危险化学品污染环境防治办法》第 28 条第 1 项，关于对到期不缴纳罚款的当事人"每日按罚款数额的百分之三加处罚款"的规定。

数值数距式，指将罚款设定为某数值区间，即以数值明确罚款数额的上限和下限。如《中华人民共和国护照法》第 17 条关于对弄虚作假骗取护照的"处二千元以上五千元以下罚款"的规定。

倍率数距式，指将罚款设定为某特定基数的倍率区间，即以倍率设置罚款数额的上限和下限。如国务院颁布的《机动车交通事故责任强制保险条例》第 36 条，关于对未经保监会批准从事机动车交通事故责任强制保险业务而且违法所得在 20 万元以上的保险公司，"处违法所得 1 倍以上 5 倍以下罚款"的规定。

数值封顶式，指将罚款设定为某个固定数值以下。如国务院颁布的《信息网络传播权保护条例》第 18 条第 1 项，关于对通过信息网络擅自向公众提供他人的作品、表演、录音录像制品的"处 25 万元以下罚款"的规定。

倍率封顶式，指将罚款设定为某特定基数的某倍率以下。如《河南省畜牧业条例》第 44 条关于对销售种畜禽以低代次冒充高代次的"处以违法所得 2 倍以下罚款"的规定。

数值保底式，指将罚款设定为某个最低值以上。如原《上海市环境保护条例》第 53 条，关于对防治污染设施未经验收而相关建设项目已投产或者使用的"处以不低于 1 万元罚款"的规定。①

概括式，指仅规定处以罚款而没有规定具体的罚款标准或者罚款数额。如建设部颁布的《房地产开发企业资质管理规定》第 21 条第 3 项关于对工程质量低

---

① 从逻辑上讲，"保底式"应当包括"数值保底式"与"倍率保底式"。由于我国各类规范性法律文件所规定的罚款数额样本并无以"倍率保底"方式设定的，这里仅研究"数值保底"的罚款设定方式。

劣的企业"并可处以罚款"的规定。

上述立法实例表明：第一，以是否直接规定罚款具体数额或间接规定罚款数额计算标准为界限，我国立法中所采用的8种罚款数额设定方式可以归并为两大类：一类为仅设定罚款责任但却未规定具体罚款数额或罚款计算标准的"概括式"；另一类为规定罚款具体数额或设定罚款计算标准的"非概括式"。第二，以是否需要罚款责任实施主体通过计算最终确定罚款具体数额为标准，我国立法中所采用的7种"非概括式"罚款设定方式隶属两种类型：不必通过计算即可确定罚款数额的"数值式"和必须经过计算才能确定罚款数额的"倍率式"，前者包括规定具体罚款数额的"固定数值式"、规定罚款数额区间的"数值数距式"、规定罚款数额上限的"数值封顶式"和规定罚款数额下限的"数值保底式"，后者包含规定具体罚款倍率的"固定倍率式"、规定罚款倍率区间的"倍率数距式"和规定罚款倍率上限的"倍率封顶式"。

2. 罚款数额设定方式的使用形式

在我国的立法实践中，上述罚款数额设定方式既被"单独使用"，也被"组合使用"。除"固定数值"等8种罚款数额设定方式都被分别"独用"之外，还有将若干种设定方式"并用""选用"和"复用"的三种组合使用形式。

独用，指单独使用某种设定方式确定罚款数额。如《公司法》第200条"独用"了"倍率数距"式，规定对虚假出资，未交付或者未按期交付作为出资的货币或者非货币财产的公司的发起人、股东"处以虚假出资金额5%以上15%以下的罚款"。

并用，指同时使用数种设定方式确定罚款数额。如《广东省城市垃圾管理条例》第32条第9项"并用"了"固定数值"和"数值封顶"两种设定方法，规定对任意倾倒城市垃圾的责任人"处以每立方米500元罚款，但罚款总额最高不得超过5万元"。

选用，指罚款数额在若干种设定方式中选择确定。如《上海市城市道路桥梁管理条例》第49条第2项的规定，允许执法者在"数值数距式"和"倍率数距式"两种方法中"选择"并确定罚款数额，对造成城市道路、桥梁损坏的"处以5千元以上2万元以下或者修复费3至5倍的罚款"。

复用，指罚款数额因处罚对象可能出现"违法情节轻重""责任主体差异""违法所得有无"和"如期改正与否"等不同情况而衔接数种设定方式予以确定。如《北京市旅游管理条例》第55条"复用"了有违法所得时的"倍率数距式"和无违法所得时的"数值封顶式"两种罚款方式,规定对服务范围、内容、标准等做虚假的、引人误解的宣传的,"处以违法所得1倍以上5倍以下的罚款;没有违法所得的,处以1万元以下的罚款"。

(二)关于罚款数额设定方式的主要观点

学界对罚款的设定主体、罚款的适用范围以及罚款的设定原则多有研究,但对罚款数额设定方式这一立法技术层面的问题却少有涉足。偶见的观点主要有:

第一,仅规定罚款数额上限的数值封顶式有时无法彰显"让违法成本大大高于守法成本"的正义理念,因而有学者提出对环保领域违法行为设定罚款数额时应采用无罚款最高限额的倍率式。例如,李克杰教授指出,"即使最高的环境污染罚款也只有100万元,一般罚款都在20万元,或10万元,甚至是5万元、1万元以下。这样的罚款数额对于中小企业或中小型建设工程可能还有些威慑力,对于那些'巨无霸'工程简直毫发无损,不足以显示法律的权威和尊严。"因此,为遏止环境违法行为,让违法者确实感到切肤之痛,他提出"应采取比例罚款制(即倍率式),不要设定最高限额"。①

第二,数值式罚款设定方式有时无法符合"罚款应比违法所得高"的过罚相当理念,因此有学者认为,对有违法所得的违法行为设定罚款数额时应单独采用倍率数距式,对无法计算违法所得的,或无违法所得的违法行为设定罚款数额时应单独采用数值封顶式。例如,针对国家质检总局、国家发改委、商务部、海关总署于2004年联合制定发布的《缺陷汽车产品召回管理规定》第42条第1项关于"故意隐瞒汽车缺陷严重性的"制造商最高罚款仅3万元的规定,姜明安教授认为,"别说3、4万元,就是罚款100万元,也不一定能解决隐瞒汽车缺陷有可能造成的问题。而违法者则有可能已赚取了1000万元,甚至更多。"因此,他认为"比较合理合法"的罚款数额设定方法是,"凡是有违法所得利益的,最好按照违法所得利益的1至5倍来罚款,不要有限额规定;没有办法计算违法所得的,或没有违法所得的时候,可以规定一个最高限额。"②

---

① 参见李克杰:《环保执法如何走出"两高一低"的困局》,www.people.com.cn。最后访问时间:2005年2月11日。
② 魏和平:《厂商隐瞒重大缺陷最高罚款3万元汽车召回规定是鸡肋》,载《中国青年报》2004年8月20日。

第三，数值式罚款设定方式因难以适应物价指数、消费指数的动态变化而无法确保不同时段上的罚款公平，因此有学者建议根据与时俱进的精神，摒弃以绝对数设定罚款具体数额的传统方式，而代之以动态的、相对数指标来设定罚款的幅度区间。如李先龙律师建议，应当"规定执法主体在实施处罚时，结合国家统计机关每年公布的国民经济有关指标（上年职工日平均工资，或上年国民经济行业平均收入水平等），结合上年的定基物价指数，来具体计算罚款限额、明确罚款幅度"，"也可以考虑在法律生效年（基年）罚款限额上、下限基础上，由执法主体在处罚实施时依定基综合物价指数或定基计算的全国居民消费价格总水平，计算测定即时适用的具体罚款限额"。[1]

（三）我国现行法上罚款数额设定方式的不足与完善

罚款数额的设定方式是罚款数额理性设计和准确表述的载体。多样化的罚款数额设定方式各有特定的功能，也各有其自身局限。因此，设定方式的恰当选择直接关乎罚款的制裁和纠正违法功效的有效发挥，并彰显社会正义、罚以当过、便捷可行、灵活运用以及适度裁量之间平衡的法律责任设定理念。

1. 充分尊重"社会正义、罚以当过、足以制裁、便捷可行、灵活运用以及适度裁量之间平衡"的设定规律，减少罚款数额设定方法选择上主观因素的影响。罚款设定中蕴涵的公平正义价值首先依赖于数额设定方式的科学选择。因此，立法者在设定罚款责任时应当更自觉地探寻并尊重罚款设定方式选择中的客观规律，围绕违法行为的应受惩罚程度、执法所需的自由裁量幅度以及每种罚款设定方式自身具有的倾向价值等三大决定性因素，在"社会正义、罚以当过、足以制裁"的规制目的和"便捷可行、灵活运用、适度裁量"的执行需求之间寻求平衡，并作出理性抉择。

2. 杜绝概括式罚款设定方法，及时修改现行的此类罚款责任。地方立法中的罚款概括规定也并不罕见。概括式罚款责任的弊端显而易见。不仅因操作性差而难以适用，而且因缺失对行政裁量的必要限制而更易导致恣意罚款，威胁受处罚人的合法权益。因此，立法者必须坚决杜绝无具体罚款数额或无法计算罚款数额的概括式罚款设定方式，提升罚款责任条款的可操作性，更保证行政裁量的正当性。

---

[1] 李先龙：《行政处罚罚款设定问题研究》，载 http: Ilartiele.hianlawinof.com.

3. 准确评估数值和倍率两大类方法的优劣，注重不同调整领域罚款数额设定方式的恰当选择。

相对于倍率式而言，数值式罚款数额设定方式的明显优势是直观清晰，执行便捷，但刚性的数值也使其难以适应时空变化而易导致罚款责任的不合时宜。具体而言：

第一，固定数值式绝对限制了罚款数额的自由裁量权，但依循此式所确定的处罚结果难免僵硬且割裂了违法行为的具体情节与罚款处罚轻重之间的关联。因此，过于机械乃至呆板的固定数值式一般应被淘汰，至少不宜在资源环保等违法利益受社会经济生活发展影响或对社会环境变化较为敏感的领域中适用。

第二，数值封顶式以封顶之举对罚款裁量权予以刚性限制，使罚款数额不致畸高，从而保障行政相对人的权益，但由于此设定方式无罚款下限，单独使用在理论上极易导致司法和执法适用的巨大差异，难以戒断行政罚款责任追究上的疲软状态，因此，一般仅适合与其他设定方法的配套使用。如根据《治安管理处罚法》第71条第2款"非法买卖、运输、携带、持有少量未经灭活的粟等毒品原植物种子或者幼苗的"，"处……拘留，可以并处三千元以下罚款"的规定，对同一违法行为并罚三千元有据可依，并罚三元亦属"合法"。

第三，数值保底式的优势是能有效防止罚款数额的不当偏小而导致处罚威慑的不足，但此方式因无最大罚款数额的限制而导致执法自由裁量权过大，因此，此罚款设定方式也不宜单独使用，只有在为有效避免因罚款特定基数较低且乘数倍率较小而产生不当执法差异的情形下与倍率式协同使用。如原《上海市环境保护条例》第53条为确保对防治污染设施未经相关部门验收合格，竣工后的建设项目已投产或使用的违法行为施以恰当的罚款处罚，在规定"并处以建设项目总投资的1%以上10%以下的罚款"的同时，配之于"但不低于一万元"的"数值保底式"以防止罚款数额畸低。

第四，数值数距式的特点是罚款数额的相对确定，以致执法权限的严格控制和裁量权限的适度赋予之间具有一定程度的协调张力，因此，此设定方式通常适用于应受惩罚性相对较小、不易找到用以度量损害数量的基点和违法成本或获利相对稳定不易受社会经济生活发展影响等领域的罚款责任追究。当然，此设定方式在违法收益弹性巨大等违法社会危害性极不确定的情形下，最大和最小罚款数额的限定必将难以匹配罚款责任与违法行为社会危害性的正相关性，因而，数值数距式也不能充分、彻底地满足罚款责任设定中的过罚相当。如根据国务院《劳动保障监察条例》第 25 条关于"用人单位违反劳动保障法律、法规或者规章延长劳动者工作时间的……并可以按照受侵害的劳动者每人 100 元以上 500 元以下的标准计算,处以罚款"的规定,若对短期或者长期强求劳动者超时劳动,对因超时劳动获得较少或者巨大违法收益的用人单位都依"每人 100 至 500 元"的标准处以罚款的话,无疑对其中部分违法者的惩罚不具有足够的威慑力,进而难以切实保障劳动者的休息权以致"过劳死"的频频发生。

相对于数值式而言,倍率式罚款数额设定方式是以违法行为所损害的利益(如漏缴养老金)或者所得到的利益(如违法所得)为基准,并根据违法行为的社会危害大小以及制裁该违法行为的目的设计出对应的倍率并进而确定具体的罚款数额,因此,此类设定方式不仅具有可感知、可计算的科学性,而且具有适度的弹性和较大的时空适应性,容易适应社会环境的变化。然而,除执法时必须计算不尽便利之外,若设定时不与数值式配合使用也可能出现制度性漏洞。具体而言:

第一,固定倍率式一般应被终止使用。这是因为其取数值式之短而避其他倍率式之长,对违法情节或后果与罚款数额之间的正相关度的确认相当有限。因此,立法实践中的使用频率极低。

第二,倍率封顶式能杜绝罚款数额无限上升但却易导致执法不公。尤其在"10 倍以下"等封顶倍率值较大时,不设罚款倍率下限的特点容易招致对同一违法行为的可能最高罚款数额和最低罚款数额之间存在巨大差异。因此,尽管其使用范围较数值封顶式稍宽,但也多适用于违法的社会危害性较小或者用以计算罚款数额的损害基点值相对稳定的领域(如市容环卫、交通秩序)。

第三,倍率数距式的长处在于在违法的社会危害性大小不宜确定的情况下,能够以特定基数和倍率之乘积的计算方法反映罚款数额多少与违法行为社会危害性大小的正相关性,赋予执法者必要的灵活裁量权限。因此,此方式往往适用于应受惩罚性较大(如资源环保类)、存在用于度量损害数量的基点(如劳动社会保障类、市场秩序类)、违法成本或违法获利相对易变的调整领域(如城市建设类)。

4. 适当放宽罚款设定方式的组合,相对节制单一方式的使用。

如前所述,任何一种罚款设定方式都有特定利弊,都非完美无缺,都有其有效发挥惩戒效能的特定场域,也必有其无能为力的一定盲区。如倍率式因其可感知、可计算的科学性以及较强的弹性和较大的时空适应性,所对应的应受罚款处罚的违法行为的覆盖面较宽。然而，除计算不便之外，当损害基准较小或者很大时，倍率式的罚款或使得威慑和制止违法行为的作用微乎其微，或由于罚款数额巨大而失之平衡乃至惩戒落空。

不仅如此，数种单一罚款设定方式的组合往往能够综合各自优势，以此所长补彼之短，甚至产生"1+1>2"的效应。如在以倍率数距式和数值数距式分别对有无违法所得者设定罚款责任的同时，配之以数值保底式以形成并用的组合罚款方式，就能确保以倍率数距确定的有违法所得的罚款数额不低于以数值数距确定的无违法所得的罚款数额，进而真正实现过罚相当。因此，当同一违法行为之构成要素的具体差异（诸如违法主体的不同、违法所得的有无、如期改正与否）可能掣肘违法的社会危害的程度之时，当及时处罚有效扼制的需求强于违法成本的精确计算之时，当执法权力充分与当事人权益保护的平衡需要强化之时，单一的罚款设定方式常常失去（至少弱化）其惩罚的合理正当性，而诸种罚款设定方式的并用、选用或复用等组合却能彼此扬长避短，更好体现罚款制裁的规律，实现制裁效果的社会正当性。对组合模式的具体建议是：

（1）关于如期是否改正的罚款设定方式之模式

基于行政违法行为的性质和危害结果，搭配于如期改正与否的罚款通常有三种模式：其一，仅需设定责令改正或责令限期改正的前置纠错，只有当逾期不改正的，才处以罚款；其二，在责令改正或责令限期改正的同时并处罚款；其三，责令改正或责令限期改正并处罚款，并在逾期不改正的加重情节发生时，再加重罚款。在第三种模式中，"如期是否改正"实际上成为予以加重处罚的违法行为的构成要件。如在上海市地方性法规中，立法者对"如期是否改正"的加重违法行为采用了不同的罚款数额设定方式，从而产生了赋予或者不赋予行政执法者罚款裁量权的截然不同的立法效果。在《上海市外来流动人员管理条例》第39条中，对于"逾期不补办检查手续"而导致加重罚款的违法行为，立法者采用了罚款的"固定数值式"，规定"违反本条例第16条规定的，由卫生行政管理部门责令限期补办检查手续，并可以处……罚款；逾期不补办的，处以五百元罚款"，未赋予执法者对此加重处罚的违法行为行使罚款裁量权的任何余地。在《上海市内河航道管理条例》第43条中，对于逾期未清除障碍这一构成加重罚款责任的违法行为，立法者采用不同于前例的罚款数值数距式，赋予执法者对此加重违法行为行使有限罚款裁量权的余地，规定"违反本条例第29条第1款规定，发生沉船、物等影响通航条件的……由市航务管理处或者区县管理航道的部门处……罚款；逾期未清除障碍的，处五千元以上五万元以下罚款。""逾期不补办检查手续"与"逾期未清除障碍"等"逾期不改"的情形都可被视为予以加重处罚的违法行为构成要件，因此，对这种类似加重情节的违法行为在设定罚款时，最好采用具有一定操作空间的数值数距式或者倍率数据式，以赋予行政执法者必要但有限的处罚裁量权。

（2）关于有无违法所得的罚款设定方式之模式

此类罚款的现有设定模式几乎不外乎复合型的"数值式（无违法所得）+倍率式（有违法所得）"，建议改为"复用+并用"的"数值数距（无违法所得）+倍率数距和数值保底（有违法所得）"，即"无违法所得的，处以罚款 A—B 元；有违法所得的，处以违法所得 C—D 倍的罚款，但不得低于 A 元"。在一般情况下，此模式的使用需注意：

第一，对无违法所得者以数值式设计罚款责任时，更宜选用数值数距式（即 A—B）而不宜使用固定数值式（即 A）或数值封顶式（即不超过 B）。

第二，对有违法所得者的罚款当以倍率数距（即 C—D 倍）为设计首选，倍率封顶（即不超过 D 倍）和固定倍率（即 C 倍）因不具备适度弹性而应尽可能少用，更不宜以数值封顶这一无计算基准的方式取而代之。

第三，对有违法所得者的罚款责任设计不要疏漏数值保底的并用，以扼制倍率式可能产生的罚款数额低于无违法所得者的怪相。当然，对浪费资源、破坏环保等损害基准较大的违法行为，以数值封顶取代数值保底更显理性和科学。

第四，对违法所得跨度较大的行为确定罚款数额时，应当注重分段设计，诸如"违法经营数额在 1 万元以上的，处违法经营额 5 倍以上 10 倍以下的罚款；违法经营额不足 1 万元的，处以 1 万元以上 5 万元以下的罚款"，类似规定貌似烦琐，但却凸现"过罚相当"和"足以威慑"的设计理念。

（3）关于区别违法个人和单位的罚款设定方式之模式

此类罚款的现有设定模式呈现多样性。我们建议对此类罚款的设定应当坚持现在的主流模式，即以两个不同的数值数距式分别规定违法个人和违法单位的罚款责任。至于现有的"数值封顶+数值封顶""固定数值+数值数距"和"数值封顶+数值数距"等方式，或因无罚款下限而缺失科学性，或因罚款数额过于精确而难以完全照应违法行为，因此应当放弃这些方式。

（4）关于区别违法单位与责任人的罚款设定方式之模式

此类罚款的现有设定模式也多达十余种，但有的能达到立法者区别设定违法单位与其责任人各自承担相应行政违法责任的目的，有的却存在明显缺陷，难以实现上述目的。以"数值数距/数值数距"或者"倍率数距/数值数距"这两种主要模式为例，两种复用型模式皆有各自独特的适用条件和场域。

其一，使用频率最高的"数值数距/数值数距"复用式（即针对违法单位设定数值数距式罚款，同时针对违法单位责任人设定数值数距式罚款）主要分布于城市建设、城市管理、公共秩序、市场秩序、华侨民族宗教、宏观经济和军事等领域。如修正前的《上海市宗教事务条例》第55条规定"违反本条例，宗教事务部门……依法分别给予劝阻制止……没收违法建筑物、违法设施、违法宗教宣传品和违法所得，并可以对组织处以一千元以上五万元以下的罚款，对直接责任人处以五十元以上五百元以下的罚款"。此类复用型组合模式能较好体现组织和责任人依照过罚相当原则各自承担相应行政罚款责任的立法理念，因此，在法人或其他组织违法行为的社会危害结果相对确定，并且罚款数额不需要随着违法行为的情节或危害后果成比例波动的情况下，立法者可以采用"数值数距/数值数距"复用模式来区别设定法人或者其他组织及其责任人不同的罚款责任。

其二，使用频率位居第二的是"倍率数距/数值数距"复用式（即针对违法单位设定倍率数距式罚款，同时针对该单位责任人设定"数值数距式"的罚款），主要分布于城市管理、资源环保、市场秩序和宏观经济等领域。但此复用组合的设计实际上存在着悖论。一方面，尽管数值数距式与倍率数距式对行政罚款裁量权都有一定的限制，但两者在赋予行政执法者裁量幅度的大小上是有差别的，数值数距式体现的裁量幅度既可能大于也可能小于倍率数距式，两者往往难以达到协调一致；另一方面，数值数距式与倍率数距式对同一违法行为设定的罚款数额上下限可能差异巨大，并且确定程度亦不同，数值数距式的上下限较为确定，赋予执法者在有限数值范围内行使裁量权，既确保了行政罚款执法中必要的灵活性，又防止了行政相对人过度承担罚款责任，但倍率数距式的上下限却相对不确定，有时难以限制行政裁量权的滥用。如《上海市产品质量监督条例》第29条采用了"倍率数距（违法单位）/数值数距（违法单位责任人）"的复用模式，规定"生产不符合保障人体健康和人身、……地方标准产品的，……没收违法生产的产品和销售收入，并处销售收入一倍以上五倍以下的罚款，……对责任人可以处一千元以上一万元以下的罚款。"此例中，数值数距式赋予的裁量幅度显然不同于倍率数距式，法人的罚款数额上下限倍率为5倍，而责任人却高达10倍，并且数值数距式的上下限较为确定，但倍率数距式的上下限却依赖于"销售收入"这一特定基数，以致罚款数额的上下限都可能极大或极小，在理论上存在着对法人实际罚款的最小数额甚至大大低于责任人罚款下限的可能。此现象既违背了法人和其责任人对违法行为承担行政违法责任的主次关系，又易导致对法人实际罚款的裁量权滥用。因此，有必要对此复用型组合罚款方式予以完善。在法人或其他组织的违法社会危害性相对不确定，并且罚款数额需要随着违法行为的情节或危害后果成比例波动的情况下，对法人及其责任人的违法行为分别设定罚款时可以采用"倍率数距＋数值数距"的复用模式，但必须同时采用数值保底式对法人的具体罚款数额下限予以必要限制。

（5）关于区别其他情节轻重的罚款设定方式之模式

此类罚款的现有设定模式比较繁杂，但以不同的数值数距区别不同违法情节轻重者的罚款责任已成为主要模式。这种设计理当肯定，但需注意的是，避免在责任条款中仅区分违法情节"轻微"和"严重"而疏漏"一般"。以原《上海市环境保护条例》第51条为例，该条规定，"违反本条例第二十八条第一款或者第二款……规定的，……并且可以按照下列规定处以罚款：（一）情节轻微的，处以一千元以下的罚款；（二）情节严重的，处以一千元以上一万元以下的罚款。"就逻辑而言，既然有违法情节"轻微"和"严重"的行为之分，理所当然存在情节"一般"的违法行为，然而，对"轻微"和"严重"的违法行为设定数额相连的罚款责任，显然在立法设计上放弃了对介于两者之间的情节"一般"的违法行为的责任追究。

（6）关于并用罚款设定方式适合的场合和领域

其一，"数值数距＋数值封顶"并用的优点在于，立法者通过采用数值数距式赋予执法者在有限数值范围内行使灵活裁量权的同时，通过组合并用数值封顶式对行政执法者的裁量权再次予以限制，从而避免执法的巨大差异，保障行政相对人的权益，使得行政罚款不致过度。此罚款组合方式适用于行为人主观恶性较小、社会危害性不大和违法行为容易纠正，并且仅采用数值数距式可能导致违法者承担过度罚款责任的场域。如修正前的《上海市城市道路桥梁管理条例》第48条第1款第2项规定，"违反本条例第二十九条……赔偿修复费，并且可以按照下列规定处以罚款：（二）超面积、超期限占用城市道路的，对超过部分处以每平方米每日二十元至二百元，但最高不超过二万元的罚款"。

其二，"倍率数距＋数值保底"并用的优势在于，在倍率数距式赋予执法者必要而灵活的裁量权限的同时，以限定最低罚款数额的数值保底式，有效防止因罚款特定基数过低尤其乘数倍率较小而导致的巨大执法差异和威慑力不足。因此，此组合方式较适合于特定基数可能极大也可能极小而乘数倍率不能设计太大，但不处以最低标准的罚款不足以对其进行威慑的罚款场合和领域中。如原《上海市环境保护条例》第53条关于"违反本条例第二十九条第二款规定的，责令其停止生产或者使用，并处以建设项目总投资的1%以上10%以下的罚款，但不低于一万元"的规定。

其三，"倍率数距＋数值封顶"并用的长处在于，倍率数距赋予执法者必要的灵活裁量权，而数值封顶能有效防止因罚款特定基数较大且乘数倍率不能较小而导致的执法巨大差异和违法者过度承担罚款责任。因此，此组合方式较适合于行为人主观恶性较小和社会危害性不大，但特定基数所指单位可能波动较大而乘数倍率不能设定太小，并且可能导致违法者由此承担过度罚款责任的场域。

其四，"倍率数距＋数值数距"并用的特点在于，倍率数距赋予了行政执法者必要的灵活裁量权，而数值数距能有效防止因罚款特定基数和乘数倍率同时较大或者同时过小而导致的执法巨大差异，从而能够最大限度地避免罚款数额设定的畸轻畸重，控制行政执法裁量权，并且较好贯彻过罚相当原则和比例原则，保障行政相对人的合法权益。因此，此组合方式适用面较宽，几乎所有需赋予执法者有限罚款裁量权的场域均可采用此并用组合，尤其适合于既需灵活照应复杂的违法后果又对罚款惩戒所应达到的最低和最大标准具有相对稳定可估性的场域。如修订前的《上海市建筑市场管理条例》第53条第1项规定，"违反本条例规定，有下列行为之一的，市建管办……或者没收违法所得，并可处以承发包合同价1%至3%的罚款，但最低不低于五千元，最高不超过二十万元：（一）应当招标发包而未采用招标发包建设工程的"。

第八章　地方立法公众参与问题研究

随着我国法治建设的推进，立法民主理念深入人心，人们对公众参与地方立法的认识越来越深刻。公众直接参与地方立法，既可以实现地方法规的正当性、适应性，也有助于树立地方法规的权威，为公众遵守、尊重地方法规和司法机关适用地方法规创造条件。我国《立法法》第5条规定："立法应当体现人民的意志，发扬社会主义民主，坚持立法公开，保障人民通过多种途径参与立法活动。"至此，我国公众参与地方立法有了明确的法律依据。但是，公众参与地方立法制度的重要内容如地方立法公众参与概念、"公众"主体、参与的程序等，缺乏明确而具体的建构，对公众参与的价值欠缺理论认识，而这些制度和理论是完善地方立法公众参与制度的理论前提和依据，也是地方立法工作者必须研究和关注的问题。

第一节　地方立法公众参与基本理论

一、地方立法公众参与的界定

（一）地方立法公众参与的概念

按照《现代汉语词典》的解释，公众参与又称公民参与或公共参与，是指有参与愿望的公民通过一定的途径试图影响公共政策和公共生活的一切活动。[1] 公

---

[1]《现代汉语词典》，商务印书馆1996年版，第437页。

众参与理论的先驱阿恩斯坦认为,"公众参与是一种公民权力的运用,是一种权力的再分配,使目前在政治、经济等活动中,无法掌握权力的民众,其意见在未来能有计划地被列入考虑。"另外,"它是一种诱发重要社会变革的手段,通过社会变革,贫穷的公众能够享有富裕社会带来的利益"。[1] 有学者认为公众参与是指在民主政体下,为实现国家权力的有效制约以及公民权利的充分保障,一切公民、法人及其他组织通过法定途径表达自己的意见,参与公共决策制定和实施的权利。[2] 我们认为:公众参与就是公众通过各种途径和方式影响政治决策及政治利益的过程和活动。

什么是立法中的公众参与?学者也是见仁见智。主要有以下几种观点:一是认为公众立法参与,是指"公众以影响立法者的选择为目的而采取的直接或间接的行动。"[3] 二是认为公众参与地方立法特指公众直接参与地方权力机构、地方行政机关创制、修改、废止地方性法规和行政规章的活动和制度,是与公民选举代表参与立法相对应的公民参与方式之一。[4] 三是认为立法的公众参与制度就是法律、法规、规章的制定过程中,允许立法机关以外的人员参与发表意见的制度。[5] 四是认为公众立法参与,就是公众试图影响立法机关立法过程和结果的活动,是指一个国家的公民个人或团体以某种方式介入立法过程,并对立法运行及其结果施加影响的活动。"[6]

从社会学角度讲,公众参与是指社会主体在其权利义务范围内有目的的社会行动。法学视域中的公众参与,更多关注的是社会公众参与管理国家事务和社会公共事务的权利,[7] 其以民主政治为理论基础。但不同历史时代的民主政治形式并不相同,古雅典民主政治是适用于小国寡民的直接民主制,全体公民直接参与立法和管理国家公共事物,公众参与与公民参与一致。而现代国家幅员辽阔,人口

---

[1] 阿恩斯坦·雪莉:《公民参与的阶梯》,载《美国规划师学会杂志》1969年第35期,转引自安良:《论地方政府立法中的公众参与》,西北大学2008年硕士论文。
[2] 李刚:《论地方立法中公众参与制度的建构》,中南民族大学2008年硕士论文。
[3] 徐向华:《新时期中国立法反思》,学林出版社2004年版,第132页。
[4] 饶世权、饶艽:《地方立法公众参与的实质、问题与对策》,载《理论与改革》2008年第1期。
[5] 陈斯喜:《论我国立法的公众参与制度》,载《行政法学研究》1995年第1期。
[6] 陈奥:《公众立法参与若干问题研究》,武汉科技大学2008年硕士论文。
[7] 戴激涛:《公众参与:作为美德和制度的存在——探寻地方立法的和谐之道》,载《时代法学》2005年第6期,第33-39页。

众多,"我们不能想象人民无休止地开会来讨论公共事务。"[1] 现代民主不可能再适用直接民主制,而只能是间接民主或代议制民主,人民不是自己直接、经常参与,而是选举自己的代表参与立法和管理国家、社会公共事务,"但在社会现实复杂多变、利益关系日趋多元的情况下,仅仅依靠民选的立法代表已经越来越难以充分反映公众的各种不同的利益要求。而且,代议制是建立在对代表的一般信赖之上的一种委托行使权力的民主形式,在委托关系成立之后到产生实际效果之间的过程,完全有可能因被委托者(即代表)对信任的背弃,而使之流于形式","人民还不能完全放弃自己的立法权,还需要设置相应的制度来更为直接地反映公众的意愿和要求。"[2] 因此,人民在选举自己的代表参与立法和管理国家、社会公共事务的同时,也应当为自己保留直接参与立法和管理国家、社会公共事务的权力。如果说公民通过自己选举的代表参与立法、管理国家是公民间接参与的话,那么公民直接参与立法和管理国家则是公民直接参与。公众参与在代议制度中特指公民直接参与,是与公民间接参与相对应的一种公民参与形式。因此,我国的地方立法中公众参与是指公众直接参与地方立法机关制定、修改、废止地方法规的活动。如果说公民间接参与立法是一种典型的制度内的主导参与形式的话,那么地方立法公众参与则作为辅助制度,是为了"更直接地反映公众的意愿和要求",并约束公民间接参与中代表的行为,以防代表权的滥用,促进代表忠实地反映公众的意愿和要求。

(二)地方立法公众参与制度中"公众"主体的界定

地方立法公众参与是指公民的直接参与,但对公众参与制度中的"公众"主体有不同的观点:一种是公民参与说,认为公众参与的主体是相对于国家有关部门的普通群众,是政府为之服务的主体群众;[3] 另一些学者则认为公众参与的主体并不局限于公民参与,还包括一切有关的公共权力部门、社会团体、企事业单位、群体,[4] 这实质是将公众参与立法与民主立法等同。我们认为,地方立法公众参与

---

[1] 卢梭:《社会契约论》,何兆武译,上海商务印书馆1997年版,第88页。
[2] 王鉴辉:《我国地方立法的价值取向研究初探》,载《现代法学》2002年第21期,第86-90页。
[3] 潘岳:《环境保护与公众参与——在科学发展观世界环境名人报告会上的演讲》,载http://www.cchbtv.com/shownews.asp? id= 63.
[4] 万劲波、张曦、周宏伟:《论环境保护中的公众参与》,载http://www.riel.whu.edu.cn/show.

制度中的"公众"主体，不同于公民间接参与的主体，也不同于民主立法主体。

首先，"公众"应当是权力所有者。"主权在民"思想得到了现代民主法治的观念肯定和制度确认，我国宪法明确规定了中华人民共和国一切权力属于人民。但代议制民主下，主权所有者——人民将自己的部分权力交给通过自己的代表选举产生的公共机构来行使，从而产生了权力的行使者。公众主体即人民，是权力所有者，是相对于公共机构而言的普通民众。因此，那些作为人民的一员通过制度安排进入到公共机构而成为权力行使者的人，如人民代表、法官、检察官、公务员等，其作为权力行使者与公众主体身份混同，但其本体是制度中人和制度的代言人；而且权力行使者的利益与公众利益常产生分歧，他们不可能同时表达二种对立的利益诉求。因此，为保护公共利益，他们更应当作为权利行使者参与立法，而不应当是公众主体。

其次，"公众"应当是私权利主体。私权利与公权力相对应，私权利是因私人利益而享有的资格，而公权力则是基于公共利益而依法产生的一种迫使他人屈服的力量。与此相应的有私权利主体和公权力主体之分，公权力主体一般表现为国家机构及其代理人，而私权利主体一般在民商法中界定，指自然人、营利性法人、非营利性的社会团体等。

再次，公众并不当然地包括专家、学者。专家、学者是对有关立法具有专业知识和较深刻研究的自然人，其参与地方立法可能是接受有关公共权力机构的委托，提供立法意见或建议，成为公共权力机构的立法"助理"，[①]而不是公众；也可能作为普通民众根据自己的研究对有关立法发表自己的意见或建议，此时，他们是参与立法的"公众"主体。

因此，地方立法公众参与中的"公众"主体仅指与公共机构相对应的私权利主体，主要指自然人，但排除了公共机构的成员和作为立法助理的专家、学者。自然人也并不总以个体形式存在，而常常以特定组织成员身份存在，所以，"公众"还包括自然人的另类存在形式：（1）营利性法人组织，因为企业等私法人在法律形式上可能是财产的组织，是物与物的关系，但法律形式掩盖着的本质是人与人的关系，法人无非是自然人的另一种存在形式；（2）非营利性的社会团体，是指人们基于共同利益或者兴趣与爱好而自愿组成的一种非营利性社会组织，称之为非政府组织、非营利性组织。由于自然人在社会生活中，尤其在市民社会成熟的

[①] 薛海艳：《建构我国地方立法助理制度初探》，载《法制与社会》2006年第11期，第3-4页。

国家，经常为某一利益结成特定组织或集团，如消费者组织、律师协会、大学生联合会等，因而表现为社会团体的人。所以，非营利性社会团体也是自然人存在的另一种形式。从这个角度上说，公众应当包括三个方面：一是指公民，在我国，宪法规定凡具有中华人民共和国国籍的人都是中华人民共和国公民。二是指法人，这是构成公众的重要组成部分。法人是指具有相对独立的财产，并能够独立地享有法律上的权利和承担法律上的义务的社会组合体。它包括企业法人、事业法人、机关法人和社团法人。三是指其他社会组织。包括政党和政治团体。

二、地方立法公众参与的理论基础

公众参与立法起源于2000多年前的古希腊民主制时代，通过梭伦和克里斯提尼改革，到公元前5世纪，民主在雅典伯利克利时代发展到极盛，伯里克利又对政治进行了改革，伯里克利最重要的改革是使公民大会成为城邦政治结构中的核心，由于他的努力，公民大会不仅具有立法权，而且具有内政与外交、战或和的决策权。陪审法庭的权力也增强了，不仅可以审判，而且可以立法，这是最早的公众参与立法。但是，就公众参与立法的理论来说，已是近代以来了。

（一）人民主权理论

启蒙运动时期，人民主权理论的诞生，彻底颠覆了君权神授理论，为公众参与立法奠定了理论基础。法国的布丹是第一个系统地提出和论述主权学说的人，在《国家六论》一书中，他提出："主权是在一国家中进行指挥的绝对的和永久的权力""是超乎公民和臣民之上，不受法律限制的最高权力。"[1] 主权的主要内容是立法权、宣战和缔约权、官职任免权、司法裁判权、赦免权、铸造货币权和课税权。在他看来，"主权者的第一项权力就是制定对全体臣民的特定的有约束力的法律"[2] 但是，布丹认为主权属于国家。完整系统地阐述了人民主权学说的是18世纪法国启蒙思想家卢梭，他认为，主权是至高无上神圣不可侵犯的。它必须由人们直接行使，不能被代表，它是统一的，也不能被分割。政府是主权者的执行人，应该执行人民的意志，受人民监督。政府官员是人民的公仆，人民有权任用和罢免

---

[1] 布丹：《国家六论》，转引自高建：《西方政治思想史》第三卷，第74页。
[2] 布丹：《国家六论》，转引自高建：《西方政治思想史》第三卷，第75页。

他们。根据人民主权的理论,主权来源于人民,而主权中最重要的权力——立法权,自然也来源于人民,因此人民参与立法便是对主权的行使。同时,主权是人民"公意"的表达。在卢梭的政治理论中,人民主权的核心是立法权,立法权必须属于人民。他认为,主权主要是通过立法权来体现的,"立法权是国家的心脏"。[①]它是主权的核心,离开了立法权便无所谓国家的主权。卢梭主张,在民主的国家里,立法权必须由人民掌握。他说:"立法权是属于人民的,而且只能属于人民。"人民不仅有权创制法律,而且永远有权改变法律,哪怕是最好的法律,"因为,人民若是喜欢自己损害自己的话,谁又能禁止他们这样做呢?"[②]由卢梭所开创的人民主权理论,闪耀着民主主义的思想光辉,激发着世界各国人民不断探索实现民主政治的具体形式,对人类的发展和进步产生了深远的影响。正是在人民主权理论的指导下,当代世界各国宪法普遍把人民主权确立为首要原则。在马克思主义者看来,真正的民主应是人民民主、人民意志的实现,就是人民自己创造、自己建立、自己规定国家制度,以及运用这种国家制度决定自己的事情,概括地说,人民主权就是人民当家作主。我国作为社会主义国家,以马克思主义为根本指导思想,所以,公众参与立法活动是我国国家制度的应有之义。

(二) 参与民主理论

参与民主是一个当代术语,但参与理念却并非是一个新的发现。早在古雅典时期,当作为"人民统治"的民主概念确立之时,民主的参与精神就已成为人们的道德理想与价值追求。按照民主理论家简·曼斯布里奇(Jane Mansbridge)的说法,作为正式术语的参与民主是阿尔诺德·考夫曼(Arnold Kaufman)于1960年率先提出的。但从理论研究的视角来看,参与民主研究的起步却是发轫于20世纪70年代前后。最初参与民主理论主要集中于校园活动、学生运动、工作场所、社区管理以及与人们生活密切相关的政策领域,主要关注社会民主领域,特别是与工作场所的民主管理紧密联系起来,并没有上升到政治生活和国家层面。1970年,卡罗尔·佩特曼的《参与和民主理论》一书的出版,才标志着参与民主政治理论的正式出现。佩特曼认为,"真正的民主应当是所有公民的直接的、充分参与公共事务的决策的民主,从政策议程的设定到政策的执行,都应该有公民的参

[①] 卢梭:《社会契约论》,何兆武译,商务印书馆1982年版,第117页。
[②] 卢梭:《社会契约论》,何兆武译,商务印书馆1982年版,第73-76页。

与。""只有在大众普遍参与的氛围中,才有可能实践民主所欲实现的基本价值如负责、妥协、个体的自由发展、人类的平等。"①参与民主从民主的本质规定性出发,以大众自发的、直接的参与为核心,强调民主应当实质上体现为大众的直接参与,主张作为"人民统治"的民主应当通过自我管理过程中大众广泛的、积极的、直接的参与才能实现。②这一民主主张延续了古典民主的理念和精神,形成了对自由主义民主的冲击与挑战,为当代社会的民主发展指出了一条新路径。在参与民主论者看来,参与不仅包括公民对国家政治生活的参与,还包括经济领域的参与、社会领域的参与、政党组织内部的参与等形式。为了避免人们对其理论的误解,参与型民主论者特别强调参与不等于直接民主,参与只是人们扩大对自己生活控制的一种方式。参与的价值应体现在对利益表达中少数派的保护上,并使社会存在相互竞争的权力中心。参与式民主不能以直接民主或自我管理简单地代替国家,必须在法治的框架内才能得以实施,并发挥制约政治权力、促进个人全面发展的作用。

"协商民主"理论的兴起,可以说是参与民主理论的发展,1980年,约瑟夫·毕塞特在《协商民主:共和政府的多数原则》一文中首次在学术意义上使用"协商民主"一词。协商民主是公共协商过程中,自由平等的公民通过对话、讨论、审视各种相关理由而赋予立法和决策合法性的一种治理形式。概括来讲,协商民主包含这样几层含义:第一,以人民主权原则为基础的代议体制、权力分立及制衡、选举以及政党政治;第二,考虑到现代民族国家人口和疆域的规模、既强调代表的智慧与能力,也尊重多数的意愿表达;第三,承认多元分歧,以及以此为基础的广泛参与和对话;第四,强调超越狭隘的个人利益,诉诸公共利益,以及公开利用理性;第五,合法性源自公民的广泛参与、偏好表达与共识达成;第六,协商是规范性理想与经验现实的结合。③协商民主"既肯定公民积极参与政治生活,又尊重国家与社会间的界限,力图通过完善民主程序、扩大参与范围、强调自由平等的对话来消除冲突、保证公共理性和普遍利益的实现,以修正代议制民主模式的缺陷与不足,也是对参与民主理论的最新诠释。""参与式民主"理论的核心

---

① 卡罗尔·佩特曼:《参与和民主理论》,陈尧译,上海世纪出版集团2006年版,第5-8页。
② 于海青:《当代西方参与民主研究》,中国社会科学出版社2009年版,第3页。
③ 陈家刚:《协商民主与当代中国的政治发展》,载虞崇胜、王维国:《改革30年中国政治发展》,武汉大学出版社2009年版。

是"凡生活受到某项决策影响的人，就应该参与那些决策的制订过程"。只有扩大公众在社会和国家事务中的直接的、不断的参与，人才能变成自我的主人，去决定自身生活的方向，才能"促进人类的发展，政治效率的提高，减少来自权力中心的压抑，形成活跃的、朝气蓬勃的、富有知识的、能胜任国家和社会公共事务的市民。"[①] 随着社会政治生活的发展，人们认识到代议制民主的缺陷，学者积极探索代议制民主的补充形式。"参与式民主"中的复决权就是社会大众主动要求对立法机关的法案做出肯定或否定的决定，使人民成为真正的立法者。人民有权提出相关法案或宪法修正案等，从而使人民有权参与法律的制定或修改，这种权力即为"创制权"。经由这两种权利的确立，将促使代议式民主制度能够转向直接民主制度，或者进而导致一种代议式民主制度与直接民主制度相结合的混合式民主制度。根据上述民主立法的经典理论可以得出，凡是影响公民权利义务的法律均应当征得公民的同意，而公众参与立法的过程便是公民表达意愿的有效方式，实践中各国的立法参与尝试也证实了这一点。可以说公众参与是一切社会和国家事务决策的合法性基础。因此，当代中国地方立法的发展也有必要引进公众参与机制来弥补现实立法中民主性不足的缺陷。

（三）治理理论

"治理"（governance）一词源于拉丁文和古希腊语，原意是控制、引导和操纵，长期以来它与统治（government）一词交叉使用，并且主要用于与国家事务相关的管理活动和政治活动中。20世纪90年代以来，西方政治学和经济学家纷纷引入治理概念，使"治理"这一概念逐渐被赋予了极其丰富而崭新的内涵，并发展演变成一个具有丰富内涵的包括治理、善治与全球治理等内容的"治理理论"。

从范围来讲，治理是一个比较宽泛的概念，詹姆斯·罗西瑙将治理定义为一系列活动领域里的管理机制，它们虽未得到正式授权，却能有效发挥作用。与统治不同，治理指的是一种由共同体的目标支持活动，这些管理活动的主体未必是政府，也无须依靠国家的强制力量来实现。换句话说，与政府统治相比，治理的

[①] 詹姆斯·博曼、威廉·雷吉：《协商民主：论理性与政治》，陈家刚等译，中央编译出版社2006年版。毛里西奥·帕瑟林·登特里维斯：《作为公共协商的民主：新的视角》，王英津等译，中央编译出版社2006年版。

内涵更加丰富。它既包括政府机制，同时也包括非正式的、非政府机制。[①]格里·斯托克对目前流行的各种治理概念梳理出四种观点。（1）治理意味着一系列来自政府但又不限于政府的社会公共机构和行为者；（2）治理意味着在为社会和经济问题寻求解决方案的过程中存在着界限和责任方面的模糊性；（3）治理明确肯定了在涉及集体行为的各个社会公共机构之间存在着权力依赖；（4）治理意味着办好事情的能力并不仅限于政府的权力，不限于政府的发号施令或运用权威。[②]全球治理委员会在《我们的全球伙伴关系》的研究报告中对治理作出如下界定：治理是各种公共的或私人的个人和机构管理其共同事务的诸多方式的总和。它有四个特征：治理不是一整套规则，也不是一种活动，而是一个过程；治理过程的基础不是控制，而是协调；治理既涉及公共部门，也涉及私人部门；治理不是一种正式的制度，而是持续的互动。[③]国内学者俞可平认为"治理一词的基本含义是指在一个既定的范围内运用权威维持秩序，满足公众的需要。治理的目的是在各种不同的制度关系中运用权力去引导、控制和规范公民的各种活动，以最大限度地增进公共利益。"[④]由概念可以看出治理是一个上下互动的管理过程，它主要通过合作、协商、伙伴关系、确立认同和共同的目标等方式实施对公共事务的管理。所以，对社会事务的管理必然要求公众的参与，而立法是管理的法律依据，公众和政府在立法上达成共识才能更好地实现善治。

（四）新公共管理理论

20世纪末，人类的生存环境发生了极大的变化，曾经主导西方公共行政的科层制越发不能适应迅速变化的信息和知识密集型社会和经济生活，其僵化、刻板的管理方式使政府面临着日益严重的问题和困难。在这种背景下，为迎接全球化、信息化和知识经济时代，提高国家的国际竞争力和政府的运作效率，新的公共管理应运而生，它发端于英国，并迅速扩展到美国、澳大利亚、新西兰等国，是适应西方资本主义发展的新的时代需要。在这场改革运动中，英国是"新公共管理"

[①] 詹姆斯·罗西瑙：《没有政府的治理》，江西人民出版社2001年版。

[②] 格里·斯托克：《作为理论的治理：五个观点》，转自俞可平：《治理与善治》，社会科学文献出版社2004年版。

[③] 全球治理委员会：《我们的全球伙伴关系》，转自俞可平：《治理与善治》，社会科学文献出版社2004年版，第5页。

[④] 俞可平：《治理与善治》，社会科学文献出版社2004年版，第5页。

运动的发源地之一。1979年撒切尔夫人上台后，英国保守党推行了西欧最激进的政府改革计划，开始这种以注重商业管理技术、引入竞争机制和顾客导向为特征的新公共管理改革计划。1987年著名的《下一步》报告，提倡采用更多的商业管理手段来改善执行机构，提高公共服务的效率。1991年梅杰首相以政府白皮书的形式提出"公民宪章"。所谓公民宪章，就是用宪章的形式把政府公共部门服务的内容、标准、责任等公之于众，接受公众的监督，实现提高服务水平与质量的目的。它的理念在于，通过公开承诺的方式，在缺乏竞争的垄断性公共服务部门中引入激励机制。美国从里根政府开始了大规模消减政府机构和收缩公共服务范围的政府收缩计划。美国副总统戈尔在1993年发表了题为《从繁文缛节到以结果为本——创造一个工作更好而花费更少的政府》的报告，全面系统地提出了联邦政府放松规制的战略。1993年克林顿上台后，开始了大规模的政府改革——"再造政府运动"，其目标是创造一个少花钱多办事的政府，并坚持顾客导向、结果控制、简化程序和一削到底原则；其基本内容是精简政府机构、裁减政府雇员、放松管制、引入竞争机制以及推行绩效管理。与此同时，法国、新西兰、比利时和日本都进行了措施不同的改革。新公共管理最早由胡德提出。他在《一种普适性的公共管理》的文章中指出，20世纪70年代中期以后，英国以及其他经合组织国家纷纷掀起了政府改革运动。胡德将这些改革运动称作是新公共管理运动。[1] 奥斯本和盖布勒在《改革政府》中提出"新公共管理"模式包含的十大基本原则或基本内容中第九项的内容是："分权的政府：从等级制到参与和协作。"[2] 强调了在政府管理中被管理者的参与。新公共管理理论要求政府应善于下放权力，实行参与管理，通过积极合作，分散公共机构的权力，简化内部结构上的等级；政府要重视公众的需求，把公众视为顾客，政府应像企业一样具备"顾客意识"。[3] 新公共管理改变了传统公共模式下政府与社会之间的关系，重新对政府职能及其与社会的关系进行了定位，即政府不再是高高在上与"自我服务"的管理机构，官僚机构人员应该是负责任的"企业经理和管理人员"，公众则是向政府提供税收的纳税人和享受政府服务的"顾客"，提倡政府应以顾客为导向，增强对社会公

---

[1] 彭未名、邵任薇等：《新公共管理》，华南理工大学出版社2007年版，第5页。
[2] 戴维·奥斯本、特德·盖布勒：《改革政府：企业精神如何改革着公共部门》，周敦仁译，上海译文出版社2006年版。
[3] 李鹏：《新公共管理及其应用》，社会科学文献出版社2004年版，第161页。

众的响应力。同时积极吸纳社会公众参与到政府管理的各项活动中来。学者也在积极探索公众参与新模式，美国学者约翰·克莱顿·托马斯在这方面作出重要的贡献，在他的著作《公共决策中的公民参与：公共管理者的新技能与新策略》中提出了公众参与的有效决策模型，为公共管理者提供一个将公众参与与公共管理相互平衡和结合的思考框架，并积极探索公众参与的最终实现方式与途径。另外，盖伊·彼得斯在《政府未来的治理模式》一书中提出有关政府治理的四种模式，第一种模式是市场模式；第二种模式是参与模式，主张对政府管理有更多的参与，把公共部门中常见的层级化、规则化组织看作是有效管理和治理的严重障碍，因而强调关注较低阶层的员工和组织的服务对象；第三种是弹性化模式；第四种是解制模式。[①] 他认为，参与是20世纪90年代的主要政治议题之一，没有公众的积极参与，政府很难使其行动合法化。因此，根据新公共管理运动的理解，公众参与立法是政府有效决策的结合与平衡。

三、地方立法公众参与的功能和价值

（一）地方立法中公众参与的功能

立法中的公众参与具有信息、民主、利益协调、治理等功能，这些功能的实现都有助于保障立法机关的独立性，提高立法的科学性、民主性。[②]

1. 信息功能

立法过程是一个信息的收集、遴选和加工过程，因此立法活动对信息具有高度依赖性，信息状况是开展立法活动的重要约束条件，信息的质量与数量直接决定着立法决策的质量。虽然都是公共决策活动，但是立法活动与司法活动、行政执法活动在信息收集责任上迥然不同。在司法活动中，搜集信息责任（举证责任）和信息缺失风险（证据灭失）主要由当事人承担，而不是由法院承担。[③] 对于行政执法决

[①] 根据本文需要，不再对第一、第三和第四种模式详加解释，详细论述可参见盖伊·彼得斯：《政府未来的治理模式》，中国人民大学出版社2001年版。

[②] 参见丁渠：《立法中不正当部门利益治理——代议制民主的视角》，中国社会科学出版社2014年版，第153—155页。

[③] 黄文艺：《信息不充分条件下的立法策略——从信息约束角度对全国人大常委会立法政策的解读》，载《中国法学》2009年第3期。

策，依申请行政行为和依职权行政行为在搜集信息的责任和信息缺失的风险承担上存在区别：依申请行政行为的搜集信息责任及信息缺失的风险主要由行政管理相对人承担；依职权行政行为则主要是由行政执法机关承担。当然，行政管理相对人也承担一定的搜集信息责任，比如，在行政处罚过程中行政管理相对人享有申辩权、陈述权就意味着其承担一定的信息搜集责任。而立法决策的搜集信息责任主要由立法机关承担，而不是由受法律所规范的社会公众来承担。信息沟通是需要成本投入的：从信息产生、信息传递到信息接收都需要时间、资金的投入。由于信息是昂贵的，只有一部分信息能被组织收集或使用。① 公众参与立法能够使立法机关收集更多更充分的信息，发现更多的事实。公众参与立法的过程，客观上也是一个向立法机关提供各种信息的过程。公众参与立法具有信息传递和搜集的功能。美国政治学者杜鲁门把公众参与的首要功能就归结为信息收集功能，他认为立法听证是"收集信息的一种方式，这些来自不同的实际存在的或潜在的利益集团的信息，有技术方面的也有政治方面的"。所以，立法中的公众参与能够在一定程度上弥补立法机关收集信息的困境，有助于克服立法机关对政府部门的信息依赖性。

2. 民主功能

公民直接参与立法弥补了代议制立法制度的不足，有助于克服代议制立法的民主性不足的缺陷。立法中的公众参与拓展了现代民主政治的内涵，推进民主向纵深发展，有利于解决建立在代议制和官僚制基础上的现代民主所出现的"赤字"问题。② 尤其是在社会主义的中国，为了实现立法的人民意志性，除了发挥人大代表表达的主渠道作用之外，公众的广泛参与具有民意表达的重要补充作用。此外，立法中的公众参与还为普通公众提供了经常性的民主训练机会，有助于提高社会公众的公民意识，进而提升提高全社会的民主化程度和水平。③ 此外，立法中的公众参与也是公民的一项宪法权利。

3. 利益协调功能

立法过程是一个利益调整过程和社会资源配置过程。公众参与立法，为不同的社会阶层和利益群体提供了表达意愿的场所和机会，能够提高社会资源配置的

---

① ［美］安东尼·唐斯：《官僚制内幕》，中国人民大学出版社2006年版，第120-121页。
② 民主赤字这一概念最初在欧洲使用，指欧盟联合进程中民主的相对落后状态。民主赤字现今在全球广泛地使用，泛指现代世界各国在民主进行中出现的种种弊端。
③ 王爱声：《立法过程：制度选择的进路》，中国人民大学出版社2009年版，第197页。

有效性与合理性。随着改革开放的深化,社会利益格局发生深刻变化,社会利益日益多元化,利益诉求渐趋复杂化,统筹各方面利益的难度加大。公众的立法参与,有利于在立法中对个人利益和集体利益、局部利益和整体利益、当前利益和长远利益进行统筹兼顾,使一些容易被忽略的利益诉求得到重视,使强势群体的利益表达和弱势群体的利益表达保持大体均衡状态,有利于克服立法中的不正当部门利益。此外,公众参与立法还会给公众带来"过程利益"。"过程利益"是贝勒斯在论述程序正义的评价标准时所提出的一个概念,是指在利益决定的过程中当事人所获得的利益。公众参与立法可能不能影响立法的最后结果,但是在参与过程中公众获得了心理层面的满足感,即为过程利益。[1]

4. 治理功能

立法的过程也是一个社会治理的过程。按照治理理论的主要创始人之一罗西瑙的观点,治理是一系列社会活动领域中的管理机制,它们虽没有得到正式授权,但能有效发挥作用。治理是一种共同目标下的社会管理活动,其主体不一定是政府组织,政府组织不被视为唯一的政治权威中心。改革开放以来,我国实行的是政府主导的社会治理模式,经济政治文化等方面的改革都是在政府主导下进行的。这种政府主导、自上而下的社会治理模式,既是我国改革事业获得巨大成功的主要经验所在,同时也是进一步深化改革的主要障碍,因为这种治理模式造成了政府对市场的过度干预,形成了政府身为改革主导者、参与者和社会秩序维护者的多重身份的混乱,还增加了改革的"错误成本"。[2]这种政府主导的社会治理模式,也为立法中不正当部门利益的滋生提供便利。立法中公众参与的存在,增加了社会治理的新方式,也就是自下而上的社会治理方式。允许社会公众参与社会治理,承认并借重自下而上的力量,使政府和社会共同担负社会治理任务,就可以提高社会治理效益,并能够在一定程度上有效弥补政府主导的社会治理模式的弊端,为实现"善治"提供新的路径选择,也为治理立法中的不正当部门利益提供了契机。

(二)地方立法公众参与的价值

价值是客体满足主体需要的关系,地方立法公众参与制度在满足公众、社会

---

[1] 李春燕:《中国公共听证研究》,法律出版社2009年版,第86—87页。
[2] 王锡锌:《公众参与和中国法治变革的动力模式》,载《法学家》2008年第6期。

主体对于地方立法正当性、适应性、权威性的需要具有特别意义。

1. 地方立法的正当性

正当性是对地方立法是否合理、公平的价值评判。不仅是对地方立法是否在各主体间公平地分配权利与义务作出评价,而且也对地方立法的立法程序是否公平合理作出评价。

我国目前不少地方立法呈现行政法化、部门利益化。表现为公共机构间的利益平衡与协调,是公共机构之间如何实现对社会、公众的经济、文化、社会事物、政治管理等的权力与利益的分配,漠视作为相对人的公众的利益,从而致地方立法缺失实体的正当性。产生这样后果的主要原因是地方立法长期以来被公共机构所垄断,公共机构"利用地方立法之机,不适当地强调本部门的权力和利益",表现为争上立法项目,利用立法,侵占相关部门权力;利用起草之便,片面强化、扩大本部门的权限和利益;滥用行政规章权和法规解释权,对法规条文进行部门利益化的运用等,从而谋取部门利益,影响到社会利益和公民利益的保护,这被称为"地方立法的部门保护主义"。[1] "立法不是立法机关的自成品,而是相互竞争的利益群体之间寻求某种妥协的博弈产物,如果相关利益群体不能充分表达意见,实际上就是取消博弈,扼杀表达。"[2] 因此,要消除地方立法的部门保护主义,实现公共机构与公众权利的公平分配,必须保证公众参与地方立法,"广泛的民众参与不仅是立法民主化的集中体现,更是法律获得正当性的基本依据"。[3]

首先,可以约束公共权力对自身利益的片面追求。现代代议制民主下的公共机构作为权力的行使者,也有自己的利益,在资源有限而不能满足所有利益主体的所有不同利益需求时,不同利益主体必然争夺利益,而法律正是分配利益的制度安排,谁掌握着立法权,谁有权参与立法,谁就可以在立法中充分地表达和追求自己的利益。因此,建立和加强地方立法的公众参与,实现地方立法中利益主体的多元化,尤其是建立权力所有者与行使者的利益对抗与合作机制,可以有效地约束权力行使者的利益诉求,抵制部门利益。

其次,公众参与促进良法的制定。自古希腊以后,诸多思想家都是以正义、理性为标准来划分良法与恶法,但正义、理性的具体化就是法律价值的中立性,

---

[1] 卢文春:《浅谈地方立法中的部门保护主义》,载《法学杂志》1997年第6期,第34页。
[2] 崔卓兰、孙波:《地方立法质量提高的分析和探讨》,载《行政法学研究》2006年第3期,第58页。
[3] 王春光:《民众参与立法是法的正当性之基础》,载《法学杂志》2002年第2期,第41-43页。

法律内容的权利性，法律形式的清晰、公开、连续性和稳定性，法律遵守的低成本性和合理分担。归根到底，良法应当关注、保护公众权利和社会福祉、公共利益，约束公共权力以防滥用。而建立良法的根本方法就是公众参与立法，表达自己的利益诉求，形成公众与国家、社会的利益博弈，通过博弈与妥协形成公平、合理的权利与义务机制，从而在法律中体现各个利益主体的利益和为了公共利益而合理地牺牲各个主体的某些利益，合理地分配公众、国家、社会的权利与义务，实现法律价值的中立性，并且以分配和确认不同利益主体的权利为依归，合理地分配守法成本，制定良好的地方法规，"以其本身的内在说服力受到社会成员的信任，成为社会成员的信仰，从而获得应有的权威"。[1]

最后，地方立法公众参与建构了正当的程序。地方立法的正当性不仅来自地方立法的良法性，还来自公众的心理感受，而公众心理感受的正当性主要来自立法程序的正当性。美国学者曾言："人们宁愿以公正程序实施一项并不公正的行为。"这就强调了程序正当性的重要意义。程序是否正当的标准是程序是否通过制度给予了不同利益主体平等、充分表达自己利益诉求和意愿的安排。地方立法无非是公共机构、公众、社会的利益与义务分配，因此，在地方立法过程中，公众主体不可缺位，"应当聆听民声、吸纳民意，为民众找到一条合法而又合理的话语宣泄渠道"。[2] 程序上不仅应当赋予和确保公众充分行使参与地方立法的参与权、话语权，而且确保参与权、话语权有良好的结果。通过上述程序安排，公众不仅有机会表达自己的利益与意愿，实现地方法规实体公平；而且公众心理也会感受到地方立法的公平性。

2. 地方立法的地方适应性

地方立法的地方适应性，是指地方立法与地方的政治、经济、社会和风土人情等适应的程度。地方立法是相对于中央立法，只在某一区域，为满足本行政区域的经济、政治发展需要而进行的立法，其具有从属于中央立法的从属性，另一方面又应当具有自主性。但在构建地方立法的地方适应性上，有学者认为："必须大兴调查研究之风。立法部门要深入实际、深入基层、深入群众，切实了解本地在经济社会发展中的深层次问题，了解人民群众关心的热点、难点问题"，"在坚持专家、实务工作者和立法工作者三结合的基础上，倾听人民群众的意见，反复

---

[1] 欧阳梦春、杨启敬：《"良法"与"恶法"之思辨》，载《湖湘论坛》2004年第1期，第50—52页。
[2] 欧阳晨雨：《"地方立法撞车"为哪般？》，载《中国社会导刊》2006第22期，第28—29页。

论证；倡导开门立法、民主立法，杜绝闭门造法。"[1]这种观点始终将地方立法的适应性建立在公共机构的自觉性上，而不是公众的参与上。

我们认为，地方立法要适应本地经济水平、地理资源、历史传统、法制环境、人文背景、民情风俗等状况，必须要有公众的参与。因为首先公众是地方上述状况的创造者、实践者、体验者，立什么法，如何立法，公众最有话语权；其次，公众与公共机构的思维方式也不同，公众希望通过规范现实生活来达到某种结果，以解决现实问题为出发点，他们"不大会将法律变为与生活脱节的神秘而抽象的东西"，[2]而是把现实生活与法律互换；而公共机构则是从理想的目标即希望地方在政治、经济、社会生活中达到什么样的目标来提出立什么法、如何立法，是从理想的结果来规范现实生活，常常会把法律变成与现实生活脱节的抽象东西；再次，从实践来看，公众直接参与地方立法，可以发挥地方立法的自主性，从而创制具有地方特色的地方法规。[3]因此，无论是理论上还是实践中都证明了地方法规的地方适应性和地方特色是由公众参与的程度来决定的，公众参与度越高，地方适应性越强；反之，则越弱。

法律的好坏只从法律本身是无法得到正确的答案的，只有适合实际情况的法律才是好的法律。而要了解实际情况，必须依靠群众。人民对自己的生活家园和事关自身的社会事务，无疑最具有发言权，只有人民自己才真正了解自己的生活环境，才真正知道自己需要什么样的法律。在地方立法工作中，凸显本土特色当然需要采集民意，而最了解地方本土特色的当然是当地民众。通过本地人民具体参与立法过程，地方立法工作者不仅能够充分了解本地经济、政治、法制、文化、风俗、民情等对立法调整的需求程度，懂得如何通过地方立法有针对性地解决地方的特殊问题；而且能够抓住本地的特殊性，分清本地地方立法的轻重缓急之所在，根据本地的实际情况按照人民群众所需做好地方立法这篇大文章。同时，地方立法工作者还能够通过公众参与立法过程中对本地情况进行调查研究，在比较中央立法和外地立法的基础上了解全局，处理好本地立法与中央立法、本地立法与外地立法的关系，显出本地立法的特色，实现中央立法与地方立法的和谐统一。

---

[1] 王斐弘：《地方立法特色论》，载《人大研究》2005第5期，第27-30页。
[2] 哈罗德·伯曼：《美国法律讲话》，陈若桓译，三联书店1988年版，第42页。
[3] 胡士俊：《为百姓利益立法，让百姓自己说话》，载《中国人大》2006年第12期，第23-24页。

3. 地方立法的权威性

法律权威即法律得到普遍地认同、尊重和遵守。我国地方法规普遍权威失落，缺乏公信力，表现为公众对地方法规知之甚少；把地方立法称为"政策"，而不是法；司法部门基本不依据地方法规判决纠纷；律师一般也不引用地方法规作为法律依据。地方法规权威失落的主要原因是地方立法的秘密性。目前我国地方法规一般由相应的地方公共机构所垄断，公众不知道要立什么，如何立的。中央立法公布后常有一定时间广泛地宣传，而地方法规缺乏这样的宣传，公众常常在被有关机关处罚后，才知道有地方法规。法律权威的确立需要法律本身是良法且为公众信任、信仰并自觉遵守。良法要取得公信力，需要公正、公平、公开，公开是形式，而公正、公平是核心价值目标。法律在分配权利与义务时公平、公正就必须要有公众参与，公众参与可以通过不同利益主体利益博弈与妥协实现公正、公平，我们不能想象在国家、社会、公众任何利益主体缺位的情况下，其他的利益主体能够牺牲自己的利益而照顾缺位主体的利益。如果说权力行使者以国家利益、社会利益代表的身份立法，那么国家利益、社会利益就是牺牲公众利益的最好理由，权力行使者以一己之身，代行国家、社会利益主体行使立法权，正如自己同自己签订合同一样容易。因此，地方立法良法化必须要有公众参与。[①] 一般法律法规的公开是让公众能够知晓，至于公众是否确实知晓则在所不问，因而是形式主义的公开。而数量众多的公众与其他利益主体讨论、协商，最终达成妥协，形成地方法规。在立法过程中，公众不仅能够知道地方法规，而且确实知道；不仅知道了地方法规其然，而且知其所以然。因此，公众参与地方立法不仅是形式主义的公开，而且是实质的公开；不仅是地方法规结果的公开，而且是地方法规产生过程的公开。公众在参与地方立法的过程中，身、心必然受到影响，产生法制教育的结果，提升了公众对地方法规的认同和尊重。综上所述，公众参与是公众在情感上认同地方法规的公开、公平、公正的最好形式，也是公众尊重、遵守地方法规，确立地方法规权威的基本路径。[②]

总之，地方立法公众参与具有坚实的理论基础，是现代法治国家普遍采用的民

[①] 饶世权、饶艾：《地方立法公众参与的概念、主体与价值》，载《西北大学学报（哲学社会科学版）》2008 年 1 月，第 38 卷第 1 期。

[②] 饶世权、饶艾：《地方立法公众参与的概念、主体与价值》，载《西北大学学报（哲学社会科学版）》2008 年 1 月，第 38 卷第 1 期。

主形式，是当今代议制民主与协商民主的融合发展。地方立法公众参与还具有重要的现实意义。首先，地方立法公众参与有益于奠定地方立法的合法性基础，它是人民实现当家作主的一种方式，可以使地方立法最大限度地协调各种利益关系，进而保证立法结果的实质正义。其次，地方立法公众参与有益于公众监督立法机关，实现对国家权力的监督。"自古以来的经验表明，所有拥有权力的人，都倾向于滥用权力，而且不用到极限绝不罢休。"① 公众参与立法可以有效地监督地方克服已经开始在立法中出现的越来越明显的"官僚化"倾向，缓解立法的民主化要求同立法的专业化之间的紧张关系，② 也有助于弥补地方立法机关代表们的立法能力不足，使地方立法机关更充分地了解和掌握公众的立法意愿和利益诉求。近年来，在我国地方立法过程中，公众参与的深度和广度都有了一定的进步，公众的利益诉求在地方立法活动中有了较为畅通的表达渠道，并努力影响着地方立法的过程和结果，地方立法机关也开始主动听取民意，并使其在立法成果中予以体现。然而，公众参与意识、参与程序及参与透明度这些关键因素还应该结合实际情况予以相应改善，以促进我国地方立法公众参与制度的有效运作，进而实现地方立法质量的提升。

（三）地方立法中公众参与的局限性③

应当承认，虽然参与民主理论具有重要价值，能够在一定程度上弥补代议制民主的不足，但是其本身也存在明显的不足。首先，参与民主对实现广泛政治参与的现实可能性考虑不足。参与民主是一种直接民主的制度形态，在政治参与人数众多的现实社会条件下如何实现民主，如何在实现民主与保持政治效率之间保持平衡，是参与民主必须面对的现实难题。萨托利就指出了参与民主将政治参与的范围扩大到宏观政治体制层面的非现实性。他认为参与是微型民主的本质属性，随着数量的增多，随着我们从小团体一直上升到政治制度的层次，参与便既无法解释也不足以维持整个民主大厦了。④ 直接民主都是自治的民主，而真正自治的直接民主都只能在较小的社会团体中才能实现，这是因为，参与的强度与参与者

---

① ［法］孟德斯鸠：《论法的精神》（上卷），许明龙译，商务印书馆2009年版，第185页。
② 魏健馨：《和谐与宽容：宪法学视野下的公民精神》，法律出版社2006年版，第106页。
③ 参见丁渠：《立法中不正当部门利益治理——代议制民主的视角》，中国社会科学出版社2014年版，第158-163页。
④ ［美］萨托利：《民主新论》，冯克利、阎克文译，上海人民出版社2009年版，第128页。

的数量成反比，随着参与者的增加，每个参与者的作用会相应减弱。其次，参与民主还必须面对如何解决扩大社会政治参与与保持政治体制稳定之间关系的难题。如何避免因为广泛的政治参与而可能导致的社会政治不稳定甚至引发多数人的暴政，是参与民主无法回避的重大课题。具体到立法中的公众参与来讲，其局限性主要体现为：

1. 公众参与无法解决形式民主与实质民主之间的矛盾

参与立法过程的人越多并不意味着立法实质内容越民主。《联邦党人文集》指出，"在所有人数众多的议会里，不管是由什么人组成，感情必定会夺取理智的至高权威。如果每个雅典公民都是苏格拉底，每次雅典议会都会是乌合之众"。[1] 造成这种状况的原因，"那就是所有立法会议，组成的人数越多，实际上指导会议进行的人就越少。首先，一个议会无论是由什么人组成，其人数越多，众所周知的是，情感就越是胜于理智。其次，人数越多，知识肤浅、能力薄弱的成员所占比例就越大。这时，少数人的雄辩和演讲正好对这类人起到众所周知的有力作用。在古代共和国，全体人民亲自集会，那里通常可看到一个演说家或一个手腕高明的政治家左右一切，好像独掌大权一样。根据同一原理，代表性的议会人数越多，它就越是具有人民集体集会中特有的那种优柔寡断"。[2] 虽然，《联邦党人文集》的上述描述主要针对的是议会中的形式民主与实质民主之间的矛盾，但是对于直接民主下的公众立法参与同样适用。任何规模较大的集会的议程都取决于会议召集人。与会者的人数越多，会议主持人的特权就会越大，一般与会者的声音就越弱，发言权就越小，影响立法过程的机会就越少，有效的交流和辩论就变得越来越困难。[3] 立法的直接民主要求更多的社会公众参与立法过程，但是参与者越多，每个人的作用就越小。

2. 公众参与面临集体行动的困境

公众参与不能确保立法所涉及的所有利益群体的代表都能参与立法。由于立法的影响往往是广泛而分散，没有哪个单个公民受到了可以激励其积极参与立法

---

[1] [美]汉密尔顿、杰伊、麦迪逊：《联邦党人文集》，程逢如、在汉、舒逊译，商务印书馆1980年版，第283页。

[2] [美]汉密尔顿、杰伊、麦迪逊：《联邦党人文集》，程逢如、在汉、舒逊译，商务印书馆1980年版，第298—299页。

[3] 封丽霞：《立法民主与立法者的职业化》，载周旺生：《立法研究》第3卷，法律出版社2002年版，第199页。

的严重损害，并且，参与成本和获益的集体性质会阻碍公众联合起来参与立法。在所有的公共参与过程中，虽然公众在数量上处于绝对优势地位，但是，在很多情况下，数量上占优势的人群，相对于少数的、组织化的主体来说，却处于"弱势"地位。例如，在美国的立法听证发展中就出现了"铁三角"政治操纵立法的现象。本来旨在充分保障社会各个群体平等参与立法的立法听证会制度，却为美国著名的"铁三角"政治即利益集团、国会事务委员会及有关专家和行政机关的合作与垄断铺平了道路。①

奥尔森的《集体行动的逻辑》一书就专门详细分析了集体行动的困境与原因。在集团行动中普遍存在着"搭便车"的心理，这是由于集体物品的公共性或非排他性造成的：在一个集团内部，集团收益具有公共性，集团中的每一个成员都能共同且均等地分享该收益，即使其没有为之付出成本。在一个大的集团中，没有单个个人的贡献会对集团整体产生很大的影响，除非有强制或外界因素引导大集团的成员为追求共同利益而奋斗，否则集体物品不会被提供。一个集团是否能够在没有强制或外部诱因的情况下为自己提供集体物品在很大程度上依赖于集团的人数，因为集团越大，任何个体就越不可能作出贡献。因此，一个正式的组织或一个非正式的集团协议对于获得集体物品是至关重要的，并且集团越大就越需要组织或集团协议。但是，集团越大，建立组织或形成集团协议的难度就越大。其原因是：第一，集团越大，增进集团利益的人所获得的集团总收益的份额就会越小，有助于集团行为的行动所得到的报酬就越少；第二，集团越大，单一个体所获得的总收益的份额就越小；第三，集团成员的数量越大，组织成本就会越高，获得任何集体物品所要克服的障碍就越大。因此，相对于大集团，小集团能够更好地增进其共同利益。因此，大集团和"潜在集团"都不会受到激励来为获取集体物品而采取行动，"因为不管集体物品对集团整体来说是多么珍贵，它不能给个体成员任何激励，使他们承担实现潜在集团利益所需的组织成本，或以任何其他方式承担必要的集体行动的成本。"②

事实上，公众参与立法就面临着这种集体行动的困境。公众就属于奥尔森所

---

① 彭宗超、薛澜、沈旭晖：《世界立法听证制度的比较分析》，载杨雪冬、陈家刚：《立法听证与地方治理改革》，中央编译出版社2004年版，第206页。

② 参见［美］曼瑟尔·奥尔森：《集体行动的逻辑》，陈郁、郭宇峰、李崇新译，上海人民出版社1995年版，第37-41页。

说的大集团或"潜在集团"。在立法参与中，那些组织化的利益集团由于有足够的资金、人力、组织资源等优势，再加之存在有效激励即从立法中获益，因此，更容易有效参与立法并对立法施加有效影响。而每一个社会公众作为原子化的个体，参与立法的成本往往都要由个人承担。目前，社会民众参与立法听证、座谈会等立法活动所投入的误工费、交通费等实际成本都由个人所承担，立法机关不给予补偿。而公众参与获益又具有公共性，有关立法所调整的所有对象不管是否积极参与立法都将从中获益。由此，公众参与立法就存在动力不足的困境。当然，尽管存在"搭便车"的普遍规律，还是存在不计个人成本得失的仗义执言之人，会积极投身于立法中来，有学者也将此视为公众参与的社会心理基础。[1] 但是，一项法律制度的实际效果应当立足于"沉默的大多数"的行为选择，而不是少数人的"高风亮节"。

此外，参与民主的主要理论预设和逻辑起点就是参与的教育功能，"参与式民主理论建立在两个假设基础之上，参与的教育功能和工业的关键性地位"。[2] 诚然，如佩特曼所言，参与的主要功能是教育功能，其中包括心理方面和民主技能、程序的获得，但是，她同时也承认，对工业领域较高层次参与的实际调查结果显示，工人对较高层次的参与普遍缺乏热情，"普通工人的代表很少对企业的年度报告、财务甚至投资感兴趣。这些主题很少被讨论，除非工人的利益受到影响，大多数讨论的主题是在低层次上发生的事务"。[3] 这也验证了奥尔森为代表的公共选择理论的观点："个人在参与问题上是理性而又无知的，他们对参与活动进行精确的成本收益计算，当参与成本大于参与收益时，即使有再多机会他们也不会参与。"参与民主过度强调参与的价值，既与普通民众的社会心理不合，也容易形成对公民自由的不当干涉。卢梭将自由的概念确立在参与活动的基础之上，卢梭认为，"除非每个人通过参与过程'被迫'作出具有社会责任的行为，否则将不存在保障每个人自由的法律。"[4] 但是，自近代社会以来，脱离政治的自由既是公民的一项重要自由，也是当代民主传统的一个基本组成部分。公民在民主政治社会中有选择

---

[1] 崔英楠：《关于健全立法听证程序的几个问题》，载《中国社会科学院研究生院学报》2009年第1期。

[2] ［美］卡罗尔·佩特曼：《参与和民主理论》，陈尧译，上海人民出版社2006年版，第15页。

[3] ［美］卡罗尔·佩特曼：《参与和民主理论》，陈尧译，上海人民出版社2006年版，第71页。

[4] ［美］卡罗尔·佩特曼：《参与和民主理论》，陈尧译，上海人民出版社2006年版，第25页。

自己生活的权利，因此，过度强调参与的作用，很容易形成一种政治强制。

3. 公众参与面临群体心理的困境

社会心理学的创始人、法国思想家勒庞在《乌合之众》一书中详细分析了社会政治参与中的群体心理特征。勒庞把社会群体分为异质性群体和同质性群体。异质性群体是具有各种特点、各种职业、各种智力水平的个人简单聚合或聚集在一起的群体，如街头群众等；同质性群体是由相同的派别、身份、阶级有组织地结合在一起的群体，如政治派别、职业群体等。这些简单聚集成群的异质性群体在心理上会表现出与他们一个人独处时有明显区别的特征，也就是群体心理："群体中的个人不但在行动上和他本人有着本质的差异，甚至在完全失去独立性之前，他的思想和感情就已经发生了变化，这种变化是如此深刻，它可以让一个守财奴变得挥霍无度，把怀疑论者改造成信徒，把老实人变成罪犯，把懦夫变成豪杰。"[①]造成群体心理的原因有三个：一是集体无意识现象在群体活动中发挥着压倒性的影响力，无意识构成了种族的先天禀赋；二是传染的影响，在群体中每种情感和行动都具有传染性；三是易于接受暗示的影响。群体心理具有以下几个特征：一是群体的冲动、易变和急躁；二是群体的易受暗示和轻信；三是群体情绪的夸张与单纯；四是群体的偏执、专横和保守；五是群体法律责任感的弱化。[②]勒庞的上述思想虽然仍有许多值得质疑与商榷之处，但是深刻揭示了群体时代社会政治参与中群体心理的消极影响。近代以来的中外历史早已表明，社会群体的民主权利就像一切权力一样，如果没有受到宪政的约束，就很容易走向反面，成为一种暴虐的权力。实际上，群众作为一种政治合法性的重要来源，早在古希腊时期，亚里士多德就指出其有着走向独裁的潜在危险；而此后的伯克、孟德斯鸠、穆勒和托克维尔等众多思想家也都留下了相关的精彩论述。

公众参与立法的过程中，在一定程度上也容易受群体心理的影响，这一点在网络参与中尤为明显。利用网络平台开展立法公众参与活动已经成为我国各级立法机关发扬立法民主的重要形式，是我国当前方兴未艾的"网络民主""电子民主""数字民主"的重要组成部分。应当承认，网络立法参与具有重要的宪

[①] [法]古斯塔夫·勒庞：《乌合之众——大众心理研究》，冯克利译，中央编译出版社2000年版，第23页。

[②] [法]古斯塔夫·勒庞：《乌合之众——大众心理研究》，冯克利译，中央编译出版社2000年版，第25—43页。

政意义：网络民主是多元利益表达、整合民意、公民参政议政的有效手段。网络民主有助于克服空间与时间的障碍，为实现直接民主创造了有利条件。但是，也应当看到，网络的虚拟世界实际上也是一个"异质性群体"聚集的场所，网络世界的人群聚集与现实世界中的人群聚集无异。勒庞也指出群体心理的形成，并不一定总是需要人群同时出现在一个地点，"有时，在某种狂暴的感情——譬如因为国家大事——的影响下，成千上万孤立的人也会获得一个心理群体的特征。"[①]事实上，通过观察当前主要网络媒体上政治参与的实际情况就不难发现，网络政治参与过程中泛滥着对社会政治问题简单化、理想化以及激进化的倾向。[②]

第二节 我国地方立法公众参与的现状及完善

一、我国地方立法公众参与的法律规定

（一）宪法规定了公众参与地方立法的权利

宪法是国家的根本大法，它的本质是保障公民的基本权利不受侵害，公众参与立法是实现公民的政治权利，也应该得到宪法的保障。我国《宪法》作为社会主义宪法，在宪法序言中就规定了国家权力是由人民掌握的，人民是国家的主人。我国《宪法》第2条第1款规定："中华人民共和国的一切权力属于人民。"这款规定体现了《宪法》第1条所规定的我国人民民主专政的社会主义国家性质，直接规定了国家权力的归属。在我国，国家的一切权力来自于人民，也属于人民，立法权作为国家的一项重要权力，从本源上属于人民，而且只能属于人民。《宪法》中对国家权力归属的确认，使得我国公众参与立法从本源上具备了合法性。《宪法》第2条第3款进一步规定："人民依照法律规定，通过各种途径和形式，管理国家事务，管理经济和文化事业，管理社会事务。"这一款是关于公众参与的总的

[①] ［法］古斯塔夫·勒庞：《乌合之众——大众心理研究》，冯克利译，中央编译出版社2000年版，第16页。

[②] 刘洋：《网络民主在转型期中国的意义与困境》，载《天府新论》2009年第2期。

和基本的规定，人民依照法律规定，管理国家事务，管理经济和文化事业，管理社会事务，立法是对国家和社会利益的分配，同时也是管理国家和社会公共事务和私人事务的一种重要形式，所以人民也有权参与立法或者是通过参与立法来管理国家和社会公共事务，"通过各种途径和形式"理应包括公民参与立法。《宪法》第 3 条第 2 款规定："全国人民代表大会和地方各级人民代表大会都由民主选举产生，对人民负责，受人民监督。"第 3 款规定"国家行政机关、监察机关、审判机关、检察机关都由人民代表大会产生，对它负责，受它监督。"从以上条款可以看出，人民代表大会和国家行政机关产生的源泉是人民，都应对人民负责，受人民监督，人民也有权对其一切活动监督。立法作为人民代表大会和国家行政机关的重要活动，也理应受到人民的监督，而参与也是重要的一种监督形式。《宪法》第 27 条第 2 款规定："一切国家机关和国家工作人员必须依靠人民的支持，经常保持同人民的密切联系，倾听人民的意见和建议，接受人民的监督，努力为人民服务。"因此，一切国家机关和国家机关工作人员都必须牢固树立全心全意为人民服务的意识，密切联系群众，注意发挥人民群众的积极性和主动性。有立法权的人民代表大会和行政机关在提出法律（法规）案、起草法律（法规）和通过法律（法规）的过程中，也应当听取人民的意见和建议，经常保持同人民的密切联系，以各种形式保障公众参与立法。

（二）专门法提供了地方立法公众参与的方式和途径

为了规范立法活动，健全国家立法制度，建立和完善有中国特色社会主义法律体系，保障和发展社会主义民主，推进依法治国，建设社会主义法治国家，我国制定了《立法法》，《立法法》第 5 条规定："立法应当体现人民的意志，发扬社会主义民主，坚持立法公开，保障人民通过多种途径参与立法活动。"该条在法律上直接规定了我国公民的立法参与权，使公众参与立法活动有了直接的法律上的依据；同时，该条还保障人民通过多种途径来参与立法活动，这里规定的多种途径可以是我国已采用的方式，也可以是公民和立法机构创新的其他方式，甚至是借鉴国外的参与方式。《立法法》第 36 条规定，"列入常务委员会会议议程的法律案，法律委员会、有关的专门委员会和常务委员会工作机构应当听取各方面的意见。"从以上可以看出：第一，该条所指称的法律案是列入常务委员会会议议程的议案，因为只有列入常务委员会议案，公众才具有参与时间上的可能性；第二，在这种情况下公众参与立法是法律委员会、有关的专门委员会和常务委员会的工作机构组织的;第三,该条用了"应当"来表述,说明对于列入常务委员会会议议程的法律案,在立法过程中听取各方面的意见不是选择性的程序,而是必经的程序。《立法法》的第 36 条规定"列入常务委员会会议议程的法律案,法律委员会、有关的专门委员会和常务委员会工作机构应当听取各方面的意见。听取意见可以采取座谈会、论证会、听证会等多种形式。……常务委员会工作机构应当将法律草案发送相关领域的全国人民代表大会代表、地方人民代表大会常务委员会以及有关部门、组织和专家征求意见。"《立法法》第 37 条规定:"列入常务委员会会议议程的法律案,应当在常务委员会会议后将法律草案及其起草、修改的说明等向社会公布,征求意见,但是经委员长会议决定不公布的除外。向社会公布征求意见的时间一般不少于三十日。征求意见的情况应当向社会通报。"以上规定为公众参与立法提供了广阔的参与途径,有论证会、听证会、书面听取意见、全民讨论等多种方式和途径。

二、我国地方立法公众参与的现状分析

(一)我国地方立法中公众参与的途径

在立法中通过多种渠道听取公众的意见,让社会公众直接参与立法活动,是当今世界通行的立法方式。我国社会公众参与立法的主要方式包括:第一,立法座谈会。就是在法规的起草和审议过程中,邀请有关组织、专家学者、社会公众参与讨论,对法规草案提出修改意见。第二,书面征求意见。就是将法规草案文本送交有关国家机关、人民团体、社会组织和企事业单位,由其提出书面修改意见。第三,调查研究。就是法律法规的起草机关、审议机关围绕法案要解决的主要问题到基层开展调查,了解社情民意和法案所涉及的社会实际情况。第四,列席和旁听。就是在法规的审议过程中,邀请有关国家机关、人民团体、社会组织和企事业单位的代表列席会议。第五,全民讨论。就是将影响到广大人民群众切身利益的法规草案文本在各种新闻媒体上公布,由社会公众提出修改意见。第六,专家论证。就是邀请法律、经济、科技等方面的专家对法规制定的必要性、可行性和法规草案的具体内容进行研究论证。第七,立法听证会。就是在起草或审议法规过程中,借助听证会的形式,由法规草案的利害关系人提出修改意见。

（二）我国地方立法公众参与的特征

近年来，我国地方立法中公众参与制度的实践呈现出如下特征。

第一，由闭门立法迅速转向开门立法。由于我国是具有长期专制统治历史的国度，在历史上国家治理中的民主因素极其匮乏，人民群众根本没有参与国家管理的权力。新中国成立后，人民在法律上成为国家的主人，公众对国事的参与度得到提升，但是，普通民众参与立法的程度整体上还比较低，立法过程实际上还是以封闭为常态。而近年来，广泛的公众参与使我国的立法过程迅速由封闭状态转向开放状态。应当说，这种转变之快在世界各国立法中也是不多见的。

第二，在公众参与立法的制度实践过程中，地方走在国家前面。一些地方人大尤其是改革开放前沿地区的人大，在法律尚无明确规定的情况下敢于先行先试，率先打破闭门立法的历史传统。早在《立法法》颁布之前，许多地方人大就先后举行过立法听证会。1999年9月9日，广东省人大常委会举行《广东省建设工程招投标管理条例》立法听证会，创造了我国立法听证的最早记录。此后，建立和完善立法听证制度就列入了地方人大的工作日程。地方立法中的公众参与形式主要包括：一是地方人大向社会公开征集立法项目。例如，2002年8月云南省人大常委会在全国率先作出向社会公开征集立法项目和法规草案的制度尝试。再如，北京市十二届人大常委会在制定五年立法规划时公开征求全社会意见，得到社会各界的积极响应，共收到社会公众立法建议221件，60%以上的立法项目建议被采纳。北京市十三届人大常委会在制定五年立法规划时，从社会征集到的380个立法建议中遴选出56个正式列入五年立法规划。[①] 二是地方人大采取公开招标方式遴选法规草案起草人。例如，2006年6月5日，郑州市人大常委会委托律师事务所起草《郑州市物业管理条例》。三是公众的立法审议旁听制度。例如，北京等地人大常委会规定普通公民可以旁听人大常委会会议。四是地方人大邀请公众参与立法后评估。例如，2005年上海市人大常委会在对《上海市历史文化风貌区和优秀历史建筑保护条例》进行立法后评估工作中，向社会公众开展问卷调查，广泛征求民众的意见。五是地方人大还赋予了社会公众申请解释法规条文的权利。例如，2006年1月13日，成都市人大常委会制定《成都市人民代表大会常务委

[①] 李正斌：《北京市地方立法中的公共参与》，载李林：《立法过程中的公共参与》，中国社会科学出版社2009年版，第91—92页。

员会关于地方性法规解释的规定》，详细规定了公众申请解释地方性法规条文的权利和具体程序。[①]

第三，人大与政府在促进公众参与方面相互带动。全国人大在2000年制定的《立法法》中规定了立法中的公众参与制度，国务院在2002年实施的《行政法规制定程序条例》《规章制定程序条例》规定了行政立法中的公众参与制度，国务院2004年颁布的《全面推进依法行政实施纲要》、2007年颁布的《政府信息公开条例》还在具体保障措施上进一步推动公众参与制度。

第四，公众参与地方立法已经涉及立法程序的大多数环节。在地方立法过程中，从立法规划和立法计划的制定、法规草案的起草、法规草案的审议到立法后评估、法规解释，普通公众都已经参与其中。从总体上说，我国公众已经能够全过程参与地方立法。

第五，公众参与立法的形式灵活多样。从传统方式到网络，从座谈会、听证会，到走访、公民旁听，从在报纸公布法规草案到网络上的立法参与，多样化的参与形式提高了公众参与立法的便捷性。此外，我国公众参与立法的可喜之处还在于公众参与采取了合法、和平、有序的方式。[②]

三、我国地方立法公众参与存在的问题

（一）公众参与地方立法的程度较低、积极性不高

一是公民普遍缺乏参与地方立法的意识和技能。由于受经济、社会文化发展和传统观念等诸多因素的制约，一部分公民虽然有较高的参与愿望，但不知道作为一个公民在政治生活中有哪些权利，也不知道怎样去参与和怎样实现有效参与，也不了解立法活动的运作程序。公民参与地方立法的主动意识不强，相当数量的公民参与缺乏责任感。还有一部分公民意识不到自己是国家的主人，依附权威，主体意识差，认知水平不高。二是公民参与的组织化程度较低，在参与的形式中，个体参与属于参与的低级阶段。有一些社会团体在政治生活中的影响日益扩大，

[①] 丁渠：《立法中不正当部门利益治理——代议制民主的视角》，中国社会科学出版社2014年版，第157页。

[②] 李正斌：《北京市地方立法中的公共参与》，载李林：《立法过程中的公共参与》，中国社会科学出版社2009年版，第8-12页。

但其参与渠道和影响依然有限。三是参与地方立法的公民范围较窄。一般专家和学者比较多，其次是城市的市民，而几乎没有农民参与立法。

造成这种情况的原因，首先是普通大众大都仅关注眼前利益和对于个人和家庭关系更直接的问题，而对于那些长远的、大局性的与个人生活似乎无关的问题关注度不高，对这类法案的制定也缺乏参与热情。虽然近年来公众参与地方立法已得到愈来愈多人的接受与支持，但公众参与地方立法的积极性和主动性的程度不高。相当数量的公众参与不是基于公众的责任感，或是对自己的权利和义务的认识，而是凭冲动参与，有时甚至只为了发泄不满情绪，不采取规范化、程序化的参与形式。其次，由于公众自身素质的局限和对咨询信息的掌握程度、理解程度及对政策目标实现的可能性和途径的认识不足等诸多因素的影响，使现实中公众参与的能力与参与要求不符，参与效率较低。再次，由于经济条件的制约，对大多数人来说，谋求一定的物质生活条件是主要的，参与立法对他们来说实在是比较遥远的事，他们根本无暇顾及也没有能力顾及。最后，我国政治制度不完善使人们对政治产生一种无力感和冷漠的心理，如宪法意义上的神圣一票对于绝大多数选民来说，只是在一张有名字的票上画圈或打叉而已。另外，公民文化的缺失与市民文化的不健全也是制约人们主动积极参与立法的重要因素。公民参与立法是需要成本的，要花费时间、精力去了解法规内容，并通过一定的方式反馈给立法机关。而如果这种立法参与被采纳的可能性很小，或者不能够带来切身的利益，则肯定会损害公民参与的积极性。实践中，除了房屋拆迁等与公民切身利益密切相关的法规，其他法规普通民众自发参与的并不多，在网上设立的法规征询信箱，反馈的也很少。

（二）公众参与制度不健全、公众参与的程序性规范缺失

地方立法公众参与的程序是指保障其权益可能受到立法结果影响的公民、法人或其他组织能够借此参与立法过程，并对立法结果的形成产生有效的影响，是地方立法中公众参与应当遵循的制度化的正当过程。地方立法公众参与程序是地方立法公正程序的核心。这个程序的运行包含了公众主动参与和地方立法机关提供参与服务的过程。通过完善程序，搭建一个能够反映公众利益诉求的平台，既是提高公众参与质量和效率的保证，也是提高公众参与有效性的关键。

我国地方立法公众参与的实践已经有了十多年的发展历史，在制度建设上有了一些成果。如，《立法法》对公众通过多种途径参与立法活动作了规定；诸多地

方立法条例如《广东省地方立法条例》《浙江省地方立法条例》，其总则中均对增强立法民主性，扩大公众参与有所规定；近年来地方立法公众参与的实践不断发展，上海、广东、甘肃、海南等省份在其人大常委会工作要点中明确指出立法工作要拓宽公众参与渠道，扩大公众参与；[1]随着论证会、听证会等公众参与方式的经验积累，地方立法实践中逐步建立了立法听证和立法咨询制度，如《浙江省地方立法听证会规则》《江西省立法听证规则》《深圳市人民代表大会常务委员会听证条例》；安徽、浙江省人大建立了地方立法咨询专家库，并制定了专家咨询管理办法。这些在一定程度上改变了地方立法公众参与长期以来缺乏明确制度性规定的状况，但目前我国对公众参与立法作出专门规定的地方性法规只有一部，即2013年7月26日通过的《甘肃省公众参与制定地方性法规办法》。并且，立法法中对公众参与的规定均为原则性规定，实践操作性较差，而各种地方立法条例对公众参与的程序也没有具体设置。一些地方立法也只是对扩大公众参与、完善民主立法机制作了原则性的规定，公众参与地方立法的具体程序设置尚不健全，公众并没有既定的、规范的参与程序可以依循，缺乏程序保障和透明度。制度的不健全和程序的缺失导致参与的途径局限，也不能对公众参与进行有效的组织，以至于公众参与的程度和实际效果大打折扣，进而影响地方立法的成果。

（三）公众参与的信息反馈不充分

"公众参与强调公共机构和公众在公众参与过程中的互动性"，[2]地方立法公众参与是一个地方立法机关与公众互动的过程。协商民主理论认为，协商过程的参与者不仅要提供理由说服其他参与者，还要对其他参与者的理由作出回应，最后在理性地讨论和对话之后，基于对各种观点和理由的衡量，以及对公共利益的考虑，实现理性的公共协商结果。公众参与地方立法，一方面是其表达自身意志和利益诉求的方式，另一方面也是其社会价值和社会责任的体现，因而地方立法机关要对公众参与立法过程中所提出的立法意见和建议予以足够的重视。建立健全有效的公众参与反馈机制，对公众提出的立法意见和建议及时反馈，加强地方立法机关与公众的互动，有益于地方立法成果得到公众的尊重和支持。

---

[1] 胡康生：《扩大公民立法参与促进构建和谐社会》，载《人民代表报》2005年10月18日，第三版。

[2] 蔡定剑：《公众参与及其在中国的发展》，载《团结》2009年第4期，第32—35页。

在地方立法实践中，现有公众参与立法活动的反馈不够充分，公众提出的立法意见和建议常常石沉大海，不知所终。地方立法公众参与中不予反馈或反馈不全面的现象凸显，架空了公众参与的现实效果和实际意义。如一些地方人大网站上的市民意见征集专栏，部分意见下面没有答复，而答复了的内容是完全一样的，均为表示感谢并转请某部门处理，而没有后续的反馈信息。还有些地方人大网站的立法专网所设置的公众互动栏目，内有公众建议的专栏，但没有任何内容。而且，就目前已有的有关公众参与反馈的规定来看，如2013年先后通过的《广东省人民代表大会常务委员会立法公开工作规定》对公开征集的公众意见和建议的反馈作出了规定，但公众参与的反馈不应当仅限于公开征集的公众意见和建议，还应当包括论证会、听证会等其他形式的公众参与。

（四）公众参与的意识薄弱

我国地方立法公众参与制度尚未健全，在地方立法过程中公众参与不充分的现象仍然凸显。究其原因，主要是由于公众参与的意识薄弱，包括公众自身参与意识薄弱与地方立法机关组织公众参与的意识不强两个方面。一方面主要是公众主动参与地方立法的主体意识淡薄，积极性不高，参与能力不足。目前我国地方立法尚未形成公众参与的积极氛围，公众并不能及时、全面地获得相关的立法信息，也没有方便、有效的参与方式，且地方立法中出现的某些流于形式的听证会，降低了公众对地方立法的信任度，导致公众对于地方立法缺乏积极参与的热情。而公众的参与能力则直接受到公众参与意识不强的影响，加之参与立法的实践经验匮乏，自然不会有参与能力的提升，也就不具备充分参与的能力。另一方面，在地方立法中地方立法机关发挥着主导作用，应当对公众参与进行有效的组织和引导，但正是由于地方立法机关掌握着公众参与的最大控制权，在实践中往往容易出现地方立法机关组织公众参与的意识薄弱。其主要表现是地方立法机关立法思路保守，主导性过强，地方立法者对公众参与不够尊重，服务不到位，参与过程流于形式。目前，我国地方立法公众参与尚未建立起规范有效的运行机制，已有的条例对在地方立法工作中要扩大公众参与作出了明确规定，但均为原则性规定，缺乏可操作性。实践中地方立法公众参与的方式较之以往更加多样化，但地方立法机关并没有充分发挥出其自身的能动性，立法过程中仍然存在对专家咨询的依赖而对普通公民、法人和其他组织不够重视等问题，这种做法无益于立法内容的合理性和科学性，同时对公众参与立法的积极性产生了负面影响。

四、我国地方立法公众参与的完善措施

(一)强调公众参与是现代社会的公民美德

对于立法机关而言,保障公众参与立法是一种义务与责任;而对于公众来说,参与立法不仅是在行使自己的民主权利,更是一种美德。美德不仅是一种个人的道德素质,而且也是一种将个人感情和欲望服从于公共福利的意愿。美德的本质在于为他人做好事。这种与生俱来的道德品质要求关心他人和整个社会的幸福。作为和谐社会的公民,应当具备关心公共事业的品格。在苏格兰启蒙主义那里,和谐社会之所以值得追求,之所以可能追求,其根据完全在人自身的美德和合作,而不是神恩。在构建和谐社会的过程中,"政治家们的首要任务是塑造公民的灵魂,引导公民们追求善,过一种理性的、和谐的生活"。公民则应当通过参与立法活动有意识地培育自己的公民美德,参与立法的意识和技巧需要每个团体自己养成,需要提高自身的组织化程度,来自己发现渠道、建立渠道。一方面,通过公众参与地方立法的过程,促进公民信任并忠诚于地方立法品格的形成,因为立法本身就是公众参与制定的;而且,公众参与地方立法能够促进政府和公民之间、社会成员之间的相互理解、相互尊重、团结互助、友好合作等等。通过充分了解自身与他人不同的价值观、世界观、理想信念等,人们就能够更好地相互理解他人的期望、关怀与需要。公众参与通过理解和尊重他人的需求和道德利益,而不是强迫人们遵守那些无法了解的、与自身相疏离的道德要求,从而培养人们妥协和节制个人需要的意愿。这对于地方立法的权威性无疑意义深远,因为公民的忠诚变成了法治国家与和谐社会不得不去追求的东西;反言之,没有公民对法律的忠诚,制定的法律即便再完美,亦不过是一纸空文。另一方面,公众参与能够形成集体责任感。通过公开检视个人意志的结果和假设,公众参与将使公民们更加清楚地意识到,每个人都是和谐社会的一分子,每个人都有义务和责任关注和谐社会,而其福利的实现则有赖于其对属于自身的那份集体责任的承担。这样,在公众参与地方立法过程中培育的公民美德,能够极大地促进民众的团结互助与长治久安。[1]

---

[1] 戴激涛:《公众参与:作为美德和制度的存在——探寻地方立法的和谐之道》,载《时代法学》2005 年第 6 期。

（二）培养公众参与地方立法的意识

意识是行动的先导，参与意识不到位是地方立法公众参与的首要阻碍。我国地方立法公众参与意识的培养，可以通过培养公众的公民意识和改进地方立法机关的立法意识来逐步实现。"公民意识是法治国家的心理基础和社会人文背景"，"具有公民意识的公众对立法活动的参与，是立法在实际上取得民主性、公正性结果而不流于形式的重要环节。"[①] 公民意识是具有主体意识、权利意识和社会责任意识的三维结构，因而公民意识的培养可从三个维度进行。首先，培养公民的主体意识。其内涵是对国家与公民之间关系的正确认识，即公民作为与国家相对应的概念，无论是在法律上、制度上还是在现实的政治生活中，应该具有的和被充分肯定的法律人格及尊严。当公民具有这种身份意识，清楚自己的公民角色时，在立法参与过程中才能具备高度的社会责任感和积极主动性。公民主体意识的培养需要通过提高公民的文化教育水平及加强公民的法制教育等来实现。其次，提高公民的权利意识。公民权利意识是一个人为满足其生存和发展的需要而应当享有的权利的认识，是公民有效行使宪法和法律赋予公民各项基本权利的前提。公民权利意识的提高途径主要有加强法制宣传，强化制度落实，保障权利实现，通过具体案例引导等。最后，增强公民的社会责任意识。公民的社会责任意识是公民意识的理性化体现，目的在于保证社会秩序，包括对国家权力的监督、对权利的自我限制、对权利冲突的平衡与协调，因而它是良好制度运行的关键。增强公民的社会责任意识，要注重强化公民对权利、义务、责任统一的认知和实践，还需要相应的社会机制的激励，比如保障公民在立法过程中的建议和表达不受干涉等。

地方立法机关在地方立法活动中处于核心和主导地位，应当主动发挥其优势地位以有效地组织和引导公众充分参与地方立法活动。地方立法机关应当意识到现代法治国家并非是少数精英政治睿智的成果，而是更广泛意义上的公民群体对参与国家政治、经济、法律等活动的心理认同与理性自觉。地方立法机关可以从两个方面来改进其组织公众参与的意识。一方面，培养民主意识。地方立法机关应逐步提升对公众参与能力和参与效果的信心，扩大公众参与的广度，不是仅邀请专家参与立法工作，还要面向社会各界实现广泛的公众参与，建立健全地方立

[①] 魏健馨：《论公民、公民意识与法治国家》，载《政治与法律》2004年第1期，第33-39页。

法公众参与的常设机制。这样既可以增强地方立法的科学性，还有益于社会公众参与度的提高。另一方面，培养正当程序意识。地方立法机关在召开或主持专家座谈会、专家论证会或委托专家起草法案的过程中，应当对参与专家的选任和专家参与立法的程序、方式作出更为细致的规定，充分发挥专家的专业知识水平和参与立法工作的效果，既要避免把专家参与当作摆设的倾向，又要防止出现过度依赖而导致专家专断的现象。从上述两个方面来看，地方立法机关组织公众参与的意识还有很大的改进空间，应改变原有的传统立法模式的理念，逐步建立有效的地方立法公众参与机制，将我国《宪法》和《立法法》中规定的原则性内容不断地予以切实具体地落实，逐步改进，最终将立法的公众参与视为地方立法工作中不可或缺的重要环节。[1]

（三）建立公众参与地方立法的具体程序性规范

程序决定内容，制度的实施效果需要适当程序的保障，地方立法有必要对公众参与的具体程序予以设置，将现有的公众参与形式和途径制度化、规范化。

第一，地方立法信息的公开。立法信息公开是公众有效参与立法活动的前提。只有加大地方立法信息的公开程度，解决公众与地方立法机关之间的信息不对称问题，公众参与才能发挥作用。首先，明确地方立法机关负有公开地方立法信息的职责，对其公开信息的官方媒介作出规定，如各地方人大网站、报刊等，以便公众及时关注最新的地方立法动态。其次，地方立法机关公开的立法信息内容须完备，如地方立法计划的公开，包括地方人大常委会编制立法计划的立法项目、依据、宗旨，使公众从源头上能获得地方立法的参与空间。最后，地方立法机关还应提前将公众参与的时间、地点和具体方式予以公布，如在公众正式参与地方立法的一个月前就必须公布出来，以保障公众参与立法相应的准备时间。

第二，公众参与的申请与确认。在公众知晓立法信息并决定参与立法工作后，便需要向地方立法机关提出参与申请，由地方立法机关对公众的申请按照之前公布的要求进行审核，并对公众的参与资格予以确认。不论该申请人是否具备参与资格，都应当在规定的期限内将审核结果告知申请人，并在官方网站上将本次公众参与申请的审核结果予以公示，同时对申请人未能审核通过的原因和理由作出

---

[1] 侯孟君、马子云：《地方立法公众参与的若干问题及其应对》，载《湖北警官学院学报》2014年10月第10期（总第157期）。

说明，给各申请人以公平、公正的待遇。另外，由于时限的要求，地方立法机关的审核过程应当精简，也便于公众申请。①

第三，公众参与的方式和具体过程。地方立法机关应当拓宽公众参与的平台，创新公众参与的载体，使公众能够更加便捷地参与到立法过程中。通过适当的途径平等地参与立法活动，表达利益诉求，参与立法过程并影响立法结果，是地方立法公众参与的应有之义。哈贝马斯认为，法律规范只有在可能得到参加合理商谈的一切潜在的相关者的同意，才是可以主张有效性的。②而平等地参与可以使公众确信法律是人民意志与利益的体现，进而产生对法律的信任和法律权威性的认同。地方立法机关应当对立法事项予以分类，以此为根据来规定不同的参与方式。如果拟制定的法规直接涉及公众重大利益或有重大的社会影响，则必须召开立法听证会，而编制立法规划、年度立法计划则应当召开论证会。这样，在公众具备参与资格后，即可在指定的时间、地点通过预设的法定方式参与到地方立法工作中。在具体的立法过程中，尤其是通过论证会、听证会和座谈会的方式参与地方立法时，公众在听取地方立法机关对于本次立法工作的说明后，不仅有权提出自己的立法意见和建议，还应当具备对地方立法机关草案及其他公众提案等提出质询的权利。公众通过以上的参与方式便可以实现对立法工作的实质性参与。公众参与地方立法的过程不仅是收集利害相关人意见的过程，也是一个与社会各方面进行充分协商的过程，立法机关在听取各方利益主体的意见后，根据各方面的要求进行充分的综合平衡，能使所拟定的草案最大限度地吸纳各方面的意见和建议，充分保障立法的民主性和科学性，这正是协商民主理论的追求所在。

第四，公众参与的监督。建立责任追究机制，明确规定地方立法机关在保障公众参与立法中的义务和法律责任，对应该听证而不予听证，应该公开、公告而没有公开、公告的，应追究相关机构和人员的责任。作为一种机制，公众参与地方立法也需要一定的监督设置。从立法信息的公开、公众参与的申请与确认到公众实质参与的过程以及公众意见的反馈，每一环节都需要一定的监督机制，对地方立法机关的公众参与立法工作予以支持和督促，将地方立法公众参与机制不断

---

① 侯孟君、马子云：《地方立法公众参与的若干问题及其应对》，载《湖北警官学院学报》2014年10月第10期（总第157期）。

② ［德］哈贝马斯：《在事实与规范之间：关于法律和民主法治国的商谈理论》，童世骏译，生活·读书·新知三联书店2003年版，第155页。

发展和完善。通过地方立法公众参与的程序设置，以法定程序保障从立法准备阶段、法规制定阶段到立法完善阶段整个立法过程公众参与的权利和参与的效果，可以促进公众有效参与的实现。这种参与具有整合性的功能，有助于人们接受集体决策，[1]因而必然会提升公众对地方性法规的满意与尊重。当民众对法律满意时，他们会自觉自愿地协助法律的实施。[2]

（四）建立地方立法公众参与的反馈机制

地方立法公众参与的反馈机制，是指在公众参与地方立法活动结束后，地方立法机关对公众在参与立法过程中所提出的意见和建议进行整理和研究，并作出合理说明。具体而言，不论是何种参与方式，在公众参与地方立法工作的过程中，地方立法机关都应当安排专门人员负责记录公众的立法意见和建议，在公众参与结束后对公众的意见和建议予以梳理和分析，在此基础上对参与立法工作的公众进行及时有效的反馈。合理的应当采纳并告知提出者，不合理的也要作出未予采纳的理由说明，以实现地方立法机关与公众的理性对话，而不应仅对采纳的公众意见和建议作出回应。首先，地方立法机关可以对公众的立法意见和建议进行信息的结构化收集，通过设置递进式或交互印证式的引导性问题，减少干扰或无效信息，以较快地获取有效信息。在此基础上，可以根据关键词将公众意见和建议初步分类和分析，提取出关键信息点。对于初步归类整理的意见和建议，从纵向和横向进行深层次的比较分析，进一步提炼出有价值的信息，实现对公众意见和建议的全面研究。其次，地方立法机关对公众意见和建议的反馈应当包括征求公众意见的基本情况、公众意见采纳的情况、未采纳的情况等内容。其中，征求公众意见的基本情况，包括征求意见的公众范围、数量和主要内容等；公众意见采纳的情况，包括采纳意见的数量、类别和主要内容，以及对其科学性、合理性予以一定的理由说明；公众意见未采纳的情况，包括未采纳意见的数量和主要内容，以及对不予采纳作出必要的合理说明；还有其他需要说明的问题，如地方立法成果对公众意见和建议的吸收、转化情况。此外，地方立法机关应当通过多种方式来反馈公众立法意见和建议，以方便公众及时获悉相关信息。一是可以采取电子化的反馈方式，如电话、短信、电子邮件、网络平台等；二是可以采取书面反馈

---

① ［美］卡罗尔·佩特曼：《参与和民主理论》，陈尧译，上海人民出版社2012年版，第39-40页。
② ［英］边沁：《道德与立法原理导论》，时殷弘译，商务印书馆2009年版，第245页。

方式，如张贴公告、寄送信件；三是可以采取召开立法座谈会、立法说明会和新闻发布会的方式。实践中具体采取何种方式予以反馈，可以视各地地方立法公众参与的实际情况而定，需要注意的是，应当以方便公众为基本原则，以保护公众参与的热情和积极性。[①]

此外，地方立法机关应当将征求意见的情况与采纳意见的情况及时向公众公开，公众参与过程中所提出的立法意见和建议都要公开，而且对公众立法建议和意见的采纳情况也要公开，并作出相应的理由说明。地方立法机关在对公众意见和建议作出反馈后，应当在法规审议结果报告中对公众参与的基本情况和地方立法机关的反馈情况予以必要的说明。

第三节　我国地方立法中的立法协商

社会主义协商民主是中国社会主义民主政治的特有形式和独特优势，是党的群众路线在政治领域的重要体现，是深化政治体制改革的重要内容。"完善协商民主制度和工作机制，推进协商民主广泛、多层、制度化发展"，是党的十八大以来提出的推进政治体制改革的一项战略任务。党的十八大和十八届三中全会作出健全社会主义协商民主制度、推进协商民主广泛多层制度化发展的重大战略部署，要求"深入开展政治协商、立法协商、行政协商、民主协商、社会协商、基层协商等多种协商"。其中"积极开展人大协商"，在民主立法实践基础上"深入开展立法协商"，是推进人民代表大会制度理论和实践创新的一个重大课题。党的十八届三中全会把立法协商作为推进社会主义协商民主的重要形式，开辟了社会主义协商民主的新领域，成为中国特色社会主义民主政治制度的重要实践内容。《中共中央关于全面推进依法治国若干重大问题的决定》明确要求深入推进科学立法、民主立法，开展立法协商。可见，立法协商在落实全面深化改革、全面推进依法治国的愿景中占据重要地位，成为完善和发展人民代表大会制度，推进社会主义法治国家建设，实现国家治理体系和治理能力现代化总体目标下的重要举措。

[①] 侯孟君、马子云：《地方立法公众参与的若干问题及其应对》，载《湖北警官学院学报》2014年10月第10期（总第157期）。

近年来，一些享有立法权的地方就立法协商进行了探索，提高了立法质量，积累了实践经验，同时也暴露了诸多弊端，有的做法甚至背离了立法协商的原则和宗旨。之所以出现这些问题，相当程度上是因为这些地方未能正确理解立法协商的内涵，立法协商活动未能在一套法治、民主、高效的制度机制指引下进行。

一、立法协商的基本内涵

开展立法协商，首先应明晰立法协商的基本内涵，把握立法协商的性质和基本原则，若脱离这些必要的理论前提便为之"立法协商"，不仅谈不上构建制度框架、具体程序和运行机制，具体实践更有偏离立法协商原则旨归的可能。

（一）立法协商的概念

立法，就是拥有立法权限的机关，在法定的权限内，按照法定的权力创制、认可、修改和废止法律的专门活动。我国奉行统一分层的立法体制。《立法法》的修改使得地方立法权扩容，拥有立法权限的地方增多。协商，就是理性的公民，以平等、自由为前提，对有关公共事项进行对话、讨论等，以期形成公共意志，就相关事项在赢得共识的情况下，合理决策，是为了在不同主体间尽可能地达成共识，以对话沟通甚或辩论等形式，听取意见建议、汲取公共智慧，求得"最大公约数"的民主过程。

立法协商具体指享有立法权的机关在制定、修改、废止规范性法律文件之前，以平等、自由为前提，按照一定的程序，通过对话、辩论等形式与特定或者不特定的主体进行协商，以期达成共识，制定良好的法律。立法协商作为我国选举民主与协商民主相统一相结合的最佳民主形式，必将推进民主立法、科学立法，形成我国立法的新常态。在我国，人民代表大会制度是坚持党的领导、人民当家作主、依法治国有机统一的根本制度安排，人民代表大会在我国国家权力体系中居于核心地位，立法权是其重要职权。因此，对照我国的政治制度和现实国情，我国的立法协商，应当是享有立法权的机关在制定、修改、废止规范性法律文件之前，按照平等议事、理性对话和求同存异的核心原则，就规范性法律文件草案以适当形式同其他国家机关、政协委员、民主党派、人民团体、无党派人士、工商联、社会组织和公民等主体进行协商，广泛听取意见和建议，力求达成高度共识，协商结束后，仍然由该人民代表大会或常务委员会根据协商结果对规范性法律文件草案进行审议和修改完善，之后再交付表决、公布和实施的制度化、规范化和程序化的民主活动。

（二）立法协商的性质

1. 立法协商是推进社会主义协商民主的重要形式，本质是体现人民当家作主

"协商民主"既是政治学的新概念，也是发展社会主义民主政治的新要求。它与大家比较熟悉的"政治协商"概念是不同的。"协商民主"是在中国共产党领导下，以经济社会发展的重大问题和涉及群众切身利益的实际问题为内容，于决策之前和决策实施之中，在全社会（人民内部各方面）开展广泛协商，努力形成共识的重要民主形式。[①]"政治协商"是中国共产党同各民主党派（通过直接渠道或在人民政协进行）和各界代表人士（在政协）对党和国家重大问题进行的协商。党的十八大以来，"协商民主"已经从理论和实践上突破和超越了"政治协商"概念。虽然政治协商仍然是协商民主的重要内容之一，但从前者到后者，协商的主体、范围、渠道及其制度、地位、作用等均有跨越和发展。与执政党同民主党派和社会各界代表人士之间的政治协商相比较，协商民主是全方位的，参与面扩大到了全社会（全体公民），而不仅局限于某些方面和高层人士；协商民主的种类、渠道和方式包含但远超出了政治协商；协商民主是实现人民当家作主，保证人民行使管理国家和社会事务、经济和文化事业的权利的重要形式和路径，而不只是对党和政府工作的民主协商。协商民主和选举民主一起，成为我国人民民主的两种重要形式。人大协商更是直接"支持和保证人民通过人民代表大会行使国家权力"，[②] 而立法协商是人大协商的重要内容，本质是体现人民当家作主。

政治协商与立法协商是两种相互联系但互不隶属的协商渠道。人民政协作为中国共产党领导的多党合作和政治协商的重要机构，依据章程发挥政治协商职能包括了对国家重要法律草案的协商，而立法协商也需要政协在其中发挥动员、协调联系等独特作用，但因二者属性和发生场域根本不同，所以并不意味着立法协商等同于政治协商，更不能说立法协商是政治协商的次级形式。[③]

---

① 党的十八届三中全会决定（2013 年 11 月 12 日）。
② 《中共中央关于加强社会主义协商民主建设的意见》（2015 年 2 月 9 日）。
③ 苏绍龙：《地方立法协商制度机制刍议》，载《暨南学报》（哲学社会科学版）2015 年第 5 期（总第 196 期）。

协商民主是我国社会主义民主政治的特有形式和独特优势。习近平总书记指出:"社会主义协商民主在我国有根、有源、有生命力,是中国共产党人和中国人民的伟大创造,是中国社会主义民主政治的特有形式和独特优势,是党的群众路线在政治领域的重要体现。"[1] 协商民主作为党的群众路线在政治领域的重要体现,早已付诸实施,只是从20世纪90年代到21世纪初,在中共中央文件和领导人的讲话中才逐步明确地提出了选举民主和协商民主是我国社会主义民主两种重要形式、二者相结合是中国社会主义民主一大特点的新论断。[2] 党的十八大把"完善协商民主制度和工作机制,推进协商民主广泛、多层、制度化发展",作为坚持中国特色政治发展道路和推进政治体制改革的一项战略任务,[3] 提到了全党全国人民面前。党的十八届三中全会以来,中央又详尽地规划了从国家政权机关到社会组织多层次推进协商民主的实践路径,并作出了全面部署;同时,创新地构建了中国特色社会主义协商民主的理论框架。[4]

我国的民主协商与20世纪80年代以来西方逐步发展的协商民主理论相比较,其中一些理念有相同或接近之处,如公民平等参与、基于权利和理性、以公共利益为价值诉求、通过公共协商达成共识、赋予立法和决策合法性等。[5] 但是,二者的理论基础、政治现实、文化背景、发展路径是不同的,尤其是西方所谓的"协商民主"至今依然更多地局限于学术界的理论和主张,很少有实践经验可供我们借鉴。我们只有立足国情、发挥优势,才能发展好我国的社会主义协商民主,同时也为世界政治文明作出贡献。

2. 立法协商的实质是民主立法,属于立法活动

立法协商就是通过人民群众的广泛参与,使立法更好地集中人民智慧,体现

---

[1] 中央全面深化改革领导小组第六次会议的报道,《人民日报》2014年10月28日。

[2] 江泽民:《在统一战线内部形成党领导下的团结、民主、和谐的合作共事关系》,载《人民政协重要文献选编》(中),中央文献出版社、中国文史出版社2009年版,第506页;《中共中央关于加强人民政协工作的意见》(2006年3月1日),载《中国的政党制度》白皮书(国务院新闻办公室)2007年11月。

[3] 习近平:《在人民政协成立65周年纪念大会上的讲话》,2014年9月21日。

[4] 《中共中央关于加强社会主义协商民主建设的意见》,2015年2月9日。

[5] 俞可平:《当代西方政治理论的热点问题》,载《学习时报》2003第166期;陈家刚:《协商民主与政治发展》,社会科学文献出版社2011年版,第5页;李龙:《论协商民主——从哈贝马斯的商谈论说起》,载《中国法学》2007第1期。

人民意志，维护人民利益。立法协商是发生在人大及其常委会立法过程中的一个环节，本质上属于立法活动。其他国家机关、政协组织、党派团体、基层组织、社会组织和公民参与立法协商，并不意味着这些参与主体与人大或其常委会"分享"立法权，因为协商是基于立法的公共性特质和民主性原则，对规范性法律文件草案提出意见建议的政治参与活动，协商过程中呈现的意见建议是"咨询"性质的，并不当然地发生法律效力或必然被立法机关采纳，最终的审议和决定权仍然属于人大或其常委会。譬如，政协针对人大或其常委会即将审议的法律文件草案提出意见和建议，并不代表政协与人大"争权"或"分权"，也不应引起搞"两院制"和贬损人大地位的质疑，而是人大及其常委会发扬社会主义民主，广纳建言、集思广益，以提高立法质量的民主活动，人大及其常委会仍然是法定的立法机关。

实践中，有人提出，重视对人民群众所提意见建议的吸纳，是听取意见建议的目的，也是立法协商的关键。这就需要制定明确的操作性强的制度和程序，以保证协商共识能够通过合理途径融入立法进程中，使协商结果具有约束力。我们认为，这是没有搞清立法协商的性质。立法协商的本质是民主立法，是立法机构广泛听取意见建议，并根据其合理性、科学性、可行性进行采纳，最终按法定程序形成法律。它不是与协商主体共同立法，协商共识也不是法律本身。立法协商是发扬民主过程而不是立法过程，协商结果是供立法机构参考吸纳而不是法律文件。总之，要以意见建议的科学性、可行性增强影响力，使其合理成分依法体现到相关法律之中，而使其具有强制力和约束力。[①]

3. 参与立法协商是公民的政治权利

按照党中央的部署，"积极开展人大协商"是拓展政党协商、政府协商、政协协商之外的重要协商渠道，又是构建协商民主体系的重要内容。人大协商是指，人大依法行使职权，在立法和对重大问题作出决定之前进行充分协商，广泛听取民意，更好汇聚民智，保证人民通过人民代表大会行使国家权力。由于立法是依法治国的前提，立法权是宪法和法律赋予人大的一项重要职权，立法协商在人大协商中就显得格外重要。[②]

人大立法协商，是只向各界代表人士征求意见，还是全体公民应有的参与权

[①] 张献生：《关于立法协商的几个基本问题》，载《中国统一战线》2014年第12期（总第276期）。
[②] 《中共中央关于加强社会主义协商民主建设的意见》（2015年2月9日）。

利？是对立法工作方法的安排，还是人民当家作主权利的制度保障？既然人民代表大会是人民行使国家权力的国家机关，选举民主和协商民主是人民民主的两种重要形式，那么，在人民代表大会制度的实施中，人民通过行使选举权组成各级人大是公民的政治权利，人民通过人大协商参与立法和对重大问题作出决定的活动理所当然地也是公民的政治权利。习近平总书记指出："人民只有投票的权利而没有广泛参与的权利，人民只有在投票时被唤醒、投票后就进入休眠期，这样的民主是形式主义的。"[①] 参与立法活动是宪法和法律赋予公民的一项重要政治权利。按照宪法和法律的规定，人大代表应当与原选区选民或者选举单位和人民群众保持密切联系，听取和反映他们的意见和要求。《立法法》规定："立法应当体现人民的意志，发扬社会主义民主，坚持立法公开，保障人民通过多种途径参与立法活动。"公民参与立法协商是深化政治体制改革、全面推进依法治国的要求。党的十八大提出的深化政治体制改革和全面推进依法治国的任务，就包括了"拓展人民有序参与立法途径"。党的十八届三中、四中全会重申了这一战略任务，要求完善人大工作机制，健全立法机关和社会公众沟通机制，深入开展立法协商。在我国政治生活中，协商民主已经逐渐成为公民行使政治权利的重要途径，立法协商已经开始常态化，成为公民实际享有的政治权利的一种表现形式。

（三）我国立法协商的特征、意义和基本原则

我国立法协商的基本特征：一是党领导立法协商；二是人大主导、组织、引导立法协商；三是依照立法协商制度和工作机制，拓宽公民有序参与立法的途径；四是通过立法协商，汇聚民智，凝聚共识，使法律法规反映人民共同意志、维护人民根本利益、得到人民衷心拥护。

在我国，立法协商具有重要意义：一是有利于把坚持党的领导、人民当家作主和依法治国有机统一起来，保障人民行使参与管理国家事务的权利；二是有利于实现科学立法，提高立法质量，克服"有的法律法规未能全面反映客观规律和人民意愿，针对性、可操作性不强"的问题；三是有利于实现民主立法，通过开门立法，使社会公众参与立法的全过程，可以更好地抑制和克服"立法工作中部门化倾向"和"争权诿责现象"；四是在立法协商过程中，经过表达和汇集，博弈和妥协，有利于凝聚社会共识，促进社会和谐；五是立法协商过程也是对主流价

---

① 习近平：《在人民政协成立65周年纪念大会上的讲话》，2014年9月21日。

值、法制文化、法律知识的宣传和教育过程，有利于干部群众知法守法用法，弘扬法治精神，推进依法治国。

"协商就要真协商"，在中国社会主义制度下，有事好商量，众人的事情由众人商量，找到全社会意愿和要求的最大公约数，是人民民主的真谛[①]。协商的目的在于集众人之智，凝聚共识，提高决策的科学性和民主性。因此，在立法协商中，应当坚持"有序参与、平等议事，民主协商、理性表达，凝聚共识、求同存异"的原则。即便人民代表大会是权力机关，在我国国家权力体系中居于核心地位，享有宪法法律赋予的立法权，但在立法协商过程中，人大及其常委会的任务是倾听各方面意见和建议，而不能阻碍其他参与主体发表意见和建议，更不能压制不同意见，否则立法协商就失去了意义。

二、我国立法协商的主体

在立法协商中，首要的问题是谁与谁协商，也就是明确立法协商的主体。协商一定是两方以上主体，在立法协商当中，一方协商主体是特定的指具有法定立法权限的立法机关，与立法机关相对应的一方主体都有哪些，学界并未达成共识。有人认为，这一方主体主要是政协及其有关专门委员会和政协委员。也有人认为，基于人民政协的性质及职能，人民政协的协商属于内部协商，人民政协是协商的具体组织者和推动者，而本身不能作为参与者，人民政协"本身并不是协商对象，所以，不宜以政协的名义与立法机构或人员进行立法协商"。[②]人民政协不应成为立法协商的主体。我们认为，立法协商的实质是民主立法，就是通过人民群众的广泛参与，充分听取和吸纳人民群众的意见建议。立法协商在最大限度上给公民提供了参与立法的机会，本着"凡涉及所有人的，必为所有人所关心"的理念，应最大限度地在立法领域，贯彻党的群众路线。因此，我国立法协商主体中与立法机关相对应的一方主体应包括政协委员、民主党派、工商联、无党派人士、人民团体、社会组织等机构和公民个人。只有不断推进立法协商，才能更好地推进民主立法，才能让每一部法律都成为良好的法律。

---

① 习近平：《在庆祝中国人民政治协商会议成立65周年大会上的讲话》，载《人民日报》2014年9月22日。

② 张献生：《关于立法协商的几个基本问题》，载《中央社会主义学院学报》2014年第5期。

1. 政协能否作为立法协商主体

人大、各民主党派、工商联和无党派人士、政协委员等作为立法协商主体是没有问题的，但政协不能作为立法协商主体。因为，立法协商从广义上讲，是指相关单位人员及社会公众围绕立法的有关事项进行的各种形式的协商活动；从狭义上讲，主要是指具有立法职能的机构或部门在立法过程中，按照法定程序，与有关方面、部门或人士，就立法的有关事项和内容通过咨询、沟通、对话、讨论、听证、征求意见、提出建议和反馈等方式，进行的协商活动。立法协商中，各民主党派、工商联、无党派人士、政协委员、专家学者等都可以成为协商主体，但政协作为协商主体则存在以下问题：其一，政协是中国人民的政治协商机关，这种政治协商是参加政协的各党派、各团体和各族各界人士，就有关问题通过各种会议在政协内部进行的各种协商，而不是政协作为一个单位或一个方面与外部单位进行政治协商；其二，政协作为统一战线组织和多党合作的重要机构，是进行政治协商的重要平台，而不是台上的一个角色；其三，政协作为我国政治体制的重要组成部分，与作为权力机关和立法机关的人大相辅相成，两者既相互联系，又相互区别，人大行使国家权力和立法权的过程中，要发挥民主，听取包括参加政协的党派、团体和政协委员的意见建议，但不存在人大与政协进行政治协商的问题。所以，不宜以政协的名义与立法机构或人员进行立法协商。立法协商的实质是走群众路线，开门立法、民主立法，广泛听取社会各界和民众的意见。因此，政协参与立法协商，主要应包括两个方面：一是作为政协参加单位和政协委员作为协商主体直接参与立法协商；二是政协（主要指机关）作为政治协商的组织者和推动者，应具体组织好有关的立法协商。因此，应把政协与政协参加单位和各界政协委员等协商对象区别开来，不能笼统并列为立法协商的主体。如果把政协作为立法协商的主体，立法协商就成了人大与政协的协商，这显然不符合我国政治体制运行的特点和要求。[①]

有人认为，立法协商的实质是民主立法，就是通过人民群众的广泛参与，充分听取和吸纳人民群众的意见建议，而政协领域广泛、人才荟萃、智力密集。如果"地方立法在政协听取意见而不是政协参与地方立法协商，实际上是降低了政协在参与地方立法中的地位，弱化了政协参与地方立法的功能"。这实际上是认为政协参与地方立法不限于听取政协的意见建议。对此，应当明确，政协参与立法协商，不是政协与人大共同对等协商立法，也不是政协介入立法过程干预立法，

---

① 张献生：《关于立法协商的几个基本问题》，载《中国统一战线》2014年第12期（总第276期）。

而是政协在立法协商中，就立法有关问题提出建议，为立法机构提供高质量高水平的意见建议。可以说，立法机构和人员到政协听取意见建议，或政协把有关单位或政协委员的意见建议反映给立法机构，是立法听取人民意见的重要渠道，也是政协参与立法协商的具体实现方式。还有人认为，立法听取人民群众意见建议，当然是要听取有价值、有分量、有见地的意见建议。他们提出，立法协商只有先在人民政协内部完善利益的协商与调整的过程中达成共识，并将这种带有共识性的意见传递给立法部门，才能真正体现立法协商的精神。殊不知，立法协商的真谛是发扬民主，让各方面充分表达意见，求同存异，集思广益。政协作为发扬民主的重要形式，可以畅所欲言，特别是发表不同意见；可以增进共识，并不一定要达成共识。政协向人大立法机构提供的，是综合各方面的意见建议，包括不同意见，而不是在政协达成共识后的意见。这样，才能使立法机构了解掌握不同群体不同方面的不同诉求，在立法中更好平衡和兼顾各方面的利益。应该说，政协在立法协商中的功能作用，一是把平台搭得更大，二是让民主环境更好，真正做到集思广益，而不是一定在政协达成共识。

2. 关于民主党派参与立法协商问题

民主党派作为参政党，其参政的基本点之一就是参与国家法律法规的制定执行。政治协商是多党合作的基本职能，也是中国共产党与各民主党派合作共事的重要方式，而政治协商就包括立法协商。因此，参与立法协商，是民主党派作为参政党的重要职责，也是推进社会主义协商民主的重要内容。

我国民主党派作为参政党，在立法协商中具有多重作用。其一，作为参政党，在与作为执政党的政党协商中，可以就立法的相关问题提出意见建议，如民革中央提出的制定《反分裂国家法》的建议；其二，作为政协的参加单位，可以在政协以本党派名义就立法中的相关问题提出意见建议；其三，各民主党派中的政协委员、常务委员或专门委员会委员以至政协副主席，可以参与政协组织的相关方面和内容的立法协商；其四，作为人大代表、常务委员、专门委员会委员、副委员长（副主任）的各民主党派成员，可以参与人大组织的相关方面和内容的立法协商；其五，民主党派成员作为专家学者或社会公众，也可以受邀参与各方面组织的各种形式的立法协商。总之，在立法协商方面，民主党派作为参政党要充分发挥优势，广泛参与、深度参与、全面参与。

3. 谁来组织立法协商

立法协商作为民主立法的重要体现，要面向社会方方面面和广大民众，必须科学组织、公众参与。一般来说，组织者主要是负责立法的机构或部门，通过座谈、听证、评估、公布法律草案等，组织公民有序参与。但从实践情况看，不少协商都不是由人大有关部门和机构组织的：有的是由党委组织，有的是由政协组织。那么，立法协商究竟由谁来组织，如何组织？

立法协商从一般意义上讲，包括立法过程中相关部门和社会公众对所有相关的立法问题的协商。从这个角度看，起码包括三种基本的组织方式，或者说有三个方面具有组织者的资格。一是具有立法权的有关机构或相关部门；二是具有总揽全局、协调各方的党委及有关部门；三是具有政治协商职能的人民政协。由于立法涉及许多专业性问题，因此，在党委或政协组织的立法协商中，需要请立法机构、有关单位和人员就有关问题进行说明和解释，以便更充分更有针对性地进行协商，但这并不是必经程序，而是根据需要而定。在政协组织立法协商中，有的需要人大立法机构或政府有关部门人员当面听取意见建议，有的需要政协将协商意见提交人大立法机构和政府有关部门，有的则需要人大立法机构或政府有关部门人员去作说明，不一定每次立法协商都要参与。所以，不应对立法机构和人员参与政协立法协商作硬性要求，也不应因没有立法机构和人员参与就认为不重视不规范。[①]

这里需要说明的是，立法协商主要的经常的组织者是人大的立法机构。他们既是立法协商的主体，又是立法协商的主导。在立法过程中，找谁协商、协商什么、什么时间协商、用什么方式协商等，主要是由人大立法机构确定的。政协可以就某个法律立法等相关问题提出协商建议，也可根据党委批准的协商计划进行立法协商，但一般应征求人大意见。所以，在立法协商中，政协可以充分发挥能动作用，但真正起主导作用的应是人大立法机关。

三、我国地方立法实践中的立法协商模式

尽管西方协商民主理论兴起于20世纪80年代，但是由于协商观念和我国中国共产党成立以来的民主思想有着一定程度的契合性，很快就被引入到了立法实践当中，立法协商逐渐成为我国立法的新常态。国内对立法协商的大规模实践探

---

① 张献生：《关于立法协商的几个基本问题》，载《中国统一战线》2014年第12期（总第276期）。

索始于 21 世纪初，从立法协商的展开的纵向来看，主要分为中央层面的立法协商和地方层面的立法协商。在中央层面，国家高度重视立法协商工作，积极推进民主立法，形成了比较完善的制度类型，主要包括执政党主导型、有权立法机关主导型、人民政协主导型三种比较成熟的制度类型。在地方层面，从全国来看，各地虽然在立法协商问题上进行了积极的实践和尝试，积累了比较宝贵的经验，但是我国地方立法协商的推进，还不尽如人意，只有少数地方法制部门的规范性文件对立法协商机制有所涉及，并且各地都是自己在有组织、有计划地进行立法协商探索，缺乏中央统一部署，"关于立法协商的体制建构问题，目前全国个地方主要都还停留在'有实践探索，无制度规范'的层次上"。[1]从全国来看，福建省是最早开展地方立法协商实践的地方，2000 年就制定了《关于加强地方立法协商工作的意见》，[2]随后，北京市、上海市、广东等地方也陆续开始立法协商的实践探索。在缺乏顶层设计的情况下，各地开展立法协商的具体形式与方式各有不同。

北京市 2014 年 1 月以制定《大气污染防治条例》为契机，开展了首次真正意义上的立法协商。[3]具体做法是，市人大常委会党组将《条例》草案向市委常委会汇报，由市委常委会决定将草案交市政协组织协商。市政协接到市委来函后，由主席主持成立立法协商工作领导小组，并对各界别召集人进行动员，以编印参阅资料，投寄信件、电子邮件等方式将相关材料发给所有届别的委员征求意见。有的民主党派界别不仅组织本届别委员开展研讨，还邀请了本党派不是市政协委员的相关专家进行讨论；有的界别组织委员深入到所联系的群众中听取意见；有的界别邀请了相关专家共同研究；港澳委员还专门在香港召开专题座谈会。协商领导小组办公室对专家组和各界别的意见建议进行了研究和归总，召开了一次全政协层面的立法协商工作座谈会，市人大常委会负责人到场直接听取委员们的意见建议。协商成果由市政协汇总后，形成报告报送市委，再由市委批转市人大常委会党组。市人大常委会收到报告后，进行研究、分析和采纳，形成采纳报告，也通过市委转送回市政协。市人大常委会组成人员在草案审议阶段逐条逐项地研究了协商意见，尽可能地采纳，未采纳的意见又专门做了说明。

新疆维吾尔自治区作为民族自治地方，2009 年开始了立法协商的实践。自治

---

[1] 侯东德：《我国地方立法协商的理论与实践》，法律出版社 2015 年版，第 72 页。
[2] 苏绍龙：《地方立法协商制度机制刍议》，载《暨南学报（哲学社会科学版）》2015 年第 5 期。
[3] 余荣华：《北京探路政协立法协商》，载《人民日报》2014 年 4 月 16 日。

区结合本地实际,将立法协商工作定位为"围绕中心、服务大局,充分调动和发挥政协组织和政协委员优势,为维护社会稳定和民族团结履行政协职能"的具体举措。立法协商工作置于自治区政协党组的统一领导下,由自治区政协立法协商协调领导小组负责,相关专门委员会具体组织实施。自治区政协相关专门委员会以召集立法协商座谈会的形式,邀请对应届别政协委员、各民主党派成员对自治区人大常委会即将审议的地方性法规草案进行研讨,提出修改意见和建议,政协将意见建议汇总整理为报告后,送交自治区人大常委会研究。①

杭州市在立法协商探索中较为注重推进制度建设。市政协主动与市人大法工委等部门沟通,制定了《关于建立立法协商机制充分发挥人民政协在立法中作用的实施意见》,明确了立法协商的六个重要环节,即"立法计划的意见反馈机制、立法项目的协商通报机制、立法前协商的流程规范、市政协立法协商力量的组建、立法项目的后评估机制、开展委托第三方起草立法项目的探索",②使政协参与人大立法协商有程序链条可循。

南京市政协社法委与市人大法制委以会签《关于加强南京市地方立法协商工作的意见》的方式,确定立法协商的原则和重点,规定由两个专门委员会对口联系,建立立法协商工作联席会议制度。市政协成立"立法协商咨询小组",制定了《开展立法协商工作的运作办法》,试图健全立法协商运行机制和操作流程。③根据上述文件,市人大法制委每年应向市政协告知立法规划和立法计划草案,市政协可以与市人大法制委协商确定年度立法协商计划和重点立法项目。其后市政协按照专业对口的原则,听取立法协商咨询小组的意见,并由有关专委会在相应单位和界别委员中征求意见,在规定时间内以书面形式报送给市人大法制委,而市人大法制委也适时将协商成果的被采纳情况反馈给市政协。

综合上述四个典型地方和其他地方开展立法协商的形式和方式来看,现有的地方立法协商实践模式可以大致总结为三类,即"地方党委协调,人大与政协对接,政协组织协商,人大听取意见"模式,"地方人大常委会党组与政协党组对接,政协党组领导专委会组织协商,汇总意见报人大常委会党组"模式,以及"人大

---

① 赵雪力:《自治区政协就自治区人大常委会制定的三部法规草案开展立法协商》,载《亚洲中心时报》(汉)2009年9月29日。
② 李宏、孙奕:《杭州市政协确保立法协商制度到位》,载《人民政协报》2010年1月19日。
③ 徐继昌:《南京市政协全程参与立法协商》,载《人民政协报》2013年2月27日。

与政协共同协调，各自相关专委会对接，政协专委会组织协商，人大专委会收纳协商意见"模式。①

四、我国地方立法协商存在的主要问题

尽管实践模式各有不同，但各地都把立法协商作为发扬社会主义民主，实现科学民主立法，健全人民代表大会制度的重要工作加以推进，将政协等方面的力量引入人大立法工作，在不同层级，以不同形式获取各类主体对立法的意见建议，并探索建立立法协商的工作程序和机制。然而，由于缺乏对立法协商基本问题的清晰把握和制度机制上的顶层设计，加之尚处于起步摸索阶段，各地立法协商过程中显露出一些缺陷和问题，应当引起注意。

1. 立法协商缺乏明确的法律和制度保障，缺乏健全的程序规则

立法是代表人民行使国家权力的行为，行权过程应当有严密完整的法律和制度保障。立法协商作为立法活动的一个环节，也不能缺乏必要的法制支持和规限。虽然《立法法》和享有立法权的地方人大及其常委会议事规则、地方性法规草案起草工作规则等法律法规中，有涉及立法协商活动的相关规定，如《立法法》第35条和第36条规定，列入全国人大常委会会议议程的法律案，有关机构应当听取各方面的意见，"听取意见可以采取座谈会、论证会、听证会等多种形式"。然而，这些规定多以立法程序中以"多种形式征求意见"表达了立法协商的基本含义，却始终没有明确表述"协商"，这使得人大开展立法协商，或者举行座谈会、论证会、听证会听取意见而谓之"立法协商"，缺乏明确直接的法律许可。这是一些地方人大在实务工作中，始终没有开展立法协商实践的主要顾虑和障碍。

另外，有的地方虽然就立法协商制定了专门文件，但仍然存在一些问题：其一，这些规范都比较零散、笼统，有的仅对信息通报、工作部门对口联络等某一方面作事务性规定，未覆盖立法协商的全过程。其二，这些文件多以人大常委会工作机构、政协专委会单方制发或联合会签，只具备约束人大常委会工作机构或政协专委会具体工作的内部效力，而不具备约束地方立法行为的法律效力，效力层级低、覆盖面窄，使立法协商的开展带有封闭性。其三，立法协商的实际运作

---

① 秦前红：《执政党领导立法的方式和途径》，载《中国法律评论》2014年第3期。

缺乏详尽连贯的程序规则，现有规定刚性不足、弹性有余，减弱甚至消解了通过立法协商凝聚共识的可能性。一些地方在是否进行立法协商、如何协商、参与主体如何确定、协商内容和程度等重要问题上，往往根据领导意志和相关部门临时约定进行，随意性较大，使协商成效打了折扣，更减损了立法活动的严肃性和权威性。

2. 地方党委对立法协商发挥领导和协调作用不足

党的领导是社会主义法治的根本要求，也是社会主义协商民主的内在规定性，人大工作必须坚持党的领导，相应地，立法协商也必须坚持党的领导。《中国共产党地方委员会工作条例（试行）》第3条、第5条明确规定，各级地方党委是本地区的领导核心，对本地区的政治、经济、文化和社会发展等各方面工作实行全面领导，并以"通过法定程序使党组织的主张成为本地区的法规或政令"，"组织、协调本地区立法、司法、行政机关，经济、文化组织和人民团体积极主动地、独立负责地工作"等形式实现领导。

然而，在各地立法协商实践中，只有北京市委等少数地方党委积极支持和引导，为立法协商的实践探索掌舵和护航，发挥了党委对本地区立法工作的领导和对本地区人大、政协工作的协调作用。多数地方党委则没有发挥这样的领导和协调作用，或者说至少看不到地方党委在立法协商过程中发挥作用，要么完全放手由人大和政协自行开展立法协商，要么由人大常委会党组和政协党组领导并具体实施。地方党委领导协调作用的缺位，使地方立法协商缺少了必要的政治保障。[①]

3. 地方人大及其常委会对立法协商缺乏主动性和积极性

各级人民代表大会是人民行使国家权力的机关，在整个国家权力体系中居于核心。立法协商在本质上属于立法活动，人大及其常委会作为行使立法权的国家机关对立法协商当然应当积极主动。然而，多数地方的立法协商是由同级政协发起甚至主导，协商活动也由政协具体组织，有的地方人大及其常委会甚至认为立法协商完全是政协的职能，不协助、不参加协商活动，坐等政协报送协商成果。这种消极的态度、被动的地位，实际上模糊了人大与政协组织的性质、地位和职权职能，无法体现出人大及其常委会作为立法机关的地位，因人大及其常委会在立法协商过程中消极甚或缺席，形成意见传导的"断层"，进而也直接影响了协商质量和立法质量，使立法协商沦为形式。

---

① 苏绍龙：《地方立法协商制度机制刍议》，载《暨南学报》（哲学社会科学版）2015年第5期。

4. 将政协设为立法协商的唯一渠道，其他主体的平等参与权受限

中国社会结构处于不断变化中，社会各阶层的流动、分化和组合日益加快，新的社会阶层及社会团体、民间组织持续萌发。立法应担当起协调利益冲突和舒缓社会阶层矛盾的职责，这就要求立法应具有最大的统一性和普遍性，兼顾社会最大的公益。①

政协是中国政治生活中发扬社会主义民主的一种重要形式，涵括中共与各民主党派、无党派民主人士、人民团体、各少数民族和各界代表，港澳台同胞、归国侨胞代表和特邀人士。应当说，政协的组成人员已具有较高的代表性，但立法协商不等于政治协商，立法协商的场合也不能直接与政协组织画等号。一些地方开展立法协商以政协组织为唯一渠道，实际上变相地排除了人大、政协以外其他社会主体的平等参与权，限缩了参与主体的广泛性和代表性。此外，个别地方虽然尝试建立人大和政协以外参与主体的遴选机制，但遴选机制并不成熟稳定，或者有欠公平透明，历次遴选出的参与主体的广泛性和均衡性波动较大，未免引起公众质疑。

5. 立法协商缺乏专门工作机构，组织层级较低，协商形式单一刻板

多数地方开展立法协商并没有专门设置常设的工作机构，多是在政协由分管副主席或秘书长牵头组成领导小组进行协调，由相关专委会组织对应届别的委员进行协商，意见汇总也在专委会内完成，没有上升到主席会议、常委会会议或政协会议层面；人大方面也多由人大法制委员会或常委会法制工作委员会出面，不涉及主任会议、常委会会议或人大会议层面，这使立法协商实际处在较低的层级内运行。

此外，许多地方开展立法协商采用组织相关届别的政协委员、专家学者就法律文件草案撰写书面意见和建议的形式，参与主体相互之间没有直接的话语交流；有的以召开协商座谈会为主要形式，座谈会的流程和参与主体的发言内容已事先拟定好，发言时间也受到严格限定，基本处于各参与主体"各说各话""一团和气"的格局。这些单一刻板的做法使得协商议题未能得到充分系统的讨论，各种主张也未能形成直接的碰撞和博弈，阻却了立法机关通过立法协商获得更多意见建议，社会各方达成实质共识的可能。这些"有发声，无争论"的做法实际上完全不能称其为"协商"。

---

① 秦前红：《期待与改良：人民代表大会制度50华诞感言》，载《法律科学》2004年第5期。

6. 人大缺乏对立法协商成果的回应机制和总结机制，立法协商的实际成效难以评估

在多地的立法协商实践中，往往是政协将相应界别政协委员提出的意见和建议汇总整理后送交人大常委会，立法协商便止步于此。人大及其常委会在法律文件草案的审议阶段多大程度地考虑和采纳了立法协商过程中呈现的意见建议，在最后通过的法律文件中多大程度地反映了立法协商的成果，在这方面还没有形成固定的回应机制。立法协商的意见主张"有去无回"，实际上还是没能在立法过程中真切地回应公众诉求，也会在一定程度上挫伤参与主体的积极性。另外，人大及其常委会在法律文件草案表决通过后，缺乏对立法协商全过程"回头看"式的整体评估，未能及时总结检视立法协商工作中的利弊得失，因而立法协商的实际效果也难以进行评估，不利于积累经验促成制度机制的完善。[1]

五、推进和完善我国地方立法协商的建议

立法协商，是我国发展民主政治的一大创新，为实现让每一部法律都成为精品的理想打下了坚实基础。立法协商作为推进民主立法、科学立法的新常态，不应仅仅体现在法规草案提交立法机关审议之前，体现应在立法的各个环节和阶段。

我国当前的地方立法协商实践，为我国立法协商制度的发展积累了宝贵经验，形成了比较成熟的三种立法协商的制度类型。我们在看到所取得的成果的同时，还应该看到立法协商制度存在诸如缺乏程序规范、流于形式等问题。立法协商如协商民主一样"协商民主的目的是为了作出决定，它并不必然以共识收场"，[2] 立法协商的目的是为了制定良好的立法，也并不能让所有人满意，它只是给立法活动提供了一个较为科学的公共行动基础，并且警惕大众型立法协商，演化为精英型立法协商。《中共中央关于全面推进依法治国若干重大问题的决定》指出，"健全立法机关和社会公众沟通机制，开展立法协商，充分发挥政协委员、民主党派、工商联、无党派人士、人民团体、社会组织在立法协商中的作用，探索建立有关国家机关、社会团体、专家学者等对立法中涉及的重大利益调整论证咨询机制。拓宽公民有序参与立法途径，健全法律法规规章草案公开征求意见和公众意见采

---

[1] 苏绍龙：《地方立法协商制度机制刍议》，载《暨南学报》（哲学社会科学版）2015年第5期。
[2] 谈火生、霍伟刚、何包钢：《协商民主的技术》，社会科学文献出版社2014年版，第18页。

纳情况反馈机制，广泛凝聚社会共识"，这一部署为构建立法协商制度机制指明了方向。地方有关机关应在文件精神指导下，从以下几个方面，改进地方立法协商制度。

（一）重视立法协商，加深对立法协商特性和意义的认识

立法协商作为一种新的立法常态，理应成为构建地方法治的必备因素。20世纪以来，我国社会全面发展，国家治理能力不断提高，地方竞争已经发生了深刻的变化，有学者指出，"当前和今后很长一个时期，制度竞争、法治竞争可能成为提升地方竞争力的根本手段"。[①]地方如何在制度竞争、法治竞争中赢得先机？地方必须以法治保障制度建设，以科学合理的制度推进法治建设，以立法协商为地方发展制定良好的法律。各个地方应在中央的统一布局之下，不断推进地方法治建设。地方各级党委要切实贯彻落实中共中央有关立法协商精神，重视立法协商工作。地方人大、政府、政协作为推动立法协商的中坚力量，应在地方党委的统一领导下，利用自身优势不断探索适合自身开展立法协商的新方式，发挥在立法协商工作的自觉性和主动性。除了国家机关之外，立法协商还需要提高公民的立法协商意识。同我国传统的国家治理模式不同，在国家治理能力现代化的今天，需要充分调动公民的主动性和创造性，充分发挥公民在民主政治中的作用，国家的法治建设，应逐渐改变以往"自上而下"的治理模式。立法协商是国家治理能力的一种体现，其精髓就在于理性公民的广泛参与，因此公民也应重视立法协商，加深对立法协商特性和意义的认识，把立法协商作为自己参与民主政治的重要形式。

（二）坚持党的领导，发挥党在立法协商中的核心领导作用

1. 立法协商的政治原则和最高目标是坚持党的领导、人民当家作主和依法治国的有机统一

党领导立法协商，理应成为党领导人民制定法律法规不可或缺的环节。"党领导人民制定宪法和法律"，这反映了执政党在立法过程中的领导地位。[②]党的领导是社会主义民主法治、健全人民代表大会制度和巩固党的统一战线的政治保证。

[①] 周尚君：《地方法治试验的动力机制与制度前景》，载《中国法学》2014年第2期。
[②] 桂宇石、柴瑶：《关于我国地方立法的几个问题》，载《法学评论》2004年第5期。

立法协商要服从并服务于党和国家工作大局，根据党对改革发展稳定大局的统筹部署，按照立法进程，安排立法协商，实现立法决策与改革决策相衔接，为"四个全面"战略布局和"六个建设"统筹推进提供法律支持和保障。

2. 加强和完善党领导和协调各方开展立法协商

立法协商是社会多方高度参与的一盘棋，必须发挥党总揽全局、协调各方的核心领导作用，坚持"统一领导、统一规划、统一部署"。加强和完善党委领导和协调人大、政府、司法以及政协等方面的立法协商制度和工作机制。在党委领导下，统一各方对立法协商和重大问题的认识，协调、衔接相应的工作制度和程序，明确各自开展立法协商的角色和任务，各司其职、协调有序地做好立法协商。在党委统一领导、规划、部署下开展政党协商、政府协商、政协协商、人民团体协商中，凡与立法有关的内容，由人大分别通过适当的机制、渠道和程序，或事先沟通、交流，或积极参与、配合，形成以人大为主导、各方协调、分工合作的立法协商局面，以求提高立法质量，确保法制统一。[1]

3. 地方党委应当贯彻执行党的路线、方针、政策和国家的法律、法规

通过法定程序使党组织的主张成为本地区的法规，自觉在地方立法协商中担当领导和协调的角色。当然，领导与协调绝不意味着地方党委及其负责人可以对地方立法工作包办代替，侵入人大及其常委会的法定职权，造成人大部分职权明有实无。[2] 具体说来，地方党委应按照组织程序和原则，根据同级人大常委会党组和政协党组的请示，对立法协商的议题、协商的重大注意事项、协商中争议较大的问题及其处理方法，以及最终协商成果，在党委常委会上讨论或审定。同时，在立法协商的制度机制框架内，还应围绕社会各方有序参与立法，防止部门利益法律化，[3] 对同级人大及其常委会、政府相关部门和政协等机构在立法协商中的具体任务进行协调，保证地方立法协商在同级党委的领导和协调下有序进行。

4. 在党的领导下开展立法协商，要处理好人大与政协、"一府二院"的关系

关于人大与政协的关系，前文已有讨论。党的四中全会要求立法机关"开展

---

[1] 李重庵：《关于推进立法协商的思考与建议》，载中国人大网，最后访问时间：2016年6月6日。
[2] 秦前红：《中国共产党未来长期执政之基——宪法共识下的依宪执政、依宪治国》，载《人民论坛·学术前沿》2013年第15期。
[3] 陈洪波、王亚平、张明新：《略论地方立法中部门利益倾向的一般表现形式及其防治对策》，载《法学评论》1999年第2期。

立法协商,充分发挥政协委员、民主党派、工商联、无党派人士、人民团体、社会组织在立法协商中的作用"。人大在立法活动中,如何理解和落实这一要求,正确处理与和政协的关系?众所周知,作为我国一项基本政治制度,我国实行的是中国共产党领导的多党合作和政治协商制度,这同西方国家实行的政党制度是不同的。政协就是执政党同参政党对党和国家重大问题包括重要立法进行政治协商的重要平台和制度载体。按照我国的政治制度,人大不设议会党团,这也是同西方国家议会不同的。因此,人大进行立法协商,并不直接以政协为对象。①

按照宪法规定,人民代表大会制度是我国的根本政治制度;人民行使国家权力的机关是全国人大和地方各级人大;国家行政机关、监察机关、审判机关、检察机关都由人大产生,对它负责,受它监督。以此为据,人大在立法活动中同"一府两院"的关系,从国家制度层面看,并非通常意义上平等主体之间的协商关系。以全国人大与国务院的关系为例,一个是最高国家权力机关,一个是最高国家权力机关的执行机关,前者决定,后者执行。但是,从工作层面看,人大立法又要重视国务院及其有关部门的意见,进行沟通、协商,原因有二:一是依照宪法规定,凡是属于国务院职权范围内的事项,法律要作规定,人大理应尊重国务院的意见;二是国务院及其各部门处于行政管理第一线,对各方面、各领域的实际情况最了解,立法从实际出发,同样应当听取国务院及其有关部门的意见。司法机关处于司法工作第一线,人大在有关立法活动中同样应当听取司法机关的意见。

(三)坚持人大主导,做好人大对立法协商的主导和引导工作

人民代表大会是行使立法权的国家权力机关,人民政协则是爱国统一战线的组织,是中国共产党领导的多党合作和政治协商的重要机构。人大与政协在性质、地位和职权职能上根本不同,立法协商本质上属于立法活动,政治协商与立法协商并不能混同,若由政协主导组织立法协商,既无法制依据,又不符合政协章程对政协自身的定位,将使立法协商陷入国家理论、宪法法律和舆论观瞻等层面的多重困境,因此不宜坚持和推行。党的十八届四中全会要求完善立法体制,健全有立法权的人大主导立法工作的体制机制,发挥人大及其常委会在立法工作中的主导作用。因此,享有立法权的地方人大及其常委会,应当在地方立法过程中主动集思广益、寻求共识,在地方立法协商全过程中不缺位、不"越位",居于主动、

---

① 李重庵:《关于推进立法协商的思考与建议》,载中国人大网,最后访问时间:2016年6月6日。

主导的地位，体现出人大开门立法和民主立法的态度和决心，有意识、有针对性地就法律文件草案中的重大问题进行协商，为地方立法凝聚"最大公约数"。

1. 广泛、多层地拓展立法协商的参与范围

首先，充分发挥人大代表在立法活动中的主体作用。一是增加列席常委会审议法律（法规）案会议的代表数量。为此，需要建立对立法涉及的各领域实际情况比较熟悉的代表库；对安排代表列席常委会会议参与审议的法律（法规）案，事先对有关代表的会内会外协商活动作出具体安排，并尽早通知他们做好准备。二是邀请代表列席法律（法制）委员会等专门委员会审议法律（法规）案的会议。三是要求和支持有条件的代表在其所在地方、单位，组织群众进行立法协商。四是在基层立法联系点制度的设计和实施中，充分发挥当地各级人大代表在立法协商中的作用。

第二，发挥人大系统优势，建立、健全上级人大向下级人大征询立法意见的普遍化、常态化工作机制。凡依法享有立法权的人大，普遍实行上级人大审议的法律（法规）案向下级人大征求意见的制度，同时在上级人大和下级人大的立法工作机构之间建立常态化的信息交流和工作联系制度。

第三，在人大向社会公开征求对法律（法规）案的意见实践基础上，进一步丰富社会公众有序参与立法的形式和渠道，增强立法听证会、论证会、研讨会的透明度，对公众意见比较集中的问题做好与社会公众的交互式协商及反馈。

第四，建立、改进立法机构与法学教学研究机构、社会团体、专家、智库的立法协商工作方式和机制，建立、健全立法咨询制度。

2. 在五个关键环节深入开展立法协商

第一，建议常委会五年立法规划草案和年度立法计划草案由常委会党组报经同级党委原则同意后，由主任会议提请常委会审议通过。规划和计划在实施中如有较大变动，建议按照相同程序办理。

第二，法规案经常委会初次审议，向社会公开征求意见时，建议说明该法律（法规）案制度设计的基本精神、重要原则和主要争议，以引导社会公众的关注点。

第三，关系改革发展稳定大局、群众切身利益、社会普遍关注、争议又比较大的法规案，常委会二审后，建议梳理出常委会审议中和社会集中反映的突出问题和争议焦点，组织有关专家、实际工作者和公众代表进行协商，展开讨论、互动，从理论与实践的结合上加以引导，力求形成共识。

第四，常委会审议法规案期间，法制委员会先后所作的关于该法律（法规）

案审议结果和修改情况的报告,集中反映了对常委会组成人员、列席人员和社会公众的重要意见反馈,也是对该法规案主要问题的进一步阐释,建议及时向社会公布(不要等到常委会通过后再公布),以利于社会公众对法律法规制定全过程的关注和认同。

第五,法规颁布后,建议立法机关、执法机关和新闻媒体、社会公众互动,用各种生动活泼的方式加强对该法律法规的宣传、解释,普及相关法律知识,解疑释惑,以增强法律法规的执行力。

3. 做好人大对立法协商的引导工作

在坚持党领导立法的前提下,人大对立法项目的确定、每个法规案关键问题的把握、争议较大问题的解决、通过协商形成社会共识和增强法制理念等,人大都要负起主导和引导的责任。其中,下列几个问题尤其需要人大把握好方向。

一是引导社会公众把注意力集中到每部法规的基本原则、核心理念、重大关系调整等要害问题。二是引导社会公众更多地关注和参与那些涉及公民基本权利、重大改革举措等问题的协商。三是在集中多数人意见的同时,引导社会公众理解和尊重少数人的意见和权益。四是对涉及群众切身利益、社会公众普遍关心的问题,在充分听取和采纳合理诉求的同时,防止福利主义,警惕民粹主义,避免伤害最广大人民的根本利益、长远利益、共同利益。五是在行政管理机关和管理相对人之间、不同利益群体之间、专家学者和实际工作者之间进行立法协商过程中,引导"换位思考",沟通信息,相互理解,形成共识。

(四)以政协为主要渠道,形式多样地开展立法协商

立法协商是群众路线在立法工作中的重要体现,除了人大代表和人大常委会组成人员,还需要来自社会各方的主体共同有序参与。具有广泛代表性的地方政协是本地方治理的重要政治资源,为享有立法权的同级地方人大主导组织立法协商提供了主要渠道,应当予以充分运用。同时,为了应对社会结构的不断变化,尊重和保障特定群体、个人的合法权益,还应注意发挥本地区政协对各参加单位、委员的联系纽带作用,保障政协以外的其他主体的平等参与权,综合考虑可行性、参与主体代表性和协商效率等因素,结合运用团体推荐、自愿报名、随机抽选和专门指定等多种方式,遴选一批非人大代表、政协委员的专家学者,行业或社会团体代表、公民,特别是与立法内容有直接利害关系的主体参与协商,使各方各面的"好声音"能够在立法协商过程中得以直接表达,拓宽参与主体的覆盖面,增强立法协商的针对性。

协商注重平等参与、理性探讨，参与各方的地位都是平等的。虽然人大及其常委会是立法机关，是立法协商的主导组织者，但在立法协商的场合中，也只是平等参与的一方，不能压制其他参与主体的不同意见，也不能向其他参与主体强加观点，其角色任务更侧重于倾听、解释和协调。对于协商的形式，除了组织召开专题立法协商会等会议外，还可向参与主体发送法律草案背景资料和征求意见函，增加协商调研、协商预备会等活动，使参与主体能有充分的时机酝酿和表达主张。

此外，开展协商的基本预设之一就是对同一议题各方存在不同主张，如果各方对同一议题都"完全赞成""一致赞同"，那就根本不需要借助协商凝聚共识。因此，立法协商的相关活动一定要破解一团和气、各说各话的"行为定式"，破除有争论就代表不团结不和谐的"思维惯性"，尽可能多地组织参与主体面对面的讨论和辩论，让不同的观点直接碰撞、博弈和相互妥协，求同存异、凝聚共识。[1]

（五）构建立法协商程序，建立地方立法协商制度机制

新中国成立以来，我国的民主政治建设取得了巨大成就，但是从民主的制度落实和程序构建方面来看，还亟待完善，"中国下一步民主建设的首要问题是落实民主的制度和程序"。[2] 为了避免立法协商成为一种口号，应加快立法协商的程序建设。作为推进我国民主制度的立法协商，虽然取得了丰富成果，但是关于法协商的主体、范围、内容、等方面仍然存在很大争议，提高立法协商的功能，就必须以规范性文件甚至是法律的形式解决这些问题。构建立法协商程序，需要明确立法协商得出的是具有合理性的立法意见，并不能等同于立法，不能把立法协商过程等同于法律形成过程。

在此基础之上，本着民主的基本精神，可以考虑专门制定地方性法规来规范地方立法协商制度。通过地方性法规的形式，详细制定立法协商的制度框架、程序规则和相关运行机制，并与其他协商形式形成联动。各地要根据自己的实际情况，在不违背中央的有关精神下，因地制宜地开展立法协商的程序构建工作，总

---

[1] 苏绍龙：《地方立法协商制度机制刍议》，载《暨南学报》（哲学社会科学版）2015 年第 5 期（总第 196 期）。

[2] 包刚升：《被误解的民主》，法律出版社 2016 年版，第 248 页。

结自己本地区的实践经验，借鉴我国法治发达地方特别是"先行法治化"地方的立法协商经验，建构适合自己本地区的地方立法协商程序。

针对各地开展立法协商程序规范不明确、不完整的问题，在构建地方立法协商制度机制时，应将设定立法协商程序规则列为重点工作。立法协商作为推进社会主义协商民主广泛多层制度化发展和完善立法体制的重要载体，其运行程序应当流畅、稳定；作为立法程序中的一个环节，地方立法协商可以考虑设计建立"党委领导，人大及其常委会主导组织，以政协为主要渠道，相关主体积极联动，平等参与、形式多样地开展协商"的总体制度框架。立法协商的程序规则应当保障多数决策、程序正义、保护少数的民主三原则，[1] 与已有的立法程序规则相衔接，并具备法律效力，以使立法协商的开展得到明确授权和制约。综合考虑，各地人大及其常委会可以专门制定作为地方性法规的《立法协商工作办法》，将立法协商的制度框架、程序规则和相关运行机制内嵌其中，并与人大及其常委会议事规则、制定地方性法规办法等法规的规定相衔接协调。

（六）借鉴国外有益经验

立法协商作为协商民主的一种形式，是一个动态体系的系统性工程。从我国的历史自身建构这个系统的工程固然重要，但是要想建设好这个系统的工程，就必须吸收西方国家的有益经验。西方发达国家协商民主的历史发展与立法协商实践，是我们建构立法协商这个系统性工程的重要资源。西方协商民主研究开始于20世纪80年代，理论研究和实践经验充分，而我国则是在2000年以后，才逐渐开展关于协商民主理论的研究和实践，实力相对比较薄弱，我们可以把西方关于协商民主研究的有益成果，借鉴到我国立法协商的理论建设当中，力争避免协商民主西方发展的弊端。具体来讲，就是将西方协商民主的先进经验，引入我国的立法领域，对国外在有关法律、法规制定中的采用协商民主的规定予以分析、吸收，借鉴国外有关协商民主技术的有益做法，如公民会议、愿景工作坊、协商式民意调查等，借鉴国外关于协商民主的操作办法，例如，如何形成议题，如何保证协商的质量等。[2] 国外的经验有可能是好的，我们要在理解的基础上加以吸收，

---

[1] 李龙：《建构法治体系是推进国家治理现代化的基础工程》，载《现代法学》2014年第3期。
[2] 王勇：《国家立法视阈下的地方立法协商制度研究》，载《鸡西大学学报》2017年（第17卷）第2期。

不能盲目崇外，因为国外的制度引入我国有可能会水土不服，要使国外的理论本土化，才能使我国早日步入立法协商的快车道，促进我国地方立法协商制度的发展与完善。

第四节　我国地方立法听证制度

一、立法听证制度在中国的产生与发展

立法听证制度是直接民主的一种基本形式，也是决策科学化和民主化的重要保证，它是指立法主体在立法活动中，进行有关涉及公民、法人或其他组织的权益的立法时，给予利害关系人发表意见的机会，由立法主体听取意见的法律制度。与其他类型的听证[①]相比，立法听证的最大特点在于听证内容具有高度的抽象性和普遍性，即立法听证的内容是即将颁布的法律或法规性文件，它所针对的对象不是具体的政府组织、官员和公民个体，而是抽象的、普遍的社会群体。因此，立法听证具有较强的公共政策性，是以程序民主促进实质民主的实践形式。

作为一项制度设计，听证制度最早发端于英国，其理论依据可以追溯到自然法中的自然公正原则，这一原则可以表述为：第一，任何人都有为自己辩护的权利；第二，任何人或者团体都不适合于做自己案件的法官；第三，任何人或者团体行使权利可能使别人利益受到不利影响时，必须听取对方意见，并且任何人的意见都必须被公平地对待。

听证制度作为正当法律程序的一部分，开始只适用于司法审判领域，司法听证为司法审判正当的必经程序，体现公平和救济原则。后来听证制度随着民主观念的逐渐深入被先后引入到立法领域和行政领域，立法听证和行政听证随之产生。1946年，听证制度作为行政程序的核心写入美国《联邦行政程序法》。随后听证

---

①　听证的分类根据不同依据可以做出不同类型的划分，例如根据听证程序存在的领域不同，可以划分为立法听证、行政听证、司法听证；根据听证具体程序设置的不同，可以划分为正式听证和非正式听证；根据举行听证的适用范围不同，可以划分为立法型听证和司法型听证。即使是立法机关的听证，根据其内容的不同，也可以划分为监督性听证、调查性听证和立法性听证。这里所指的立法听证采用立法性听证的含义，主要是对将推出的法例或修正案的听证。

制度凭借其公开、透明、公正的特征，传到拉丁美洲、日本以及德国等国家。听证制度逐渐成为一种全世界公认的保障公民权益、维护法律公正、体现程序公平的法律制度程序。

就此而言，听证制度在中国的实践是制度移植的结果。听证制度在我国的发展开始于20世纪80年代，在90年代后期得到初步的发展，但总的来说依然处于起步阶段。1993年，深圳在全国率先实行价格审查制度，这是我国听证制度的雏形。1996年《行政处罚法》的通过，标志着听证制度在我国的确立。《行政处罚法》首次大胆引入"听证程序"，规定行政机关作出责令停产停业、吊销许可证或者执照、较大数额罚款等行政处罚决定之前，应当告知当事人有要求举行听证的权利；当事人要求听证的，行政机关应当组织听证。"听证"从此在我国由一个学术名词成为法制实践，昭示着我国民主法制建设迈出了重要的一步。1998年正式实施的《价格法》又把听证程序引入了我国行政决策领域。

我国的立法听证制度是在地方人大的立法实践中产生和发展起来的。一般认为，1999年广东省人大常委会举行的《广东省建设工程招投标管理条例》听证会是听证制度在中国立法领域的首次应用。2000年通过的《立法法》正式确立了法律制定过程中的立法听证制度，成为立法中立法机关听取民意、保障法律公正合理制定的一种方式。其中第34条规定"列入常务委员会会议议程的法律案，法律委员会、有关的专门委员会和常务委员会工作机构应当听取各方面的意见。听取意见可以采取座谈会、论证会、听证会等多种形式。"第58条规定："行政法规在起草过程中，应该广泛听取相关组织和公民的意见。听取意见可以采取座谈会、论证会、听证会等多种形式。"听证制度正式进入立法领域。之后，更多的省市举行了立法听证会，并相继制定了地方性立法听证规则或条例，地方人大立法听证会也在各个省市迅速展开。

2015年3月15日第十二届全国人民代表大会第三次会议对《立法法》进行了修正，在总结实践经验的基础上，将原第34条改为第36条，并增加了两款内容，其中涉及立法听证的内容为"法律案有关问题存在重大意见分歧或者涉及利益关系重大调整，需要进行听证的，应当召开听证会，听取有关基层和群体代表、部门、人民团体、专家、全国人民代表大会代表和社会有关方面的意见。听证情况应当向常务委员会报告。"这对立法听证提出了更加明确的规定和要求，对有关听证会的制度作了完善。第一，明确要求必须召开听证会的情形。法律案有关问题存在重大意见分歧或者涉及利益关系的重大调整，需要进行听证的，应当召开听证会。第二，对听证会的陈述人的选择作了规定。为保证陈述人有充分的代表性，明确要求听证会要选择有关基层和群众代表、部门、人民团体、专家、全国人民代表大会代表和社会有关方面等各方面的陈述人参加。第三，规定听证会举行后，形成的听证报告要向常委会报告。①

二、地方立法听证制度的价值和功能

立法听证制度的功能定位是指听证制度在立法过程中应该发挥的作用以及在具体运行中所体现出的功效。作为立法活动的一个环节，立法听证制度的指向在于立法公正；作为公共决策的实践形式，立法听证制度又蕴含着价值性和技术性双重功能。②立法听证制度的功能不同于其他听证制度的功能。行政决策听证（如我国的价格听证制度）功能主要是防止行政专横，使行政决策合理化；具体行政行为听证的主要功能是保障依法行政，保护行政相对人的合法权益。而立法听证制度的功能是为立法的民主化和科学化提供保障，在维护公共利益的同时，尽量不损害个人和团体的利益。如果我们对不同的听证制度的功能和差别不了解甚至混淆的话，就会导致这一制度在某些方面应该却不能发挥很好的作用。最终的结果是，要么效率不高，经济耗费有余；要么民主、公正、公开不够，程序司法化有余。③对于地方立法听证制度而言，其作为立法听证制度的一种形式，具有其自身特殊性：相比于全国人大立法而言，它的适用范围相对集中、影响对象更加具体，对所涉及的法律对象具有更加直接的影响。就此而言，地方人大立法听证制度的功能定位不宜过高，应从微观、具体的角度展开。

（一）地方立法听证制度的价值

地方立法听证作为公众参与地方立法的一种方式，具有非常重要的价值。德

---

① 全国人大常委会法制工作委员会国家法室：《中华人民共和国立法法释义》，法律出版社2015年版，第133页。

② 彭宗超、薛澜、阚珂：《听证制度：透明决策与公共治理》，清华大学出版社2004年版，第104-107页。

③ 参见姜明安：《区别不同听证制度发挥其应有作用》，载《市场报》2002年1月23日。

国学者 Rupert Schick 和 Wolfgang Zeh 认为，听证的目的之一是获取立法信息及引起关注。美国学者戴维·杜鲁门认为，立法听证具有获取信息，宣传法制，以及缓和冲突及解除困扰的价值。[①] 我国学者一般认为立法听证的价值在于民主价值和科学价值。诚然，地方立法听证与其他参与方式一样，具有民主价值、立法科学价值。这是立法听证与其他公众参与方式的共性，但因为地方立法听证具有的内在规定性和严格的程序性等特征，决定了地方立法听证的民主性和科学性价值与其他公众参与方式相比较有其特殊性，可以从两个方面来评价：一是形式意义上的价值；二是实质意义上的价值。

1. 立法听证的形式价值——程序正义

形式价值主要是程序正义功能。一般认为，听证源于英美法的"正当法律程序"。而实质上其更深层的价值观是英国的自然正义原则。因此，听证的深层法理依据应当是自然正义原则，表层法理依据是正当法律程序，但无论是听证的深层还是表层法理依据，都特别强调听证程序的正当性。有学者从程序制度的角度观察指出，程序的功能在一般意义上包括五个基本方面：一是通过平等参与来疏导矛盾；二是排除决定者的随意专断；三是减轻决定者的责任风险；四是保障实现主体权利和义务；五是保障立法或者行政、司法活动有序进行，促进效率和质量的统一。[②] 如果要实现有节度的自由、有组织的民主、有保障的人权、有制约的权威、有进取的保守这样一种社会状态的话，程序可以作为其制度化的最重要的基石。[③] 我国习惯将程序正当表达为程序正义。程序正义被称为看得见的正义。人们对于正义的评价一方面是来自行为或活动本身的正义性，另一方面是来自人们自身的心理感受。没有立法听证程序，没有公众直接参与立法，并不意味着立法的结果必然不正义，只是公众可能感受不到正义。而立法听证不仅让公众直接参与，而且相对于其他公众参与方式来说，其严格而公正、合理的程序给予了相关主体充分的话语权，保证参与者按照同样的规则，充分表达自己的意愿，与他方对抗。不仅参与者共同感受正义，而且立法听证与 Public 即"公开"联系在一起。公开的立法听证可以引起广大公众对法案的关注和对不同观点、利益争论、协调的感知，进而乐意接受立法听证的结果。因此，立法听证程序这个"看得见的正

---

① 转引自周伟：《完善立法听证制度研究》，载《现代法学》1999 年第 6 期，第 133-134 页。
② 参见刘勉义：《我国听证程序研究》，中国法制出版社 2004 年版，第 19 页。
③ 参见季卫东：《程序比较论》，载《比较法研究》1993 年第 1 期。

义",让公众看见了"民主"和"科学",有利于实现民主政治,也产生立法结果的公信力。

2. 立法听证的实质价值——合理性

地方立法听证实质意义上的价值主要有:一是揭示社会利益关系的多样性和价值差异性。学者所言的传播信息功能或获取信息功能是站在立法者的角度,认为"立法从信息学的角度来讲,就是决策者在广泛收集信息的基础上进行决策的行为。信息是决策者进行决策的依据,信息的质和量影响或决定着立法决策的质和量,开明的立法者应该广泛地、多渠道地收集不同的信息,从中加以辨别与筛选。实行立法听证,无疑给立法者开通了一条广泛收集信息的渠道。在立法听证过程中,经由各方陈述意见、辩论和举证,可以使立法主体获得许多新的资料并了解一些具体事实,从而基于这些信息和事实作出正确的决策。"[①] 但从中立立场来说,社会关系本质是一种利益关系。利益主体多元化和利益多元化,导致不同主体之间的利益当然地存在分歧。立法无非就是要在不同利益主体之间分配利益,实现"权利与权利"的相互尊重。由此,立法前就必须了解不同利益主体的利益诉求。尽管如立法调研、座谈、征求意见等方式也可以为公众表达不同利益诉求提供渠道,但立法听证具有它们不同的功效在于:它可以让不同的利益主体的分歧更充分、更公开地表达出来,并且通过不同利益主体的对抗、论辩,对不同主体的利益作价值评价,从而为保护谁的利益,牺牲谁的利益提供依据。因此,立法听证不仅是揭示社会利益关系的真实性,更揭示社会利益的多元性、利益关系的价值性和层次性,从而在立法听证中实现不同主体的利益协调、平衡。显然,地方立法听证的民主性和科学性体现为公众参与到社会内在利益的实际分配上,而立法调研、座谈会等公众参与方式中,公众主要是表达利益分配愿望,而实际分配是由立法机关完成。

立法听证的形式价值即程序正义功能实现了立法的合法性,实质意义的价值产生了合理性。立法的合法性和合理性"可使所有利害关系人从中得到教育,在关注自身利益的同时也考虑他人利益,使立法决策的质量更高,得到支持的基础更加深厚"。[②]

[①] 汪全胜:《行政立法听证制度探讨》,载《行政法学研究》2001年第3期,第82页。
[②] 于兆波:《立法决策论》,北京大学出版社2005年版,第173页。

（二）地方立法听证制度的功能

1. 意见表达与利益整合功能

"立法是一种涉及个人利益与社会公共利益、不同利益群体间利益的平衡与倾斜的公共决策问题，其决策过程必然是一个各方利益协商与协调的过程，决策的结果往往是一个各方利益平衡与妥协的方案。"[①] 利益平衡与妥协的前提是社会公众的意见与诉求得以充分表达。随着中国经济的成长，特别是社会主义市场经济的发育，中国公民的权利意识和自主能力不断增强，尤其当涉及与切身利益相关的问题时，公众意见表达的意愿颇为强烈。在西方国家，个人充当意见表达的主体，是意见表达过程中的普遍现象，[②] 但在中国政治过程的相当一段时期，个人充当意见表达主体的情况并不乐观。地方人大立法听证会在制度层面为公民个人的意见表达提供了正式平台和正规渠道。与听证主题具有利害关系的陈述人可以基于事前充分的准备阐述自己的主张、表达自己的观点。更重要的是，与座谈会、论证会相对平淡的场面不同，地方人大立法听证会往往设置辩论环节，甚至有的听证主题本身就蕴含着辩证的意味，不同利益的代表者在阐述本方观点的同时可以反驳异见者的诉求、直面冲突。这为立法主体进行利益整合提供了良好的契机：通过听证陈述人的阐述和辩论，立法主体能够清晰了解不同群体的利益主张、矛盾之处以及争论焦点，"通过集中，把各种近似的要求汇集在一起，概括为一种总的或者较大的要求；通过整合，把与同一领域或主题相关的各种个别的、特殊的要求协调为一个共同的主张"。[③] 如此一来，立法主体可以动态性地把握社会公众的利益关系，在法律、法规的制定中得以体现。这不仅使地方立法有理有据，获得合法性基础；还有利于在法律实施过程中得到公民的理解，提高法律实施效率。

2. 信息搜集与科学立法功能

立法过程就是决策过程，信息是科学决策的依据，因此，立法主体应该通过多渠道收集信息，为制定良法提供参考。尤其是在地方治理面临的公共议题呈现出较强复杂性的情况下，对立法主体所要掌握的地方信息、专业知识提出了更高的要求。地方人大立法听证制度无疑是搜集信息、了解民情的全新渠道。之所以

[①] 王春明：《立法听证的主要功能》，载《人大研究》2004年第7期。
[②] 朱光磊：《当代中国政府过程》，天津人民出版社2008年版，第72-73页。
[③] 宁国良：《公共利益的权威性分配：公共政策过程研究》，湖南人民出版社2005年版，第79页。

这么说，是因为地方人大立法听证制度在获取信息方面具有独特优势：一方面，地方人大立法听证会在正式召开之前的一段时间会有公告，说明听证会的主要内容，这给参加听证会的陈述人充足的时间进行准备，能够保证其意见表达的质量。另一方面，地方人大听证会的陈述人构成较为多元，所能提供的信息较为全面，利益相关者能够提供"地方性知识"或者"时空信息"；[①] 而有关专家学者的参与则能够提供立法者所需要的专业知识；此外，在不同意见者的辩论和质询过程中，还能够激发更多的事实与真相，使立法者获取更多的信息。更重要的是，地方人大立法听证就是与民众协商、沟通的过程，"在立法中加强与有关方面的协商、沟通，能够使法规规章更加集中民智、体现民情、反映民意，有利于增强地方立法的科学性和民主性"。[②] 这是因为广泛的意见表达扩展了关于立法问题的信息搜集范围，为立法主体提供了一个有价值的信息库，立法主体可以通过这些地方信息和专业知识对争论内容做出判断。另一方面，立法听证会的公开举行，以透明的方式向社会公众展示了听证过程和辩论内容，便于群众监督，对立法主体的决策行为形成社会舆论约束，促使其最终制定出平衡各方利益的法律法规，这无疑是提高立法质量、促进科学立法的良好途径。

3. 政治参与与民主训练功能

从政治发展与民主建设的角度来看，"政治参与扩大是政治现代化的标志"。[③] 公民政治参与的广度和深度是评价政治现代化程度与民主建设效果的重要标准。中国共产党十八大报告明确提出，"加快推进社会主义民主政治制度化、规范化、程序化，从各层次各领域扩大公民有序政治参与，实现国家各项工作法治化。"[④]

这意味着，建设社会主义民主政治，有必要扩大公民的有序政治参与。有学者把政治参与分为动员参与和自动参与，前者是受人策动的参与，后者是本人自发的参与。在中国过去的政治活动中，动员型政治参与情况较多而自动政治参与机会较少。可以说，地方人大立法听证会为公民直接、主动地参与到关系自身切

[①] 孔繁斌、魏姝：《中国立法听证会效能研究——以程序设计与叙事模式为论域》，载《南京社会科学》2004 年第 1 期。

[②] 陈建华：《立法协商主体探析》，载《河北法学》2016 年第 3 期。

[③] [美] 塞缪尔·P.亨廷顿、琼·纳尔逊：《难以抉择——发展中国家的政治参与》，汪晓寿、吴志华、项继权译，华夏出版社 1989 年版，第 1 页。

[④] 胡锦涛：《坚定不移沿着中国特色社会主义道路前进为全面建成小康社会而奋斗——在中国共产党第十八次全国代表大会上的报告》，载《人民日报》2012 年 11 月 18 日。

身利益的立法决策过程中开辟了制度性渠道，使他们能够影响、甚至改变决策。与此同时，通过地方人大立法听证会的政治参与又为民主训练提供了规范的政治空间。之所以这样讲，是因为地方人大立法听证制度是一套行之有效的民主教育、民主宣传的方式，是国家公民直接参与民主、表达诉求、影响决策的场所。相较于论证会、咨询会、座谈会等方式，地方人大立法听证会具有比较成型的程序与规则，按照相关规则，对陈述人的遴选、听证的环节等有明确规定。普通民众通过这样的方式参与立法过程，可以直接获得一个规范化的场所，以程序化的手段表达各自利益诉求的机会，真正享受民主的国家政治生活和社会政治生活。通过这样的政治生活实践和民主演练，普通民众可以在潜移默化中培养公民意识和公民能力，成为民主社会的现代公民，这契合于建设社会主义法治国家的战略部署，也符合国家治理体系和治理能力现代化的总体目标。[1]

4. 人的价值和尊严被尊重的功能

戴维·杜鲁门认为，立法听证通过一种安全阀来减轻或者消除干扰。安全阀就是公众价值和尊严被尊重的感同身受，使得利益主体愿意通过平和的交涉方式解决利益分歧。在代议制民主国家中，公民选举产生自己的代表组成代议机构，代表自己来直接参与管理国家和社会事务，立法是其中的重要方式之一。当公众只能看见立法权行使的结果时，卢梭所言的"在代表产生之后，他们就等于零"[2]的心理感受更为强烈。而人类内心都是渴望平等和尊重的。马斯洛的人的需求理论认为，人有生理需要、安全的需要、归属和爱的需要、尊重的需要和自我实现的需要。五个层次中，生理需要、安全的需要实质是人的自然属性，而后三者体现人的社会性。马克思认为人的本质是由人的社会性决定的，由此，渴望平等、尊重是人的本质属性决定的。也因此在人类社会的历史长河中，充斥着的被压迫者对压迫者，弱者对强者的反抗，都可以从人性渴望平等、尊重的心理需求得到解释。立法听证中，社会公众参与充分地表达自己的意愿和利益诉求，一方面立法者的倾听，让公众感受公共权力对公众人格、权利的尊重，是"权力对权利"的尊重；另一方面与其他利益相关方，甚至同作为陈述人的有关机关的沟通、辩论，平等地交换信息，感受与他人、国家有关机关的平等，即"权利与权利相互

---

[1] 田玉麒：《地方人大立法听证制度：功能定位、实践经验与发展趋向——基于上海市人大立法听证实践的政治学分析》，载《河北法学》2016年7月第34卷第7期。

[2] [法]卢梭：《社会契约论》，商务印书馆1980年版，第125页。

尊重""权力与权利相互尊重",让公众感同身受到价值和尊严被尊重,而愿意通过平和的交涉方式而不是激烈的斗争方式追求各自利益。

总之,地方立法听证制度具有保障立法实现民主化的功能,它是探求民主立法的产物,又是实现民主立法的前提。立法听证制度的确立为主体的选择行为设置了规范性的调整机制,提供了一个稳定的框架和公开交易的规则。通过营造环境,有利于集中获取信息,充分展开问题,有效地减少冲突,降低交易费用,降低立法中的调查和沟通成本,最终提高整合民意的效率,从而大大提高法律规范的真理性,保证立法质量。

三、地方立法听证制度的不足

作为一项移植而来的制度,地方人大立法听证制度的发展与完善不仅会受到外部环境的制约,而且受到内在机制的影响。制度移植并非"全盘照搬",更需要根据具体的背景环境做出调适性变革,在具体实践过程中不断"纠错",通过内生性演化实现被移植制度与现行环境的耦合。从我国地方立法的实际情况来看,地方立法听证制度的实践的确经历了从制度移植到本土生长的发展阶段,在制度实践层面取得了较大进步。当然,囿于制度成本与技术手段等原因,地方立法听证制度还存在一些不足,因此,需要在今后的实践中不断完善。

(一)制度化程度较低,约束力弱

我国目前有关地方立法听证的国家法层面制度化程度较低,仅在《立法法》第5条(《立法法》第5条规定:立法应当体现人民的意志,发挥社会主义民主,坚持立法公开,保障人民通过多种途径参与立法活动)和《规章制定程序条例》第15条(《规章制定程序条例》第15条规定:起草的规章直接涉及公民、法人或者其他组织切身利益,有关机关、组织或者公民对其有重大意见分歧的,应当向社会公布,征求社会各界的意见;起草单位也可以举行听证会)作了原则性规定,缺乏完备的具体制度和可操作性。相对而言,地方法层面的立法听证的制度化程度略高。在《立法法》施行后,各地纷纷制定了立法听证规则,这些地方立法听证规则可分为两大类,一类属于地方性法规,是由行使立法权的地方人大常委会通过立法程序制定,具有稳定的法律效力,如甘肃省、湖北省、山东省、深圳市、广州市、郑州市等省、市人大常委会的听证规则。另一类是地方人大内部

机构的程序规则。[①] 概括而言，规范地方政府立法的听证规则也可以分为地方政府规章和内部工作规程两类。这些地方立法听证规则效力层次普遍较低，约束力较弱。

（二）地方立法听证规则具体制度不完善

我国现行地方立法听证规则具体制度的公正性、合理性、系统性、可操作性，以及保障公众的参与性较弱。具体体现为：

1. 地方立法听证适用范围的规定不完备

地方立法听证适用范围包括适用的阶段、适用的立法事项，以及是否强制适用等制度。我国现行立法听证规则对适用阶段的规定较为明确，而对地方立法听证适用的具体事项，则一般采取相对概括式列举或具体式列举方式，规定了下列法案适用地方立法听证：涉及公民、法人或其他组织重大利益的法案；对经济和社会发展有重大影响的法案；法规草案内容有较大争议的法案；社会普遍关注的热点或难点的法案；涉及特定组织和个人的权利、义务的法案；对法规草案需要广泛听取意见或进一步了解民意的法案等。而一些公众和学者抱怨规定的范围太过狭窄。

此外，适用立法听证是否是强制性的？地方人大的立法听证规则一般规定人大的立法是"可以"适用，而非"应当"或"必须"适用。地方政府的立法听证规则一般规定地方政府的某些立法"应当"适用，如《广西壮族自治区人民政府立法听证制度实施办法》第3条规定，对公民、法人和其他组织切身利益有重大影响的下列立法项目，"应当"举行立法听证。但没有对违反"应当"的后果作出规定。

2. 地方立法听证公开性不足

虽然一些地方立法听证规则中明确规定了公开原则，如《杭州市人民政府实施立法听证会制度的规定》第5条规定"立法听证会应当公开举行"。但如何公开？向谁公开？公开的时间、载体，公开度等都没有细化。因此，实践中的立法听证公开一般是在立法机关的网站上公开立法听证信息和立法听证报告。普通公众不可能经常上立法机关的网站。有的地方规定立法听证信息公开是听证举行前10日、20日或15日，这是否足够公众了解立法听证信息并做好陈述准备？概而

[①] 卞琳：《我国立法听证程序的适用及其发展》，载《华东政法大学法律学院2005法学新问题探论》，北京大学出版社2005年版，第326页。

言之，目前立法听证实践的公开度尚不能满足公众的需要。

3. 主体角色不清，权利义务混乱

立法听证关系的主体是参与立法听证活动，并在其中享有权利，承担一定义务的人。我国现有制度对立法听证主体有不同表述，如《宁夏回族自治区人民代表大会常务委员会立法听证条例（2004）》规定的主体有听证机构、听证人；《汕头市人民代表大会常务委员会立法听证条例（2003）》规定的主体增加了"主持人"；《甘肃省人民代表大会常务委员会立法听证规则》第4条规定了听证机构、听证人、听证陈述人。《杭州市人民政府实施立法听证会制度的规定（2001）》规定有听证人、听证主持人、解答人、听证参加人。类似的对地方立法听证关系主体的不同分类，不同表述，内涵差异，导致角色的混乱，最终导致权利与义务关系的混乱，比如杭州市立法中的解答人与立法听证参加人显然是不平等的，将二者置于不平等地位，又怎么能让参加人畅所欲言呢？[①]

4. 地方立法听证程序不完善

地方立法听证程序主要分为立法听证的决定、确定立法听证人、听证准备、听证公告、听证陈述人的选择、陈述人的通知、听证的举行、听证记录和听证报告。立法听证是公众参与方式中最为完备的程序，但我国现有的地方立法听证制度对立法听证程序的规定存在一些细节性瑕疵，主要有：规定地方立法听证的决定权属于地方人大等国家机关，那么，公众有无立法听证建议权？规定地方立法听证要进行公告，但公告的时间、载体和内容应当如何才科学？提前15、20日公告是否能保证公众有效参与？规定了公众主动报名申请参加和对有关专家、组织邀请参加立法听证的方式，但如何科学地选择恰当的公众陈述人？能否以报名先后作为选择标准？规定了通知陈述人制度，但通知时间、通知内容怎样才科学、合理？提前5日、10日能否确保陈述人做好充分的准备？此外，也规定了地方立法听证的开展、记录、报告等制度，但仍存在如何保障论辩充分？地方立法听证报告应当有什么样的内容？是否公开？如何公开？诸多类似问题都需要具体而科学的规定。[②]

5. 地方立法听证的立法效力低

从我国有关立法听证的规则来看，立法听证对立法的约束力并不一致，有的

---

① 饶世权：《论公众参与视阈中的地方立法听证制度》，载《湖北社会科学》2013年第10期。
② 饶世权：《论公众参与视阈中的地方立法听证制度》，载《湖北社会科学》2013年第10期。

仅作为地方立法参考，如《杭州市人民政府实施立法听证会制度的规定（2001）》第18条之规定。但更多是强调作为立法的重要依据，如《宁夏回族自治区人民代表大会常务委员会立法听证条例（2004）》第25条之规定。显然现行立法听证制度虽然规定了立法听证作为立法的重要依据，甚至对是否采纳立法听证的意见作出说明，但并没有明确如果没有举行听证，或者对听证意见充耳不闻是否影响立法的效力。

上述制度公正、合理性欠缺，系统性、可操作性缺失，以及公众参与保障力较弱，导致在实践中地方立法听证公众参与不积极，甚至出现地方立法听证公众申请人数少于法定人数；经立法听证所制定的法律法规很少；公信力差，甚至认为"听了也白听"。这严重地妨碍了地方立法听证制度程序正义的形式价值和地方立法合理性的实质价值的实现，使得地方立法缺失正当性、适应性和权威性。

四、我国地方立法听证制度的完善

我国地方立法听证制度的完善需要以立法听证的举证、公众主动参与的内在规定性和地方立法听证的价值为指导，并保障地方立法听证的程序正义价值和合理性价值的实现。主要措施应当是通过提高立法位阶，建立全国统一的地立法听证制度，消灭地方差异性。并且完善具体制度设计，主要应当包括地方立法听证的适用、主体及其各自的权利与义务、程序、立法听证对立法结果的效用及内在机制等。

（一）地方立法听证范围要标准化、明确化

我国对地方立法听证的适用范围采取具体例举方式，有公众和学者抱怨具体例举的立法听证适用范围太狭窄了。我们认为，立法听证适用范围应根据立法听证的价值以及听证成本来决定。一般而言，社会影响较大的、涉及某群体或阶层利益的、分歧较大的、限制行政相对人私人权利的立法，应当举行听证。当然，为了公共利益也需要排除一些涉及国家机密、他人隐私等的立法。至于是采取概括性例举还是具体例举，其实都不重要，重要的是需要给予公众一定发动立法听证的权利。通过赋予公众发动立法听证的权利，以平衡公众与立法机关的权力，既可以防止立法机关懈怠行使听证权，又可以弥补具体例举的不足。

在地方立法听证的适用范围方面，应该坚持标准化、明确化、普遍化的发展

方向。地方立法听证的事项范围是指在地方立法过程中哪些法案或者法案中的哪些内容应该进行听证会，以征求群众的意见。立法听证事项范围的选取与确定不仅关系到地方立法中涉及的疑难问题能否得到解决，影响到立法质量；还关系到公民政治参与的机会与界限，影响到立法民主。

从当前地方立法听证规则文本来看，大多对立法听证的事项范围做了原则性规定，基本可以概括为以下几种情况：一是涉及社会普遍关注的热点、难点问题；二是涉及对特定组织或个人利益造成重大影响的；三是立法机关审议意见分歧较大的事项；四是其他需要广泛征求群众意见的。概括起来，就是影响大、有分歧的事项。从规则制定的角度来看，现有规则对立法听证事项范围的规定较为抽象化、模糊化。而在实践方面，地方人大立法听证会涉及的事项多集中在第一和第二种类型，而第三、第四种类型的立法听证会领域涉及较少。根据张利军统计的1999 年至 2011 年间省级立法听证会举办的领域来看，"土地、房产、物业的比重最大，为 23.5%。其次为环境卫生，为 17.4%，依次为道路交通 14.8%，教育就业 13.4%，消费权益 6.0%，医疗 3.4%，都是与人们日常生活有密切关联的领域，全部比重为 78.5%。"[1] 从这个角度讲，地方人大立法听证制度的范围较窄，其时间领域仍有较大拓展空间。

因此，在今后的发展中，地方人大立法听证的事项范围应秉持标准化、明确化、扩大化的方向。具体而言，首先要确定地方人大立法听证范围的标准。确定地方人大立法听证范围的标准，是要明确为什么某些法案的制定必须经过听证程序，或者说为什么某些法案一定要举行立法听证。从目前的理论研究和实践经验来看，"对象标准"和"利益标准"是确定地方人大立法听证范围标准的重要方式，其中，"对象标准"是指"根据法案所针对的不同对象，决定是否采用立法听证程序"，比如法案针对特殊群体，像老年人群体、残疾人群体等等；"利益标准"是指"根据法案对其所针对的对象的权益影响来决定是否适用听证程序"，[2] 比如公共场所饲养宠物、出租车牌照的收回等。其次要对地方人大立法听证的事项范围进行明确规定。与人大立法听证事项范围的模糊规定相比，价格听证与行政听证规则对事项范围的规定相对具体，如《内蒙古自治区价格决策听证会制度暂行办法》规定，价格论证范围包括公用事业价格、公益性服务价格、自然垄断经营的

---

[1] 张利军：《政治参与视角下立法听证会的困境与机遇》，载《经济体制比较》2012 年第 4 期。
[2] 汪全胜：《立法听证研究》，北京大学出版社 2003 年版，第 150-151 页。

商品价格，并明确列举了居民生活用电、自来水、集中供热等13项具体内容；《广西壮族自治区人民政府立法听证制度实施办法》规定了诸如"规定行政许可制度、特许行为的""规定国家机关收费项目或标准的"等7类情形。经过对比不难发现，模糊与明确的差别在于对听证事项范围规定方式的不同，地方人大立法听证事项范围的规定往往采取原则性规定，而价格听证与行政听证对事项范围的规定往往采取列举式规定。因此，在《立法法》对地方人大立法听证事项范围没有刚性规定的情况下，在地方人大立法听证规则中以列举的方式明确听证的事项范围不失为一种有效对策。再次要扩大地方人大立法听证会的实践领域。我国立法听证制度的实践遵循地方先行然后扩大到中央的逻辑规律，所以，在地方的立法听证实践带有一种试验田的性质，既然如此，适当扩大地方人大立法听证的实践范围也是可行的，如上所述，地方立法听证会涉及社会热点难点问题、涉及群众利益冲突的问题较多，而涉及立法机关内部分歧的问题和经济社会发展中重大问题的较少。由此观之，地方人大立法听证在实践中对涉及群众利益的热点、难点问题举行立法听证的同时，对于一些在技术上存在难题的事项同样可以举行立法听证会，通过汇集民间智慧、广泛汲取民智，提高立法的科学性。

（二）准确界定地方立法听证的主体

地方立法听证的主体是指参与地方立法听证活动的人，包括了立法机关、主持人、专家学者、政府机关、个人、行业协会代表、企业事业代表、与提案有关的利害关系人等。而对这些人根据在参与立法听证活动中的法律地位，可以分为两大类，即听证人与陈述人。听证人指依法举行立法听证，以便了解有关立法信息的人。从各国法律规定来看，只能是立法机关。而代表立法机关的可能有相应的机构，如地方人大常委会、法制委员会、其他工作委员会，地方政府中的法制办等。陈述人就是参与到听证活动中，就有关法案或事项陈述事实、意见的人，是听证人的相对人。这些人大体可以归纳为以下三类：一是与立法听证事项有利害关系的公民、法人和其他组织。二是了解立法听证事项的专家。三是与法案内容有关的国家机关。在国外，一般也是由上述三类人员参与听证会。即普通公众陈述人、专家陈述人和机关陈述人[①]。陈述人应当具有代表性，才能实现地方立法

---

① 北京市人大常委会法制办公室：《立法听证若干问题研析》，载北京市人大网 http://www.bjrd.gov.cn/zhuanti/sejrdwngzhg/lfjj/t910663.htm，2007-12-20.

听证的程序正义价值，并确保地方立法合理性价值的实现。专家陈述人和机关陈述人的代表性是显而易见的，而普通公众陈述人的代表性应当从形式上的职业、社会角色和价值上表达特定阶层或群体利益诉求两个方面来判断。为确保普通公众陈述人的代表性，在公众陈述人主动申请后，听证人应当要求申请人书面提供自己的职业、财产状况、家庭背景、受教育程度等信息以及对立法议题的基本观点，以此作为判断是否可以作为某阶层或某群体利益的代表。在初步确定了普通公众陈述人后，还应当公开其信息和基本观点，以接受社会公众的监督。

对于专家陈述人、机关陈述人，可以主动申请参与立法听证，也可以由听证人邀请。而对于应当参加而没有参加的人，听证人可以依职权邀请其作为陈述人，比如起草法案的机关，在立法听证中，它必须作为陈述人参与。如果它没有主动申请，听证人可依职权邀请其作为陈述人。对听证人的邀请，有关公众或机关不得拒绝。

（三）完善地方立法听证程序

立法听证程序是实现立法听证制度功能和价值目标的基本保障，也是公众能否真实参与立法，是否能抵制公共权力滥用的基本保障。只有程序正义才能实现实体正义，程序正义才能实现结果的正当性，提高公信力，消除不平等感。因此，我国立法听证程序应当包括：立法信息公开、听证决定、听证公告、陈述人的选择、听证准备、听证举行、听证记录、听证报告公开。其中的立法信息公开是指有关事项或法案的具体内容应当向全社会公开。听证人在听证举行前的较长时间内，通过大众传播公开需要进行听证的立法信息，让全社会公众都了解有关事项或法案，为欲申请举行立法听证，或欲参与立法听证的公众调查、搜集社会公众对有关事项或法案的具体意见、证据提供机会，以确保陈述人具有代表性。

立法听证决定应当采取两种方式：一是职权主义；二是申请主义。职权主义即由人大主任委员会，或其他有关部门依职权决定，现行听证制度中已有规定。而申请主义则由公众在充分了解法案信息后，向立法机关申请召开立法听证会。这需要建立相应的申请制度，即申请人的资格和申请程序，申请达到发动立法听证程序效力的条件，包括申请人数，持不同观点的人数。在听证举行过程中，应当有严格的举证、质证和辩论阶段，特别强化举证，并且要给予公众陈述人充分的表达利益诉求的机会。在听证举行后，应当作出听证报告，并予以公开。听证报告的内容，一般要求包括听证会的基本情况，听证陈述人提出的基本观点和争论的主要问题，立法机关对听证会意见的处理意见等。立法听证报告应当在当地影响较大的报纸、广播电台电视台以及网站上公开。[①]

（四）坚持听证效力公开化、透明化、信息化

地方立法听证对地方立法产生什么样的约束力，即听证的立法效力，是关系到地方立法听证制度合理性价值能否实现的最后一道防线。从世界各国来看，听证对立法的约束力主要有两种：一种观点认为应当借鉴美国听证中的"案卷排他性原则"，[②] 另一种观点认为应当将听证报告作为立法的重要依据。[③] 我国地方立法听证规则多采第二种观点。尽管一些人抱怨我国有关立法听证中公众陈述人意见没有被采纳或没有被大量采纳，但立法听证的价值在于揭示利益的分歧，寻找利益平衡点，达成妥协，实现权利与权利、权力与权利相互尊重，而不可能期望将自己的所有利益诉求都被吸收到立法中，那样必然损害其他阶层和群体的利益。听证人应当对此进行充分的说明和解释，让公众明白决策的价值取向。

在地方人大立法听证的效力反馈方面，应该坚持公开化、透明化、信息化的发展方向。制度设计的目的在于发挥效力，地方人大立法听证制度的设计理应同样如此。一般而言，地方人大立法听证会的效力通过两种方式表现出来，一是对立法者主观的影响，二是对立法者客观的影响。前者是指立法者受听证会中陈述人观点的影响程度；后者指听证报告对立法者审议法案的影响程度。当然，对立法者的主观影响最终会体现在客观影响之中，因为听证会上的各种观点都会呈现在立法听证报告之中。立法听证报告作为听证会后的结论性文件，是立法决策的参考性建议，它对立法者在审议法案中的影响程度会对立法听证的效力产生直接影响。因此，为了保证立法听证地方立法听证的效力，必须坚持公开化、透明化的发展方向。坚持公开透明的发展方向，需要将立法听证报告向社会公开，坚持保障人民知情权的同时，确保听证会上陈述人的观点能够完整、准确地传达给立法机关，因为"将听证陈述意见真实、准确地传达给有权决定法律草案是否通过

[①] 饶世权：《论公众参与视阈中的地方立法听证制度》，载《湖北社会科学》2013年第10期。
[②] 马怀德、陶杨：《我国地方立法听证效力的表现方式》，载《苏州大学学报（哲社版）》2007年第3期，第52页。
[③] 马怀德、陶杨：《我国地方立法听证效力的表现方式》，载《苏州大学学报（哲社版）》2007年第3期，第53页。

的人大代表或者常委会委员,是立法听证程序的核心内容"。当然,立法听证报告不能简单地取代法律、法规,立法机关也不能无条件、全部接受或采纳立法听证报告的意见。这时,需要对立法听证报告作出解释说明,指出哪些观点得到采纳,并如何被运用到新的法案之中;哪些意见不予采纳,特别需要对不予采纳的意见作出合理解释。在互联网技术日益发达,大数据治理逐渐显现的背景下,推进地方人大立法听证效力反馈公开透明的途径便是坚持信息化的发展策略。信息化是大数据时代国家治理方式的重要变革和必然要求,其通过互联网技术对政治社会生活的各种信息进行汇总整合,及时、快速地传递给受众。对于地方人大立法听证效力的反馈而言,信息化无疑具有高度的契合性,它可以通过网络平台把立法听证的过程和结果实时展现,使社会公众快速、便捷地获取相关信息。在坚持地方人大立法听证制度信息化发展的过程中,一方面要注重构建信息整合平台,将传统信息搜集途径与网路信息搜集途径相结合,扩大信息搜集范围;同时,创新信息分析技术,有效解读已有信息。另一方面要完善信息发布规范,通过制定科学的信息管理制度,在确保信息发布平台健康运行的前提下,及时公开发布相关信息,并保证发布的信息规范、准确。

(五)听证规则要制度化、规范化、程序化

在地方人大立法听证的规则设置方面,应该坚持制度化、规范化、程序化的发展方向。听证规则是立法听证会举行时所应遵守的行为准则。"在一定程度上,它可以被看作是制定规则的规则。"[1]从这个意义上讲,立法听证规则在规范与保护两个层面发挥作用,其中,规范是指立法听证规则约束地方人大立法听证组织者的行为,使其照规矩、按程序办事,防止立法听证会流于形式;保护是指立法听证规则可以保护立法听证会陈述人的权利,使其真实表达意见。可以说,立法听证规则的完善程度决定着立法听证的质量。

目前,中国并没有全国性的立法听证规则。地方人大立法听证规则可以分为两种类型,一种是由省市级人大常委会通过的地方性法规,如《宁夏回族自治区人民代表大会常务委员会立法听证条例》《深圳市人民代表大会常务委员会听证条例》;另一种是由省级人大常委会主任会议或专门委员会通过的临时性、过渡性听证规则或规程,如《青海省人大常委会立法听证试行规则》《北京市人大常委

---

[1] 唐娟:《立法听证对立法质量的影响》,载《人大研究》2004年第7期。

会立法听证工作规程》等。基于以上听证规则的文本分析可以发现，现行地方人大立法听证规则仍然存在一些需要加以完善和规范的地方。

一是地方人大立法听证规则制定的法律依据比较模糊，应该加以规范。地方人大立法听证规则是对立法听证行为构成约束的法律文件，其形成必须有相应的法律依据。现行地方人大立法听证规则多以《立法法》为法律依据，有学者认为《立法法》的相关规定针对的是全国人大常委会和国务院，其并没有为地方人大立法听证及其规则提供法律依据，[1]因而，许多地方人大立法听证规则制定时的法律依据比较模糊，如《湖北省人大常委会立法听证规则》提到"根据有关法律、法规的规定，结合本省实际情况，制定本规则"，并没有阐明根据哪些法律法规。解决此问题不妨借鉴北京市、上海市、广州市等地的做法，在《立法法》之外，将制定的地方性法规条例作为地方人大立法听证规则的法律依据。

二是地方人大立法听证规则的法律适用较为随意，应该以制度化的形式加以完善。现行地方人大立法听证规则包含地方性法规和临时性、过渡性规则两种形式，以地方性法规形式存在的立法听证条例具有较高的法律效力，法律适用较为稳定，相比之下，以临时性、过渡性规则存在的听证规则法律效力较低，法律适用也相对随意，有的立法听证规则由人大常委会主任会议通过适用于本级人大的立法听证活动，有的立法听证规则由人大专门委员会通过仅适用于该专门委员会的立法听证活动，容易造成同一种活动遵循不同规则的情况。针对这种情况，在今后的发展中应该由省级人大及其常委会制定适用于本省各级人大以及不同专门委员会的统一性立法听证规则。

三是对于听证人和听证陈述人权利义务的规定不够清晰，应该加以界定。听证人和听证陈述人是立法听证会的构成主体，前者是出席听证会听取意见的立法机构组成人员，后者是出席听证会就听证法案发表意见的人。对于听证人和听证陈述人权利义务的规定影响着立法听证的效率和质量。但目前地方立法听证规则中对于双方权利义务的规定比较模糊，甚至没有专门的条款。所以，地方立法听证规则的完善，需要对听证人和听证陈述人的权利义务进行界定，如在立法听证规则或条例中明确规定"立法听证人的权利和义务是保证立法听证过程的秩序，

---

[1] 陈家刚：《程序民主的实践——中国地方立法听证规则的比较研究》，载《南京社会科学》2004年第3期。

保障立法听证陈述人能够平等表达意见,并将立法听证陈述人的意见准确、客观地传达给地方人大及其常委会;立法听证陈述人的权利和义务是获取相关信息的权利、平等发言的权利以及准时参加听证会的义务、遵守听证会纪律的义务、有事请假的义务"等。[1]

---

[1] 田玉麒:《地方人大立法听证制度:功能定位、实践经验与发展趋向——基于上海市人大立法听证实践的政治学分析》,载《河北法学》2016年7月第34卷第7期。

主要参考文献

一、著作类

[1] 乔晓阳:《〈中华人民共和国立法法〉导读与释义》,中国民主法制出版社 2015 年版。

[2] 武增:《中华人民共和国立法法解读》,中国法制出版社 2015 年版。

[3] 全国人大常委会法制工作委员会编:《中华人民共和国立法法释义》,法律出版社 2015 年版。

[4] 吕发成、王兰、邵建斌:《地方人大立法通鉴》,中国民主法制出版社 2009 年版。

[5] 王兰、邵建斌:《人大科学立法》,中国民主法制出版社 2016 年版。

[6] 任尔昕等:《地方立法质量跟踪评估制度研究》,北京大学出版社 2011 年版。

[7] 丁渠:《立法中不正当部门利益治理:代议制民主的视角》,中国社会科学出版社 2014 年版。

[8] 阎锐:《地方立法参与主体研究》,世纪出版集团 2014 年版。

[9] 陈公雨:《地方立法十三讲》,中国法制出版社 2015 年版。

[10] 张春生、朱景文:《地方立法的理论与实践(2015 年辑)》,法律出版社 2015 年版。

[11] 万其刚:《立法理念与实践》,北京大学出版社 2006 年版。

[12] 朱志昊:《实践商谈与理性参与:立法科学化问题研究的新视角》,法律出版社 2014 年版。

[13] 崔立文:《地方立法理论与实务》,辽宁人民出版社 2016 年版。

[14] 王釜岫：《地方立法权之研究——基于纵向分权所进行的解读》，浙江工商大学出版社2014年版。

[15] 孙笑侠：《法律对行政的控制》，山东人民出版社1999年版。

[16] 佘绪新、周旺生、李小娟：《地方立法质量研究》，湖南大学出版社2002年版。

[17] 徐向华：《地方性法规法律责任的设定——上海市地方性法规的解析》，法律出版社2007年版。

[18] 汪永清：《行政处罚法适用手册》，中国方正出版社1996年版。

[19] 孙潮著：《立法技术学》，浙江人民出版社1993年版。

[20] 阮荣祥、赵恺：《地方立法的理论与实践》，社会科学文献出版社2011年版。

[21] 彭宗超、薛澜、阚珂：《听证制度：透明决策与公共治理》，清华大学出版社2004年版。

[22] 崔卓兰、于立深等：《地方立法实证研究》，知识产权出版社2007年3月版。

[23] 张文显：《法哲学范畴研究》，中国政法大学出版社2001年版。

[24] 李培传：《论立法》，中国法制出版社2004年版。

[25] 汪全胜：《立法听证研究》，北京大学出版社2003年版。

[26] 汤唯、毕可志：《地方立法的民主化与科学化构想》，北京大学出版社2006年版。

[27] 张文显：《法学基本范畴研究》，中国政法大学出版社1993年版。

[28] 张文显：《法理学》，高等教育出版社2003年版。

[29] 周旺生、张建华：《立法技术手册》，中国法制出版社1999年1月版。

[30] 徐向华：《新时期中国立法反思》，学林出版社2004年版。

[31] 于海青：《当代西方参与民主研究》，中国社会科学出版社2009年版。

[32] 王爱声：《立法过程：制度选择的进路》，中国人民大学出版社2009年版。

[33] 李春燕：《中国公共听证研究》，法律出版社2009年版。

[34] 杨雪冬、陈家刚：《立法听证与地方治理改革》，中央编译出版社2004年版。

[35] 李林：《立法过程中的公共参与》，中国社会科学出版社2009年版。

[36] 侯东德：《我国地方立法协商的理论与实践》，法律出版社2015年版。

[37] 谈火生、霍伟刚、何包钢：《协商民主的技术》，社会科学文献出版社2014年版。

[38]包刚升：《被误解的民主》，法律出版社2016年版。

[39]李步云、汪永清：《中国立法的基本理论和制度》，中国法制出版社1998年版。

[40]朱学勤：《道德理想国的覆灭——从卢梭到罗伯斯庇尔》，上海三联书店2003年版。

[41]李林：《立法理论与制度》，中国法制出版社2005年版。

[42]吴高盛：《〈中华人民共和国行政处罚法〉释义及实用指南》，中国民主法制出版社2015年版。

[43]梁治平：《法治在中国：制度、话语与实践》，中国政法大学出版社2002年版。

[44]崔卓兰、于立深、孙波、刘福元：《地方立法实证研究》，知识产权出版社2007年版。

[45]全国人大常委会法工委编：《法律询问答复》（2000—2005），中国民主法制出版社2006年版。

[46]李林：《走向宪政的立法》，法律出版社2003年版。

[47]郭道晖：《当代中国立法》，中国民主法制出版社1998年版。

[48]张文显：《法理学》，高等教育出版社2003年版。

[49]倪健民：《立法程序的理论与方法》，法律出版社2006年版。

[50]汪全胜：《立法听证研究》，北京大学出版社2003年版。

[51]孙国华：《法理学》，法律出版社1995年版。

[52]沈宗灵：《法理学研究》，上海人民出版社1989年版。

[53]曾祥华等：《立法过程中的利益平衡》，知识产权出版社2011年版。

[54][英]哈耶克：《法律、立法与自由》（第2卷、第3卷），邓正来等译，中国大百科全书出版社2000年版。

[55][美]德沃金：《认真对待权利》，信春鹰、吴玉章译，中国大百科全书出版社1998年版。

[56][美]亚伯拉罕·马斯洛：《动机与人格》，许金声、程朝翔译，华夏出版社1987年版。

[57][古希腊]柏拉图：《理想国》，郭斌和、张竹明译，商务印书馆1995年版。

[58][美]博登海默：《法理学——法律哲学及其方法》，邓正来等译，华夏出版社1987年版。

[59][奥]凯尔森:《法与国家的一般理论》,沈宗灵译,中国大百科全书出版社 1996 年版。

[60][美]庞德:《通过法律的社会控制——法律的任务》,沈宗灵、董世忠译,商务印书馆 1984 年版。

[61][美]埃尔斯特、[挪]斯莱格斯塔德:《宪政与民主》,潘勤、谢鹏程译,生活·读书·新知三联书店 1997 年版。

[62][德]黑格尔:《法哲学原理》,范扬、张企泰译,商务印书馆 1979 年版。

[63][美]皮文睿:《论权利与利益及中国权利之旨趣》,载张明杰译、夏勇:《公法》(第 1 卷),法律出版社 1999 年版。

[64][英]米尔恩:《人的权利与人的多样性》,夏勇、张志铭译,中国大百科全书出版社 1995 年版。

[65][英]罗杰·科特威尔:《法律社会学导论》,潘大松译,华夏出版社 1989 年版。

[66]约翰·罗尔斯(美):《正义论》,何怀宏、何包钢、廖申白译,中国社会科学出版社 1988 年版。

[67][英]葛德文:《政治正义论》,何慕李译,商务印书馆 1982 年版。

[68][美]罗伯特·达尔:《论民主》,商务印书馆 1999 年版。

[69][英]霍布斯:《利维坦》,商务印书馆 1985 年版。

[70][美]汉密尔顿、杰伊、麦迪逊:《联邦党人文集》,程逢如等译,商务印书馆 1980 年版。

[71][英]边沁:《道德与立法原理导论》,时殷弘译,商务印书馆 2005 年版。

[72][英]亚当·斯密:《国富论(下)》,杨敬年译,陕西人民出版社 2001 年版。

[73][美]曼瑟尔·奥尔森:《集体行动的逻辑》,陈郁、郭宇峰、李崇新译,上海人民出版社 1995 年版。

[74][美]富勒:《法律的道德性》,郑戈译,商务印书馆 2005 年版。

[75][德]卡尔·拉伦茨:《法学方法论》,陈爱娥译,商务印书馆 2003 年版。

[76]谷口安平(日):《程序的正义与诉讼》,王亚新、刘荣军译,中国政法大学出版社 1996 年版。

[77][英]休谟:《人性论》,关文运译,商务印书馆 1980 年版。

[78][古希腊]亚里士多德:《政治学》,吴寿彭译,商务印书馆 1965 年版。

[79][法]孟德斯鸠:《论法的精神(上卷)》,许明龙译,商务印书馆 2009

年版。

［80］［美］萨托利：《民主新论》，冯克利、阎克文译，上海人民出版社2009年版。

［81］陈家刚：《协商民主与政治发展》，社会科学文献出版社2011年版，第5页。

［82］［美］卡罗尔·佩特曼：《参与和民主理论》，陈尧译，上海人民出版社2006年版。

［83］［法］古斯塔夫·勒庞：《乌合之众——大众心理研究》，冯克利译，中央编译出版社2000年版。

［84］［德］哈贝马斯：《在事实与规范之间：关于法律和民主法治国的商谈理论》，童世骏译，生活·读书·新知三联书店2003年版。

［85］艾丽斯·M：《包容与民主》，彭斌、刘明译，江苏人民出版社2013年版。

［86］［英］丹尼斯·罗伊德：《法律的理念》，张茂柏译，新星出版社2005年版。

［87］卢梭：《社会契约论》，商务印书馆1980年版。

［88］詹姆斯·博曼、威廉·雷吉：《协商民主：论理性与政治》，陈家刚等译，中央编译出版社2006年版。

［89］毛里西奥·帕瑟林·登特里维斯：《作为公共协商的民主：新的视角》，王英津等译，中央编译出版社2006年版。

［90］卡罗尔·佩特曼：《参与和民主理论》，陈尧译，上海世纪出版集团2006年版。

二、论文类

［1］焦洪昌、郝建臻：《论我国立法中的"根据"原则和"不抵触"原则》，载《宪法论坛》（第1卷），中国民航出版社2003年版。

［2］熊英：《地方立法中的地方保护主义》，载《中国改革》2005年第11期。

［3］崔卓兰、赵静波：《中央与地方立法权力关系的变迁》，载《吉林大学社会科学学报》2007年第2期。

［4］范文嘉：《科学配置地方立法权　在法治轨道上推进改革》，载《中国发展观察》2014年第10期。

［5］彭东昱：《赋予设区的市地方立法权》，载《中国人大》2014年第19期。

［6］李适时：《全面贯彻实施修改后的立法法——在第二十一次全国地方立法

研讨会上的总结》，载《中国人大》2015年第21期。

[7]王锡财：《地方立法要正确理解不抵触原则》，载《中国人大》2005年第10期。

[8]孙波：《试论地方立法"抄袭"》，载《法商研究》2007年第5期。

[9]陈国刚：《论设区的市地方立法权限——基于〈立法法〉的梳理与解读》，载《学习与探索》2016年12月6日。

[10]姚国建：《论地方性法规制定中的"不抵触原则"——个规范主义视角的解读》，载《中国宪法年刊》2011年。

[11]蒋德海：《从宪法"不抵触"原则透视宪法与其他法的关系》，载《华东政法大学学报》2008年第1期。

[12]姚明伟、许晓蕊：《对地方立法中不抵触问题的思考》，载《人大建设》2007年第5期。

[13]张千帆：《流浪乞讨与管制——从贫困救助看中央与地方权限的界定》，载《法学研究》2004年第3期。

[14]王爱民：《论立法抵触》，载《北方工业大学学报》2008年第6期。

[15]张军：《成本和效率——地方立法的质量基础》，载《乡镇经济》2004年第8期。

[16]莫于川、曹飞：《贯彻四中全会精神 提高地方立法质量——增强《六性》是主动回应地方立法体制改革的理性选择》，载《南都学坛》（人文社会科学学报）2015年第35卷第1期。

[17]关保英：《科学立法科学性之解读》，载《社会科学》2007年第3期。

[18]王琦：《地方立法民主化和科学化研究》，载《河南省政法管理干部学院学报》2008年第5期（总第110期）。

[19]杨景宇：《加强地方立法工作，提高地方立法质量》，载《求是》2005年第14期。

[20]孙潮、戴永翔：《立法过程中的信息问题初探》，载《政治与法律》2003年第4期。

[21]黎晓武、杨海坤：《论地方立法中公众参与制度的完善》，载《江西社会科学》2004年第7期。

[22]王斐弘：《地方立法特色论》，载《人大研究》2005年第5期。

[23]谢天放等：《地方立法特色研究（主报告）》，载《政府法制研究》2006

年第 5 期。

[24] 王林、梁明：《地方立法突出地方特色的实践与思考》，载《人大研究》2015 年第 8 期（总第 284 期）。

[25] 沈宗灵：《法·正义·利益》，载《中外法学》1993 年第 5 期。

[26] 熊时升、徐岚：《对地方立法中利益均衡问题的思考》，载《探索与争鸣》2008 年第 2 期。

[27] 宋薇薇：《地方立法中的利益协调问题研究》，载《人大研究》2011 年第 3 期，总第 231 期。

[28] 胡玉鸿：《关于"利益衡量"的几个法理问题》，载《现代法学》2001 年第 4 期。

[29] 王丽：《地方立法利益衡量中的利益排序》，载《湖湘论坛》2015 年 1 期（总第 160 期）。

[30] 杨建顺：《行政立法过程的民主参与和利益表达》，载《法商研究》2004 年第 3 期。

[31] 孙同鹏：《经济立法中地方部门利益倾向问题的新思考》，载《法学评论》2001 年第 2 期。

[32] 金太军、张劲松：《政府的自利性及其控制》，载《江海学刊》2002 年第 2 期。

[33] 李晖、李科峰：《中外人性假设综述》，载《上海理工大学学报》（社会科学版）2004 年第 3 期。

[34] 刘瑞、吴振兴：《政府人是公共人而非经济人》，载《中国人民大学学报》2001 年第 2 期。

[35] 龚翔荣：《公共管理视野中的公共利益实现方式》，载《唯实》2003 年第 9 期。

[36] 陈庆云、刘小康、曾军荣：《论公共管理中的社会利益》，载《中国行政管理》2005 年第 9 期。

[37] 袁曙宏、韩春晖：《社会转型时期的法治发展规律研究》，载《法学研究》2006 年第 4 期。

[38] 黄文艺：《为形式法治理论辩护——兼评〈法治：理念与制度〉》，载《政法论坛》2008 年第 1 期。

[39] 胡玲莉：《关于完善我国授权立法的若干思考》，载《湖北经济学院学报》

（人文社会科学版）第 12 期。

［40］罗豪才、袁曙宏、李文栋：《现代行政法的理论基础——论行政机关与相对一方的权利义务平衡》，载《中国法学》1993 年第 1 期。

［41］阎锐：《行政处罚罚款设定普遍化研究》，载《人大研究》2005 年第 5 期。

［42］何慧娟：《地方立法中部门利益倾向的成因及对策》，载《人大研究》2013 年第 3 期（总第 255 期）。

［43］黄文艺：《谦抑、民主、责任与法治》，载《政治论丛》2012 年第 4 期。

［44］饶世权、饶尧：《地方立法公众参与的实质、问题与对策》，载《理论与改革》2008 年第 1 期。

［45］陈斯喜：《论我国立法的公众参与制度》，载《行政法学研究》1995 年第 1 期。

［46］戴激涛：《公众参与：作为美德和制度的存在——探寻地方立法的和谐之道》，载《时代法学》2005 年第 6 期。

［47］王鉴辉：《我国地方立法的价值取向研究初探》，载《现代法学》2002 年第 21 期。

［48］王锡锌：《公众参与和中国法治变革的动力模式》，载《法学家》2008 年第 6 期。

［49］卢文春：《浅谈地方立法中的部门保护主义》，载《法学杂志》1997 年第 6 期。

［50］崔卓兰、孙波：《地方立法质量提高的分析和探讨》，载《行政法学研究》2006 年第 3 期。

［51］王春光：《民众参与立法是法的正当性之基础》，载《法学杂志》2002 年第 2 期。

［52］王斐弘：《地方立法特色论》，载《人大研究》2005 第 5 期。

［53］饶世权、饶艾：《地方立法公众参与的概念、主体与价值》，载《西北大学学报》（哲学社会科学版）2008 年 1 月，第 38 卷第 1 期。

［54］崔英楠：《关于健全立法听证程序的几个问题》，载《中国社会科学院研究生院学报》2009 年第 1 期。

［55］蔡定剑：《公众参与及其在中国的发展》，载《团结》2009 年第 4 期。

［56］戴激涛：《公众参与：作为美德和制度的存在——探寻地方立法的和谐之道》，载《时代法学》2005 年第 6 期。

［57］吴斌：《地方立法值得关注和探讨的若干具体问题》，载《江淮法治》

2008年第5期。

［58］侯孟君、马子云：《地方立法公众参与的若干问题及其应对》，载《湖北警官学院学报》2014年10月第10期（总第157期）。

［59］苏绍龙：《地方立法协商制度机制刍议》，载《暨南学报》（哲学社会科学版）2015年第5期（总第196期）。

［60］李龙：《论协商民主——从哈贝马斯的商谈论说起》，载《中国法学》2007年第1期。

［61］张献生：《关于立法协商的几个基本问题》，载《中国统一战线》2014年第12期（总第276期）。

［62］桂宇石、柴瑶：《关于我国地方立法的几个问题》，载《法学评论》2004年第5期。

［63］陈洪波、王亚平、张明新：《略论地方立法中部门利益倾向的一般表现形式及其防治对策》，载《法学评论》1999年第2期。

［64］王勇：《国家立法视阈下的地方立法协商制度研究》，载《鸡西大学学报》2017年（第17卷）第2期。

［65］王春明：《听证的分类》，载《人大研究》2004年第7期。

［66］彭宗超、薛澜、沈旭辉：《国外立法听证制度的比较分析》，载《政治学研究》2003年第1期。

［67］周伟：《完善立法听证制度研究》，载《现代法学》1999年第6期。

［68］汪全胜：《美国的行政立法听证制度探讨》，载《行政法学研究》2001年第3期。

［69］王春明：《立法听证的主要功能》，载《人大研究》2004年第7期。

［70］孔繁斌、魏姝：《中国立法听证会效能研究——以程序设计与叙事模式为论域》，载《南京社会科学》2004年第1期。

［71］陈建华：《立法协商主体探析》，载《河北法学》2016年第3期。

［72］田玉麒：《地方人大立法听证制度：功能定位、实践经验与发展趋向——基于上海市人大立法听证实践的政治学分析》，载《河北法学》2016年7月第34卷第7期。

［73］饶世权：《论公众参与视阈中的地方立法听证制度》，载《湖北社会科学》2013年第10期。

［74］张利军：《政治参与视角下立法听证会的困境与机遇》，载《经济体制比

较》2012年第4期。

［75］马怀德、陶杨:《我国地方立法听证效力的表现方式》,载《苏州大学学报》(哲社版)2007年第3期。

［76］唐娟:《立法听证对立法质量的影响》,载《人大研究》2004年第7期。

［77］陈家刚:《程序民主的实践——中国地方立法听证规则的比较研究》,载《南京社会科学》2004年第3期。

［78］李亮:《法律文本中责任条款的概念与类型论析》,载《广西政法管理干部学院学报》第28卷第3期。

［79］沈宗灵:《论法律责任与法律制裁》,载《北京大学学报》(哲学社会科学版)1994年第1期。

［80］郭俊:《地方性法规如何规定民事责任》,载《法制建设》2007年第6期。

［81］李亮:《法律文本中责任条款设置的理念与原则》,载《云南大学学报》(法学版)2013第26卷第3期。

［82］张骐:《论当代中国法律责任的目的、功能与归责的基本原则》,载《中外法学》1999年第6期。

［83］李广德:《法律文本理论与法律解释》,载《国家检察官学报》,2016年第24卷第4期。

［84］叶传星:《论设定法律责任的一般原则》,载《法律科学》1999年第2期。

［85］徐向华、王晓妹:《法律责任条文设定模式的选择》,载《法学》2009年第12期。

［86］王爱声:《地方立法如何设置法律责任》,载《法学杂志》2003年第2期(总第137期)第24卷。

［87］李亮:《法律文本中责任条款的设置规则论析》,载《江汉学术》第35卷第4期。

［88］王维达等:《地方立法中行政处罚设置原则研究》,载《政府法制研究》2001年第7期(总第107期)。

［89］骆惠华:《行政实施性地方法规创设行政处罚的有关问题》,载《人大研究》2007年第4期(总第184期)。

［90］徐向华、郭清梅:《行政处罚中罚款数额的设定方式——以上海市地方性法规为例》,载《法学研究》2006年第6期。

［91］许传玺:《行政罚款的确定标准:寻求一种新思路》,载《中国法学》

2003年第4期。

［92］王晨：《行政强制设定权的规范研究——从行政处罚、行政许可、行政强制的设定权比较谈起》，载《东北农业大学学报（社会科学版）》2009年第6期。

［93］孙波：《论地方性事务——我国中央与地方关系法治化的新进展》，载《法制与社会发展》2008年第5期。

［94］朱新力、于军：《法律责任的规范构造》，载《政府立法中的法律责任设定研究论文集》，中国法制出版社2010年版。

［95］廖志斌：《浅谈立法过程中法律责任设定的几个问题》，载《政府立法中的法律责任设定研究论文集》，中国法制出版社2010年版。

［96］魏健馨：《论公民、公民意识与法治国家》，载《政治与法律》2004年第1期。

［97］孙波：《我国中央与地方立法分权研究》，吉林大学2008年硕士论文。

［98］卞琳：《我国立法听证程序的适用及其发展》，载《华东政法大学法律学院2005法学新问题探论》，北京大学出版社2005年版。

［99］杨乾：《法律与利益之辩》，载《江苏省法学会法理学究法学研究会2007年年会论文汇编》。

［100］杨波：《行政立法中的部门利益倾向及其规范》，中国政法大学2010年硕士论文。

［101］国务院法制办政府法制研究中心课题组：《法律责任设定有关问题研究》，载《政府立法中的法律责任设定研究论文集》，中国法制出版社2010年。

［102］李佳：《当前中国立法成本研究》，辽宁师范大学2010年5月硕士论文。

［103］安良：《论地方政府立法中的公众参与》，西北大学2008年硕士论文。

［104］李刚：《论地方立法中公众参与制度的建构》，中南民族大学2008年硕士论文。

［105］陈爽：《公众立法参与若干问题研究》，武汉科技大学2008年硕士论文。

［106］张荣：《谈地方性法规的"地方性事务"——对立法法第六十四条中"地方性事务"的理解》，华东政法学院2002年硕士论文。

［107］莫丽月：《行政立法中部门利益问题研究——以燃油税立法为例》，中国政法大学2008年硕士论文。

后　记

我是从《宿州市农村垃圾治理条例》二审通过后，开始这本书的写作的。在写作过程中，曾设想要下功夫写个后记，把书稿内容之外的我对地方立法特别是设区市立法的些许思考写出来，作为对书稿正文的补充。但书稿完成后又觉得没有多大必要了。一方面是因为写书的辛苦经历还没完全忘掉；另一方面觉得有时候后记似乎是画蛇添足。春节前，法制出版社的戴蕊编辑与我沟通书稿时，说还是写个后记好，既能把自己的心路历程写出来，也能让读者更全面清晰地理解全书的脉络线索和主要内容，我觉得也有道理。特别是大年三十接到政法大学焦洪昌院长发来对书稿的点评和序言，十分感动，便决定写个后记，起码能对支持和关心我的老师、领导和同志们表示感谢。

我一直认为，对于地方立法人来说，当前最重要的事情，是在现有的条件下把地方立法工作做好，研究什么是好的地方立法以及如何立一部好的地方法。本书就是循着这样一个思路展开的。

什么是好的地方法？好的法就是高质量的法，即"良法"。2013年2月，习近平总书记指出："人民群众对立法的期盼，已经不是有没有，而是好不好、管用不管用、能不能解决实际问题。"党的十八届四中全会指出，要使每一项立法都符合宪法精神、反映人民意志、得到人民拥护。我觉得这就是良法的本质。"良法"总要有些具体的标准，否则不好评价更不好操作。但是，地方立法的"良法"标准，着实不好用多么绝对而整齐划一的语言表达。正因为这样，立法法没有对良法的标准予以具体明确，只是规定了依法立法、科学立法、民主立法的立法三原则。我理解，这三原则既是良法的内涵也是至良法的路径。通常认为，科学立法是立法的实体问题，是说立法要符合规律，包括立法所调整的社会关系的规律和法律本身的规律。而依法立法和民主立法是程序问题，是说立法过程和形式的。依法立法强调立法应遵循法定的权限和程序，民主立法强调坚持人民主体地位、保障人民广泛参与立法活动。科学立法是我们每一个立法人追求的目标。但什么才是科学的？多年来，科学像是一个确定的、"众所周知"的词语，人人都在拿着自己的科学标准去评判别人。其实，"科学"有时也是个"任人打扮的新娘"，在每一个新郎的心中，标准是不一样的，内涵是模糊的。别说社会科学，就是自然科学，在牛顿、爱因斯坦看来，其内涵也可能大相径庭，甚至是颠覆性的。所以，光喊科学立法的口号不行，必须要有可供操作、能够判断、便于评价的具体标准。所以，本书在第二章较详细地探讨了地方立法质量的一般标准和特殊标准，又在第三、四、五、六、七章，对这些标准所涉及的地方立法的地方特色、地方立法中的利益平衡、部门利益规制，法律责任制度的构建和行政处罚设置等问题作了一一讨论。在我看来，地方立法必须是具有地方特色的，必须是对部门利益进行合理规制、有效平衡各方利益，并且在法律责任的构建尤其是行政处罚的设置上是合理合法的。只有这样才能算是"科学"的、"管用"的良法。

但做到这些谈何容易？这不仅因为社会环境的复杂、立法条件的限制，就是立法者本身知识的欠缺以及懒惰、畏难、任性等人性弱点也是很难克服的。所以，为了实现"科学"立法，立法法规定了"依法和民主"的立法程序，用程序来保障和实现科学立法的实体要求。虽然我认为，科学立法和民主立法、依法立法其实是一体的，三者密不可分，"依法和民主"本身也是"科学"内涵的一部分，科学和民主、程序和实体不能截然分开。但本书仍把依法立法和民主立法作为重要的形式上和程序上的要求来讨论。第一章除了简要介绍设区市立法的一般理论外，重点讨论了设区市立法的权限范围和"不抵触"原则，这是依法立法原则的主要内容。关于民主立法，本书重点关注的是具体立法过程的民主，主要是强调公众参与立法。尽管公众参与不一定就能实现真正的民主，但是没有公众参与的立法一定是不民主的。在我国地方立法实践中，公众参与立法的现状令人担忧，这虽然有很多复杂的文化、社会因素，但是，社会（包括立法过程的掌控者和普通公民）对公众参与立法的不理解、不情愿、不积极以及保障公众参与立法的制度局限和缺陷是主要原因。所以，本书第八章用了很长的篇幅分析了公众参与的基本问题，并重点对立法法规定的两个公众参与形式（立法协商和立法听证）作了讨论，试图在理论上说明公众参与的意义、价值的同时，也在实践层面上指出当前公众参与地方立法的不足及完善措施。在我看来，如何让更多的公众（不同的利益群体尤其是公民个人）有效地参与立法、独立地表达意见、真正做到民主立法，是我国地方立法极为重要的问题，也是实现科学立法，让立法"管用"的重要途径。同时，这种"看得见"的"程序正义"比起"科学"这种抽象的"实体正义"更可操作，更能做得到。

地方立法工作的政治性强、业务性强、技术性强。由于自己立法理论水平有限、立法实践不足，本书还主要是把我学习和实践过程中收集到的立法理论、实践资料和学术成果，结合自己点滴的思考作些梳理归纳，独到见解不多。但是，作为立法战线的新兵，我在立法实践中遇到的问题和渴望掌握的立法知识，可能也是不少地方立法工作者尤其是新授权的设区市的地方立法工作者需要了解和掌握的，我觉得有必要和大家分享，哪怕是供大家批评都是值得的。即使是这样，本书的写作也是费了很大的功夫，得到了不少领导、专家和同志们的鼓励、支持和帮助。安徽省人大法工委的吴斌主任、郭世东副巡视员，安徽省人大内司委的潘法律副主任，宿州市人大的石文庆副主任、安徽省政府法制办的黄显鸿处长、安徽大学的陈红光教授、中国人民大学的朱虎教授，他们对书稿提出了很有价值的具体意见；我的两位硕士研究生张丹、李杰为我搜集了不少的期刊资料；中国法制出版社的戴蕊和陆紫薇编辑在本书的出版过程中做了大量工作，给我提供了很多帮助。特别是中国政法大学法学院的焦洪昌院长，在百忙中审阅书稿并作序推荐，我很是感动。在这里，对他们表示最诚挚的感谢！安徽省法学会还为本书的出版提供资助，这种支持学术研究的态度让我备受鼓励。同时，本书的内容引用了不少专家学者的学术研究成果，对他们表示由衷的敬意和感激！尽管如此，由于地方立法的学问博大精深，立法工作内涵无限丰富，本人现有的学术积累和研究水平还很有限，书中的疏漏和错误在所难免，敬请读者提出宝贵意见，批评指正。

武钦殿

2018年2月21日于三尺工作室

图书在版编目（CIP）数据

地方立法专题研究：以我国设区的市地方立法为视角 / 武钦殿著. —北京：中国法制出版社，2018.3
ISBN 978-7-5093-9291-1

Ⅰ.①地… Ⅱ.①武… Ⅲ.①地方法规－立法－研究－中国 Ⅳ.① D927

中国版本图书馆 CIP 数据核字（2018）第 041148 号

责任编辑：戴　蕊（dora6322@sina.com）　陆紫薇　　　　　　　　　封面设计：李　宁

地方立法专题研究——以我国设区的市地方立法为视角
DIFANG LIFA ZHUANTI YANJIU——YI WOGUO SHEQU DE SHIDIFANG LIFA WEI SHIJIAO

著者 / 武钦殿
经销 / 新华书店
印刷 / 北京京华虎彩印刷有限公司
开本 / 710 毫米 × 1000 毫米　16 开　　　　　　　　　印张 / 25　字数 / 433 千
版次 / 2018 年 3 月第 1 版　　　　　　　　　　　　　2018 年 3 月第 1 次印刷

中国法制出版社出版
书号 ISBN 978-7-5093-9291-1　　　　　　　　　　　　　　　定价：68.00 元

　　　　　　　　　　　　　　　　　　　　　值班电话：010-66026508
北京西单横二条 2 号　邮政编码 100031　　　传　真：010-66031119
网址：http://www.zgfzs.com　　　　　　　　编辑部电话：010-66065921
市场营销部电话：010-66033393　　　　　　邮购部电话：010-66033288

（如有印装质量问题，请与本社编务印务管理部联系调换。电话：010-66032926）